Internet und Gesellschaft

Schriften des Alexander von Humboldt Institut für Internet und Gesellschaft

Herausgegeben von

Jeanette Hofmann, Ingolf Pernice, Thomas Schildhauer und Wolfgang Schulz

18

Ingolf Pernice

Staat und Verfassung in der Digitalen Konstellation

Ausgewählte Schriften zum Wandel von Politik, Staat und Verfassung durch das Internet

Mohr Siebeck

Ingolf Pernice, geboren 1950; Studium der Rechtswissenschaft in Marburg und Genf, VWL-Studium (bis Vordiplom) in Freiburg; 1978 Promotion; 1987 Habilitation; 1980–1993 Beamter der Europäischen Kommission, Brüssel; 1993–1996 Professur an der Universität Frankfurt a. M., 1996–2015 Professor an der Humboldt-Universität zu Berlin, 2012–2019 Direktor des Humboldt-Instituts für Internet und Gesellschaft, Berlin.
orcid.org/0000-0003-3924-0370

ISBN 978-3-16-159302-4 / eISBN 978-3-16-159303-1
DOI 10.1628/978-3-16-159303-1

ISSN 2199-0344 / eISSN 2569-4081 (Internet und Gesellschaft)

Die Deutsche Nationalbibliothek verzeichnet diese Publikation in der Deutschen Nationalbibliographie; detaillierte bibliographische Daten sind über *http://dnb.dnb.de* abrufbar.

Das Buch wurde von Gulde Druck in Tübingen auf alterungsbeständiges Werkdruckpapier gedruckt und dort gebunden.

Printed in Germany.

Inhaltsverzeichnis

Einführung

Die Digitalisierung unserer Gesellschaften schreitet unaufhaltsam voran. Sie eröffnet uns eine Vielzahl neuer Perspektiven und Möglichkeiten, ist aber zugleich mit großen Herausforderungen und Ängsten verbunden. Dabei wechseln sich Wellen der Entzückung, etwa über die Freiheit des Netzes, wie von Barlow beschworen, ab mit Wellen der Besorgnis, ja des Entsetzens, wie etwa angesichts neuer Risiken durch Cyber-Angriffe von innen und außen. Von allem bleibt der Staat nicht unberührt, unser Verhältnis zum Staat verändert sich, die Öffentlichkeit und Prozesse der öffentlichen Willensbildung, die Organisation und die Verwaltung des Staates, das Verhältnis zu anderen Staaten und den Menschen in anderen Ländern, ja die internationale Ordnung oder Weltordnung, alles ist im „digitalen Wandel".

Hintergrund und Zielsetzung

In rund zehn Jahren seit Gründung des Alexander von Humboldt-Instituts für Internet und Gesellschaft (HIIG) habe ich mich als einer der Gründungs- und Forschungsdirektoren des HIIG mit einzelnen Aspekten dieser Entwicklung befasst. Hierzu dienten Workshops und Konferenzen etwa zur Entwicklung der Datenschutzgrundverordnung[1] oder des Völkerrechts des Netzes[2], regelmäßige Arbeitstreffen zu Datenschutz und Internetsicherheit[3] oder zur digitalen Verwaltung[4], aber auch transatlantische Symposien über Konzepte

[1] Datenschutz in Bearbeitung: Das HIIG und die General Data Protection Regulation, Jan. 2012, vgl. https://www.hiig.de/events/datenschutz-in-bearbeitung-das-hiig-und-die-general-data-protection-regulation/ (Zugriff 18.4.2020). Vgl. auch die Internationale Konferenz: Datenschutz im 21. Jahrhundert, s. unter: https://www.hiig.de/events/internationale-konferenz-datenschutz-im-21-jahrhundert-2/ (Zugriff 9.6.2020).

[2] Das Völkerrecht des Netzes, Konferenz 8.9.2014, s. unter: https://www.hiig.de/events/das-volkerrecht-des-netzes/(Zugriff 18.4.2020).

[3] S. etwa: IV. Interdisziplinärer Workshop „Privacy, Datenschutz & Surveillance, 28.6.2017, unter: https://www.hiig.de/events/iv-interdisziplinaerer-workshop-privacy-datenschutz-surveillance/(Zugriff 18.4.2020).

[4] Vgl. die Seite Die digitale öffentliche Verwaltung, unter: https://www.hiig.de/project/die-digitale-offentliche-verwaltung/(Zugriff 18.4.2020), zum Workshop v. 1.–2.12.2016 s. auch *Julian Hölzel*, Vom E-Government zum Smart Government?, DVBl. 2017, 1015 ff.

von Datenschutz und Cybersicherheit zusammen mit der NYU und der Universität Grenoble.[5] Eine Reihe von Doktoranden, wissenschaftlichen Mitarbeitern und *visiting fellows* im Forschungsbereich: „Globaler Konstitutionalismus und das Internet“[6] haben in dieser Zeit wichtige Einzelaspekte dieses Wandels untersucht, vom Datenschutz[7] über das Recht der IT-Sicherheit[8] bis hin zu den neuen Herausforderungen ans Urheberrecht[9] oder zum zivilen Ungehorsam im Internet[10], ja zum „Digital Constitutionalism“[11]. Begleitend betreute ich eine Habilitation, die sich mit den Wirkungen der Veränderung der Medienlandschaft auf die Kommunikationsverfassung in Deutschland befasst[12]. All dies sowie die vielfältigen Impulse, die ich durch die enge inter-

[5] Privacy and Cyber Security on the Books and on the Ground. Transatlantische Konferenz 6.–7.11.2017, unter: https://www.hiig.de/events/transatlantic-conference-privacy-and-cyber-security-on-the-books-and-on-the-ground/(Zugriff 18.4.2020), Beiträge veröffentlicht von *Jörg Pohle & Ingolf Pernice* (Hrsg.), Transatlantic Conference. Privacy and Cyber Security on the Books and on the Ground, 2018, unter: https://www.hiig.de/wp-content/uploads/2018/09/Pernice-Pohle-eds.–2018-Privacy-and-Cyber-Security-on-the-Books-and-on-the-Ground.pdf (Zugriff 18.4.2020). S. auch Transatlantic Conference: Building Common Approaches for Cybersecurity and Privacy in a Globalized World, 1.–3.10.2018, unter: https://www.hiig.de/events/transatlantic-conference-building-common-approaches-for-cybersecurity-and-privacy-in-a-globalized-world/ (Zugriff 18.4.2020).

[6] Vgl. dazu die Seite: https://www.hiig.de/research/globaler-konstitutionalismus-und-das-internet/(Zugriff 18.4.2020).

[7] *Kai von Lewinski*, Die Matrix des Datenschutzes. Besichtigung und Ordnung eines Begriffsfeldes (IuG 1), 2014; *Jörg Pohle*, Datenschutz und Technikgestaltung. Geschichte und Theorie des Datenschutzes aus informatischer Sicht und Folgerungen für die Technikgestaltung, 2016, unter: https://edoc.hu-berlin.de/handle/18452/19886(Zugriff 18.4.2020).

[8] *Hannfried Leisterer*, Internetsicherheit in Europa. Zur Gewährleistung der Netz- und Informationssicherheit durch Informationsverwaltungsrecht (IuG 12), 2018; *Sebastian Leuschner*, Sicherheit als Grundsatz. Eine grundrechtsdogmatische Rekonstruktion im Unionsrecht am Beispiel der Cybersicherheit (IuG 10), 2018; *Adrian Haase*, Computerkriminalität im Europäischen Strafrecht. Kompetenzverteilung, Harmonisierungen und Kooperationsperspektiven (IuG 9), 2017.

[9] *Henrike Maier,* Remixe auf Hosting-Plattformen. Eine urheberrechtliche Untersuchung filmischer Remixe zwischen grundrechtsrelevanten Schranken und Inhaltefiltern (IuG 11), 2018.

[10] *Theresa Züger*, Reload Disobedience. Ziviler Ungehorsam im Zeitalter digitaler Medien, 2016, unter: https://edoc.hu-berlin.de/bitstream/handle/18452/19321/dissertation-zueger-theresa.pdf?sequence=10.

[11] *Edoardo Celeste*, Digital Constitutionalism: The Role of Internet Bills of Rights (PhD Thesis Dublin 2020, unveröff. Manuskript). S. schon *ders.*, Digital constitutionalism: a new systematic theorisation, International Review of Law, Computers & Technology (2019), DOI: 10.1080/13600869.2019.1562604.

[12] *Steffen Hindelang*, Freiheit und Kommunikation. Zur verfassungsrechtlichen Sicherung kommunikativer Selbstbestimmung in einer vernetzten Gesellschaft (Springer 2019).

disziplinäre Zusammenarbeit mit Kollegen und Mitarbeitern im Institut erhielt, sind Kontext und Boden der Vorträge und Beiträge, die in diesem Band im Zusammenhang vorgelegt werden.

Dabei sind die deutsch-sprachigen Schriften trotz der Einbeziehung auch der globalen Perspektive nur die „interne“ Seite der Überlegungen, die teils als Ausgangspunkt, teils als Ergänzung für die weiteren, auf den internationalen Dialog gerichteten englischsprachigen Arbeiten des Verfassers verstanden werden könnten und stärker den Gedanken des globalen Konstitutionalismus in den Fokus nehmen. Auf Einzelveröffentlichungen dieser Arbeiten wird verwiesen[13]. Sie sollen – sprachbedingt – in einem gesonderten Band zusammengefasst erscheinen.

Bei allem geht es um Beobachtungen und die verfassungsrechtliche Bewertung eines Wandels, der Anlass dazu gibt, zentrale Begriffe und Konzepte unseres Verfassungsrechts und der politischen Ordnung zu überdenken. Als Schlüsselbegriff für den Kontext habe ich dazu – in Fortführung des von Jürgen Habermas entwickelten Begriffs der „postnationalen Konstellation“ – den Begriff der „digitalen Konstellation“ vorgeschlagen. Damit soll nicht nur die Intensivierung, sondern auch die qualitative Veränderung der globalen Verflechtung der Gesellschaften durch die Digitalisierung zum Ausdruck gebracht werden.[14] Es ist die Verdichtung der Beziehungen zwischen den Menschen über die Grenzen und Kontinente hinweg, ganz besonders infolge der Möglichkeiten der Echtzeit-Kommunikation in Wort, Ton und Bild, die das, was am anderen Ende der Welt passiert, auch für die Menschen hier relevant werden lassen. Mit dem Fortschritt der Digitalisierung werden aber auch die Sicherheitsrisiken über alle Grenzen hinweg zu einer globalen Herausforderung, die wie der Klimawandel, der Terrorismus und die internationale Kriminalität, Pandemien etc. globale Lösungen erfordern. Mit dem Internet schließlich wird erstmals die Konstituierung demokratischer Öffentlichkeit, Willensbildungsprozesse und auch Normsetzung auf globaler Ebene eine reale Option. Die digitale Konstellation eröffnet damit Perspektiven, die zuvor nicht denkbar erschienen und bedeutet damit einen qualitativen Sprung gegenüber der postnationalen Konstellation.

Den Wandel von Staatsbild, Staatsfunktionen und Verfassung, auch unter Berücksichtigung der europäischen Integration, zeichnen die vorliegend zusammengefassten Beiträge nach, von den Segnungen des Internets in der Informationsgesellschaft, die erst durch diese neue Kommunikationsform

---

[13] S. die Übersicht unter: https://www.hiig.de/ingolf-pernice/ (Zugriff 10.2.2020).

[14] Vgl. im Einzelnen: *Ingolf Pernice*, Risk management in the digital constellation – a constitutional perspective / La gestió de riscos a la constellació digital: una perspectiva constitucional (part I), in: 2018 IDP. Revista de Internet, Derecho y Política, (26), S. 83, 89–91, unter: https://idp.uoc.edu/articles/abstract/10.7238/idp.v0i26.3124/ (Zugriff 10.2.2020).

möglich wurden, bis hin zu dem Versuch, den „digitalen Staat" als Staat neuen Typs zu beschreiben, der mit dem klassischen Modell des souveränen Nationalstaats nur noch teilweise etwas gemein hat.

Einige der acht in diesen Band aufgenommenen Beträge wurden bereits in anderen Sammelbänden oder auch online veröffentlicht, andere werden hier erstmals zur Diskussion gestellt. Die Themen sind überwiegend den Veranstaltern von Tagungen geschuldet, auf denen ich Gelegenheit erhielt, meine Beobachtungen mit dem Auditorium zu teilen. Auch wenn gewisse Gedanken an verschiedenen Stellen wiederkehren, dürfte die Folge der Beiträge doch eine Entwicklung erkennen lassen, die nicht nur von der raschen Entwicklung der Digitalisierung geprägt ist, sondern auch von einem schrittweisen Erkenntnisgewinn, den ich der vertieften Beschäftigung mit den Wirkungen der Digitalisierung im interdisziplinären Diskurs erleben durfte.

Die Beiträge im Einzelnen: Überblick

1. Unter dem Titel *„Informationsgesellschaft und Politik. Vom neuen Strukturwandel der Öffentlichkeit zur Global Privacy Governance"* (2012) wird thematisiert, wie durch die erleichterte grenzüberschreitende Information im Internet der Transfer von, und der freie Zugang zu Information und Wissen weltweit *die „Informationsgesellschaft" zu einer die Staatsgrenzen übergreifenden globalen Gesellschaft wachsen* lässt, die sich in neuen Formen der „governance" organisiert. Der Staat hat nur noch sehr begrenzt Kontrolle über Zugang und Verteilung von Information und Wissen, auch wenn ihm – wie die *Snowden* Enthüllungen gezeigt haben, jetzt über unsere Daten eine andere Art von Kontrolle möglich wird. Ein Strukturwandel der Gesellschaft geht mit einem neuen Strukturwandel der Öffentlichkeit einher, und dieser verändert auch politische Prozesse und Politik. *Transparenz und Bürgerpartizipation ersetzen den „Arkanstaat"*, und Stichworte wie „open data" oder „open government" machen deutlich, dass Bürger und staatliche Verwaltung in ein verändertes Verhältnis zueinander treten. Wenn erst in der Informationsgesellschaft Demokratie in neuer Weise effektiv und die Grundidee der politischen Selbstbestimmung wirklich werden, erscheint auch eine Neuinterpretation des Grundrechts der Informationsfreiheit aus Art. 5 Abs. 1 S. 1 Hs. 2 GG angezeigt, die sich nicht nur auf freigegebene Informationen richtet, sondern auf die Freigabe vorhandener Informationen. Damit würde dem Wandel des Verhältnisses zwischen Staat und Bürger vom „top down" Denken zum „bottom-up" Ansatz der politischen Selbstbestimmung auf der Basis eines freien Informationsaustausches Rechnung getragen. Demokratie wird mehr als bisher ein inklusiver kommunikativer Prozess, an dem jeder teilhaben kann. Wegen der globalen Reichweite des Netzes aber wird zugleich der *Datenschutz zu einem der dringlichsten politischen Themen, die der Staat*

allein nicht effektiv angehen kann. Angesichts der EU-Initiativen einer Neuregelung, die insbesondere die Grenzen der ökonomischen Nutzung personenbezogener Daten durch Private und damit eine *neue Dimension des Schutzes fundamentaler Grundrechte* im Blick hatte, deutet sich an, dass neben dem Schutz gegen staatliche Eingriffe – etwa aus Sicherheitsinteressen – die neuen Gefährdungen der Privatheit und der Freiheit neue Instrumente fordern, die jenseits des Staates auf europäischer und sogar globaler Ebene wirksamen Schutz gewährleisten.

2. Eingehender noch wird das Thema von Transparenz und Informationszugang unter dem Titel *„Verfassungs- und europarechtliche Aspekte der Transparenz staatlichen Handelns"* (2013) behandelt. In der EU wandelt sich der Staat nicht nur zum Gliedstaat einer supranationalen Union, sondern angesichts der Transparenzrichtlinien auch intern; auch das Verhältnis vom Bürger zur Verwaltung und der Begriff der Öffentlichkeit ist im Wandel. *Offene Staatlichkeit bedeutet nicht nur Offenheit nach außen, sondern auch Offenheit nach innen*, zum Bürger hin. Die veränderte Rolle des Bürgers muss in einer steuerungstheoretischen Perspektive betrachtet werden. Die verbreitete, auf „allgemein zugänglichen Quellen" beschränkte Interpretation des Grundrechts der Informationsfreiheit entspricht nicht mehr den gewandelten Bedingungen der Informationsgesellschaft. So ist auch das *Informationsfreiheitsgesetz von 2006 (IFG) nicht als Voraussetzung der Wahrnehmung eines Grundrechts, sondern als „Nachvollzug eines Systemwandels"* zu verstehen. Der Begriff der „öffentlichen Verwaltung" erhält damit eine neue Bedeutung. Das Internet und die Digitalisierung administrativer Prozesse mit den neuen Möglichkeiten der direkten Partizipation machen Staat und Verwaltung für den Bürger mehr als bisher zur eigenen Sache. Bürgerinnen und Bürger erhalten nicht nur direkteren Zugang zu Wissen und Information, sondern auf neue Weise Zugang zur Politik.

3. Damit ist der Weg bereitet zum Thema *„Die Politik und die Internet-Gesellschaft"* (2013). Wenn von einem neuen Strukturwandel der Gesellschaft und der Öffentlichkeit schon die Rede war, bleibt die Frage: gibt es auch einen Strukturwandel der Politik? Die grundsätzliche Frage nach der Rolle der Politik im Zeitalter des Internets führt zu einer Neubesinnung darüber, wer oder was *die Politik* eigentlich konstituiert, repräsentiert und treibt. Dabei geht es um politische Prozesse im Lande und in der Welt. Innen und außen verschwimmen angesichts der globalen Herausforderungen, die mutige Antworten suchen. Das Internet und die Bedingungen seiner Nutzung sind eine solche Herausforderung, es könnte selbst aber auch Vehikel und Voraussetzung einer Lösung sein auf dem Weg zur politischen Organisation einer globalen Gesellschaft. Der tiefgreifende Wandel der Gesellschaft durch die Ver-

netzung, wie Yochai Benkler ihn beschrieben hat[15], wird begleitet und unterstützt von einer Reihe erleichterter „Zugänge“; dazu gehören der Zugang zum Recht und damit die „Öffentlichkeit“ des Rechts weltweit, der Zugang zu Wissen und Kultur für jedermann, per Mausklick, ebenso wie zur Bildung dank online-Enzyklopädien und MOOC's, der Zugang zu Kommunikationsmitteln und Öffentlichkeit, der unbegrenzte Zugang zueinander in sozialen Netzwerken gleich einem „digitalen Dorfplatz“, ebenso wie der Zugang zum Markt, in neuer Weise, und zur Politik. Begriffe wie „collaborative power“ oder „Schwarmintelligenz“ prägen die *Diskussion um die Neuverteilung von Macht, oder neue Formen der politischen Prozesse*. Heute mag insofern eine gewisse Ernüchterung eingetreten sein. Aber dass ein Strukturwandel auch der Politik in Gang gesetzt wurde, wird sichtbar an *Machtverschiebungen* aufgrund des politischen Einsatzes aber auch der missbräuchlichen Nutzung insbesondere der sozialen Netzwerke. Auch das Entstehen neuer Konfliktzonen etwa im Bereich von Datenschutz, Urheberrecht und (Cyber-)Sicherheit, die Verdrängung des Staates aus der alleinigen Regelungsverantwortung durch „multi-stakeholder-Foren“ etwa im Bereich der Internet-governance und schließlich der wachsende Bedarf an Regelungskompetenz auf globaler Ebene zur Bewältigung globaler Herausforderungen zeigen, dass Instrumente, Prozesse und Themen der Politik sich verändern. Die *von der Digitalisierung getriebene Emergenz und Verdichtung der globalen Gesellschaft* fordert eine Neuordnung der Politik, in der global übergreifendes Recht, das die Lebensverhältnisse jedes Einzelnen unmittelbar betrifft, in demokratisch legitimer Weise gesetzt und durchgesetzt wird.

4. Dies richtet den Blick auf das Thema *„Die Verfassung der Internetgesellschaft“* (2014). Dass die staatliche Verfassung sich nicht mehr als allumfassend definieren lässt, sondern „über sich selbst hinaus“ wächst, wie Konrad Hesse es formulierte, und zunehmend als Teilordnung eines gestuften, pluralistisch organisierten Verfassungssystems zu begreifen ist, kann am Beispiel der (zusammengesetzten) Verfassung der Europäischen Union gezeigt werden. Wie mit dem Bild des Verfassungsverbundes verdeutlicht wird, definieren sich die Menschen durch die Verfassung als Bürgerinnen und Bürger ihres Gemeinwesens, jeweils im Staat, auf lokaler, auf Landes- und auf Bundesebene, darüber hinaus aber – ergänzend – auch in der Europäischen Union. Eines Tages, soweit erforderlich, erscheint das auch auf globaler Ebene denkbar. Der Bedarf hierfür dürfte durch die digitale Revolution und die zunehmende Verbreitung des Internets sprunghaft steigen. Dabei geht die Vernet-

[15] *Yochai Benkler*, The Wealth of Networks. How Social Production Transforms Markets and Freedom, Yale University Press, 2006, unter: http://www.benkler.org/Benkler_Wealth_Of_Networks.pdf (Zugriff 18.4.2020).

zung der globalen Gesellschaft mit der zunehmenden Wahrnehmung der externen Effekte nationaler Politiken Hand in Hand. Das Internet ermöglicht weltweit grenzüberschreitende Information in Echtzeit, aber auch aktive Einflussnahme gezielt auf politische Prozesse in anderen Teilen der Welt. Wenn die Politik in einem Teil der Welt unmittelbar die Lebensbedingungen oder Interessen der Menschen in anderen Teilen der Welt mit berühren, etwa beim Klimaschutz, kann die Einflussnahme darauf ein legitimes Instrument sein, für Einzelne, für Organisationen der Zivilgesellschaft, aber auch für Regierungen; es kann aber auch zur Gefahr für die Demokratie werden, wie wir heute sehen, wenn Staaten etwa durch *„disinformation operations"* die politischen Prozesse in anderen Staaten zu unterwandern suchen.[16]

Dass die Probleme von der Politik erkannt wurden, ist am Beispiel der digitalen Agenda im Koalitionsvertrag 2013 erkennbar. Zwar wird die Notwendigkeit des Handelns auf europäischer und internationaler Ebene zunehmend bewusst, doch das *Fehlen eines dafür erforderlichen Ordnungsrahmens als Teil der neuen Weltordnung wird bislang unzureichend thematisiert*. Überlassen wir das Feld den einzelnen Staaten oder gar global agierenden Internet-Plattformen, dann kann von demokratischer politischer Selbstbestimmung keine Rede mehr sein. Die Digitalisierung betrifft Staat und Bürger im Innenverhältnis, neue Formen des E-Government und der Bürgerbeteiligung werden entwickelt. Diese Initiativen müssen aber schon wegen des Schutzes vor systematischer Überwachung von innen und außen, wegen des Datenschutzes und auch im Interesse der Sicherheit des Netzes eingebettet sein in eine internationale Verständigung und Zusammenarbeit, die demokratische Lösungen für die gemeinsamen Herausforderungen bereitstellen kann. Der *Wandel zu einer „doppelten offenen Staatlichkeit" fordert eine Neubestimmung auch des Verfassungsbegriffs*, der auch die „internet governance" als auf den „multi-stakeholder-Ansatz" gestützte gesellschaftliche Selbstregulierung auf globaler Ebene verstärkt in den Blick nimmt.

Die Verfassung des Internets als Paradigma ist damit Anlass, den schon für die EU entwickelten „postnationalen Verfassungsbegriff" in steuerungstheoretischer Perspektive auch für global wirksame Regelungsprozesse fruchtbar zu machen. Dabei geht es nicht um die Übertragung von Hoheitsrechten etwa an Private Akteure, sondern um die Öffnung der Verfassung für die proaktive Gestaltung von Bedingungen und Verfahren einer *global governance* als Teil eines Verfassungssystems, das Regelsetzung auf globaler Ebene mit einbezieht und von der Sorge um effektiven Schutz der Grund-

[16] Vgl. dazu die Vorschläge einer kleinen internationalen Arbeitsgruppe, koordiniert und präsentiert von *Ingolf Pernice*, Protecting the global digital information ecosystem: a practical initiative, in: Internet Policy Review, 5.3.2019, unter: https://policyreview.info/articles/news/protecting-global-digital-information-ecosystem-practical-initiative/1386 (Zugriff 12.2.2020).

rechte, von demokratischen und rechtsstaatlichen Grundsätzen und der Gewährleistung einer sicheren Infrastruktur geprägt ist. Eine „Verfassung der Internetgesellschaft" kann sich dabei nur als System pluralistisch nebeneinanderstehender, miteinander verflochtener Teilverfassungen verstehen, in dem die Verfassungen der Staaten Grundlage und Ausgangspunkt sind. Die nationalen Verfassungen dürfen sich aber dem Einfluss und der normativen Kraft neuer Elemente einer globalen Verfassungsordnung nicht verschließen, sondern müssen deren Gestaltung ihren eigenen Werten entsprechend ermöglichen und steuern.

5. Der Weg dahin ist nicht einfach. Unter dem Titel *„Vom Völkerrecht des Netzes zur Verfassung des Internets. Privacy und Digitale Sicherheit im Zeichen eines schrittweisen Paradigmenwechsels"* wird versucht zu verstehen, was mit der Verwendung des Begriffs des „Völkerrechts des Netzes" im Koalitionsvertrag 2013 bzw. in der Digitalen Agenda 2014–2017 der Bundesregierung gemeint sein könnte. Die hier entwickelten Gedanken bauen auf einem Workshop auf, der am 8. September 2014 vom HIIG in Kooperation mit dem Auswärtigen Amt unter diesem Titel durchgeführt wurde[17].

Im Vordergrund steht der internationale Schutz der Menschenrechte und der Privatheit in einem offenen, freien und sicheren globalen Internet und die aktive Beteiligung dafür in den diversen Foren der *internet governance*. Das Völkerrecht mutiert dabei vom Recht zwischen Staaten zum Recht zwischen Menschen, die durch ihre Staaten handelnd oder auch im Wege eines *private ordering* Rechte und Pflichten für sich selbst begründen. Das legt nahe, den Begriff „Völker"-recht zu überdenken und jedenfalls für die Regeln und Rahmenbedingungen des globalen Internets einen Begriff zu finden, der die Beschränkung auf das Zwischenstaatliche, das Inter-nationale überwindet und der wachsenden Bedeutung privater Akteure im *multi-stakeholder*-Modell der *global governance* Rechnung trägt. Dabei ist die *legitimierende Rolle des Individuums* in den Blick nehmen, nicht nur für Verträge, sondern auch *für anders generierte global geltende Normen, deren Legitimität ggf. auf neuen*

---

[17] Vgl. dazu den Bericht von *Emma Peters*, Workshop-Eindrücke: Das Völkerrecht des Netzes, zum „Gastbeitrag" dazu von *Helmut Aust*, „Völkerrecht des Netzes: welche Rolle für die Menschenrechte?", sowie das Protokoll des Workshops, unter: http://www.hiig.de/events/das-volkerrecht-des-netzes/ (Zugriff 19.4.2020). S. auch die Videodokumentation zum Panel 4 („Völkerrecht des Netzes") der Konferenz vom 3. Dezember 2014 über: „Schutz von Privatsphäre und Daten in Zeiten von Big Data, staatlicher Überwachung und digitaler Grenzenlosigkeit" an der Humboldt-Universität zu Berlin, unter: http://www.hiig.de/events/schutz-von-privatsphare-und-daten/ (Zugriff 19.4.2020), mit einem Blogbeitrag von *Emma Peters*, abrufbar unter: http://www.hiig.de/eindrucke-der-konferenz-schutz-von-privatsphare-und-daten-in-zeiten-von-big-data-staatlicher-uberwachung-und-digitaler-grenzenlosigkeit/ (Zugriff 19.4.2020).

Wegen zu konstruieren wäre, im Sinne eines globalen Konstitutionalismus. Das impliziert ein Verständnis der Garantien von Menschenrechten, insbesondere des Schutzes von Daten und Persönlichkeitsrechten, das den *Menschen im Mittelpunkt jeder Ordnung sieht und auf dem Gedanken eines gegenseitigen Versprechens der Achtung der Menschenwürde* zwischen allen Beteiligten beruht. Ein erster Ansatz dafür ist das weltweite Bemühen um den Schutz der Privatheit gegenüber der internet-gestützten Massenüberwachung.

Initiativen Deutschlands und Brasiliens führten auf UN-Ebene zur Verurteilung derartiger Praktiken durch den „Pillay-Bericht" vom 30. Juni 2014, wo insbesondere auch auf den Schutz der Privatheit nach den internationalen Menschenrechtspakten hingewiesen wird. Doch schon die Debatte um die Reichweite dieser Garantien etwa gegenüber der Tätigkeit von Geheimdiensten im Ausland macht deutlich, dass *die Menschenrechtsverantwortung der Staaten bislang eher begrenzt ist*. Sie wird an den Begriff der „jurisdiction" geknüpft; dass jeder im staatlichen Auftrag wo auch immer handelnde Agent den allgemeinen Menschenrechten verpflichtet ist, bleibt außer Betracht, rückt aber in den Fokus der aktuellen Debatte, seit nicht nur primär staatliche Akteure das Interesse der Dienste wecken, sondern zunehmend auch private Akteure. Die *aus den Menschenrechtsgarantien erwachsenden staatlichen Schutzpflichten* werden auch insoweit relevant, als es um Verletzungen der Menschenrechte durch private Akteure geht. Im Zeitalter des Internets kann dieser Schutz nicht auf den innerstaatlichen Raum beschränkt bleiben. Freiheit und Sicherheit, und damit auch Grundlagen und Grenzen der Spionage und Überwachung des Netzes sind neu zu vermessen[18].

Das gilt auch für den Schutz gegen Cyber-Angriffe und die Sicherheit des Netzes. Die in der Satzung der Vereinten Nationen zentralen Begriffe von Gewalt, Intervention, bewaffneter Angriff etc. sind neu zu justieren, wenn nicht Truppen Grenzen überschreiten, sondern Angriffe online erfolgen, mit ähnlich verheerenden Auswirkungen. Das nach dem russischen Cyber-Angriff auf Estland erstellte „Tallinn-Manual" sucht Antworten hierzu, ebenso wie zur Frage der Anwendbarkeit des humanitären Völkerrechts im „cyberwar". *Wo die Staaten die Kontrolle über die Mittel der Gewalt verloren haben, stellen sich viele Fragen neu und ein koordiniertes gemeinsames Handeln drängt sich auf, wenn es um Frieden und Sicherheit für alle Menschen geht*, wo immer sie sich aufhalten. Vor diesem Hintergrund wird der Versuch unternommen, vom „Völkerrecht des Netzes" ausgehend einen Begriff für die Verfassung des Internets zu entwickeln, der sich von überkommenen Vorstellun-

[18] Vgl. dazu das Urteil des BVerfG vom 19.5.2020, 1 BvR 2835/17 – BND, insbes. Leitsatz 1: „Die Bindung der deutschen Staatsgewalt an die Grundrechte nach Art. 1 Abs. 3 GG ist nicht auf das deutsche Staatsgebiet beschränkt."

gen löst und den spätestens seit Beginn des Rio-Prozesses (1992) im Vordringen befindlichen ergänzenden Formen der *governance* Beachtung schenkt.

6. Eine Art Zwischenbilanz zur Frage, wie Internet und Digitalisierung Begriff und Rolle des Staates verändern, wird unter der Überschrift *„Staat 2.0 oder der ‚Staat im Netz'"* (2017) gezogen. Ausgangspunkt ist neben der Öffnung des Staates nach innen, durch Transparenz und neue Partizipationsmöglichkeiten für die BürgerInnen vor allem die mit der Digitalisierung zunehmend erkennbare Begrenztheit der Wirkmächtigkeit des Staates in seinen ureigensten Aufgaben, der Gewährleistung der Sicherheit und der Setzung von Regeln für zentrale, die Gesellschaft betreffende Sachbereiche, zu dem jetzt eine Verantwortung für Aufbau und Funktionieren des Internets hinzugetreten ist. Der Ruf nach der „Digitalen Souveränität" erscheint als verzweifelter Aufschrei angesichts der Erkenntnis, dass gerade die Bereitstellung und Regulierung einer immer wichtiger werdenden Infrastruktur faktisch alles andere als ein Gegenstand politischer Selbstbestimmung in Deutschland, ja in Europa ist. In der Schlüsseltechnologie hierfür sind die europäischen Staaten ebenso abhängig von Dritten, wie die Sicherheit ihrer Anwendung ein Zusammenwirken aller Akteure auf globaler Ebene erfordert.[19] Daraus folgt, dass zur effektiven Erfüllung der neuen Aufgaben des Staates, von denen der Schutz der Grund- und Menschenrechte gegenüber Herausforderungen durch Staaten ebenso wie durch private Akteure, vor allem durch die global agierenden Internetplattformen, und die Gewährleistung der Sicherheit in der jetzt digital geprägten Risikogesellschaft[20] nur ein kleiner Ausschnitt sind, ein globaler Handlungsrahmen geschaffen werden muss, in dem politische Selbstbestimmung sich in einer demokratischen Form jenseits des Staates organisiert und die Menschen sich als „global citizens" definieren[21]. Vielleicht ist es das Internet selbst, mit dessen Hilfe sich ein *„digidemos"* global konstituieren kann und mit dem wir die Möglichkeit erhalten, die Bedingungen unseres Lebens weiter selbst zu bestimmen.

7. Schon für die (Wieder-)Belebung der Demokratie in Deutschland, aber auch mit der Perspektive, den Bürgerinnen und Bürgern auf europäischer und als *global citizens* vielleicht eines Tages auch auf globaler Ebene[22] eine

---

[19] Vgl. dazu näher: *Ingolf Pernice*, Global Cybersecurity Governance. A Constitutional Analysis, in: 7 Global Constitutionalism (2018), 112–141.

[20] Vgl. *Pernice*, Risk management in the digital constellation (Fn. 14).

[21] S. dazu *Ingolf Pernice*, E-Democracy, the Global Citizen, and Multilevel Constitutionalism, in: Corien Prins, Colette Cuijpers, Peter L. Lindseth, Mônica Rosina (Hrsg.), Digital Democracy in a Globalised World (Edward Elgar, Cheltenham 2017), S. 27–52.

[22] Von einem „global referendum" bzw. von „global elections" als denkbare Anwendungen für sein „random sample voting" spricht *David Chaum*, Random- Sample Voting.

Stimme zu geben, eröffnet die Digitalisierung neue Perspektiven, unter denen direktdemokratische Instrumente allerdings noch wenig diskutiert wurden[23]. Der Beitrag *„Digitale Abstimmung, Zufallsauswahl und das Grundgesetz. Zur Überbrückung der Kluft zwischen Regierung und Regierten“* (2019) geht diesem Bedarf nach. Er stellt die im HIIG erarbeiteten Grundzüge eines möglichen Systems Zufall-basierter digitaler Abstimmungen vor und erörtert die damit verbundenen verfassungsrechtlichen Fragen im Lichte insbesondere des Wahlcomputer-Urteils des Bundesverfassungsgerichts vom 3.3.2009. Das Abstimmungssystem stützt sich auf ein Register digitaler Identitäten aller Wahl- bzw. Abstimmungsberechtigten, auf das bei elektronischen Abstimmungen per Smartphone auf der Basis des von David Chaum entwickelten *„Random Sample Voting“* zugegriffen werden kann, um ohne großen Aufwand zu bestimmten politischen Fragen ein Meinungsbild, möglicherweise sogar eine repräsentative Entscheidung herbeizuführen. Die gegenüber spontanen Meinungsumfragen notwendige Entschleunigung wird erreicht, wenn im Vorfeld der Abstimmung ein *digitaler „Raum der organisierten Deliberation“ bereitgestellt* wird, der allen Teilnehmern der Abstimmung Zugang zur notwendigen Information und Gelegenheit zur intensiven Diskussion des Für und Wider des betreffenden Vorschlags bietet. Nicht nur das *Verhältnis zur repräsentativen Demokratie,* sondern auch die Vereinbarkeit der Zufalls-Auswahl der für die Abstimmung jeweils teilnahmeberechtigten Wähler mit dem demokratischen Prinzip, die *Frage der „äußeren“ Sicherheit vor Hacker-Angriffen und der „inneren“ Sicherheit vor Manipulationsrisiken*, sowie schließlich die *Vereinbarkeit mit den Wahlrechtsgrundsätzen* und vor allem mit dem vom Bundesverfassungsgericht entwickelten *Grundsatz der Öffentlichkeit der Wahl* werden ausführlich untersucht. Der im Rahmen des „DECiDe“-Projekts am HIIG entwickelte Prototyp eines derartigen Abstimmungssystems, so ergibt sich, bedarf diverser weiterer Entwicklungsschritte. Unter Berücksichtigung der zunehmenden Vertrautheit der Bevölkerung mit digitalen Techniken, allgemeiner Zugänglichkeit des Netzes und entsprechender Geräte und mit der wachsenden digitalen Kompetenz ist indessen zu erwarten, dass die Ergänzung der weiterhin unersetzlichen klassischen Wahlen um ein neues *Instrument der unmittelbaren demokratischen*

More democratic, better quality and far lower cost, 2016, unter: https://rsvoting.org/white paper/white_paper.pdf, Ziff. 4. Mit der Perspektive globaler Demokratie s. auch *Helen Landemore*, Open Democracy and Digital Technologies, unter: https://www.academia.edu/41556907/_Open_Democracy_and_Digital_Technologies_ (Zugriff 17.2.2020).

[23] Als „ersten Aufschlag“ dazu, beruhend auf einer Präsentation vor dem konstitutionellen Ausschuss des Europäischen Parlaments (2018), vgl. *Ingolf Pernice*, Stärkung der Demokratie in der Digitalen Konstellation, in: Markus Ludwigs (Hrsg.), Regulierender Staat und konfliktschlichtendes Recht. Festschrift für Matthias Schmidt-Preuß zum 70. Geburtstag, 2018, S. 241.

Rückkopplung der Politik mit den Menschen es ermöglicht, dass Bürgerinnen und Bürger stärker eingebunden werden und damit die Kluft zu den Entscheidungsträgern ein Stück wieder geschlossen werden kann.

8. Der abschließende Beitrag über *„Der Staat in der digitalen Konstellation"* baut auf den Aufsatz zum „Staat 2.0 oder der Staat im Netz" (oben 6.) auf, versteht sich aber als eine wesentliche Vertiefung, Erweiterung und Aktualisierung. Hier wird das in zwei früheren englischsprachigen Arbeiten[24] bereits entwickelte Konzept der „digitalen Konstellation" weiter erläutert, um den Rahmen zu geben für die Betrachtung des Wandels der Staatlichkeit im Zuge der Digitalisierung. Ausgangspunkt ist die schon erwähnte *doppelte Offenheit des Staates*, der Fokus liegt dann aber vor allem auf der *Entwicklung zum „Staat als Dienstleister"*, wie sie in diversen Digitalisierungsstrategien und inzwischen erlassenen Gesetzen zum Ausdruck kommt. Auffällig ist dabei zum einen, dass Deutschland im Vergleich zu anderen Ländern erhebliche Mühe hat, Strategien und Gesetze tatsächlich umzusetzen, zum anderen aber auch, dass – anders als etwa bei der Europäischen Kommission – ein wirklicher Strukturwandel in der Regierung selbst noch gar nicht auf dem Programm steht. Was unter „intelligenter Vernetzung" diskutiert wird, ist sicher auch aufgrund der bundesstaatlichen Kompetenzverteilung noch weit von einer Realisierung entfernt. Dabei erwachsen dem Staat aus der Digitalisierung *eine Reihe von zentralen neuen Aufgaben*, deren effiziente Bewältigung nicht nur eine strategisch durchdachte Digitalisierung des Staatswesens mit den erwarteten Service-Leistungen dringlich macht, sondern zugleich eine verstärkte *Einbeziehung der Europäischen Union in eine Gesamtstrategie*, die die Schaffung der Rahmenbedingungen globaler demokratisch legitimer Regelung zur Bewältigung der Herausforderungen ermöglicht, welche nicht nur die Digitalisierung mit sich bringt. Wenn unser Staat im System der globalen Governance zunehmend vom souveränen Nationalstaat zum „stakeholder" mutiert, ist eine Bündelung der Kräfte der Staaten auch institutionell durch den Einsatz des Gewichts der EU auf der Grundlage der gemeinsamen Werte Voraussetzung dafür, dass wir den Prozess der schrittweisen Entwicklung einer globalen Verfassung(-skultur) proaktiv mitgestalten können. Nur so kann ein Stück politischer Selbstbestimmung auch gegenüber der Macht global agierender Unternehmen, einschließlich der großen online-Plattformen zurückgewonnen und dauerhaft gesichert werden.

---

[24] Vgl. *Ingolf Pernice*, Risk management in the digital constellation – a constitutional perspective / La gestió de riscos a la constellació digital: una perspectiva constitucional (part I), in: 2018 IDP. Revista de Internet, Derecho y Política, (26), p. 83–94, unter: https://idp.uoc.edu/articles/abstract/10.7238/idp.v0i26.3124/ (Zugriff 11.3.2020); *ders.*, Global Cybersecurity Governance. A Constitutional Analysis, in: 7 Global Constitutionalism (2018), 112–141.

Danksagung

Die hier abgedruckten Beiträge hätten nicht entstehen können ohne das Alexander von Humboldt-Institut für Internet und Gesellschaft (HIIG), das zusammen mit meinen Freunden und Kollegen Jeanette Hofmann (WZB), Thomas Schildhauer (UdK) und Wolfgang Schulz (HBI) zu gründen und aufzubauen ich die Ehre und Freude hatte und das einen einzigartigen Rahmen schuf für vielfältige interdisziplinäre Gespräche und Arbeiten. Es half mir, in die Welt des Internets einzutauchen und die vielfältigen Chancen und Herausforderungen besser verstehen zu lernen, die mit dem Prozess der Digitalisierung verbunden sind. Hinzu kommt Björn Scheuermann, der schon vor seinem Eintritt in das HIIG eine Reihe von Projekten zusammen mit mir konzipiert hatte und von dem ich gerade in den technischen Dingen überaus viel lernen durfte. Ihnen allen schulde ich großen Dank für ihr Verständnis und ihre freundschaftliche Kooperation.

Die Anregung zu der Gründung des Instituts ging von Google Deutschland aus, einschließlich einer großzügigen Basisfinanzierung über viele Jahre hinweg, und ich bin vor allen Annette Kroeber Riel unendlich verbunden, dass sie mit der Idee dieser Gründung auf uns zugekommen ist. Aber auch Max Senges, der mit ihr zusammen die Gründungs- und Aufbauarbeit des HIIG unermüdlich begleitet und gefördert hat, bin ich für viele anregende wissenschaftliche Gespräche dankbar. Großer Dank gebührt ferner den Präsidenten der drei Berliner Institutionen, die als Träger des HIIG diese Gründung und die positive Entwicklung des HIIG möglich gemacht haben: Von der Humboldt-Universität zu Berlin Jan Hendrik Olbertz, von der Universität der Künste Martin Rennert und vom Wissenschaftszentrum Berlin für Sozialforschung Jutta Allmendinger.

Ohne Karina Preiss, die dankenswerter Weise die Geschäftsführung des Instituts übernommen hat, hätte das HIIG seine wunderbare Entwicklung nicht nehmen und sich seinen prominenten Platz in der internationalen Wissenschaftslandschaft zum Thema Internet und Gesellschaft nicht sichern können. Mein herzlicher Dank gilt aber auch unter den vielen jungen Wissenschaftlerinnen und Wissenschaftlern des Instituts, vor allem den höchst engagierten und begeisterten Mitarbeitern, die in meinem Team „Globaler Konstitutionalismus und das Internet" beschäftigt waren und die mich hier in allen Tätigkeiten unterstützt haben: Rüdiger Schwarz, Osvaldo Saldías, Jörg Pohle, Christian Djeffal und Julian Hölzel, die vier Doktoranden aus dem Korse-Projekt Emma Peters, Hannfried Leisterer, Sebastian Leuschner und Andrian Haase, als Doktorandin aus dem dwerft-Projekt Henrike Meier, ebenso wie Theresa Züger, die sich in ihrer Forschung besonders dem Thema „Ziviler Ungehorsam" gewidmet hat. Die im vorliegenden Band gesammelten Arbeiten, ebenso wie die übrigen, englischsprachigen, Veröffentlichungen, hätten ohne ihre Hilfe bei den Recherchen, ihre Anregungen und kritischen Kommentare und ohne die mit ihnen zusammen organisierten Veranstaltungen nicht entstehen können.

Dem Verlag Duncker & Humblot (Berlin), den Verlagen DIKE (Zürich) und Nomos (Baden-Baden), dem lexxion-Verlag (Berlin) sowie der Friedrich-Ebert-Stiftung danke ich sehr herzlich für die freundliche Zustimmung zur Zweitveröffentlichung der bei ihnen bereits veröffentlichten Beiträge.

Kapitel 1

Informationsgesellschaft und Politik. Vom neuen Strukturwandel der Öffentlichkeit zur Global Privacy Governance (2012)

Einführung

Substanzielle, bisher allerdings wenig beachtete gesellschaftliche Veränderungen prägten den September 2012: Im Internet verbreitete Gerüchte über die Frau eines ehemaligen Bundespräsidenten beschäftigen die Medien noch Monate nach seinem Rücktritt.[1] Ein weltweit zugänglich gemachtes Schmähvideo entrüstet die muslimische Welt, fordert Todesopfer. In Deutschland wird intensiv über die Frage des Verbots der öffentlichen Aufführung gestritten.[2] Petitionen für eine ausgewogenere Berichterstattung und Persiflagen per Tweet auf überzogene Begriffe wie „muslim rage" lassen nicht lange auf sich warten.[3] Meldungen der Europäischen Zentralbank über die Absicht, künftig unbegrenzt Staatsanleihen kriselnder Euro-Länder aufzukaufen, entzünden eine lebhafte Debatte in Medien und Internet; eine Vielzahl von Informationen, die offizielle Pressemeldung und erste Debatten sind im Internet abrufbar.[4] Dasselbe gilt für den Antrag von Herrn Gauweiler beim Bundesverfassungsgericht, die Ratifikation des ESM solange zu verbieten, bis die EZB ihre Entscheidung über den unbegrenzten Ankauf von Staatsan-

[1] So z.B. *Heribert Prantl*, Bettina Wulff und Gerüchte im Netz – Wenn das Recht auf Vergessen nicht gilt, Süddeutsche Zeitung vom 15.9.2012, unter: http://www.sueddeutsche.de/panorama/rolle-der-justiz-in-der-causa-bettina-wulff-wenn-das-recht-auf-vergessen-nicht-gilt-1.1468695 (Zugriff: 24.9.2012).

[2] Vgl. Stuttgarter Zeitung vom 18.9.2012, Debatte über Aufführungsverbot für Schmähvideo hält an, unter: http://www.stuttgarter-nachrichten.de/inhalt.deutschland-debatte-ueber-auffuehrungsverbot-fuer-schmaehvideo-haelt-an.9c35cd5f-65db-403a-aca7–dbfed1aebbec.html, Süddeutsche Zeitung vom 18.9.2012, Aufführungsverbot spaltet Muslim-Verbände, unter: http://www.sueddeutsche.de/politik/mohammed-schmaehvideo-auffuehrungsverbot-spaltet-muslim-verbaende-1.1470884 (Zugriff jeweils: 24.9.2012).

[3] *Avaaz Team*, Who's afraid of Muslim Rage?, verfügbar unter: http://en.avaaz.org/783/muslim-rage-protests-newsweek-salafists(Zugriff 24.9.2012).

[4] Homepage der europäischen Zentralbank, verfügbar unter: http://www.ecb.int/ecb/html/index.de.html (Zugriff 15.11.2012).

leihen zurücknimmt,[5] ebenso für das mit Spannung erwartete Urteil des Bundesverfassungsgerichts im Eilverfahren gegen die Ratifikation von ESM und Fiskalpakt, das kurz nach Verkündung im Internet schriftlich verfügbar gemacht wurde.

Das Internet ermöglicht einen freien Zugang zu Informationen. Dies war früher einer privilegierten Klasse und praktisch nur Medienvertretern vorbehalten. Was immer passiert, Interessierte können sich vom Schreibtisch zu Hause aus informieren, Dokumente einsehen und die betreffenden Daten runterladen, Meinungen aus den unterschiedlichsten Medien und Quellen studieren und überprüfen und dazu das Hintergrundmaterial in Dossiers abrufen. In den Online-Ausgaben der Zeitungen und Fernsehsender, in Blogs und auf eigenen Webseiten kann jeder selbst und unmittelbar zu allem, was ihn interessiert, Stellung nehmen, twittern, bloggen, sich in den Diskurs einschalten, die „öffentliche Meinung" mitgestalten.

Das ist ein Teil dessen, was ich unter Informationsgesellschaft verstehe. Zugang zu Daten und Information bedeutet Zugang zu Wissen. Und Wissen ist Macht. Das bleibt nicht ohne Wirkung auf die Politik. Das Internet führt zu einer neuen Zugänglichkeit und Verteilung von Wissen. Es führt zu einer Erweiterung dessen, was eines Tages die Informations- oder, im neueren Jargon, die Wissensgesellschaft bedeuten könnte. Aufgrund der staatenübergreifenden Daten- und Informationsflüsse, dank der globalen Kommunikation und Netzwerke wird sie über geographische und politische Grenzen hinweggehen. Der Staat verliert an Relevanz als Heimstatt und Bezugspunkt der Gesellschaft, die Informationsgesellschaft wird europäisch, tendenziell sogar global. Vom Bürger her gesehen, und für den Bürger, organisiert sie sich nicht notwendig mehr national, sondern am Staat vorbei etwa über ICANN, W3C, die Wikimedia Foundation oder die Open Knowledge Foundation mehr und mehr global.

Informationsgesellschaft und Politik haben viel miteinander zu tun. Es wird aber wegen der rasanten Entwicklungen nötig werden, über Begriff, Institutionen und Bezugspunkte von Politik neu nachzudenken. Einige der genannten Beispiele machen aber auch deutlich, dass es Informationen gibt, die weder im Internet noch in anderen Medien wünschenswert sind. Es geht also auch um die Grenzen der Informationsgesellschaft, mit denen sich die Politik auseinander zu setzen hat. Dabei wird aufgrund der globalen Herausforderungen, nicht nur hinsichtlich des Internets, der Staat immer weniger in der Lage sein, Politik in der traditionellen Form zu artikulieren und zu verwirklichen.

---

[5] Zum Antrag von *Peter Gauweiler*, den Verkündungstermin des ESM-Urteils zu verschieben, vgl. die Pressemitteilung Nr. 65a/2012 vom 11. September 2012. Der Antrag wurde nicht im Urteil 2 BvR 1390/12 vom 12.9.2012 – ESM behandelt.

Was ist das also, die Informationsgesellschaft?

Wir erleben einen neuen, grundlegenden Strukturwandel der Gesellschaft. Historisch gesehen ist es der dritte große Schritt einer Entwicklung: Von der Agrargesellschaft des Altertums über die Industriegesellschaft am Ende der Neuzeit bis hin zur Informationsgesellschaft der Zukunft. Man kann nicht ausschließen, dass eine treibende Kraft der Entwicklung auch der Zugang zu Daten, Information und Wissen ist: Die Verschriftlichung der Überlieferungen schon im Altertum, die Erfindung des Buchdrucks und die Verbreitung des Wissens in Druckschriften ab dem 16. Jahrhundert, die Erleichterung der Massenkommunikation durch Radio und Fernsehen seit dem letzten Jahrhundert, sowie die digitale Revolution und grenzenlose Verfügbarkeit von Information durch das Internet und mobile Datendienste heute. Damit verbunden sind die zunehmend beschleunigte Entwicklung der Technologie, die Entstehung immer neuer Märkte und Marktmechanismen, aber auch neue Herausforderungen an die politische Gestaltung. In seinem Vortrag „The Internet is not a dark and scary place" zur Eröffnung des zweiten Expertenworkshops der 6. Initiative des Co:Lab[6] stellte Ben Scott, Senior Advisor am Open Technology Institute und ehemaliger Berater Hilary Clintons zu den Themen der Außen- und Netzpolitik, diese grundlegende Umgestaltung der Gesellschaft anschaulich dar:

> „We are now dealing with an information system that is entirely distributive: We have a mass media system, a personal communications network and the information networks of our economy, all converging on a single infrastructure. The first time in history that that has happened. And that is profoundly disruptive to policy makers' ideas about how to control information systems".[7]

Gibt es einen kausalen Zusammenhang zwischen der Erleichterung des Zugangs zu Daten, Information und Wissen einerseits und der Entwicklung der politischen Systeme?

Der Computer und das Internet werden seit der Erfindung des Buchdrucks als die bedeutendsten Veränderungen für die Informationszugänglichkeit und -verbreitung bezeichnet.[8] Seit 1990 ist es öffentlich zugänglich, und seine Entwicklung in den vergangenen 25 Jahren ist überwältigend. Das Thema „Informationsgesellschaft" hat es damals rasch auf die Tagesordnun-

---

[6] S. Internet & Gesellschaft Co:llaboratory, Rückblick: Zwischenworkshop der 6. Initiative, unter http://blog.collaboratory.de/2012/08/ruckblick-zwischenworkshop-der-6.html (Zugriff: 1.10.2012).

[7] *Ben Scott*, Keynote: The internet is not a dark and scary place, unter http://www.youtube.com/watch?v=BdC6hhnE6Ic (Zugriff: 1.10.2012).

[8] Aus wirtschaftlicher Perspektive vgl. Handelsblatt vom 29.10.2012, Buchdruck hatte ähnliche Folgen wie das Internet, unter http://www.handelsblatt.com/politik/oekonomie/wirtschaftsboom-buchdruck-hatte-aehnliche-folgen-wie-das-internet/5754222-2.html (Zugriff: 1.10.2012).

gen großer Konferenzen geschafft, zuerst in der (Rechts-)Wissenschaft, bis hinein zu den Verhandlungen der Vereinigung der deutschen Staatsrechtslehrer.[9] Und auch die Politik nahm sich des Wandels behutsam an: 1995 richtete der Deutsche Bundestag die Enquête-Kommission „Zukunft der Medien in Wirtschaft und Gesellschaft. Deutschlands Weg in die Informationsgesellschaft" ein. Das Vorwort des äußerst lesenswerten Schlussberichts der Enquête-Kommission von 1998 spricht von „einer Informationsgesellschaft, die sich in rasantem Tempo global weiterentwickelt".[10]

Der Bericht hebt das wirtschaftliche Potential hervor, das die neuen Möglichkeiten der räumlich unbeschränkten Kommunikation in Echtzeit mit sich bringen; er weist aber auch auf die Notwendigkeit hin, zur Intensivierung der Partizipation „eine zukunftsfähiger öffentlicher Kommunikation angemessene informationelle Grundversorgung" sicher zu stellen.[11] Offener Netzzugang und Netzneutralität[12] sind die Postulate, die potentiellen Gleichheits- und Freiheitsdefiziten der „Digital Divide" entgegengesetzt werden.[13] Und *Susanne Baer* fragt mit gutem Recht: „Braucht das Grundgesetz ein Update?" – Brauchen wir ein „Grundrecht auf Netzzugang?"[14]

Die Informationsgesellschaft wird von der Politik als Herausforderung und zugleich als Chance verstanden. Die Politik hat sich inzwischen für ihre Förderung und Entwicklung entschieden. Umgekehrt stellt sich die Frage, inwieweit die vom Internet und seinen Innovationen getriebene Entwicklung der Informationsgesellschaft ihrerseits Veränderungen der Politik mit sich bringt.[15] Um diese mögliche Wechselwirkung soll es im Folgenden gehen.

---

[9] Vgl. zahlr. Nachweise schon bei *Rolf Gröschner*, Transparente Verwaltung: Konturen eines Informationsverwaltungsrechts, VVDStRL 63 (2004), S. 344, 358 Fn. 52, sowie bei *Johannes Masing*, ebd., S. 377, 392, (Fn. 45).

[10] Schlussbericht der Enquete-Kommission Zukunft der Medien in Wirtschaft und Gesellschaft Deutschlands Weg in die Informationsgesellschaft, Bundestag Drs. 13/11004 v. 22.6.1998.

[11] Schlussbericht (Fn. 10), S. Empfehlung 5.

[12] Vgl. *Michael Kloepfer*, Netzneutralität und Pressegrosso in der Informationsgesellschaft, in: AfP 2010, 120 ff.; s. auch ders. (Hrsg.), Netzneutralität in der Informationsgesellschaft, 2011; *Franz C. Mayer*, Die Verpflichtung auf Netzneutralität im Europarecht. Europaverfassungsrechtliche Vorgaben und netzpolitische Handlungsdefizite, ebd., S. 81 ff.

[13] In einem neuen Sinne versteht *Dirk Heckmann*, Öffentliche Privatheit. Der Schutz des Schwächeren im Internet, K&R 2010, 770, 774, den Begriff als Frage des „kognitiven Zugangs", also der Fähigkeit des Umgangs mit dem Internet, Medienkompetenz.

[14] *Susanne Baer*, Braucht das Grundgesetz ein Update?, in: Demokratie im Internetzeitalter, Blätter für deutsche und internationale Politik 1 (2011), S. 90 (Manuskript des Vortrags v. 13.11.2010, unter http://www.gruenes-blog.de/netzpolitik/files/2010/12/Baer_Netzpolitik_2010.pdf (Zugriff: 1.10.2012).

[15] S. dazu auch *Ingolf Pernice*, Die Politik und die Internetgesellschaft in: FS Michael Kloepfer, 2013, S. 715–733 (in diesem Band Kap. 3).

In einem ersten Schritt stehen die Veränderungen im Vordergrund, die das Internet für die Struktur der Gesellschaft und die Politik mit sich bringt. These ist, dass die Informationsgesellschaft geprägt ist durch einen Strukturwandel der Öffentlichkeit und eine grundlegende Änderung des Verhältnisses von Bürger und Staat (dazu I.). Die Entwicklung ist dabei ihrerseits zugleich Gegenstand und Ziel einer Politik der Offenheit auf allen Ebenen, von der Transparenz bis hin zur Intensivierung der Bürgerbeteiligung und kooperativen Regierung (dazu II.). Zunehmende Offenheit, Öffentlichkeit und Partizipation in Staat und Informationsgesellschaft stoßen aber auch auf Grenzen angesichts von Sicherheitsinteressen einerseits und des Schutzes von Grundrechten andererseits, wie das etwa im Bereich von Datensicherheit und Datenschutz deutlich wird (dazu III.).

I. Strukturwandel von Öffentlichkeit und Politik

In seinem großen Werk „Strukturwandel der Öffentlichkeit“[16] beobachtet *Jürgen Habermas* den Übergang von der „bürgerlichen Öffentlichkeit“, die er als die „Sphäre der zum Publikum versammelten Privatleute“ begreift, zur Öffentlichkeit als Kommunikationsraum zwar ohne Hierarchien, in dem aber die Medien, Parteien und andere Meinungsführer den Raum dominieren.[17] Mit dem Internet und der Öffnung des Zugangs zum Meinungsraum für alle, etwa in Form der Blogosphäre, jedenfalls mit der Peer-2-Peer-Kommunikation im Internet könnte ein neuer Strukturwandel einhergehen. Gegenüber den Machthabern im Meinungsmarkt entsteht neue Konkurrenz, Gegenmacht, Alternative. Wer in sozialen Netzwerken, über Blogs und Twitter „nach außen“ tritt, wer mit seiner persönlichen Webseite Auskunft über sich erteilt, betritt die Sphäre der Öffentlichkeit ebenso, wie wenn er sein Haus verlässt oder sich schriftlich äußert. Überall kann er sich über PC, Laptop oder Smartphone äußern, sich aber auch über alles informieren und kommunizieren. Auf dem „digitalen Dorfplatz“[18] vermischen sich Privatsphäre und öffentlicher Raum.

---

[16] *Jürgen Habermas*, Strukturwandel der Öffentlichkeit. Untersuchungen zu einer Kategorie der bürgerlichen Gesellschaft, 1962, 15. Auflage 1984.

[17] *Habermas* (Fn. 16), S. 28, 42 ff., 217 ff., 233 ff., 263 ff., 287 ff.; weiterführend *ders.*, Theorie des kommunikativen Handelns, Frankfurt 1995.

[18] S. *Fridtjof Küchemann*, Wären wir doch alle anonym!, FAZ Nr. 104 v. 4.5.2012, S. 31, über eine von Sascha Lobo auf der „re:publica“ in Berlin diskutierte Frage.

1. Paradigmenwechsel im Verhältnis von Bürger und Staat

Eng damit verbunden ist ein grundlegender Paradigmenwechsel, der die Informationsgesellschaft charakterisiert: Das Verhältnis des Bürgers zum Staat, zur öffentlichen Gewalt überhaupt und zur Politik. Was im klassischen Staatsverständnis monarchischer Tradition der Grundsatz war, wird heute zunehmend zur Ausnahme: Die Geheimhaltung aller dem Staat zur Verfügung stehenden Informationen, das Amtsgeheimnis, die *„arcana imperii"*. Der Staat war eine *black box*; seine Handlungen nach außen – und nur diese – unterliegen der Kontrolle durch die demokratische Öffentlichkeit oder durch Gerichte, wenn der einzelne in seinen Rechten betroffen ist. Was intern war aber blieb intern. Akteneinsicht gab es nur für die Betroffenen; allein die Presse hatte ein begrenztes Auskunftsrecht.

Der Anstoß für den Wandel kam aus Brüssel in Form der Umweltinformationsrichtlinie von 1990, welche auf die Kontrolle der Verwaltung durch den Bürger bei der Durchsetzung des Umweltrechts abzielt.[19] Die Richtlinie löste ein Umdenken aus, die Umkehr vom Grundsatz der Geheimhaltung zum Grundsatz der Transparenz. Für die Organe der EU folgte 2001 die Transparenzverordnung,[20] mangels Zuständigkeit der Union blieben entsprechende Schritte auf nationaler Ebene Sache der Mitgliedstaaten. Mit dem Informationsfreiheitsgesetz von 2006 (IFG) wurde der freie und voraussetzungslose Zugang zu amtlichen Informationen auch in Deutschland der Grundsatz; die Geheimhaltung ist die Ausnahme und bedarf der Rechtfertigung. Das gilt etwa für den Schutz besonderer öffentlicher Belange (§ 3) und des behördlichen Entscheidungsprozesses (§ 4), für den Schutz personenbezogener Daten (§ 5) sowie des geistigen Eigentums und von Betriebs- und Geschäftsgeheimnissen (§ 6).

Die deutschen Behörden tun sich bei der Anwendung aber noch schwer. Der im Frühjahr 2012 veröffentlichte 3. Tätigkeitsbericht des Bundesbeauftragten für Informationsfreiheit enthält Beispiele dazu. So verweigerte der Deutsche Bundestag etwa die Herausgabe eines Gutachtens seines wissenschaftlichen Dienstes, da dieses Gutachten der politischen Mandatsausübung zuzurechnen und außerdem urheberrechtlich geschützt sei.[21] Das VG

---

[19] Richtlinie 90/313/EWG des Rates vom 7. Juni 1990 über den freien Zugang zu Informationen über die Umwelt, ABl. 1990 L 158, ersetzt durch die Richtlinie 2003/4 des Europäischen Parlaments und des Rates vom 28. Januar 2003, ABl 2003 L 41/26.

[20] Verordnung 1049/2001 des Europäischen Parlaments und des Rates vom 30. Mai 2001, ABl. 2001 L 145/43.

[21] Der Bundesbeauftragte für den Datenschutz und die Informationsfreiheit *Peter Schaar*, 3. Tätigkeitsbericht zur Informationsfreiheit v. 24.April 2012, S. 44. unter: http://www.bfdi.bund.de/SharedDocs/Publikationen/Taetigkeitsberichte/TB_IFG/3TB10_11.html (Zugriff: 1.10.2012).

Berlin folgte dieser Argumentation nicht und gab den Zugang zum Gutachten frei.[22] So entschied es auch, als die Bundeskanzlerin die Gästeliste für das Abendessen herausgeben sollte, zu dem sie anlässlich des Geburtstags des ehemaligen Chefs der Deutschen Bank geladen hatte.[23]

Im europäischen Recht gilt das Transparenzprinzip auf Verfassungsebene spätestens seit dem Vertrag von Maastricht, 1993. Heute ist der Grundsatz in Art. 255 AEUV konkretisiert, und als Grundrecht in Art. 42 GRCh verbürgt. Die schon erwähnte Transparenzverordnung von 2001 regelt die Einzelheiten. Jeder hat auf Antrag Zugang zu den Dokumenten der EU. Die PSI-Richtlinie von 2003 regelt die Weitergabe von Informationen des öffentlichen Sektors und erweitert damit die Verfügbarkeit.[24]

Auf internationaler Ebene wurde 2009 die Europarats-Konvention über den Zugang zu amtlichen Dokumenten beschlossen.[25] Zahlreiche Staaten haben bereits die internationale Open Government Declaration von 2011[26] unterzeichnet. Leider hinkt Deutschland hinterher. Unsere Probleme, auch mit der Ratifikation der Europarats-Konvention, mögen darauf beruhen, dass es 2012 in fünf großen Bundesländern noch kein Gesetz über die Informationsfreiheit gibt. Hier besteht ein Nachholbedarf, doch Schritt für Schritt wird der Druck auf die Politik stärker. In Baden-Württemberg ist ein Gesetz in Vorbereitung.

---

[22] VG Berlin, Urteil v. 1.12.2011 – VG 2 K 91.11, zit. In 3. Tätigkeitsbericht (Fn. 21), S. 44. Allerdings ging das Gericht davon aus, dass eine Weiterverwertung nicht vorgesehen war.

[23] Ebd., S. 47 f. Siehe auch: https://fragdenstaat.de/suche/?q=Ackermann(Zugriff 18.4.2020) und https://fragdenstaat.de/anfrage/informationen-zu-abendessen-mit-herrn-ackermann-im-april-2008-841/ (Zugriff 18.4.2020).

[24] Richtlinie 2003/98/EG des Europäischen Parlaments und des Rates vom 17. November 2003 über die Weiterverwendung von Informationen des öffentlichen Sektors, ABl. 2003 L 345/90. Zum Stand der Novellierung durch den Vorschlag für eine RICHTLINIE DES EUROPÄISCHEN PARLAMENTS UND DES RATES zur Änderung der Richtlinie 2003/98/EG über die Weiterverwendung von Informationen des öffentlichen Sektors KOM(2011) 877, s. Pre-lex: http://ec.europa.eu/prelex/detail_dossier_real.cfm?CL=de&DosId=201183.

[25] Council of Europe Convention on Access to Official Documents v. 8.6.2009, unter http://www.conventions.coe.int/Treaty/Commun/QueVoulezVous.asp?NT=205&CM=1&CL=GER, Zugriff 1.10.2012. Vgl. dazu kurz *Friedrich Schoch*, Der Zugang zu amtlichen Dokumenten nach Europarecht, in Alexander Dix u.a. (Hrsg.), Informationsfreiheit und Informationsrecht. Jahrbuch 2011, 2012, S. 23, 55 ff.

[26] Verfügbar unter http://www.opengovpartnership.org/open-government-declaration (Zugriff 1.10.2012).

2. Informierte Demokratie und das Grundrecht auf Information

Im Zentrum der Veränderung steht das Demokratieprinzip: „Information is the currency of democracy", soll *Thomas Jefferson* gesagt haben.[27] Mein Kollege *Michael Kloepfer* führt damit sein Vorwort für das Jahrbuch 2011 Informationsfreiheit und Informationsrecht ein und betont dabei,

> „dass Informationen der Stoff sind, aus dem demokratische Steuerungserfolge gemacht sind. Werden in einem Gemeinwesen Informationen verfälscht oder vorenthalten, können demokratische Strukturen bestenfalls suboptimale Steuerungsergebnisse zeitigen. Von daher ist der freie Informationsfluss als vitaler Nährboden für den demokratischen Diskurs schlechthin konstituierend für die Demokratie".[28]

Im Tätigkeitsbericht zur Informationsfreiheit für die Jahre 2010 und 2011 wirbt der Bundesbeauftragte für Datenschutz und die Informationsfreiheit, *Peter Schaar*, für die Aufnahme der Informationsfreiheit als Grundrecht ins Grundgesetz.[29] Dies wird in der Entschließung der 23. Konferenz der Informationsfreiheitsbeauftragten in Deutschland vom 28.11.2011 bestätigt. Die Begründung lautet:

> „Demokratie und Rechtsstaat können sich nur dort entfalten, wo auch die Entscheidungsgrundlagen staatlichen Verhaltens offen gelegt werden".[30]

Erst in der Informationsgesellschaft wird also Demokratie effektiv, ganz wie die Grundidee der politischen Selbstbestimmung indiziert: Demokratie als „informierte" Demokratie.

Das neue Verhältnis von Bürger und Staat der Informationsgesellschaft hat aber eine weitere Konsequenz: Dazu gehört die Überlegung, dass das Grundrecht des Art. 5 Abs. 1 S. 1 Hs. 2 GG einer Neuinterpretation zugeführt werden muss. Art. 5 Abs. 1 GG garantiert die Meinungsfreiheit, aber auch für jeden das Recht, sich aus allgemein zugänglichen Quellen ungehindert zu unterrichten. Amtliche Informationen, also Dokumente im Besitz des Staates fallen nach der Rechtsprechung nur darunter, wenn der Staat die Dokumente oder Informationen ausdrücklich frei gibt, wie etwa jetzt durch das IFG.

Diese Rechtsprechung bedarf der Überprüfung. In der Tat gibt es keine Norm des Verfassungs- oder auch des einfachen Rechts, aus der sich ein Grundsatz der Geheimhaltung ableiten ließe. Für einen Bürger, der sich nicht als Untertan versteht, sondern als Ausgangspunkt, Legitimationssubjekt

---

[27] Vgl. *Monticello* Website: http://www.monticello.org/site/jefferson/information-currency-democracy-quotation (Zugriff 1.10.2012).

[28] *Michael Kloepfer*, Vorwort, in: Alexander Dix u.a. (Hrsg.), Informationsfreiheit und Informationsrecht. Jahrbuch 2011, 2012, S. V.

[29] 3. Tätigkeitsbericht (Fn. 21), Ziff. 2.1.

[30] Abgedruckt in: 3. Tätigkeitsbericht (Fn. 21), S. 10 (Kasten Nr. 2.1).

und Teilhaber der Staatsgewalt, ist die Ausgangshypothese nicht mit dem Demokratieprinzip vereinbar. Die Geheimhaltung steht auch nicht im Einklang mit einer Neukonzeption von Staat und Verwaltung im Sinne der neueren Governance-Theorie. Wenn danach an die Stelle des „top-down"-Denkens ein kooperatives Verhältnis zwischen Staat und Bürger tritt, politische Steuerung also nicht verordnet, sondern kommunikativ verhandelt wird, so ist die Basis dafür der freie Zugang zu den Informationen von Staat und Verwaltung für jeden. Es gilt der Grundsatz der Öffentlichkeit und der Transparenz, so wie er in Schweden schon seit 1766 gilt. So gehören auch amtliche Informationen und Dokumente grundsätzlich zu den „allgemein zugänglichen Quellen" i.S.d. Art. 5 Abs. 1 S. 1 Hs. 2 GG, und der Einzelne hat einen grundrechtlichen Anspruch auf Gewährleistung dieses Zugangs[31]. Ausnahmen bedürfen der besonderen Rechtfertigung.

3. Proaktive Information und partizipative Demokratie

Mit einem Anspruch des Bürgers auf Zugang zu amtlichen Informationen ist es aber nicht getan. Notwendig erscheint eine proaktive Information;[32] es geht um die Entwicklung der „Verwaltungskultur einer aktiven Transparenz", wie *Peter Schaar* und *Jürgen Roth* sie fordern.[33] Wieder scheint Europa beispielhaft voranzugehen: Über die Webseiten der EU werden die Institutionen minutiös erklärt und politische Ziele und Entwicklungen jedem zugänglich gemacht. Wie das EU-Sekundärrecht entsteht, findet man auf der Webseite „PreLex", die online über alle Verfahrensschritte im Rechtssetzungsverfahren der EU unterrichtet.[34] Auch der US-amerikanische Präsident *Barack Obama* erklärte Transparenz, Partizipation und Kollaboration zu Grundzielen des Open Government, die seine Legislaturperiode kennzeichnen sollten:

---

[31] *Ingolf Pernice*, Verfassungs- und europarechtliche Aspekte der Transparenz staatlichen Handelns, in: Alexander Dix u.a. (Hrsg.), Informationsfreiheit und Informationsrecht. Jahrbuch 2013 (lexxion, Berlin/Brüssel 2014), S. 17, 27 ff. (in diesem Band Kap. 2).

[32] Vgl. 3. Tätigkeitsbericht (Fn. 21), S. 11: „Für eine Verwaltungskultur der aktiven Transparenz".

[33] *Peter Schaar/Jürgen Roth*, Quo vadis Informationsfreiheit? Bilanz und Perspektiven des Informationsfreiheitsgesetzes, in: Alexander Dix u.a., Informationsfreiheit und Informationsrecht. Jahrbuch 2011, 2012, S. 1, 8. Vgl. auch *Peter Schaar* auf dem 2. BfDI-Symposion Informationsfreiheit in Berlin am 6./7. September 2012: „Staat in der Bringschuld: Ruf nach mehr Informationsfreiheit", Frankfurter Rundschau v. 7.9.2012, unter h ttp://www.fr-online.de/digital/staat-in-der-bringschuld--ruf-nach-mehr-informationsfreih eit,1472406,17196990.html(Zugriff 1.10.2012.

[34] Verfügbar unter http://ec.europa.eu/prelex/apcnet.cfm?CL=de(Zugriff 1.10.2012).

„My Administration will take appropriate action, consistent with law and policy, to disclose information rapidly in forms that the public can readily find and use. Executive departments and agencies should harness new technologies to put information about their operations and decisions online and readily available to the public. Executive departments and agencies should also solicit public feedback to identify information of greatest use to the public."[35]

Seine 2012 verkündete Initiative „Digital Government – Building a 21st Century Platform to Better Serve the American People" soll es den US-amerikanischen Bürgern ermöglichen, sich jederzeit und mit jeglichem internetfähigen Gerät über Regierung und Regierungsinitiativen zu informieren.[36] So findet man etwa über das US-Bundesdatenportal www.data.gov eine Vielzahl an Datenbeständen zu Themen wie Bildung, Justiz, Energie und Gesundheit, zu denen sich die Bürger über aktuelle Regierungsinitiativen informieren und auch ihre eigenen Ideen und Vorschläge einbringen können.

Über die informativen Einzelwebseiten zahlreicher Städte, Ministerien und anderer Institutionen hinaus sind Ansätze einer wirklich proaktiven Informationspolitik in Deutschland systematisch erstmals im Bremer Informationsfreiheitsgesetz von 2006 vorgesehen. Inzwischen steht dem Bürger ein zentrales elektronisches Informationsregister und seit 2012 auch ein Datenkatalog zur Verfügung.[37] Diesem vielversprechenden Ansatz folgt das neue Hamburgische Transparenzgesetz.[38] § 10 dieses Gesetzes sieht eine Veröffentlichungspflicht für alle relevanten Informationen in elektronisch lesbarer Form vor und gewährleistet sogar ihre freie Weiterverwendbarkeit.[39]

---

[35] S. „Transparency and Open Government", unter http://www.whitehouse.gov/the_press_office/TransparencyandOpenGovernment. Weitere Informationen unter http://www.whitehouse.gov/open/about (Zugriff 1.10.2012).

[36] S. „Digital Government – Building a 21st Century Platform to Better Serve the American People", unter http://www.whitehouse.gov/sites/default/files/omb/egov/digital-government/digital-government.html (Zugriff 1.10.2012).

[37] Gesetz über die Freiheit des Zugangs zu Informationen für das Land Bremen – Bremer Informationsfreiheitsgesetz v. 16.5.2006, mit dem „zentralen elektronischen Informationsregister", über das die Verwaltung dem Bürger eine Vielzahl von Informationen zur Verfügung stellt, unter http://www.bremen.de/buergerservice/amtliche_informationen/dokumentensuche (Zugriff 1.10.2012).

[38] Hamburgisches Transparenzgesetz v. 13.6.2012, vgl. dazu Lars von Törne, *Neues Transparenzgesetz* Hamburg öffnet seine Akten – Berlin auch, Tagesspiegel online v. 13.6.2012, verfügbar unter http://www.tagesspiegel.de/politik/neues-transparenzgesetz-hamburg-oeffnet-seine-akten-berlin-auch/6747322.html (Zugriff: 1.10.2012).

[39] § 10 Abs. 5 HTrG lautet: Absatz 5 lautet: „Alle veröffentlichten Informationen müssen in einem wiederverwendbaren Format vorliegen. Eine maschinelle Weiterverarbeitung muss gewährleistet sein und darf nicht durch eine plattformspezifische oder systembedingte Architektur begrenzt sein. Das Datenformat muss auf verbreiteten und frei zugänglichen Standards basieren und durch herstellerunabhängige Organisationen unterstützt und gepflegt werden. Eine vollständige Dokumentation des Formats und aller Erweiterungen muss frei verfügbar sein".

Die Idee hinter der Veröffentlichungspflicht wird in der Begründung dieses Gesetzes wie folgt erläutert: Es soll

„Bürgerinnen und Bürgern ermöglichen, sich im Vorfeld politischer Entscheidungen die notwendigen Informationen zu verschaffen, um sich eine alle maßgeblichen Umstände berücksichtigende Meinung zu bilden und entsprechend qualifizierte Vorschläge zur besseren Gestaltung eines Vorhabens einbringen zu können. Durch die proaktive Veröffentlichungspflicht wird die demokratische Meinungs- und Willensbildung gefördert, eine Kontrolle staatlichen Handelns sowie Korruptionsprävention ermöglicht und das Kostenbewusstsein der Verwaltung noch weiter geschärft, weil potentielle Nachfragen einen Rechtfertigungsdruck erzeugen. Zunehmend setzt sich die Erkenntnis durch, dass Transparenz der öffentlichen Verwaltung nicht nur die demokratischen Beteiligungsrechte der Bürgerinnen und Bürger stärkt und damit der Politik-und Staatsverdrossenheit entgegenwirkt, sondern auch Manipulation und Korruption erschwert."

Von der Transparenz des staatlichen Handelns wird also zugleich eine Veränderung der Politik erwartet. Es ist die Einbeziehung des Bürgers und seine aktive Einmischung, von der die positiven Effekte ausgehen sollen. Die Informationsgesellschaft ist also nicht nur die informierte Gesellschaft, sondern sie wird politisch aktiv.

Auch hierzu gibt es Vorbilder auf der europäischen Ebene. Dem Ziel der aktiven Partizipation diente in der EU schon die zur Information und aktiven Beteiligung der Öffentlichkeit im Verfassungskonvent eingerichtete Webseite „futurum".[40] Hier wurden nicht nur alle offiziellen Dokumente zu den Verhandlungen ins Netz gestellt, sondern auch der Dialog mit der Zivilgesellschaft erfolgte primär übers Internet. Ein zweites Beispiel: Der Vertrag von Lissabon, letztlich das Ergebnis der Arbeit dieses Konvents, stellt mit Art. 11 EUV die partizipative Demokratie gleichberechtigt neben die repräsentative Demokratie und führt in Abs. 4 die europäische Bürgerinitiative ein. Die dazu ergangene Verordnung 211/2011 sieht dazu die Möglichkeit der elektronischen Unterschriftensammlung vor, über das Internet.[41]

In Deutschland sind wir noch nicht so weit. Gleichwohl sehe ich die Einrichtung des sog. 18. Sachverständigen durch die Enquête-Kommission Internet und Digitale Gesellschaft als einen wichtigen Schritt zur offenen Bürgerinformation und -beteiligung an.[42] Auch mit der Adhocracy-Plattform

---

[40] Die Seite des Konvents ist archiviert unter: http://european-convention.eu.int (Zugriff 1.10.2012). Dort wird auch die Seite „futurum" nachgewiesen, die freilich nicht mehr aktiv ist.

[41] Vgl. Art. 11 Abs. 4 EUV, dazu die VO 211/2011 über die Bürgerinitiative, ABl. 2011 L 65/1. Über Grundlagen und erste Initiativen berichtet die Webseite http://ec.europa.eu/citizens-initiative/public/welcome?lg=de (Zugriff 1.10.2012).

[42] Vgl. den Beschluss der Obleute der Enquête-Kommission vom 30.9.2010: Bürgerbeteiligung mit Adhocracy, http://www.bundestag.de/internetenquete/Adhocracy/index.jsp. Die Plattform „Enquete-Beteiligung ist erreichbar unter: https://enquetebeteiligung.de/ (Zugriff jeweils 1.10.2012).

werden im Sinne von „Liquid Democracy/flüssiger Demokratie“[43] neue Wege einer direkteren Beteiligung der Bürger bei der Meinungsbildung beschritten. Ein vielversprechender Versuch schließlich ist der Zukunftsdialog der Bundeskanzlerin 2012, mit dem sie dank der regen Beteiligung vieler Bürgerinnen und Bürger im Online-Dialog über die Zukunft Deutschlands eine Reihe von Anregungen zu politischen Grundsatzfragen gewinnen konnte.[44]

Viel deutet darauf hin, dass Demokratie und damit auch Politik überhaupt künftig damit zunehmend als ein inklusiver kommunikativer Prozess zu verstehen sein wird. Wissen ist Macht. Gleicher Zugang zu Wissen verändert die Strukturen der Macht. In der Informationsgesellschaft entstehen also Bedingungen, unter denen Politik wirklich Sache der Bürger wird.

II. Politik der Offenheit und Informationsgesellschaft

Proaktive Information als Grundlage der Bürgerpartizipation in der Politik ist allerdings nur ein Teil dessen, was mit dem Begriff der Informationsgesellschaft verbunden ist. Verwaltung, Staat und Politik sind nicht nur passiv Gegenstand einer von außen kommenden Veränderung sondern aktiv mit Ausbau und Nutzung der Potentiale der Informationsgesellschaft befasst.

1. Anstöße der Enquête-Kommission Zukunft der Medien (1994–98)

Hierzu hat die zuvor erwähnte Enquête-Kommission „Zukunft der Medien“ in den neunziger Jahren schon wichtige Impulse gesetzt. Es ging schon hier – neben Urheberrecht, Datenschutz und Datensicherheit, Jugend- und Verbraucherschutz, Cyberkriminalität und -sicherheit etc. – um Forschungsförderung, Infrastrukturen und Interoperabilität sowie wirtschaftliche Themen wie Information als Produktionsfaktor oder internationale Arbeitsteilung, Veränderungen von Arbeit und Arbeitsorganisation, bis hin zu Bildung, Kultur und Herausforderungen für die Gesellschaftspolitik, ja für die staatliche Souveränität.[45] Schon 1998 ist in der Analyse auch die globale Dimension angesprochen:

---

[43] S. etwa die Webseite des Liquid Democracy e.V. http://liqd.net/ (Zugriff 17.4.2020). Alternative: *Dagmar Rosenfeld*, Wenn alle mit allen über alles reden. Immer – Über die Software Liquid Feedback sollen die Piraten die Parteilinie mitbestimmen. Wie funktioniert das? Zeit online v. 26.4.2012, unter http://www.zeit.de/2012/18/Piratenpartei-Liquid-Feedback (Zugriff 01.10.2012).

[44] S. unter: https://www.dialog-ueber-deutschland.de/DE/00-Homepage/homepage_node.html. Ergebnisbericht in Kurz- und *Langfassung* unter: https://www.dialog-ueber-deutschland.de/SharedDocs/Downloads/DE/Ergebnisbericht/Ergebnisbericht-lang.html.

[45] S. nur die Inhaltsübersicht im Schlussbericht (Fn. 10), S. 4 f.

„Kennzeichen der neuen Gesellschaft ist nicht nur das Vorhandensein dieser neuen Medientechnologie, Kennzeichen ist vielmehr die erneute Ausdehnung der Reichweite der Gesellschaft aufgrund der globalen Vernetzung. Mit dem Schlagwort ‚Global Village‘ hat McLuhan diese derzeitigen Veränderungen beschrieben. Mit dem Ausbau einer globalen Informations-Infrastruktur entsteht eine Art Marktplatz der globalen Informations-(Welt-)Gesellschaft – ein Marktplatz, auf dem nicht nur mit Waren gehandelt, sondern auf dem auch über Wissen und Werte, über Lebensentwürfe und um die Zukunft der Gesellschaft verhandelt werden wird.“[46]

Die Informationsgesellschaft wird hier also zukunftweisend als globale Gesellschaft konzeptualisiert. Mit der Digitalisierung der Bibliotheken weltweit und mit Fortschritten der automatisierten Übersetzung entfalten sich hier Potentiale, deren Ausmaß bei weitem noch nicht ausgelotet sind.

Viele der genannten Themen kehren jetzt in der laufenden Enquête-Kommission „Internet und digitale Gesellschaft“ wieder.[47] Sie sollte sich auch damit befassen, inwieweit die Empfehlungen von 1998 umgesetzt wurden. Unter den neuen Themen fallen ins Auge: Demokratie und Staat, Internationales und Internet Governance, Öffentlichkeit, Netzneutralität, Bildung, Forschung und freie Software.

Das Themenfeld wird immer breiter und grundsätzlicher. Ich sehe die wachsende Komplexität als ein Zeichen für das Ausmaß, in dem das Internet unser Leben durchdringt und verändert. Wir erwarten den Schlussbericht der neuen Enquête mit Spannung. Denn dieser wird Leitlinien geben für die Politik der Informationsgesellschaft des 21. Jahrhunderts.

2. EU-Initiativen: Von der Lissabon-Strategie zur Digitalen Agenda

Ein Teil der genannten Initiativen wird unterstützt durch die EU, die den Handlungsbedarf 2000 spezifiziert und in der Lissabon-Strategie umgesetzt hatte, mit dem Ziel,

„die Union zum wettbewerbsfähigsten und dynamischsten wissensbasierten Wirtschaftsraum in der Welt zu machen – einem Wirtschaftsraum, der fähig ist, ein dauerhaftes Wirtschaftswachstum mit mehr und besseren Arbeitsplätzen und einem größeren sozialen Zusammenhalt zu erzielen.“

Zur Erreichung dieses Ziels bedürfe es u.a.

„einer globalen Strategie, in deren Rahmen der Übergang zu einer wissensbasierten Wirtschaft und Gesellschaft durch bessere Politiken für die Informationsgesellschaft und für die Bereiche Forschung und Entwicklung sowie durch die Forcierung des Prozesses der Strukturreform im Hinblick auf Wettbewerbsfähigkeit und Innovation und durch die Vollendung des Binnenmarktes vorzubereiten ist“.[48]

---

[46] Schlussbericht (Fn. 10), S. 88.

[47] Deutscher Bundestag Enquête-Kommission Internet und Digitale Gesellschaft, vgl. die Webseite der Enquête: http://www.bundestag.de/internetenquete/ (Zugriff 1.10.2012).

[48] Europäischer Rat, 23. und 24. März 2000 Lissabon, Schlussfolgerungen des Vorsit-

Dieses Ziel bis 2010 zu erreichen, blieb ein ehrgeiziger Traum. Als Teil der (Nachfolge-) Strategie Europa 2020 aber wurde jetzt die „Digitale Agenda für Europa" ein konkretes Programm. Stichworte daraus sind: Verschmelzung der digitalen Märkte, auch hier Interoperabilität, Cybersicherheit, Investitionen in Netze, Forschung, Innovation und Stärkung der digitalen Kompetenz.[49] Auf dem Programm stehen daneben konkrete Maßnahmen, wie die Erleichterung des E-Commerce einschließlich des Euro-Zahlungssystems SEPA, der Schutz der Verbraucherrechte, die Öffnung des Zugangs zu Online-Inhalten – das betrifft das Urheberrecht[50] – und die Stärkung des Vertrauens – das betrifft den Datenschutz.[51] Auch der flächendeckende Ausbau elektronischer Behördendienste – des E-Government – gehört zu den Zielen. Zu ihrer Verwirklichung haben sich die Mitgliedstaaten im Rahmen der Digitalen Agenda bis 2015 verpflichtet.[52] Open Government ist jetzt Programm.

So hat für Deutschland der IT Planungsrat am 24. September 2010 die Nationale E-Government Strategie (NEGS) beschlossen. Darin verständigen sich Bund, Länder und Gemeinden gemeinsam darauf, wie die elektronische Abwicklung von Verwaltungsangelegenheiten über das Internet weiterentwickelt werden soll.[53] Inzwischen hat der Bund im März 2012 einen Referentenentwurf für ein E-Government Gesetz eingebracht.[54] Darin geht es nach der Begründung darum,

---

zes, Ziff. 5, verfügbar unter http://www.europarl.europa.eu/summits/lis1_de.htm(Zugriff 1.10.2012).

[49] Mitteilung der Kommission: Eine digitale Agenda für Europa, KOM(2010) 245 endgültig/2 v. 26.8.2010.

[50] S. inzwischen den Vorschlag einer Richtlinie über kollektive Wahrnehmung von Urheber- und verwandten Schutzrechten und die Vergabe von Mehrgebietslizenzen für die Online-Nutzung von Rechten an Musikwerken im Binnenmarkt, KOM(2012) 372 final.

[51] S. inzwischen den Vorschlag einer Verordnung zum Schutz natürlicher Personen bei der Verarbeitung personenbezogener Daten und zum freien Datenverkehr (Datenschutz-Grundverordnung), KOM(2012) 11 endgültig.

[52] Digitale Agenda (Fn. 49), Ziff. 2.7.4.

[53] IT-Planungsrat, Nationale E-Government Strategie, 2010, in der sechs Ziele festgelegt werden: „maßgebliche Orientierung am Nutzen von Bürgern, Unternehmen und Verwaltung, die Erhöhung der Effizienz des Verwaltungshandelns, die Transparenz über Daten und Abläufe, Datenschutz sowie die Stärkung der gesellschaftlichen Teilhabe über Internetangebote des Staates", unter http://www.it-planungsrat.de/DE/Strategie/negs_node.html (Zugriff 1.10.2012).

[54] Vgl. BMI, E-government-Gesetz: Referentenentwurf für ein Gesetz zur Förderung der elektronischen Verwaltung sowie zur Änderung weiterer Vorschriften v. 5.3.2012, unter http://www.bmi.bund.de/SharedDocs/Downloads/DE/Gesetzestexte/Entwuerfe/Entwurf_EGov.pdf?__blob=publicationFile(Zugriff: 1.10.2012). Zum Vorschlag zahlreicher Änderungen durch den Bundesrat s. Heise-Online v. 2.11.2012, „Bundesrat will E-Government-Gesetz nachbessern lassen", unter: http://www.heise.de/newsticker/meldung/Bundesrat-will-E-Government-Gesetz-nachbessern-lassen-1742543.html (Zugriff 18.4.2020).

„nutzerfreundliche, ebenenübergreifende Verwaltungsdienstleistungen unter einer gemeinsamen Oberfläche anzubieten und sich dabei an den Lebenslagen der Bürgerinnen und Bürger sowie Unternehmen zu orientieren".

Zahlreiche Neuerungen, ganz abgesehen von der Problematik des elektronischen Identitätsnachweises mit dem neuen Personalausweis, bedürfen sicher einiger Debatten in Bundestag und Bundesrat. Die Idee einer einheitlichen Plattform für den Bürger im Gespräch mit den Behörden aber hat erheblichen Charme.

3. *Insbesondere: Open-Government und Datenzugang auf drei Ebenen*

Im Blick auf die Entwicklung der Informationsgesellschaft sind die Initiativen zum Thema Open Government auf allen Ebenen von besonderem Interesse. Für den Bürger ist wichtig, dass er mit Hilfe eines Portalverbunds alles unter einem Dach finden kann.[55] Der „einheitliche Ansprechpartner" nach der europäischen Dienstleistungsrichtlinie ist ein Vorbild.[56] Das so gebündelte Angebot des freien Zugangs zu den in der öffentlichen Verwaltung verfügbaren Daten ist dabei für Bürger und Wirtschaft von besonderem Interesse.

Mit dem Ziel eines vom Bund betriebenen ebenen-übergreifenden Online-Portals hat das Bundesinnenministerium am 1. August 2012 eine Studie vorgestellt, in der die Möglichkeiten der Offenlegung von Datenbeständen der öffentlichen Verwaltung („Open Government Data") untersucht werden. Dazu führt das BMI aus:

„Die Studie beschreibt den Status quo in Deutschland und gibt Empfehlungen für das weitere Vorgehen, insbesondere für die technische Ausgestaltung eines ebenenübergreifenden Online-Portals, Geldleistungs- und Lizenzmodelle sowie mögliche Betreibermodelle... Der Prototyp, der frei zugängliche Daten von Behörden aller Verwaltungsebenen verlinken wird, soll bis Anfang 2013 realisiert werden. Für Interessenten werden damit jene Datenbestände der öffentlichen Verwaltung, die zur Weiterverwendung freigegeben sind, schnell sichtbar und einfach nutzbar. Zugleich wird die Digitale Agenda der EU-Kommission mit ihrem Ziel berücksichtigt, öffentliche Daten bereitzustellen, um die Wirtschaft zu fördern und die Transparenz zu erhöhen."[57]

---

[55] Grundlegend: *Jörn von Lucke*, Hochleistungsportale für die öffentliche Verwaltung, 2007.

[56] Art. 6–8 der Richtlinie 2006/123/EG des Europäischen Parlaments und des Rates vom 12. Dezember 2006 über Dienstleistungen im Binnenmarkt ABl. 2006 L 376.

[57] Vgl. zuletzt: BMI, Pressemitteilung, Bundesinnenministerium veröffentlicht Studie ‚Open Government Data Deutschland', unter http://www.bmi.bund.de/SharedDocs/Pressemitteilungen/DE/2012/mitMarginalspalte/07/opengovernment.html (Zugriff 1.10.2012). Die Studie zu Open Government in Deutschland im Auftrag des Bundesministerium des Innern v. 1.8.2012 war verfügbar unter: http://www.bmi.bund.de/SharedDocs/Downloads/DE/Gesetzestexte/Entwuerfe/Entwurf_EGov.pdf?__blob=publicationFile (Zugriff 1.10. 2012).

Auch in Berlin ist man dabei, eine Open Data Strategie zu entwickeln. Dem dient eine 2012 vorgelegte Studie.[58] Ein Pilot ist schon verfügbar. Wie in der einführenden Zusammenfassung der Studie erklärt wird, eröffnet die Adresse http://daten.berlin.de/

„den Zugriff auf rund 60 Datensätze aus fast 15 verschiedenen Datenkategorien, nicht nur der öffentlichen Hand, sondern auch bereits von anderen Organisationen. Die Nutzer von http://daten.berlin.de dürfen die Daten für alle Zwecke verwenden, solange nicht gegen die Nutzungsbedingungen und gegen Rechte Dritter verstoßen wird."

Die Plattform ist so konzipiert, dass sie zwanglos in ein zentrales deutsches System integriert und die Daten außerdem auch auf europäischer Ebene z.B. auf publicdata.eu veröffentlicht werden können. Das bedeutet, dass die Berliner Plattform eines Tages auch mit den schon existierenden zentralisierten Plattformen etwa im Vereinigten Königreich[59] oder in Frankreich[60] verbunden werden kann.

Auf europäischer Ebene gibt es die Mitteilung der Kommission vom Dezember 2011 über „Offene Daten".[61] Sie nimmt Bezug auf den Bericht „Digital Britain" von 2009, in dem Daten zukunftsweisend als „Innovationswährung" und als „Lebenselixier der Wissenswirtschaft" bezeichnet werden.[62] Es geht um einen wichtigen Wachstumsmarkt, um wissenschaftliche und technische Innovation und damit letztlich um die Wettbewerbsfähigkeit der EU auf den globalen Märkten. Neben der politischen Bedeutung legt die Kommission auch die wirtschaftliche Bedeutung des offenen Datenzugangs dar:

„In einer aktuellen Studie wurde der Gesamtmarkt für Informationen des öffentlichen Sektors im Jahr 2008 EU-weit auf 28 Milliarden EUR geschätzt. In derselben Studie wird der wirtschaftliche Gesamtnutzen einer weiteren Öffnung von Informationen des öffentlichen Sektors durch Gewährung eines einfacheren Zugangs für die EU–27 auf etwa 40 Mrd. EUR pro Jahr beziffert. Der direkte und indirekte wirtschaftliche Nutzen, der aus

---

[58] Vgl. *Wolfgang Both*/*Ina Schieferdecker* (Hrsg.), Berliner Open Data Strategie, Organisatorische, rechtliche und technische Aspekte offener Daten in Berlin. Konzept, Pilotsystem und Handlungsempfehlungen, 2012, verfügbar unter http://www.berlin.de/projektzukunft/fileadmin/user_upload/pdf/sonstiges/Berliner_Open_Data-Strategie.pdf (Zugriff 1.10.2012).

[59] Zu erreichen unter http://data.gov.uk/ (Zugriff 1.10.2012).

[60] 2011 eröffnete Frankreich ein offenes Portal, unter http://www.data.gouv.fr/(Zugriff 1.10.2012).

[61] Vgl. die Mitteilung der Kommission vom 12.12.2011 Offene Daten: Ein Motor für Innovation, Wachstum und transparente Verwaltung, KOM (2011) 882 endgültig, sowie den Vorschlag einer Richtlinie zur Änderung der Richtlinie 2003/98/EG über die Weiterverwendung von Informationen des öffentlichen Sektors, KOM (2011) 877 endgülig.

[62] Mitteilung (Fn. 61), Ziff. 2.1.

PSI-Anwendungen und deren Nutzung in den Volkswirtschaften der 27 EU-Mitgliedstaaten erwächst, läge folglich in einer Größenordnung von jährlich 140 Milliarden EUR."[63]

Der Nutzen, der allein für das Gesundheitswesen durch die effektive Verwendung von Daten entsteht, wird unter Berufung auf eine McKinsey-Studie auf rund 300 Mrd. Dollar geschätzt. Und für die Wissenschaft führt „die zentrale Bedeutung von Daten" nach Einschätzung der Kommission „zur grundlegenden Veränderung des Wissenschaftsprozesses".[64]

„Der durch die E-Wissenschaft bewirkte Wandel im Wissenschaftsprozess wird zu einer Steigerung der Forschungsproduktivität führen und Impulse für neue und unerwartete Lösungen gesellschaftlicher Herausforderungen liefern. Außerdem werden Stimulationseffekte zwischen öffentlich finanzierter Forschung und kommerziellem Sektor im ‚Europäischen Forschungsraum online' es ermöglichen, die Innovation zu beschleunigen und ihre Wirkungskraft zu steigern."[65]

Innovation durch das Internet verdient besondere Aufmerksamkeit. Im Forschungsprogramm des Alexander von Humboldt-Instituts für Internet und Gesellschaft in Berlin nimmt es einen zentralen Platz ein.[66] Insbesondere, wenn es etwa um Crowdsourcing geht, betrifft dies nicht nur die Wirtschaft und den technischen Fortschritt, sondern auch den Wettbewerb der Ideen im politischen Prozess.

Zu den Vorschlägen der Kommission gehört nach allem die Novellierung der Richtlinie über die Weiterverwendung von Informationen des öffentlichen Sektors,[67] aber auch eine Politik des offenen Zugangs zu Veröffentlichungen der Wissenschaft sowie die Digitalisierung des kulturellen Erbes und der Bibliotheken durch „Europeana".[68]

Wenn es richtig ist, dass die verfügbaren Datenmengen jährlich um ca. 40 % wachsen und über das Semantic Web nicht nur Dokumente, sondern Daten über RTF miteinander verknüpft werden, so dass für gezielte Suchanfragen ganz neue Möglichkeiten der Wissensgenerierung vor uns stehen, könnte das auch für die Informationsgesellschaft noch einmal einen erheblichen Wandel mit sich bringen. Die Politik scheint darin eine Chance zu sehen; welche Rückwirkungen das auf Staat und Politik hat, ist aber schwer abzuschätzen.

---

[63] Mitteilung (Fn. 61), Ziff. 2.1.

[64] Mitteilung (Fn. 61), Ziff. 2.2.

[65] Mitteilung (Fn. 61), Ziff. 2.3.

[66] Näheres unter: http://www.hiig.de/forschung/internet-basierte-innovation-und-okonomie/ (Zugriff 1.10.2012).

[67] Vorschlag einer Richtlinie des Europäischen Parlaments und des Europäischen Rates zur Änderung der Richtlinie 2003/98/EG über die Weiterverwendung von Informationen des öffentlichen Sektors (PSI-Richtlinie), KOM(2011) 877 endgültig.

[68] Mitteilung (Fn. 61), Ziff. 3.2.1.

III. Grenze der Offenheit: Privatheit und Datenschutz

Mit Sicherheit aber wird sich ein Problem verschärfen, das wir schon heute haben: Der Schutz der Privatsphäre bzw. der personenbezogenen Daten und Informationen. Informatiker sagen, dass es schon heute aufgrund der im Internet vorhandenen Daten mit der nötigen Software möglich ist, über jede Person ein komplettes Persönlichkeitsprofil zu erstellen. Das ist für die Werbewirtschaft interessant, aber auch für viele andere Akteure, wie Versicherungen, Arbeitgeber, Heiratsvermittler, Partnersuchende etc. Viele unserer Aktivitäten hinterlassen Datenspuren. Das gilt nicht nur für Angaben in sozialen Netzwerken, beim elektronischen Einkauf oder bei der Nutzung von Suchmaschinen im Internet. Jedes Telefonat, die Ortungsfunktion im Smartphone, das Navigationssystem beim Autofahren produziert Daten, die hier oder dort gespeichert werden. Im Zeitalter von *Smart Energy* und dem *Internet of Things* werden wir vollständig transparent.

Umgekehrt ist vieles, was wir als selbstverständlich mit unserem Computer tun, von der E-Mail bis zum Verfassen eines Sitzungsprotokolls oder anderer Texte, in denen von Personen die Rede ist, und ihrer Speicherung etwa auf einer Cloud, potentiell eine Verarbeitung personenbezogener Daten anderer. Dies gilt auch für das Hochladen von Fotos etwa auf Facebook, soweit darauf (auch) andere Personen als der Nutzer selbst zu sehen sind. Damit bewegen wir uns nach geltendem Recht potentiell oder vielfach bereits aktuell im Bereich der Illegalität.

In diesen Bereichen stößt die Informationsgesellschaft an ihre Grenzen. In Januar 2012 hat die Europäische Kommission wegen der durchgreifenden Veränderungen durch das Internet einen Vorschlag für eine komplette Neuregelung durch eine Verordnung zum Datenschutz im 21. Jahrhundert vorgelegt. Der Vorschlag stieß auf erhebliche Kritik, vor allem in Deutschland. Der Bundesrat erhob sogar die Subsidiaritätsrüge. Verfassungsrichter *Johannes Masing* schrieb in der Süddeutschen Zeitung, dass dem Bundesverfassungsgericht im Bereich Datenschutz die Zuständigkeit für den Grundrechtsschutz entzogen würde.[69] Kritisiert wird auch, dass es eine Verordnung sein soll anstatt einer Richtlinie, und dass Staat, Unternehmen und Privatpersonen grundsätzlich gleichbehandelt würden.

Nach einer etwas eingehenderen Analyse wird indessen deutlich, dass eine Neuregelung des Datenschutzes überfällig ist. Wirksam geht das nur auf europäischer, eher noch auf globaler Ebene. Denn das Internet – vom Cloud-Computing gar nicht zu sprechen – kennt grundsätzlich keine Staatsgrenzen, trotz möglicher Sperren, wie China sie offenbar einrichtet. So sucht der Ver-

---

[69] *Johannes Masing*, Süddeutsche Zeitung vom 9.1.2012, Seite 10; sowie vertiefend *ders.*, NJW 2012, 2305.

ordnungsvorschlag auch eine Lösung gegenüber Akteuren aus Drittländern. Vor allem aber greift er Vorschläge auf, die im Blick auf einen effektiven Datenschutz in der Diskussion sind:

- Eine Regelung und Beschränkung des Profiling.
- Die Einführung des Rechts auf Vergessenwerden.
- Die Portabilität der persönlichen Daten auf Antrag jedes Nutzers.
- Voreinstellungen im Sinne von Privacy by design / default

Nur Experten der Informatik können sagen, ob mit diesen Instrumenten ein effektiver Schutz der personenbezogenen Daten möglich ist. Das blieb auch auf der von BMI und HIIG gemeinsam organisierten Tagung über den „Datenschutz des 21. Jahrhunderts. Spielregeln für die Informationsgesellschaft" durchaus umstritten.[70] Unklar ist zudem, ob – und ggf. nach welchen Kriterien – eine Unterscheidung zwischen besonders gefährlichen Formen der Datenverarbeitung und einer weniger gefährlichen „alltäglichen" Datenverarbeitung möglich ist. Bei ersterer stellt sich die Frage, unter welchen Bedingungen eine Einwilligung wirksam sein kann, also etwa über welche Informationen der Betroffene verfügen muss, um „informiert" einzuwilligen. Reicht eine pauschale Einwilligung? Was ist mit den Daten, wenn die Einwilligung widerrufen wird? Für die alltägliche Datenverarbeitung, wenn man sie denn definieren kann, ist zu klären, ob es überhaupt einer Regelung bedarf. Praktiker weisen darauf hin, dass in vielen Fällen illegaler Datenverarbeitung entweder schon das Bewusstsein der Rechtswidrigkeit fehlt, oder jedenfalls fehlt es an der Durchsetzung des Rechts.[71]

Daher streitet man darüber, ob es richtig ist, das Verbotsprinzip aufrecht zu erhalten, oder ob umgekehrt die Verarbeitung auch personenbezogener Daten grundsätzlich erlaubt sein soll, verbunden mit der Festlegung, was genau mit welchen Folgen und unter welchem Vorbehalt verboten ist.

Ein dreitägiger Workshop über den „Datenschutz des 21. Jahrhunderts" mit Experten aller Disziplinen hat dazu mehr Fragen aufgezeigt als Antworten gegeben. Ein Schritt weiter zu Lösungsansätzen wurde von der internationalen Konferenz des BMI und des HIIG erwartet.[72] Eine Lehre aus der Konferenz ist die Einsicht, dass übergreifende globale Normen für den Da-

---

[70] Zur Dokumentation einiger Beiträge auf der Webseite des BMI vgl. http://www.bmi.bund.de/SharedDocs/Kurzmeldungen/DE/2012/08/internat_datenschutzkonferenz.html (Zugriff 1.10.2012).

[71] So die Bemerkungen auf dem von BMI und HIIG am 28.–30. 8. 2012 durchgeführten Workshop zum „Datenschutz des 21. Jahrhunderts" in Berlin, zusammenfassende Papiere über die Ergebnisse der workshops abrufbar unter: http://www.bmi.bund.de/SharedDocs/Kurzmeldungen/DE/2012/09/internat_datenschutzkonferenz_workshop.html?nn=3314802 (Zugriff 1.10.2012).

[72] Vgl. oben, Fn. 70.

tenschutz entwickelt und dafür neue Wege der Normsetzung möglicherweise auch unter Nutzung des Internets selbst gesucht werden müssen, wenn die Freiheit des Internets erhalten bleiben soll. Hierfür könnten Erfahrungen mit dem Konzept der regulierten Selbstregulierung nutzbar gemacht werden. Ein Forschungsprojekt zum Thema „Global Privacy Governance" soll darauf aufbauen. Ein weltweites Regime für den Datenschutz ist Funktionsbedingung einer Informationsgesellschaft, in der Politik offen und transparent gestaltet werden kann, frei von Ängsten über zu viel Wissen über jeden von uns in falschen Händen. Ob und wann es zu einer Regelung kommt, unter der wir alle sicher sein können, dass wir über unsere Daten wirklich selbst bestimmen können, wie es das Grundrecht auf informationelle Selbstbestimmung fordert, bleibt vorerst offen.

Die Politik ist gefordert. Und die Informationsgesellschaft entwickelt sich ungebremst weiter.

Schluss

Die Zusammenfassung der erwähnten Studie über die Berliner Open Data Strategie beginnt mit einer bemerkenswerten Einsicht:

> „Nicht zuletzt der unerwartete Erfolg der Piratenpartei bei den Wahlen zum Berliner Abgeordnetenhaus und zu den Bezirksparlamenten hat deutlich gemacht, dass Forderungen nach offenem Regierungs- und Verwaltungshandeln, Öffnung von Datenbeständen und aktivem Bereitstellen von Regierungs- und Verwaltungsinformationen über Gesetzestexte und Verordnungen hinaus nicht irgendwo vom Rand der Gesellschaft erhoben werden. Bürgerbegehren, Bürgerbeteiligung, Bürgerproteste, Bürgerhaushalte zeigen, dass diese Themen in der Mitte der Gesellschaft angekommen sind."[73]

Das ist die Informationsgesellschaft. Und sie fordert die Politik, ebenso wie die Politik die Entwicklung der Informationsgesellschaft fördert. Dabei dürfen wir nicht übersehen, dass es nur um ein, wenn auch wichtiges, Entwicklungsstadium der Gesellschaft geht, das auf den früheren Stadien aufbaut und diese auch modifiziert, ohne deren Essenz zu ändern:

- Wir bleiben ein Stück Jäger und Sammler – oder: Agrargesellschaft, weil wir essen wollen.
- Wir bleiben Industriegesellschaft, die auch die Landwirtschaft industrialisiert, um Autofahren zu können, zu bauen, Technik zu nutzen.
- Und wir sind Informationsgesellschaft, die auch die Industrie digitalisiert, um unsere Zukunftsprobleme besser und ziviler lösen zu können, bis ein neuer technologischer Schritt uns vielleicht wieder in eine neue Phase treten lässt.

---

[73] Vgl. oben, Fn. 58, S. 11.

Mit jeder Phase ändern sich auch die Politik und die Strukturen der Macht. In der Informationsgesellschaft bleibe ich optimistisch, dass der einzelne Bürger in der verfassten Gemeinschaft ein Maß an Freiheit, Gleichheit und Beteiligung in der Politik erreicht, wie es Menschen in der Vergangenheit sich kaum ernsthaft hätten träumen lassen.

Kapitel 2

Verfassungs- und europarechtliche Aspekte der Transparenz staatlichen Handelns (2013)

Einführung

Wer in den 80er Jahren des letzten Jahrhunderts in Deutschland von der EU-Initiative berichtete, zum Abbau der Vollzugsdefizite im Umweltrecht eine Richtlinie zu erarbeiten, die jedem Interessierten freien Zugang zu den Umweltinformationen der Verwaltung garantiert, stieß bei führenden Staatsrechtslehrern auf Erstaunen und Unverständnis:[1] Der Staat wäre nicht mehr handlungsfähig, wenn jeder einen Informationsanspruch hätte über die internen Geschäfte. Mit dem Argument, dass es doch die *öffentliche* Verwaltung sei, um die es gehe, war wenig zu gewinnen. Öffentlich, d.h. vom Gemeinwohl geleitet, seien die Interessen, die Staat und Verwaltung verfolgten. Eine öffentliche Kontrolle des Staatshandelns sei selbstverständlich, soweit der Staat nach außen trete, interne Vorgänge aber müssten intern bleiben, wenn Verwaltung effizient sein sollte.

Die Richtlinie über den freien Zugang zu den Umweltinformationen erging 1991. Sie löste ein schrittweises Umdenken in der Literatur aus, später auch in der Politik. *Arno Scherzberg* wirbt in seiner Schrift über „Die Öffentliche Verwaltung" (2000) dafür, den objektiv-grundrechtlichen Auftrag zur Schaffung einer freiheitlichen informationellen Infrastruktur auch auf den Umgang mit den Informationen des politisch-administrativen Systems zu beziehen".[2] Zwei Jahre später ruft *Friedrich Schoch* zur Umkehr – vom Grundsatz der Geheimhaltung zum Grundsatz der Informationszugangs-

[1] *Friedrich Schoch*, Informationsgesetz Kommentar, 2009, Einleitung Rn. 154, spricht noch heute von „Entsetzen, das diese Ansicht (sc.: Prägung des Grundrechts aus Art. 5 Abs. 1 S. 1 Hs. 2 GG durch das IFG) in Teilen des Schrifttums offenbar auslöst".

[2] *Arno Scherzberg*, Die Öffentlichkeit der Verwaltung, 2000, S. 289 ff., 346 f.: „Vor allem der funktionelle Zusammenhang der Kommunikationsfreiheit des Art. 5 Abs. 1 S. 1 GG mit dem demokratischen Anliegen der Selbstbestimmung des Volkes legt insoweit nahe, den objektiv-grundrechtlichen Auftrag zur Schaffung einer freiheitlichen informationellen Infrastruktur auch auf den Umgang mit den Informationen des politisch-administrativen Systems zu beziehen".

freiheit – auf.[3] 2003 nimmt sich die Staatsrechtslehrervereinigung mit Referaten von *Rolf Gröschner* und *Johannes Masing* des Themas „Transparente Verwaltung" an.[4] Umfassend unternimmt es dann *Bernhard W. Wegener*, das Verhältnis von Geheimhaltung als Regel und Öffentlichkeit der Verwaltung als Ausnahme auf den Kopf zu stellen. In seiner Habilitationsschrift von 2006: „Der geheime Staat. Arkantradition und Informationsfreiheitsrecht" begründet er mit einer historischen Perspektive, dass es dabei um mehr geht als um den freien Zugang zu Umweltinformationen.[5]

Selbst der Gedanke des freien Zugangs zu Umweltinformationen iSd. der Richtlinie 90/313/EWG fand in Deutschland aber nur zögerlich Freunde. Die Richtlinie wurde hier mit beträchtlicher Verspätung 1994 und so halbherzig umgesetzt, dass Deutschland nach Verurteilung durch den EuGH[6] erst zehn Jahre nach Erlass der Richtlinie eine korrekte Umsetzung der Richtlinie erreichte. Dennoch war von „Systemwandel" die Rede,[7] *Schoch* nennt es „Paradigmenwechsel".[8]

Die EU erreichte, dass der Grundgedanke des Zugangs zu Umweltinformationen in der Rio-Erklärung von 1992 zu einem international anerkannten Prinzip gekürt wurde, als Teil der globalen Nachhaltigkeitsstrategie: Grundsatz 10 der Rio-Erklärung lautet:

> „Umweltfragen sind am besten auf entsprechender Ebene unter Beteiligung aller betroffenen Bürger zu behandeln. Auf nationaler Ebene erhält jeder Einzelne angemessenen Zugang zu den im Besitz öffentlicher Stellen befindlichen Informationen über die Umwelt, einschließlich Informationen über Gefahrstoffe und gefährliche Tätigkeiten in ihren Gemeinden, sowie die Gelegenheit zur Teilhabe an Entscheidungsprozessen. Die Staaten erleichtern und fördern die öffentliche Bewusstseinsbildung und die Beteiligung der Öffentlichkeit, indem sie Informationen in großem Umfang verfügbar machen. Wirksamer Zugang zu Gerichts- und Verwaltungsverfahren, so auch zu Abhilfe und Wiedergutmachung, wird gewährt."

---

[3] *Friedrich Schoch*, Informationsfreiheitsgesetz für die Bundesrepublik Deutschland, Die Verwaltung 35 (2002), S. 149 ff., mit einem Plädoyer für eine grundlegende Reform des Verwaltungsinformationsrechts in Deutschland; s. auch ebd., S. 156: „Notwendigkeit eines Bewusstseinswandels", wobei für ihn der „Entwicklungsrückstand des deutschen Informationszugangsrechts im öffentlichen Sektor" nur behoben werden kann, „wenn – das Prinzip der begrenzten Aktenöffentlichkeit gleichsam ‚umdrehend' – die Informationszugangsfreiheit gegenüber öffentlichen Stellen zum *Grundsatz* wird".

[4] *Rolf Gröschner / Johannes Masing*, Transparente Verwaltung: Konturen eines Informationsverwaltungsrechts, VVDStRL 63 (2004), S. 345 / 377.

[5] *Bernhard W. Wegener*, Der geheime Staat. Arkantradition und Informationsfreiheitsgesetz, 2006.

[6] EuGH, Rs. C 217/97, Slg. 1999, I–5087 ff. – UIG.

[7] Nachw. bei *Wegener* (Fn. 5), S. 23 mit Fn. 75.

[8] *Friedrich Schoch*, Der Zugang zu amtlichen Dokumenten nach Europarecht, in: Alexander Dix u.a. (Hrsg.), Informationsfreiheit und Informationsrecht. Jahrbuch 2011 (2012), S. 23, 24.

Zur Umsetzung hat die ECE die Aarhus-Konvention auf den Weg gebracht, die diese Grundsätze aufgreift und in verbindliches Recht umsetzt. Die Konvention wurde 1998 unterzeichnet und trat 2001 in Kraft.[9] Die EU sah sich durch die Konvention und die inzwischen europaweit gesammelten Erfahrungen veranlasst, die Richtlinie im Jahre 2003 durch eine erweiterte Regelung zu ersetzen.[10] Ihre Umsetzung führte zum Umweltinformationsgesetz von 2005.

Der Gedanke des Informationszugangs breitete sich weiter aus. Was von *Christoph Sobotta* in seiner grundlegenden Untersuchung zur „Transparenz im Rechtsetzungsverfahren der Europäischen Union" als „allgemeiner Rechtsgrundsatz über den Zugang zu Informationen" entwickelt wurde,[11] fand alsbald Eingang ins positive Recht.

Zunächst erging die Verordnung (EG) Nr. 1049/2001 des Europäischen Parlaments und des Rates vom 30.5.2001 über den Zugang der Öffentlichkeit zu Dokumenten des Europäischen Parlaments, des Rates und der Kommission. Nach Art. 5 der Verordnung haben auch die Behörden der Mitgliedstaaten diesen Zugang zu gewähren, wenn es sich um Dokumente der EU-Institutionen handelt. Der Grundsatz wurde alsbald ins Primärrecht übernommen. Der Vertrag von Amsterdam führte ein, was jetzt Art. 1 Abs. 2 des neuen EU-Vertrags ist: Das Prinzip einer „immer engeren Union der Völker Europas, in der die Entscheidungen möglichst offen und möglichst bürgernah getroffen werden". Das verleiht dem Transparenzgrundsatz eine für die Union identitätsbildende Spitzenposition. Er wurde zunächst in Art. 255 EGV konkretisiert, als Recht auf Zugang zu den Dokumenten der EU-Organe. Seit dem Vertrag von Lissabon ist er in Art. 15 AEUV verankert, als Grundrecht in Art. 42 GRCh.

Mittlerweile gilt die allgemeine Freiheit des Informationszugangs im europäischen Recht als wichtiges „Element des Demokratieprinzips".[12] *Schoch* spricht von einem „Siegeszug" durch die Rechtsordnungen, wobei er Deutschland und die Schweiz als „Nachzügler" bezeichnet.[13] In Deutschland

---

[9] Zum Entwicklungsprozess seit der Stockholmer Konferenz von 1972 vgl. *Jule Martin*, Das Steuerungskonzept der informierten Öffentlichkeit. Neue Impulse aus dem Umweltrecht des Mehrebenensystems (2012), S. 80 ff.

[10] Richtlinie 2003/4/EG des Europäischen Parlaments und des Rates vom 28. Januar 2003 über den Zugang der Öffentlichkeit zu Umweltinformationen und zur Aufhebung der Richtlinie 90/313/EWG des Rates, ABl. 2003 L 41/26.

[11] *Christoph Sobotta*, Transparenz in den Rechtsetzungsverfahren der Europäischen Union. Stand und Perspektiven des Gemeinschaftsrechts unter besonderer Berücksichtigung des Grundrechtes auf Zugang zu Informationen (2001), insbes. S. 315 ff.; vgl. auch Gröschner (Fn. 4), S. 363 ff.: „Informationsfreiheit als Rechtsgrundsatz".

[12] Vgl. etwa *Christian Calliess*, in: ders./Matthias Ruffert (Hrsg.) EUV-AEUV Kommentar, 4. Aufl. 2011, Art. 1 Rn. 75 ff.

[13] *Schoch*, Zugang (Fn. 8), S. 23, 24.

wurde sie 2006 mit dem Informationsfreiheitsgesetz eingeführt, die Schweden haben so etwas wohl schon seit 1766.[14] Wenn mein Thema die verfassungs- und europarechtlichen Aspekte der Transparenz staatlichen Handelns betrifft, so richtet sich der Blick auf ein bemerkenswertes Phänomen: Unser Staat verändert sich infolge der Einbindung in die Europäische Union in zweierlei Weise:

Erstens durch die Rücknahme des Absolutheitsanspruchs der Souveränität in der EU: Die Präambel des Grundgesetzes nimmt das voraus: Das deutsche Volk versteht sich als „Glied in einem vereinten Europa". Sie sieht Deutschland als Mitgliedstaat eines föderalen Gebildes, in dem es die europäische Setzung verbindlichen Rechts mit unmittelbarer und vorrangiger Wirkung für die Einzelnen mitträgt und erträgt. Der Umfang der Kompetenzen ist so angewachsen, dass manche meinen – bis hinein ins Bundesverfassungsgericht – Art. 38 GG und das Demokratieprinzip könnten verletzt sein.[15]

Zum anderen, darum geht es heute, mutiert unser Staat aufgrund der von Europa ausgehenden Impulse,[16] wie etwa *Bernhard W. Wegener* darlegt, vom „geheimen Staat" zu einem Gemeinwesen, in dem die „Öffentlichkeit" der Verwaltung eine neue Bedeutung bekommt.[17] Staat und Verwaltung werden zur Angelegenheit der Bürgerinnen und Bürger. Statt als geheimer Apparat zu dienen, als Maschine oder *black box*, deren interne Vorgänge dem Blick der Bürger entzogen sind, unterliegen sie heute der Kontrolle durch die Öffentlichkeit, so wie es sich für eine Demokratie geziemt.

Überspitzt: Wo manche das Ende der Demokratie kommen sehen, von dort sehen wir Impulse ausgehen, die Deutschland endlich zu einem erwachsenen demokratischen Gemeinwesen machen.

Im ersten Schritt sollen diese verfassungs- und auch staatstheoretischen Aspekte etwas vertieft werden (dazu II.), bevor die Konsequenzen für die Auslegung des Art. 5 Abs. 1 S. 1 Hs. 2 GG ausgelotet werden (dazu III.). Der grundlegende Wandel im Verhältnis von Staat und Bürger beschleunigt sich noch angesichts der Potentiale, die sich für das Öffentlichkeitsprinzip aus dem Internet ergeben (dazu IV.).

---

[14] So *Peter Schaar/Jürgen Roth*, Quo Vadis Informationsfreiheit? Bilanz und Perspektiven des Informationsfreiheitsgesetzes, in: in: Alexander Dix u.a. (Hrsg.), Informationsfreiheit und Informationsrecht. Jahrbuch 2011 (2012), S. 1 f.

[15] Vgl. BVerfGE 123, 267, 340 ff. – Lissabon; kritisch dazu *Ingolf Pernice*, Der Schutz nationaler Identität in der Europäischen Union, AöR 136 (2011), S. 185, 200 ff.

[16] Dazu *Schoch* (Fn. 1), Rn. 2.

[17] *Wegener* (Fn. 5), S. 390 ff., 439 ff.

I. Verfassungs- und staatstheoretischer Wandel

Die grundsätzliche Trennung, der Dualismus von Staat und Gesellschaft[18] war in den frühen Jahren unserer Republik eines der umstrittensten Dogmen der Verfassungstheorie.[19] Aus ihr wird von den einen der freiheitliche Charakter der Grundrechte erklärt, als Abwehrrecht gegen den Staat,[20] der als der Verfassung vorgegeben verstanden wird.[21] Nach der anderen Lehre ist der Staat eine Form, in der sich die Gesellschaft organisiert,[22] er wird erst durch die Verfassung konstituiert.[23] Und der Bürger versteht sich als Teil des Gemeinwesens. Für die eine Lehre gewährleisten die Grundrechte die Freiheit von Bürger und Gesellschaft gegen Staat und Gesetz,[24] für die andere können sie auch Ansprüche sein, und das Gesetz ist die Form, in der Freiheit im Geflecht widerstreitender Interessen organisiert und aktualisiert wird.[25]

Die Informationsfreiheit verstehe ich als Ausdruck einer Entwicklung, mit der sich das Grundverhältnis von Staat und Bürger in dieser Richtung verändert. Sie schafft die Offenheit des Staates gegenüber dem Bürger (dazu 1.). Sie stärkt damit die Demokratie als partizipative Demokratie (dazu 2.) im Sinne eines von der governance-Theorie geprägten Ansatzes kooperativer Regierung (dazu 3.),

---

[18] S. etwa *Ernst Forsthoff*, Verwaltungsrecht, 1. Band, Allg. Teil, 10. Aufl. 1973, zur Geschichte der Verwaltungsrechtswissenschaft, S. 32, 43: „Die Entdeckung der Gesellschaft als einer vom Staate prinzipiell zu scheidenden, eigengesetzlichen Sphäre ist für die Systematik des Verwaltungsrechts von großer Wichtigkeit".

[19] Vgl. etwa *Ernst-Wolfgang Böckenförde*, Die Bedeutung der Unterscheidung von Staat und Gesellschaft im demokratischen Sozialstaat der Gegenwart, in: ders., Staat Gesellschaft Freiheit. Studien zur Staatstheorie und zum Verfassungsrecht, 1976, S. 185 ff.

[20] Dazu eingehend *Ernst-Wolfgang Böckenförde*, Die verfassungstheoretische Unterscheidung von Staat und Gesellschaft als Bedingung der individuellen Freiheit, 1973; zum Wandel der Grundrechtstheorie s. etwa *Walter Schmidt*, Grundrechte – Theorie und Dogmatik seit 1946 in Westdeutschland, in: Dieter Simon, Rechtswissenschaft in der Bundesrepublik, 1994, S. 188, 202 ff.

[21] Vgl. etwa *Joseph Isensee*, Staat und Verfassung, in: ders./Paul Kirchhof (Hrsg.), HdbStR Bd. I, 1. Aufl. 1987, § 13, Rn. 117 ff.

[22] *Konrad Hesse*, Grundzüge des Verfassungsrechts der Bundesregpublik Deutschland, 20. Aufl. 1999, S. 8.

[23] Nachdrücklich *Peter Häberle*, Verfassungslehre als Kulturwissenschaft, 2. Aufl. 1998, S. 620 f. Übersicht über die Thesen und Literatur: *Anne Peters*, Elemente einer Theorie der Verfassung Europas (2001), S. 83 ff., 100 f.

[24] S. *Böckenförde* (Fn. 19), S. 193, für den allerdings die Gesellschaft dem Staat vorausliegt; „fallen Staat und Gesellschaft ineinander und kommt es zur sogenannten ‚Identität' von Staat und Gesellschaft", so bedeutet das für ihn „zugleich das Ende der individuellen Freiheit".

[25] Grundlegend *Peter Häberle*, Die Wesensgehaltgarantie des Art. 19 Abs. 2 Grundgesetz, 3. Aufl. 1983, S. 180 ff.

1. Öffnung der Staatlichkeit und die neue Rolle des Bürgers

Trotz der unterschiedlichen Ansätze zu Staat und Gesellschaft wurde eine „offene Staatlichkeit“[26] bisher nur im Außenverhältnis thematisiert, als Offenheit zu Europa[27] und Offenheit gegenüber der internationalen Bedingtheit des Staates.[28] Im Übrigen galt „die Geheimhaltungsregel“.[29] Über eine Offenheit nach innen, die Transparenz des staatlichen Handelns und der Verwaltung, wird dagegen – abgesehen vom Beispiel Schweden und einigen Stimmen im Deutschland des 19. Jahrhunderts[30] – erst neuerdings gesprochen. Der Anstoß kam – wie schon angedeutet – aus Brüssel.[31]

Der Bundespräsident repräsentiert die Einheit des Staates. Dieser äußert sich nach herkömmlicher Sicht in Gesetzgebung und exekutivem Handeln der Beamten gegenüber dem Bürger, *top down*. In monarchischer Tradition unterliegen die Staatsgeschäfte der Geheimhaltung. Diese an sich antidemokratische Tendenz,[32] fand ihren Höhepunkt im totalen Staat.[33] Auch im frühen Deutschland des Grundgesetzes kann der Bürger in den Staat nicht hineinblicken.[34] Er kann sich nur vor Gerichten gegen das ihn betreffende Staats-

---

[26] S. grundlegend *Klaus Vogel*, Die Verfassungsentscheidung des Grundgesetzes für eine internationale Zusammenarbeit (1964), S. 33, 42. *Stefan Hobe*, Der offene Verfassungsstaat zwischen Souveränität und Interdependenz. Eine Studie zur Wandlung des Staatsbegriffs der deutschsprachigen Staatslehre im Kontext internationaler institutionalisierter Kooperation (1998), S. 137 ff. Vgl. auch *Thomas Giegerich*, Die Zähnung des Leviathan – Deutschlands unvollendeter Weg vom nationalen Machtstaat zum offenen und europäischen Verfassungsstaat, in: ders. (Hrsg.), Der „offene Verfassungsstaat“ des Grundgesetzes nach 60 Jahren. Anspruch und Wirklichkeit einer großen Errungenschaft (2010), S. 13 ff. Zur Entwicklung: *Thilo Rensmann*, Die Genese des „offenen Verfassungsstaats“ 1948/49, ebd., S. 37 ff.

[27] S. insbesondere *Vogel* (Fn. 26), S. 41 f.

[28] Vgl. *Christian Tomuschaft*, Der Verfassungsstaat im Geflecht der internationalen Beziehungen, VVDStRL (36) 1978, S. 8, 16 ff.

[29] *Wegener* (Fn. 5), S. 3 ff.

[30] Dazu näher *Wegener* (Fn. 5), S. 299 ff., 306 ff., ebd., S. 347 ff. aber auch der Verweis auf Max Weber.

[31] Vgl. auch *Schoch*, Informationsfreiheitsgesetz (Fn. 3), S. 149 ff., mit einem Plädoyer für eine grundlegende Reform des Verwaltungsinformationsrechts in Deutschland; s. insbes. ebd., S. 157, mit Verweis auf *Scherzberg*, Öffentlichkeit (Fn. 2), S. 195 ff., 289 ff., 344 f., 385 ff.

[32] Zu den Wurzeln *Wegener* (Fn. 5), S. 318 ff., 323 ff., 324: „... von der nur im Geheimen zu wahrenden Erhabenheit und Autorität der monarchischen Staatsführung“ gegenüber der „Verwaltungspublizität mit dem Ziel einer demokratischen oder zumindest bürgerlichen Selbstregierung“; Schlussfolgerung ebd., S. 392. Aufschlussreich ebd., S. 407 ff. zur Regelgeheimhaltung in Großbritannien bis zur Informationsfreiheit unter Tony Blair (S. 413).

[33] *Wegener* (Fn. 5), S. 356 ff.

[34] Eindrücklich *Wegener* (Fn. 5), S. 373 ff.

handeln wehren und durch Wahlen die Richtung der Politik des Staates beeinflussen. Die politische Verantwortung für jeden staatlichen Akt trägt dabei die gewählte Regierung; Klagegegner im Rechtsstreit ist der Staat, dh. nach § 78 VwGO der Bund, das Land oder die Körperschaft, deren Behörde den angefochtenen Verwaltungsakt erlassen oder den beantragten Verwaltungsakt unterlassen hat. Akteneinsicht gibt es nur für den Betroffenen. Im Übrigen blieb der Staat eine *black box*.

Das hat sich geändert. Zuerst im Umweltrecht wurde deutlich, dass die traditionellen Formen der Kontrolle nicht ausreichen. Die EU hat das für die Zwecke der Durchsetzung des Unionsrechts früh erkannt und eine Strategie der Mobilisierung des Bürgers für die Durchsetzung des Rechts entwickelt. Dies beschreibt *Johannes Masing* und entwickelt daraus eine Neukonzeption des subjektiv-öffentlichen Rechts:[35] Der mitverantwortliche, wachsame und informierte Bürger hat einen „status procuratoris", eine Mitverantwortung für die objektive Rechtmäßigkeit staatlichen Handelns.[36]

Was wir damit hinter uns lassen, zeigt ein Beispiel aus Zeiten der DDR besonders drastisch: Die Giftseen von Bitterfeld hätten kaum bestehen können, wäre das Thema Umweltverseuchung nicht als Staatsgeheimnis behandelt worden. Sicher als Reaktion auf diese Erfahrungen ist der freie Zugang zu Umweltinformationen in allen Verfassungen der neuen Bundesländer verankert worden. Art. 21 Abs. 3 und 4 der Verfassung Brandenburgs gehen sogar darüber hinaus: Garantiert werden das Recht auf Information und Einsicht in Akten und amtliche Unterlagen der Behörden und Verwaltungseinrichtungen des Landes und der Gemeinden.[37]

Heute gewährt das Informationsfreiheitsrecht dem Bürger den Blick in das Innere des Staates. Brandenburg war Vorreiter auf Länderebene, mit dem Akteneinsichts- und Informationsfreiheitsgesetz von 1998. Andere Länder folgten dem Beispiel und erließen ihrerseits Gesetze, in denen ein voraussetzungsloser Anspruch auf Informationszugang garantiert wird, mit Ausnahmebestimmungen hinsichtlich bestimmter öffentlicher Belange oder privater Interessen und der Möglichkeit, einen unabhängigen Informationsbeauftragten anzurufen. Seit dem Informationsfreiheitsgesetze auf Bundesebene von 2006 dient dieses zunehmend als Vorbild. Allein die Länder Bayern, Hessen, Niedersachsen und Sachsen sind nach dem Evaluierungsbericht 2012 zum IFG mit ihrer Gesetzgebung noch nicht fertig.[38] So bleibt das deut-

[35] Vgl. *Johannes Masing*, Mobilisierung des Bürgers für die Durchsetzung des Rechts. Europäische Impulse für eine Revision der Lehre vom subjektiv-öffentlichen Recht, 1997, insbes. S. 30 ff., 50 ff.: „Die Mobilisierung des Bürgers als Prinzip"; 218 ff. (Zitat S. 220).

[36] *Masing* (Fn. 35), S. 225 ff.; s. auch ders. (Fn. 4), S. 395.

[37] Vgl. näher *Wegener* (Fn. 5), S. 24 f.

[38] Vgl. *Jan Ziekow/Alfred G. Debus/Elisabeth Musch*, Evaluation des Gesetzes zur Regelung des Zugangs zu Informationen des Bundes – Informationsfreiheitsgesetz des Bun-

sche Recht uneinheitlich, und doch ist die Strahlwirkung des Unions- und des Bundesrechts so groß, dass die Grundsätze in absehbarer Zeit bundesweit gelten sollten.

2. Stärkung der partizipativen Demokratie

Transparenz ist, wie *Peter Schaar*, und *Jürgen Roth* im Jahrbuch 2011 zu Informationsfreiheit und Informationsrecht betonen, „eine der Grundvoraussetzungen für eine funktionierende Demokratie, also gewissermaßen der Treibstoff des demokratischen Prozesses".[39] Sie zitieren *Michael Kloepfer*, für den der „freie Informationsfluss schlechthin konstituierend für die Demokratie" ist. Informationen seien

> „der Stoff, aus dem demokratische Steuerungserfolge gemacht sind. Werden in einem Gemeinwesen Informationen verfälscht oder vorenthalten, können demokratische Strukturen bestenfalls suboptimale Steuerungsergebnisse zeitigen".[40]

Mit dem Transparenzprinzip wird der Staat zur Sache jedes Einzelnen. Der Bürger ist nicht mehr Unterworfener, nicht mehr als Gesetzesadressat, Steuerpflichtiger, Objekt der Exekutive potentiell sogar Gegner des Staates, sondern er ist aktiv beteiligt und jedenfalls im Bereich der gestaltenden Verwaltung (Kooperations-)Partner der Verwaltung. Er ist elementarer Teil des Staates, überspitzt: Die Bürger sind der Staat. Unser Staat gehört uns. Damit ändert sich auch der Begriff der Regierung. Ändern müssen sich auch die Verfahren, in denen internationale Abkommen verhandelt werden. Wie der Fall des ACTA-Abkommens zeigt, wird der Modus der geheimen diplomatischen Verhandlung künftig nicht mehr zum Erfolg führen, wenn wichtige Interessen der Bürger, ja sogar der „Netzbürger" berührt sind.[41]

3. Die Steuerungsperspektive: Informationsfreiheit und governance

Mit neueren governance-Ansätzen,[42] die in den Worten von *Tanja Börtzel* eine bestimmte, „neue" Form des kooperativen Regierens unter der syste-

---

des (IFG) im Auftrag des Innenausschusses des Deutschen Bundestages, Innenausschuss des Deutschen Bundestages, Drs. 17 (4) 522 B, S. 57 ff., 60.

[39] *Schaar/Roth* (Fn. 14), S. 2.

[40] *Michal Kloepfer*, so zitiert von der Vorstellung eines Gutachtens bei *Schaar/Roth* (Fn. 14), S. 2.

[41] Aufschlussreich *Robert Uerpmann-Wittzack*, Das Anti-Counterfeiting Trade Agreement (ACTA) als Prüfstein für die Demokratie in Europa, AVR 49 (2011), S. 103, 104 ff., mit einem Vergleich der Rollen des Europäischen Parlaments und des Deutschen Bundestages und abschließend positiv beantworteten Frage: „Das Europäische Parlament als Garant der Demokratie in Europa?"

[42] Vgl. etwa *Gunnar Folke Schuppert*, Governance im Spiegel der Wissenschaftsdisziplinen, in: ders. (Hrsg.), Governance-Forschung (2005), S. 371 ff.

matischen Einbeziehung privater Akteure betreffen,[43] lässt sich das neue Verhältnis von Staat und Bürger treffend erfassen. Der informierte Bürger versteht sich als Akteur im Verhandlungssystem des Regierens, aktiv beteiligt an der gesellschaftlichen Steuerung. An die Stelle der Hierarchie tritt das Miteinander, die Kooperation. So kann Verwaltungsrechtswissenschaft als Steuerungswissenschaft konstruiert werden, wobei dem Bürger eine neue, aktive Rolle zufällt. Und vielleicht nicht nur die Verwaltungsrechtswissenschaft.

Governance ist für *Gunnar Folke Schuppert* „kommunikative Interaktion".[44] In seiner Arbeit über „Electronic Government" von 2006 zeigt *Martin Eifert*, dass die Entwicklung „auf eine vernetzte Verwaltung in einem kooperativen oder kompetitiven Verwaltungsverbund" hinausläuft, die nach außen über Bürgerbüros oder Internet-Portale integriert auftritt".[45] Die öffentliche Verwaltung wird dabei „Informationsverbund", wobei die Steuerung von Lernprozessen geprägt ist.[46] Der freie Zugang zu Dokumenten und Informationen erlaubt dem Bürger aktive Teilnahme und Mitverantwortung zu übernehmen. Er entwickelt ein neues Selbstverständnis im Staat, das dem Gedanken demokratischer Selbstbestimmung entspricht.

Wenn „größtmögliche Transparenz der öffentlichen Verwaltung", so *Wegener*, „heute ein universal gültiges Prinzip demokratischer Ordnung" ist,[47] so geht es um mehr als nur um bessere Kontrolle als Grundlage für nachfolgende Wahlen. Regieren geht über obrigkeitliches Handeln hinaus. Wenn Verwaltung, wie *Masing* fordert, „informierende Verwaltung" werden muss,[48] so ist das auf die Regierung auszudehnen. Es geht hier wie dort um ein neues Grundverhältnis, in dem der Bürger mitgestaltender Akteur wird.[49]

In der steuerungstheoretischen Perspektive rückt damit eine partizipative Komponente der Demokratie in den Blick,[50] die sich auf Öffentlichkeit im

---

[43] S. den Überblick bei *Tanja A. Börtzel*, Was ist Governance, Diskussionspapier (2006), S. 1, 6 ff.

[44] Vgl. zur „Steuerung durch Kommunikation" und „Governance als Kommunikationsprozess" sowie »„Governance als kommunikative Interaktion": *Schuppert*, Governance (Fn. 42), S. 371, 449 ff.

[45] *Martin Eifert*, Electronic Government. Das Recht der elektronischen Verwaltung (2006), S. 169 ff, für die Gemeindeebene ebd., S. 224 ff.

[46] *Eifert* (Fn. 45), S. 268.

[47] *Wegener* (Fn. 5), S. 422. Vgl. auch *Alexander Roßnagel*, Möglichkeiten für Transparenz und Öffentlichkeit im Verwaltungshandeln – unter besonderer Berücksichtigung des Internet als Instrument der Staatskommunikation, in: Wolfgang Hoffman-Riem/Eberhard Schmidt-Aßmann (Hrsg.), Verwaltungsrecht in der Informationsgesellschaft, (2000), S. 257, 264 ff.

[48] *Masing* (Fn. 4), S. 423 ff.

[49] Vgl. auch *Masing* (Fn. 4), S. 430: „Umgestaltung der Beziehungen zwischen Verwaltung und Bürger als Weg".

[50] Vgl. in diesem Sinne das „Governance"-Weisbuch der EU-Kommission: Europäi-

Sinne der Informationsfreiheit stützt. Die „informierte Öffentlichkeit" wird wichtiger Akteur gemäß einem demokratischen Konzept,[51] das durch die Kombination von repräsentativen und verstärkten partizipativen Elementen Politik auf den diversen Ebenen im Europäischen Verfassungsverbund zur Sache der Bürgerinnen und Bürger macht.[52]

II. Auswirkungen auf Art. 5 Abs. 1 S. 1 Hs. 2 GG

Hat dieser Paradigmenwechsel Auswirkungen auch auf die Auslegung des Art. 5 Abs. 1 S. 1 Hs. 2 GG? Bekanntlich sieht das Bundesverfassungsgericht in dem Recht, sich aus allgemein zugänglichen Quellen ungehindert zu unterrichten, ein Abwehrrecht gegen den Staat nur in dem Sinne, dass niemand gehindert werden darf, sich aus Presse, Fernsehen, Radio, Bibliotheken, Flugblättern, Litfaßsäulen oder heute aus dem Internet zu informieren.[53] Die „von staatlichen Behörden verwalteten Informationen, etwa auch Behördenakten, verwaltungsinterne Vorschriften, erst recht vertrauliche oder geheime Informationen" gehören danach nicht zu den allgemein zugänglichen Quellen.[54]

Eine Norm, aus der dies folgt, ist allerdings nicht ersichtlich. § 30 VwVfG gibt nur den an einem Verwaltungsverfahren Beteiligten einen Anspruch auf Vertraulichkeit hinsichtlich der „zum persönlichen Lebensbereich gehörenden Geheimnisse", sowie für Betriebs- und Geschäftsgeheimnisse. Aus der „Natur" der Verwaltung[55] kann eine Restriktion ebenso wenig begründet werden, wie aus der Tradition des Arkanstaates, die wie oben gezeigt, heute nicht mehr haltbar ist.

---

sches Regieren, KOM(2001) 428 endgültig., Kurzdarstellung, S. 4: „Das Weißbuch schlägt vor, die politische Entscheidungsfindung zu öffnen, und mehr Menschen und Organisationen in die Gestaltung und Durchführung der EU-Politik einzubinden. Es plädiert für mehr Offenheit sowie für eine größere Verantwortung und Rechenschaftspflicht aller Beteiligten. Die Menschen sollen begreifen, wie die Mitgliedstaaten durch die Zusammenarbeit in der Union in die Lage versetzt werden, ihren Sorgen wirksamer Rechnung zu tragen." Konkreter ebd., Ziff. 3.1. (S. 15): „Offene Arbeitsweise der Union ...".

[51] Zu den Wurzeln des Konzepts vgl. *Gröschner* (Fn. 4), S. 362, 374: „in Rom" (vgl. ebd., S. 353 f.).

[52] In diesem Sinne die Kombination von Art. 10 und 11 EUV. Vgl. im Einzelnen: *Martin*, Steuerungskonzept Fn. 9) , insbes. S. 232 ff.

[53] Vgl. mit Nachweisen aus der Rechtsprechung: *Helmuth Schulze-Fielitz*, in Horst Dreier (Hrsg.) Grundgesetz Kommentar, Bd. 1, 2. Aufl. 2004. Art. 5 I,II Rn. 77 ff.

[54] *Schulze-Fielitz* (Fn. 53), Rn. 81.

[55] In diesem Sinne BVerfG NJW 1986, 1243; krit. dazu schon *Matthias Rossi*, Informationszugangsfreiheit und Verfassungsrecht. Zu den Wechselwirkungen zwischen Informationsfreiheitsgrenzen und der Verfassungsordnung in Deutschland, 2004, S. 212; *Wegener* (Fn. 5), S. 480: „Postulat unreflektierten eigenen Dafürhaltens", mwN.

Nach herrschender Meinung kann eine, wie *Helmuth Schulze-Fielitz* sagt, „rechtlich konstituierte Allgemeinzugänglichkeit", den Anwendungsbereich des Grundrechts ausweiten, so dass durch eine „entsprechende Informationsgesetzgebung" auch innerbehördliche Vorgänge zu allgemein zugänglichen Quellen werden.[56] In diesem Sinne hat das Bundesverfassungsgericht im N-TV-Urteil die Bedeutung der Informationsfreiheit unter den Aspekten der Rechtsstaatlichkeit und des Demokratieprinzips präzisiert:[57]

> „Das Grundrecht umfasst allerdings ein gegen den Staat gerichtetes Recht auf Zugang in Fällen, in denen eine im staatlichen Verantwortungsbereich liegende Informationsquelle auf Grund rechtlicher Vorgaben zur öffentlichen Zugänglichkeit bestimmt ist, der Staat den Zugang aber verweigert."

Dabei lehnt das Gericht eine Verpflichtung, den Zugang zu eröffnen, ausdrücklich ab. Der Staat sei frei, über das ob und den Umfang des Zugangs zu Informationen zu entscheiden, und damit zugleich über den Rahmen der Grundrechtsgeltung. Immerhin stellt es fest:

> „Legt der Gesetzgeber die Art der Zugänglichkeit von staatlichen Vorgängen und damit zugleich das Ausmaß der Öffnung dieser Informationsquelle fest, so wird in diesem Umfang zugleich der Schutzbereich der Informationsfreiheit eröffnet."

Wenn *Wegener* folgert, der Einzelne habe einen „unmittelbar aus Art. 5 I 1 Hs. 2 GG resultierenden grundrechtlichen und voraussetzungslosen Anspruch auf grundsätzlich freien Zugang zu den im Besitz der deutschen öffentlichen Verwaltung befindlichen Informationen",[58] so kann er sich auf dieses Urteil nur insofern stützen, als er akzeptiert, dass erst das IFG diesen Zugang eröffnet und damit den Schutzbereich des Grundrechts der Informationsfreiheit bestimmt.[59]

Grundrechtstheoretisch ist aber gerade diese Verbindung von Gesetz und Grundrecht ein erstaunlicher Vorgang. Seit wann ist es denn der Gesetzgeber, der den Schutzbereich eines Grundrechts festlegt? War nicht bislang das Grundrecht Grenze und Orientierung für den Gesetzgeber? Denken wir an Art. 1 Abs. 3 GG.[60] Das Gericht stellt dieses Verhältnis auf den Kopf: Erst dank des Gesetzes erhält der Einzelne danach ein Grundrecht auf Informationszugang gegen Staat und Verwaltung. Könnte der Gesetzgeber dieses Recht auch wieder abschaffen? Wohl kaum.

---

[56] *Schulze-Fielitz* (Fn. 53), Rn. 79, mwN.

[57] BVerfGE 103, 44, 60–61 1 BvR 2623/95 vom 24.1.2001 – N-TV, Rn. 59, 61.

[58] *Wegener* (Fn. 5), S. 486 f.

[59] Demgemäß zog schon *Gröschner* (Fn. 4), S. 364, die Konsequenz, dass der Gesetzgeber tätig werden müsse, was mit dem IFG zwischenzeitlich erfolgt ist.

[60] S. entsprechend *Rossi* (Fn. 55), S. 207 f.

Die Parallele zur Eigentumsfreiheit des Art. 14 Abs. 1 GG, die *Matthias Rossi* zieht, hilft nicht.[61] Denn anders als hier ist dem Gesetzgeber für die Informationsfreiheit nicht die Aufgabe übertragen, den Inhalt zu bestimmen. *Rossi* bringt zwar die genannte Rechtsprechung gut auf den Punkt, wenn er von einem Fall der „Grundrechtsaktivierung“ spricht, wo der Gesetzgeber auch den Umfang – und damit den Schutzbereich – des Grundrechts bestimme.[62] Aber da liegt das Problem: Woher nimmt der Gesetzgeber diese Kompetenz?

Systemgerecht nachvollziehbar wird die Rechtsprechung erst, wenn das IGF als Nachvollzug eines Systemwandels verstanden wird, das Gesetz also ein bereits verändertes Verständnis des Grundrechts normativ umsetzt und konkretisiert. Es signalisiert und bestätigt zugleich eine Entwicklung, die es nicht auslöst, sondern aufgreift: Das neue Grundverständnis zum Verhältnis Bürger-Staat, wie oben beschrieben, wonach der Zugang zu staatlichen Informationsquellen selbstverständlich ist und keiner Eröffnung bedarf, sondern allenfalls einer handhabbaren Regelung.

Verfassungsinterpretation ist immer kontextabhängig, d.h. auch zeitbedingt.[63] Ein grundlegender gesellschaftlicher Wandel kann bei der Auslegung gerade offener Normen, wie derjenigen der „allgemein zugänglichen Quellen“, nicht unberücksichtigt bleiben.[64] Die Informationsfreiheit muss dann aber nicht nur als „demokratisches Verteilungsprinzip“ verstanden werden,[65] sondern als Grundrecht aus Art. 5 Abs. 1 S. 1 Hs. 2 GG.[66] Denn die Zeit des Arkanstaats ist vorüber, und Informationen beim Staat sind wegen des in einem neuen kommunikativen Sinne zu begreifenden Demokratieprinzips[67] *grundsätzlich* öffentlich, also allgemein zugänglich.[68]

---

[61] *Rossi* (Fn. 55), S. 208.

[62] *Rossi* (Fn. 55), S. 216 ff.; vgl. auch *Schoch* (Fn. 1), Rn. 52, 153 ff., für den der Grundrechtstatbestand „normgeprägt“ ist.

[63] Zu Recht *Wegener* (Fn. 5), S. 482, mit Nachw. aus der Rechtsprechung des BVerfG. Zum „Verfassungswandel durch Interpretation“ und den Grenzen s. *Konrad Hesse*, Grundzüge des Verfassungsrechts der Bundesrepublik Deutschland, 20. Aufl. 1999, Rn. 77. Vgl. dazu *Andreas Voßkuhle*, Gibt es und wozu nutzt die Lehre vom Verfassungswandel?, Der Staat 2004 (43), S. 450 ff. Kritisch jedoch *Christian Hillgruber*, in: Maunz/Dürig, Grundgesetz-Kommentar, 65. Erg.-Lief. 2012, Art. 97 GG, Rn. 58 ff.

[64] In diesem Sinne schon die Hinweise in der abw. Meinung der Richter *Kühling, Hohmann-Dennhart* und *Hoffman-Riem*, BVerfGE 103, 72, 73 ff.

[65] Dazu *Wegener* (Fn. 5), S. 424 ff.

[66] Mit überzeugender Begründung *Wegener* (Fn. 5), S. 480 ff.

[67] Insofern unterscheidet sich dieser Ansatz von *Scherzberg*, Öffentliche Verwaltung (Fn. 4), S. 10 f., der sich mehr auf den Grundsatz der Einheit der Verfassung und die in anderen Vorschriften, insbesondere zur Demokratie, implizierten Öffentlichkeitsgebote stützt, als auf diesen dynamischen Vorgang des veränderten Grundverhältnisses von Staat und Bürger. Vgl. auch *ders.*, Öffentlichkei (Fn. 4), S. 289 ff., 336 ff., 346 f.

[68] Die von *Peter Schaar*, Bürger nutzen ihr Recht auf Informationsfreiheit stärker!, ZD-

In Bezug auf die „öffentliche" Verwaltung bedarf demgemäß nicht der Zugang zur Information der besonderen Rechtfertigung, sondern die Beschränkung.[69] Die Informationsfreiheit wird gegenüber den Vertraulichkeits- und Geheimschutzinteressen von Staat und beteiligten Dritten zum gleichrangigen Abwägungsfaktor.[70] Das macht das IFG nicht überflüssig, sondern es ist eine nützliche Regelung, die das Grundrecht der Informationsfreiheit konkretisiert und dabei auch die Grenzen näher bestimmt.

III. Öffentlichkeitsprinzip und Internet

Die Veränderung des Grundverhältnisses von Staat und Bürger erfolgte praktisch zeitgleich mit einer rasanten Entwicklung des Internets. Eine kausale Verknüpfung zwischen beiden Entwicklungen gibt es wohl nicht, gewiss aber eine Synergie. Entscheidend ist, dass mit der Entwicklung der elektronischen Datenverarbeitung, -speicherung und -übermittlung über das Internet die Möglichkeiten des Informationsflusses zwischen Bürger und Verwaltung in einem früher nicht vorstellbaren Umfang zugenommen haben, auf allen Ebenen.

Aktuell, 2012, 02900 geforderte Optimierung der Informationsfreiheit durch Aufnahme als Grundrecht ins Grundgesetz ist damit zwar nicht überflüssig, aber vielleicht weniger dringlich. Vgl. auch *Schaar/Roth* (Fn. 14), S. 12. Für ein „Grundrecht auf Transparenz der öffentlichen Verwaltung als Voraussetzung einer digitalen Bürgergesellschaft s. auch *Johannes Caspar*, Informationsfreiheit als Verfassungsgrundrecht – Analyse und Argumente für ein Grundrecht auf staatliche Transparenz, in: Alexander Dix u.a. (Hrsg.), Informationsfreiheit und Informationsrecht. Jahrbuch 2011 (2012), S. 297, 302 ff. S. auch das klare Votum in: Der Bundesbeauftragte für Datenschutz und Informationsfreiheit. Tätigkeitsbericht zur Informationsfreiheit für die Jahre 2010 und 2011 (3. Tätigkeitsbericht), 2012, Ziff. 2.

[69] Wegweisend insofern das Urteil des BVerwG 6 A 2.12 vom 20.2.2013, Rn. 29 f. zum Rückgriff auf Art. 5 I 2 GG direkt, wenn der Gesetzgeber seine Kompetenz zur Regelung des Auskunftsanspruchs der Presse gegenüber dem BND nicht wahrgenommen hat. Dabei erläutert das Gericht die Grundsätze zur Kompetenz des Bundesgesetzgebers hierfür und zur Ausgestaltung ausdrücklich mit Verweis auf das IFG: „Für den Bereich von Presseauskünften gilt insoweit nichts prinzipiell anderes als für Regelungen über den Zugang von Bürgern zu Verwaltungsinformationen, wie sie der Bund mit dem Informationsfreiheitsgesetz geschaffen hat".

[70] Dies wird in dem höchst instruktiven Gutachten von *Michael Kloepfer*, Informationsfreiheitsgesetz und Schutz von Betriebs- und Geschäftsgeheimnissen, in: Alexander Dix u.a. (Hrsg.), Informationsfreiheit und Informationsrecht. Jahrbuch 2011 (lexxion, Berlin 2012), S. 179 ff., nicht mit berücksichtigt, wenn hier zwar in Bezug auf das europäische Recht Art. 42 GRCh erwähnt wird (S. 181), zum Grundrechtsschutz auf der Ebene des Grundgesetzes aber lediglich die Grundrechte, die den Schutz von Betriebs- und Geschäftsgeheimnissen stützen könnten (ebd., S. 282 ff.).

Für die lebendige Demokratie besonders wichtig sind dabei die im Internet entwickelten Formen des politischen Diskurses. Dazu gehört schon die zur Information und aktiven Beteiligung der Öffentlichkeit im Europäischen Verfassungskonvent eingerichtete Webseite „futurum“.[71] Zu nennen sind auch die über „PreLex“ arrangierte online-Unterrichtung über alle Verfahrensschritte im Rechtssetzungsverfahren der EU[72] oder die Möglichkeit der elektronischen Unterschriftensammlung bei der europäischen Bürgerinitiative,[73] ebenso wie die unzähligen Webseiten von Parlamenten, Ministerien, Gerichten und anderen Behörden auf allen Ebenen, welche proaktiv Informationen anbieten und oft auch den Dialog mit der Öffentlichkeit suchen.[74]

Eine wirkliche Innovation für die offene Bürgerinformation und -beteiligung schließlich ist die Einrichtung des sog. 18. Sachverständigen durch die Enquête-Kommission Internet und Digitale Gesellschaft.[75] Es gibt darüber hinaus breiten Raum für weitere Initiativen für „open data“ und „open government“, wie sie auf europäischer,[76] mit dem Ziel eines ebenenübergreifenden Online-Portals auf Bundesebene[77] und auch in Berlin[78] unternommen werden, und damit für die Entwicklung der „Verwaltungskultur einer aktiven Transparenz“, wie *Peter Schaar* und *Jürgen Roth* sie fordern.[79] Beispielhaft in

---

[71] Die Seite des Konvents ist zT. archiviert unter: http://european-convention.europa.eu/DE/enjeux/enjeux390c.html?lang=DE (Zugriff 18.4.2020).

[72] Zugänglich unter http://ec.europa.eu/prelex/apcnet.cfm?CL=de.

[73] Vgl. Art. 11 Abs. 4 EUV, dazu die VO 211/2011 über die Bürgerinitiative, ABl. 2011 L 65/1. Über Grundlagen und erste Initiativen berichtet die Webseite http://ec.europa.eu/citizens-initiative/public/welcome?lg=de (Zugriff 18.4.2020).

[74] Eine systematische Aufstellung der Möglichkeiten und Probleme der Information bzw. Kommunikation über das Internet durch die Verwaltung (Stand 2000) s. *Roßnagel* (Fn. 47), S. 275 ff., 299 ff. und S. 303 f.: „dialogische Verwaltungsverfahren“, S. 305: „Netzgestützte Bürgerbeteiligung“ und „Virtuelles Rathaus“.

[75] Vgl. den Beschluss der Obleute der Enquête-Kommission vom 30.9.2010: Bürgerbeteiligung mit Adhocracy, http://www.bundestag.de/internetenquete/Adhocracy/index.jsp (Zugriff 18.4.2020). Die neue Plattform „Enquête-Beteiligung ist erreichbar unter: https://enquetebeteiligung.de/ (Zugriff 18.4.2020).

[76] Vgl. die Mitteilung der Kommission vom 12.12.2011 Offene Daten: Ein Motor für Innovation, Wachstum und transparente Verwaltung, KOM (2011) 882 endgültig, sowie den Vorschlag einer Richtlinie zur Änderung der Richtlinie 2003/98/EG über die Weiterverwendung von Informationen des öffentlichen Sektors, KOM (2011) 877 endgültig. 2011 eröffnete Frankreich ein offenes Portal, zugänglich unter:http://www.data.gouv.fr/ (Zugriff 18.4.2020).

[77] Überblick über die zwischenzeitlichen Fortschritte (Stand April 2020) beim Bundesinnenministerium unter: http://www.bmi.bund.de/SiteGlobals/Forms/suche/expertensuche-formular.html?nn=9388812&resourceId=9389478&input_=9388798&pageLocale=de&templateQueryString=Open+Government+Data+Deutschland&submit.x=22&submit.y=21 (Zugriff 18.4.2020).

[78] Vgl. *Both/ Schieferdecker*, Berliner Open Data-Strategie (Fn 58).

[79] *Schaar/Roth* (Fn. 14), S. 8. Vgl. auch Peter Schaar auf dem 2. BfDI-Symposion In-

diesem Sinne einer proaktiven Informationspolitik sind Bremen[80] und noch konsequenter das Transparenzgesetz von Hamburg.[81] Der Bund folgt mit dem Entwurf des BMI für ein E-Government Gesetz.[82] Längst überfällig sind die Ratifikation der Europarats-Konvention über den Zugang zu amtlichen Dokumenten von 2009[83] sowie die Unterzeichnung der Open Government Declaration von 2011[84] auch durch Deutschland.[85]

Die Bemühungen um Fortschritte in Richtung einer Welt, in der die Bürger im Blick haben und eines Tages vielleicht auch aktiv mitverantworten, welche Politik auf den verschiedenen Ebenen verfolgt wird, sind offenbar – und doch sind sie noch sporadisch und wenig koordiniert. Wenn *Eberhard Schmidt-Aßmann* den „systematischen Entwurf einer Aufsichts- und Kontrollordnung für den Europäischen Verwaltungsverbund" noch als „eine der wichtigsten Zukunftsaufgaben der Wissenschaft" bezeichnet,[86] so wäre dieser Auftrag heute um die Digitalisierung zu ergänzen und angesichts der internationalen Verflechtung sinnvoller Weise noch um die Dimension des „global administrative law" zu erweitern.

---

formationsfreiheit in Berlin am 6./7. September 2012: „Staat in der Bringschuld: Ruf nach mehr Informationsfreiheit", Frankfurter Rundschau Digital v. 7.9.2012.

[80] Gesetz über die Freiheit des Zugangs zu Informationen für das Land Bremen – Bremer Informationsfreiheitsgesetz v. 16.5.2006, mit dem „zentralen elektronischen Informationsregister", über das die Verwaltung dem Bürger eine Vielzahl von Informationen zur Verfügung stellt.

[81] Hamburgisches Transparenzgesetz v. 13.6.2012, vgl. dazu *Lars von Törne*, *Neues Transparenzgesetz* Hamburg öffnet seine Akten – Berlin auch, Tagesspiegel online v. 13.6.2012,unter:https://www.tagesspiegel.de/politik/neues-transparenzgesetz-hamburg-oeffnet-seine-akten-berlin-auch/6747322.html (Zugriff 18.4.2020).

[82] Vgl. BMI, E-Government-Gesetz: Referentenentwurf für ein Gesetz zur Förderung der elektronischen Verwaltung sowie zur Änderung weiterer Vorschriften v. 5.3.2012.

[83] Council of Europe Convention on Access to Official Documents v. 8.6.2009, unter: http://www.conventions.coe.int/Treaty/Commun/QueVoulezVous.asp?NT=205&CM=1&CL=GER. (Zugriff 18.4.2020).

[84] Erreichbar unter: http://www.opengovpartnership.org/open-government-declaration (Zugriff 18.4.2020).

[85] *Schaar/Roth* (Fn. 14), S. 17 f.

[86] *Eberhard Schmidt-Aßmann*, Perspektiven der Europäisierung des Verwaltungsrechts, in: Peter Axer u.a. (Hrsg.), Das Europäsiche Verwaltungsrecht in der Konsolidierungsphase. Systembildung – Disziplinierung – Internationalisierung (2010), S. 263, 282.

Schluss

Solange das (relevante) Wissen dem Staatsapparat vorbehalten ist, kann Demokratie nicht funktionieren. Wenn Information der Stoff ist, aus dem Meinungsbildung sich nähren kann, wird die Informationsfreiheit Funktionsvoraussetzung der Demokratie.

Ein neues Grundverständnis der „öffentlichen" Verwaltung macht den Staat zur allgemein zugänglichen Quelle der Information des Bürgers. Damit folgt die Informationsfreiheit unmittelbar aus Art. 5 Abs. 1 Hs. 2 GG: als demokratisches Grundrecht.

Das Internet ist dafür das entscheidende Medium. Es erlaubt die effektive Wahrnehmung der Informationsfreiheit und verändert damit Ausgangsbedingungen und Lebendigkeit der Demokratie. Erste Versuche mit der *„liquid democracy"*[87] deuten auf das hierin liegende Änderungspotential hin. Das Internet eröffnet dem Einzelnen also nicht nur den Zugang zu Wissen und Information, sondern vielleicht auch einen neuen „Zugang zur Politik".[88]

Dabei darf nicht aus dem Blick geraten, dass die Möglichkeit der Nutzung des Internets für alle gewährleistet sein muss[89]: Informationsfreiheit setzt die Internet-Freiheit voraus, den gleichen und freien Zugang zum Netz, aber ganz einfach auch Medienkompetenz und den Besitz eines Computers;[90] das sollte zum Existenzminimum für jeden Bürger gehören.

---

[87] S. etwa die Webseite des Liquid Democracy e.V. http://liqd.net/ (Zugriff 18.4.2020). Vgl. auch *Dagmar Rosenfeld*, Wenn alle mit allen über alles reden. Immer Über die Software Liquid Feedback sollen die Piraten die Parteilinie mitbestimmen. Wie funktioniert das? Zeit online v. 26.4.2012, unter: https://www.zeit.de/2012/18/Piratenpartei-Liquid-Feedback (Zugriff 18.4.2020).

[88] Vgl. näher: *Ingolf Pernice*, Die Politik und die Internetgesellschaft, Vortrag gehalten auf der „Informare" am 9. Mai 2012 (in diesem Band Kap. 3).

[89] Aufschlussreich insofern das Urteil des EGMR vom 18.12.2012, Appl. 3111/10 – Yildirim v. Turkey, Rn. 31 ff. mit Bezugnahme auf rechtsvergleichende Untersuchungen, wonach der Zugang zum Internet in 20 Ländern als Teil des Grundrechts der Informations- und Meinungsfreiheit betrachtet wird. Die Sperrung des Zugangs für den Inhaber zu seiner eigenen Webseite stellt eine Verletzung des Art. 10 EMRK dar: „... the measure in question amounted to ‚interference by public authority' with the applicant's right to freedom of expression, of which the freedom to receive and impart information and ideas is an integral part" (ebd., Rn. 55 f.).

[90] Zu den Infrastrukturaufgaben des Staates insofern schon *Roßnagel* (Fn. 47), S. 272.

Kapitel 3

Die Politik und die Internet-Gesellschaft (2013)

Einführung

Dass die Politik sich seit einiger Zeit mit dem Thema Internet und Gesellschaft befasst, wird neben vielen anderen Beispielen an der Einrichtung der Enquete-Kommission „Internet und digitale Gesellschaft“ im Deutsche Bundestag erkennbar,[1] bei der sogar ein virtueller 18. Sachverständiger eingeführt wurde.[2] Auch das Entstehen und der überraschende Erfolg der Piratenpartei bei den Wahlen in Berlin 2011[3] ist ein Zeichen für die Bedeutung, welche das Internet für gesellschaftliche und politische Prozesse inzwischen hat. Selbst auf europäischer Ebene spielt das Thema eine erhebliche Rolle, spätestens seit dem Lissabon-Prozess, dessen Ziel es war, mit der Förderung des Internets bis 2010 die „Union zum wettbewerbsfähigsten und dynamischsten wissensbasierten Wirtschaftsraum der Welt zu machen“.[4] Zwar wurde das Ziel nicht erreicht, aber im Rahmen der 2010 aufgelegten Initiative „Europa 2020“[5] hat die Kommission die Digitale Agenda für Europa be-

[1] S. die Webseite http://www.bundestag.de/internetenquete/ (Zugriff 7.5.2012).

[2] Vgl. unter: https://enquetebeteiligung.de/ (Zugriff 18.4.2020). S. auch Christian Marx, Abschluss der Internet Enquete – Digitale Presseschau v. 31.1.2013, unter http://politik-digital.de/abschluss-der-internet-enquete-digitale-presseschau/(Zugriff 18.4.2020).

[3] Vgl. etwa Spiegel-Online Politik v. 18.9.2011: Berlin-Wahl – Piraten entern das Abgeordnetenhaus. Während die SPD als stärkste Partei 29 % der Stimmen erreichte, errangen die Piraten knapp 9 %: „Ein Paukenschlag gegen die etablierten Parteien“, http://www.spiegel.de/politik/deutschland/berlin-wahl-piraten-entern-das-abgeordnetenhaus-a-786952.html (Zugriff 18.4.2020). Zu den Anfängen: *Christoph Bieber*, Wahlkampf als Onlinespiel? Die Piratenpartei als Innovationsträgerin im Bundestagswahlkampf 2009, in: Martin Eifert/Wolfgang Hoffmann-Riem, Innovation, Recht und öffentliche Kommunikation, 2011, S. 233 ff.

[4] Schlussfolgerungen des Europäischen Rates vom 23. und 24. März 2000, Ziff. 5, zum Internet speziell ebd., Ziff. 10, 11 und 26, http://www.consilium.europa.eu/ueDocs/cms_Data/docs/pressData/de/ec/00100–r1.d0.htm (Zugriff 1.8.2012).

[5] Mitteilung der Kommission vom 3. März 2010: „Europa 2020 Eine Strategie für intelligentes, nachhaltiges und integratives Wachstum“ [KOM(2010) 2020 endg., http://europa.eu/legislation_summaries/employment_and_social_policy/eu2020/em0028_de.htm (Zugriff 1.8.2012).

schlossen, um „aus einem digitalen Binnenmarkt, der auf einem schnellen bis extrem schnellen Internet und interoperablen Anwendungen beruht, einen nachhaltigen wirtschaftlichen und sozialen Nutzen zu ziehen".[6]

Der Inhalt der Agenda betrifft neben einer neuen Infrastruktur für den Internetzugang weite Bereiche von Industrie, Markt und Gesellschaft, einschließlich e-commerce und e-Geld, Urheberrecht und Datenschutz, Cyber-Sicherheit und Netzneutralität – brennende Themen, für die angemessene Lösungen noch ausstehen. Der Jubilar *Michael Kloepfer* hat sich in verschiedenen Werken damit auseinandergesetzt und der Entwicklung im Informations- und Internetrecht wichtige Impulse gegeben. Mit dem „Informationsrecht" schuf er die Systematik eines neuen Rechtsgebiets,[7] in dem das Internet eine zunehmend wichtige Rolle spielt. Mit der vielbeachteten Tagung zu „Netzneutralität in der Informationsgesellschaft" (2010) versammelte er führende Experten zu einem transdisziplinären Gespräch zur „Durchdringung der rechtlichen Dimension der Netzneutralität"[8] und damit über zentrale Voraussetzungen der Freiheit des Internets überhaupt.

Das Internet und seine Nutzung stellt Gesellschaft und Politik vor neue Herausforderungen, im Kreativbereich wird das besonders deutlich. So warb z.B. Staatsminister Bernd Neumann in seinem Grußwort zur Tagung Informare 2012[9] für Medienkompetenz als die „eine Seite der Medallie bei der Nutzung digitaler Angebote". Er mahnte auf der anderen Seite aber auch die „Wahrung von Urheberrechten und die Sicherung vernünftiger Gewinnchancen bei Mittlern und Verwertern" an. Manches wird neu gedacht und geregelt werden müssen, die Rechte und Interessen auch der Künstler, Autoren und sonstigen Kreativen müssen in eine neue Balance gebracht werden gegenüber den Interessen der „user" und ihrem Zugang zu Wissen und Kultur, um die es ja auch geht.

Wie auch immer man hierzu im Einzelnen stehen mag, mit dem Internet verbinden sich vielfältige Herausforderungen an die Politik, inhaltlich, aber auch hinsichtlich der Strukturen und Prozesse der Politik. Die grundsätzliche Frage der Rolle der Politik im Zeitalter des Internets führt also zu einer

---

[6] Mitteilung der Kommission vom 19. Mai 2010 an das Europäische Parlament, den Rat, den Europäischen Wirtschafts- und Sozialausschuss und den Ausschuss der Regionen „Eine Digitale Agenda für Europa" [KOM(2010) 245 endg., http://eur-lex.europa.eu/LexUriServ/LexUriServ.do?uri=COM:2010:0245:FIN:DE:HTML, Zugriff 1.8.2012. Zur Umsetzung s. die Webseite der Kommission http://ec.europa.eu/information_society/digital-agenda/index_en.htm(Zugriff 1.8.2012).

[7] *Michael Kloepfer*, Informationsrecht, 2002.

[8] *Michael Kloepfer*, Netzneutralität in der Informationsgesellschaft, 2011, Zitat aus der Einführung, ebd., S. 11.

[9] *Bernd Neumann*, Grußwort des Staatsministers für Kultur und Medien zur Informare, verfügbar unter: http://www.scribd.com/doc/87525997/120329-programm-informare(Zugriff 10.7.2012).

Neubesinnung darüber, wer oder was *die Politik* eigentlich konstituiert, repräsentiert und treibt. Das Internet scheint dabei neuerdings eine wichtige Rolle zu spielen.

Im Folgenden sollen nicht aktuelle Einzelthemen, wie das Web der Dinge, Interoperabilität, *smart content* oder *cloud computing* als solche behandelt werden, sondern es geht primär um drei übergreifende Fragestellungen:

1. Was bedeutet und welche Rolle spielt „die Politik" im Kontext Internetregulierung?
2. Verändert das Internet die Gesellschaft und was genau ist mit „Internetgesellschaft" gemeint?
3. Wenn es eine Internetgesellschaft gibt, was folgt daraus für „die Politik"?

Mein zugegeben etwas gewagtes Stichwort lautet (unter Anleihe an den Titel eines berühmten Buches von Jürgen Habermas[10]): „Strukturwandel der Politik". Das ist es, was wir gerade erleben, aber nur ansatzweise schon wahrnehmen.

I. Was ist „die Politik"?

Die erste bedeutende Schrift, die wir zum Thema Politik kennen, stammt von Platon. Seine *„politeia"* betrifft allerdings die Polis, befasst sich im Kern mit einer idealistischen Staatstheorie, als deren Leitmotiv die Gerechtigkeit dient. Die Übersetzung des Titels mit „Der Staat" dürfte allerdings zeitbedingt sein. Da der Mensch ein *zoon politicon* ist, also nur in der Gemeinschaft leben kann, geht es viel allgemeiner um die Strukturen und Bedingungen, in denen diese Gemeinschaft organisiert ist – oder sich selbst organisiert.

Folgt man der Zusammenfassung zu Platons Staatsphilosophie auf Wikipedia – unserer neuen Quelle des Wissens –, so steht hier für Politik die Arbeitsteilung bei einer gerechten Aufteilung der Aufgaben auf die Stände unter Berücksichtigung der Fähigkeiten und Bedürfnisse der Individuen sowie bestimmte Tugenden im Vordergrund: Besonnenheit, Tapferkeit und vor allem Weisheit.[11]

Das wird ein Desiderat der Politik bleiben. Entscheidend ist, dass Politik auf die Gemeinschaft gerichtet ist. Wer Politik betreibt, versucht bestimmte Ziele zu erreichen und dafür Macht zu gewinnen, die Willensbildung in der Gemeinschaft zu beeinflussen oder gar zu bestimmen, die Gesellschaft und ihre Entwicklung zu steuern. Zumal in der Demokratie ist Politik das Ringen um Zustimmung, die Integration divergierender Interessen, die Bildung von

---

[10] *Jürgen Habermas*, Strukturwandel der Öffentlichkeit, 1962 (hier: 15. Aufl. 1984).

[11] Vgl. http://de.wikipedia.org/wiki/Platon#Staatsphilosophie (Zugriff 4.5.2012).

Einheit in den verschiedenen Arenen, vielleicht gemeinsames Handeln.[12] Die Verfassung setzt den rechtlichen Rahmen der Politik, konstituiert und begrenzt legitime Macht. Sie konstituiert die Institutionen und Verfahren, in denen Politik sich manifestiert; sie ist aber nicht nur Grenze, sondern trotz einer gewissen Starrheit zugleich auch Gegenstand der Politik. Somit muss sie für den gesellschaftlichen Wandel offen sein.

Politik bezieht sich als Innenpolitik reflexiv auf die Gemeinschaft selbst, auf ihre Struktur, auf die Interessen- und Machtverhältnisse in einem begrenzten Raum. Das gilt auch für die Europapolitik. Sie ist Innenpolitik, bezogen auf eine neue Konstellation politischer Gemeinschaft und ihr Handeln mit unmittelbarer Wirkung für die BürgerInnen der Mitgliedstaaten. Außenpolitik dagegen betrifft die Beziehungen einer Gemeinschaft zu anderen politischen Gemeinschaften, sie richtet sich klassisch auf die Vertretung der Interessen gegenüber anderen Staaten in der Staatengemeinschaft. Angesichts globaler, gemeinsamer Herausforderungen in der „postnationalen Konstellation" (*Habermas*) wird die Unterscheidung von Innen und Außen allerdings zunehmend fragwürdig. Außenpolitik wird Weltinnenpolitik[13].

Mit dem Internet dürfte sich dieser Prozess erheblich beschleunigen. Wir beobachten eine Verdichtung der Beziehungen zwischen den Menschen weltweit schon durch den Handel, das Reisen, die Finanzmärkte. Sie ist auch die ungewollte Konsequenz globaler Herausforderungen, wie Klimawandel, Demographie oder Terrorismus. Das Internet bringt neue Herausforderungen mit sich, Regelungsbedarf etwa für Datenschutz und Urheberrechte auf globaler Ebene. Es ist aber auch ein eigner Faktor der „Verdichtung". Der mit ihm geschaffene globale Kommunikationsraum, die sozialen Netzwerke, der

---

[12] So zum Begriff der Politik bei Hannah Arendt: *Gesine Schwan*, Die Macht der Gemeinsamkeit. Essay, in: Aus Politik und Zeitgeschichte, Beilage der Wochenzeitschrift Das Parlament, 39/2006, S. 3, 4.

[13] Der Begriff wurde geprägt von *Carl Friedrich von Weizsäcker*, Bedingungen des Friedens, Rede anlässlich der Verleihung des Friedenspreises des Deutschen Buchhandels, Göttingen 1963, S. 13–18. Ferner dazu *Jürgen Habermas*, Die postnationale Konstellation, 1998, S. 156, 165–169; *ders.*, Hat die Konstitutionalisierung des Völkerrechts noch eine Chance?, in: Jürgen Habermas (Hrsg.), Der Gespaltene Westen, 2004, S. 113 (134, 159), s. auch *Bardo Fassbender*, The Meaning of International Constitutional Law, in: Ronald St. John Macdonald and Douglas M. Johnston (Hrsg.), Towards World Constitutionalism. Issues in the Legal Ordering of the World Community, 2005, S. 837 (842, 847); *Jost Delbrück*, Perspektiven für ein „Weltinnenrecht"? Rechtsentwicklungen in einem sich wandelnden internationalen System. Rede vor der Stiftung Entwicklung und Frieden, Bonn 2001 verfügbar unter: http://sef-bonn.org/sef/veranst/2001/forum/delbrueck_rede.html (Zugriff 10.7.2012); weitere Nachweise: *Ingolf Pernice*, Zur Finalität Europas, in: Gunnar Folke Schuppert/Ingolf Pernice/Ulrich Haltern (Hrsg.), Europawissenschaften, 2005, S. 743 (784).

Zugang zu Information, Kultur, Wissen schmieden die noch in Staaten politisch organisierten Gesellschaften Schritt für Schritt zur globalen Gesellschaft zusammen.

II. Die Internetgesellschaft

Die Internetgesellschaft als globale Gesellschaft zu definieren wäre aber vorschnell. Woran erkennen wir die Rolle des Internets für die Gesellschaft und ihre mögliche Entwicklung zur globalen Gesellschaft? Verändert das Internet die Menschen und die Beziehungen unter ihnen nicht auf allen Ebenen?

In der Presse – hier in einem zweiseitigen Artikel der FAZ Sonntagszeitung vom 29. April 2012 – lesen wir: *„Facebook verändert uns alle“*, und im Untertitel heißt es: *„Wer nicht drin ist, droht das Leben zu verpassen“*.[14] Aber wenn das stimmen sollte: Wie, genau, verändert es uns? Was genau sind die Auswirkungen auf die Gesellschaft? Facebook ist nur eine Anwendung des Internets; es gibt viele andere mehr.

Die Erfindung der Buchdruckerei, Johannes Gutenberg, hat wie viele sagen, die Welt verändert. Er löste Wikipedia zufolge *„eine Medienrevolution aus“*. Die Erfindung soll vom US-Magazin Time-Life zur bedeutendsten Erfindung des zweiten Jahrtausends gewählt worden sein und Gutenberg wurde 1999 vom amerikanischen A&E Network zum *„Mann des Jahrtausends“* gewählt.[15] Durch den Buchdruck kam das Wissen allmählich aus den Klöstern in die Welt und zu den Menschen. Wissen ist Macht. Die Zugänglichkeit des Wissens kann politische Veränderungen bewirken. Hätte es die Aufklärung ohne Buchdruck gegeben?

Die Erfindung der Dampfmaschine, Auslöser der Industrialisierung, wird als eine weitere, nachhaltig auf die Gesellschaft wirkende Revolution angesehen. Später gaben Telegraphie, Telefon, Rundfunk und Fernsehen immer schnellere und stärkere Impulse zur Veränderung.

Was hat es heute mit der „digitalen Revolution“ auf sich? Ist sie mit den genannten Entwicklungen vergleichbar? Ist das Internet der Beginn eines neuen Zeitalters? Entwickelt und erweitert sich die bisherige „Internet-Community“ vielleicht bald zu einer neuen Gesellschaft, der digitalen globalen Gesellschaft?

Dafür gibt es Anzeichen. Einige eher zufällig ausgewählte Beispiele aus der Fülle der Phänomene, über die wir inzwischen alltäglich hören und lesen, können als Indiz eines tiefgreifenden Wandels gesehen werden.

---

[14] Frankfurter Allgemeine Sonntagszeitung Nr. 17 v. 29. April 2012, S. 38/39.

[15] Vgl. http://de.wikipedia.org/wiki/Johannes_Gutenberg, Zugriff 4.5.2012.

1. Zugang zum Recht

Über das Internet sind praktisch alle geltenden Verfassungstexte der Welt, internationale Verträge, Gesetzes- und Verordnungstexte, sowie die wichtigsten Urteile nicht nur der internationalen Gerichte, sondern auch der höchsten Gerichte in vielen Ländern, vor allem in Europa und in Deutschland jederzeit abrufbar. Die damit erst wirklich gewordene Öffentlichkeit des Rechts war schon immer eine Grundbedingung der Rechtsstaatlichkeit auf allen Ebenen, für alle Bürgerinnen und Bürger. Hinzu kommt jetzt die Erleichterung des Vergleichs: Der Blick in die Rechtsordnungen und -praxis anderer Länder oder in die Urteile etwa der europäischen und internationalen Menschenrechtsgerichtshöfe ist eine wichtige Referenz für Verständnis und Argumentation im praktischen Fall. Durch das Internet wird die Kenntnis, Geltung und Durchsetzung des Rechts für den Einzelnen jetzt unmittelbarer und einfacher, für die Gesellschaft wird es ein Faktor der Berechenbarkeit und der Sicherheit im Recht. Nicht nur für die neuen Demokratien in Mittel- und Osteuropa ist das von großer Bedeutung.[16]

Der erleichterte Zugang zum Recht gibt dem Einzelnen damit ganz neue Möglichkeiten sich zu positionieren und seine Stellung in Staat und Gesellschaft zu behaupten. Die durch das Internet vereinfachte Vergleichsmöglichkeit, der Blick über die Grenzen könnte aber auch Konvergenzen bewirken, jedenfalls schafft die neue Transparenz Vertrauen, wie es etwa in der Europäischen Union unabdingbar ist für die gegenseitige Anerkennung insbesondere etwa von Haftbefehlen im europäischen Justizverbund.[17]

2. Zugang zu Wissen und Kultur

Nachhaltig erweitert das Internet den Zugang zu Wissen und Kultur, schon mit der Verwirklichung von Projekten wie Europeana.[18] So wird auch die

---

[16] Vgl. etwa *Dagmar Weisova & Tibor Weis*, The Internet in the Service of Constitutionalism: Project CoCoNet, unter https://web.archive.org/web/20160103125449/https://www.isoc.org/inet97/proceedings/G7/G7_2.HTM (Zugriff 5.5.2012).

[17] S. dazu schon *Ingolf Pernice*, Die horizontale Dimension des Europäischen Verfassungsverbundes. Europäische Justizpolitik im Lichte von Popino und Darkanzali, in: Hans-Jörg Derra (Hrsg.), Freiheit, Sicherheit und Recht, Festschrift für Jürgen Meyer, 2006, S. 359, 367 f.; s. auch *Ann-Kathrin Kaufhold*, Gegenseitiges Vertrauen. Wirksamkeitsbedingung und Rechtsprinzip der justiziellen Zusammenarbeit im Raum der Freiheit, der Sicherheit und des Rechts, EuR 2012, S. 408 ff., wo der Rückgriff auf das Vertrauen allerdings gerade auf den Fall von Unwissen, Erwartung, Wunsch bezogen wird (ebd., S. 419 ff.). Es ist dagegen fraglich, ob Vertrauen, selbst wenn es Kontrollverzicht meint (ebd., S. 429 f.), nicht doch eine Basis im Wissen übereinander, also in Einblick und Kontrollmöglichkeit hat.

[18] Vgl. http://www.europeana.eu/portal/, Zugriff am 5.5.2012, s. auch *Michael Scott*

Deutsche Digitale Bibliothek mit dem Ziel aufgebaut, eine „demokratische Wissensgesellschaft" zu fördern.[19] Google-Books[20] hatte das Ziel, allen Internet-Nutzern die Möglichkeit zu vermitteln, Literatur zu finden und zu lesen. Weltweit erschließt sich uns alle Literatur, von jedem Ort und ohne aufwendige Reisen zu den Bibliotheken per Knopfdruck und mit Suchfunktionen, die eine Stichwortsuche quer durch die Literatur erlauben, quantitative Analysen über das Vorkommen bestimmter Begriffe in bestimmten Zeiträumen und mit der Entwicklung des semantic web eines Tages auch Antworten finden auf komplexere Fragen. Die Literatur und damit das Wissen der Welt wird – schrittweise weltweit – in jedem Hause verfügbar, es ist kein Privileg mehr für Eliten, mittelfristig auch keines mehr für die westliche Welt.[21] Dasselbe wird für Abbildungen der Kunstwerke gelten, für Filme und Musik: Jeder kann teilhaben. Jeder kann aber auch teilnehmen, aktiv und kreativ.

Unzählige Webseiten, wie das SSRN oder auch bescheidene Versuche, wie die Webseite etwa des WHI,[22] geben Zugang zu wissenschaftlichen Vorträgen, Veröffentlichungen und anderen Dokumenten. Was unter dem Titel „open source", mit „open access" von Universitäten wie z.B. über den edoc-Server der Humboldt-Universität[23] oder mit besonderen Lizenzen wie „creative commons" versucht wird, macht Wissen und Kultur für jeden kostenlos leichter zugänglich.

Gleicher Zugang zu den Ressourcen Kultur und Wissen für alle bedeutet mehr Chancengleichheit in der Gesellschaft, ermöglicht Kulturaustausch, Dialog zwischen den Gesellschaften und bessere Verständigung zwischen den Menschen.

3. Zugang zur Bildung

Das bekannteste Beispiel eines erleichterten Zugangs zu Wissen und Bildung dürfte die online-Enzykolopädie Wikipedia sein,[24] die immer mehr an An-

---

Moore, EU Plans Backup Copy of European Civilization, Spiegel-online v. 22.10.2008, verfügbar unter: http://www.spiegel.de/international/europe/europeana-eu-plans-backup-copy-of-european-civilization-a-584823.html (Zugriff 5.5.2012).

[19] Vgl. http://www.deutsche-digitale-bibliothek.de/ (Zugriff 5.5.2012).

[20] Vgl. http://books.google.de/ (Zugriff 5.5.2012).

[21] Vgl. näher: *Corinne Flick* (Hrsg.), Wem gehört das Wissen der Welt, 2011, Einführung ebd., S. 9 ff.; instruktiv zur weltweiten Verteilung des Wissens und Herrschaft darüber: *Victor Mayer-Schönberger*, Eine Geographie des Wissens der Welt, ebd., S. 119 ff.

[22] Walter Hallstein Institut für Europäisches Verfassungsrecht, www.whi.eu (Zugriff 1.8.2012).

[23] Zur open-access-Erklärung der Humboldt-Universität zu Berlin: http://edoc.hu-berlin.de/e_info/oa-erklaerung.php (Zugriff 5.5.2012).

[24] S. http://de.wikipedia.org/wiki/Wikipedia:Hauptseite (Zugriff am 5.5.2012).

sehen gewinnt und allmählich den Brockhaus, die Britannica und viele andere Werke ablöst. Andere Beispiele sind die Initiativen des e-learning, wie die online-Akademien oder die virtuelle Universität. Mit den „Open Yale Courses"[25] etwa hat sich Professor *Sebastian Thrun* (Yale) ganz auf online-Vorlesungen spezialisiert. Weltweit hat er zig-tausend Studierende, viele Tausende aus aller Welt konnten dabei ihre Examina schon erfolgreich ablegen, kostenlos.[26]

Das wird den face-to-face Unterricht in der Schule nicht ersetzen, auch die Universitäten nicht. Denn Bildung ist nicht nur Lernen, und das persönliche Vorbild des guten Lehrers oder der Lehrerin, der unmittelbare Dialog sowie die gegenseitige Herausforderung der Kommilitonen usw. spielen eine wichtige Rolle. Aber auch im Zugang zur Bildung fallen Hürden und damit Privilegien. Die Gesellschaft wird durchlässiger. Wer lernen will und nach Materialien sucht, kann dies klassen-übergreifend tun, grenzenlos.

4. Zugang zu Kommunikationsmitteln und Öffentlichkeit

Kommunikation ist das Bindemittel der Gesellschaft. Durch e-mail, chat-Programme, voice over IP wie etwa Skype, und andere durch das Internet ermöglichte Kommunikation zwischen Menschen wird die Gesellschaft dichter, inklusiver. Mediale Öffentlichkeit ist für alle zugänglich, mit dem Web 2.0 wurde sie auch interaktiv. Das Stichwort n2n ist Symbol für einen neuen Strukturwandel der Öffentlichkeit. Meinungs- und Informationsmonopole geraten unter Druck, Herrschaft über die öffentliche Meinung und damit die öffentliche Meinung als politische Größe unterliegen einer weittragenden Veränderung. Über soziale Netzwerke und Twitter werden Nachrichten und Meinungen jetzt in Ist-Zeit verbreitet, manchmal lawinenartig, von jedem über alles. Mit der „Blogosphäre" entwickelt sich eine Kommunikationskultur, an der jeder teilhaben kann; sie konkurriert mit der Meinungsbildung über die klassischen Medien, Zeitungen, Radio, Fernsehen, die ihrerseits mit ihrem Internetauftritt reagieren, aber eben nicht mehr regieren.

Ist die öffentliche Meinung also nicht mehr allein die Meinung der Medienmogule, so gibt es doch neue Herausforderungen. Können Suchmaschinen wie Google durch Personalisierung Einfluss darauf nehmen, was Leute (primär) online finden? Neue Marktmacht auf dem Werbemarkt führt zu Beschwerden von Firmen über das Fehlen individueller Gestaltungsmög-

---

[25] Vgl. http://oyc.yale.edu/ (Zugriff 8.5.2012). Vgl. auch die Seite Open Culture mit 450 Vorlesungen ausgewählter Universitäten, http://www.openculture.com/freeonlinecourses (Zugriff 8.5.2012).

[26] *Jonas Lepping*, Interview mit Sebastian Thrun, Die Uni nutzt Methoden wie vor tausend Jahren, Spiegel-online v. 19.3.2012, unter: http://www.spiegel.de/unispiegel/studium/0,1518,817889,00.html (Zugriff 8.5.2012).

lichkeiten der Werbung.[27] Die Freiheit der Information kann durch Netzblockaden oder Eingriffe in die Netzneutralität zu einem unerfüllten Traum werden.

Solange er auf der Basis der Gleichheit und Freiheit gewährleistet ist, gegenüber staatlichen wie auch privaten Gefährdungen, gibt der Zugang zur Öffentlichkeit im interaktiven Informations- und Meinungsmarkt aber dem Einzelnen eine Macht des Ein- und Mitwirkens im gesellschaftlichen und politischen Diskurs, wie sie früher nur wenigen vorbehalten war. Gleichzeitig sieht sich dieser Zugang aber Herausforderungen gegenüber, die so bisher nicht bekannt waren.

5. Der Mensch im sozialen Netzwerk: Der „digitale Dorfplatz"

Die Wirkung des Internets könnte noch tiefer greifen, wenn sich soziale Netzwerke als Medium der Information und des Austausches weiter etablieren. Es gab soziale Netzwerke zwar schon immer: Freundeskreise, Seilschaften, Clubs etc., aber die Dimension ist heute eine andere. Bald sind es allein auf Facebook eine Milliarden Nutzer, die ihre Inhalte und persönlichen Erlebnisse, Photos, Videos, aber eben auch Nachrichten im Freundeskreis oder sogar allgemein zugänglich machen und „teilen". Dass dabei das Recht auf informationelle Selbstbestimmung in weiten Teilen aufgegeben wird, nicht nur von Jugendlichen, ist nur eine Seite. Die andere ist die große Offenheit, die Informationen der „Freunde" aufzunehmen, darauf zu reagieren, der Austausch von Inhalten. Persönliches und Politisches kommt unmittelbar auf den Schreibtisch, über smartphone und iphone kann jeder immer unter „Freunden" sein, immer verbunden. Privatsphäre und öffentlicher Raum vermischen sich auf dem „digitalen Dorfplatz".[28]

Soziale Netzwerke vermitteln das Gefühl der Inklusion für alle, die teilnehmen (können). Das ersetzt für die einen, erleichtert für die anderen den sozialen Kontakt off-line. Werden damit Mensch und Gesellschaft andere, ist das die digitale Gesellschaft?

6. Zugang zum Markt und die Personalisierung im Netz

Auch den Zugang zum Markt gab es schon immer, aber ein tiefgreifener Wandel ist unverkennbar: Verkauf und Einkauf über e-bay, der Automarkt „mobile.de", Bücher, Musik, Filme, elektronische Geräte werde zunehmend

[27] S. *Benjamin Edelman*, Advertisers' Missing Perspective in the Google Antitrust Hearing, unter: http://www.benedelman.org/news/092011-1.html (Zugriff 20.7.2012).

[28] S. *Fridjof Küchemann*, Wären wir doch alle anonym!, FAZ Nr. 104 v. 4.5.2012, S. 31, über eine von Sascha Lobo auf der „re:publica" in Berlin diskutierte Frage.

über das Internet gehandelt; sogar der Heiratsmarkt läuft besser online. Der kleine Unternehmer, der noch nicht einmal ein Ladenlokal hat, kann jetzt über das Internet groß auftreten, in Konkurrenz zu etablierten Firmen und Ketten. Über das Internet kann jeder mit dem smartphone im Laden sofort den Preisvergleich haben: Das schafft neue „Transparenz“ im Markt. Notfalls verlässt der Kunde den Laden und den Verkäufer, der ihm die Produkte vorgeführt und erklärt hat und kauft dann billiger per Internet, wenn ihm der Service des Ladens den Kauf dort nicht wert ist. Geschäftsstraßen, ganze Innenstädt werden ihr Gesicht verändern.

Der e-commerce bringt damit Vieles durcheinander. Anbieter und Nachfrager stellen sich neu auf. Droht dem klassischen Buchgeschäft das Ende, weil Amazon dem Leser seine Lieblingswerke per one-click ins Haus schickt, ja besser weiß als wir selbst, was wir eigentlich gut finden und lesen sollten? Werbung im Internet wird personalisiert, sie ist genau auf unsere jeweiligen Verbrauchsgewohnheiten und Interessen abgestimmt, so wie die Algorithmen der Suchmaschinen und Internetdienste sie wahrnehmen.

Diese Praktiken ersparen uns Manches, verhindern aber auch das zufällige Entdecken neuer, ganz anderer Produkte und Interessen. Das könnte bald auch für politische Nachrichten und Meinungen auf dem Meinungsmarkt gelten, wenn wir uns auf das Internet beschränken. Beispiel „Demand Media“[29]. *Miriam Meckel* beschreibt die Gefahren, die sich aus der Personalisierung im Netz ergeben können, in einem bemerkenswerten Artikel: „SOS – Save Our Serendipity“. Um der „algorithmischen Demut vor der Falsifizierbarkeit unserer Wirklichkeitsentwürfe“ willen fordert sie einen öffentlichen Diskurs über „algorithmic literacy“.[30] Es geht um die Freiheit, uns selbst zu definieren, auch wenn wir noch nie völlige Kontrolle darüber hatten, wie andere uns wahrnehmen. *Max Frisch's* Jude von Andorra spricht Bände.

Das Internet fördert andererseits aber auch die Transparenz im Markt und begründet eine gewisse Marktmacht für den Einzelnen. Wollen wir uns nicht selbst vermarkten lassen, so bietet das Internet ein Forum, in dem Gegenmacht sich artikulieren und formieren kann.

---

[29] Dazu näher: Oliver Jungen, Journalismus von der Resterampe, F.A.Z. v. 16.2.2010, unter: http://www.faz.net/aktuell/feuilleton/medien/antwortmaschine-demand-media-journalismus-von-der-resterampe-1939088.html (Zugriff 17.7.2012).

[30] *Miriam Meckel*, SOS – Save Our Serendipity, unter: http://www.miriammeckel.de/2011/10/11/sos-save-our-serendipity/(Zugriff 7.5.2012).

7. Zugang zur Politik

Verändert sich auch der Zugang zur Politik? Die Frage ist eng mit den Themen Öffentlichkeit, Zugang zu Informationen, digitaler Dorfplatz verbunden. Über das Internet wird die Masse zum Akteur, jeder Einzelne kann partizipieren, jeder kann Faktor der politischen Willensbildung werden. Jede politische Institution hält auf ihrer Webseite umfangreiche Informationen, wie sie organisiert ist, wer die entscheidenden Personen sind und was sie zu aktuellen politische Themen zu sagen haben. Das gilt auch für die Parteien, die ihre Inhalte leichter in der Öffentlichkeit verbreiten können.

Auf den Webseiten findet sich oft auch die Einladung zur aktiven Mitwirkung. Als Beispiel sei die Ausarbeitung der neuen Verfassung von Island nach der Finanzkrise im Verfahren des „crowd-sourcing" genannt.[31] Ein anderes Beispiel ist die Ausarbeitung des Entwurfs einer Verfassung für Europa von 2001 bis 2003. Der Europäische Konvent hat über die Webseite „futurum" nicht nur alle schriftlichen Eingaben öffentlich zugänglich gemacht, sondern zur aktiven Beteiligung, zu Stellungnahmen und Vorschlägen aufgefordert.[32]

Ein Stück „Schwarmintelligenz" nutzt auch die Europäische Kommission, wenn sie durch Grün- und Weißbücher eine öffentliche Diskussion neuer Rechtsetzungsvorhaben der EU initiiert und Meinungen und Anregungen einholt.[33] Die Erfahrungen aus der Debatte gehen dann idealiter mit in die Vorschläge der Kommission ein.

Neuestes Beispiel ist die jetzt auch operationell eingeführte europäische Bürgerinitiative nach Art. 11 Abs. 4 EU-Vertrag, für die die Kommission eine eigene Software zur Verfügung stellt und die so in weiten Teilen über das Internet laufen kann.[34]

---

[31] Vgl. *Haroon Siddique*, The Guardian v. 9.6.2011: Mob rule: Iceland crowdsources its next constitution. Country recovering from collapse of its banks and government is using social media to get citizens to share their ideas, http://www.guardian.co.uk/world/2011/jun/09/iceland-crowdsourcing-constitution-facebook (Zugriff 20.7.2012).

[32] Vgl. wissen.de, Europa praktisch: Mehr Bürgerbeteiligung durch höhere Transparenz, unter: http://www.wissen.de/europa-praktisch-mehr-buergerbeteiligung-durch-hoehere-transparenz?keyword=Futurum (Zugriff 5.5.2012); zu diesem Prozess näher: *Annika Frisch*, Das Potential deliberativer Demokratietheorie für die Konzeptualisierung von Demokratie in der Europäischen Union, ZPol, 2007/3, S. 711 (724).

[33] Vgl. dazu Art. 2 des Protokolls Nr. 2 zum Vertrag von Lissabon über die Anwendung der Grundsätze der Subsidiarität und der Verhältnismäßigkeit, wonach die Kommission „umfangreiche Anhörungen" durchführt, „bevor sie einen Gesetzgebungsakt vorschlägt."

[34] Vgl. die Seite des Europäischen Parlaments: „EU-Initiativen. Der Bürger als Gesetzgeber", unter: http://www.europarl.europa.eu/news/de/headlines/content/20120322FCS41704/2/html/EU-Initiativen-Der-B%C3%BCrger-als-Gesetzgeber (Zugriff 5.5.2012). Entsprechend die Erläuterungen der Kommission: Die Europäische Bürgerinitiative, verfügbar unter: http://ec.europa.eu/citizens-initiative/public/welcome?lg=de (Zugriff 5.5.2012).

8. *„Collaborative power“*

Die Gesellschaft und mit ihr die Politik verändern sich aber noch nachhaltiger mit dem, was *Anne-Marie Slaughter* als „collaborative power“[35] beschreibt: Eine neue Form der Macht, die weder auf besonderen Ressourcen beruht, noch den Einfluss einer Person auf andere betrifft. Es geht um die Internet-gestützten politischen Bewegungen, die spontan von der Bevölkerung ausgehen.

Als Beispiel gilt der Arabische Frühling in Ägypten,[36] Tunesien und Libyen: Diese Revolutionen wären ohne das Internet nicht möglich gewesen.[37] Das was man Schwarmintelligenz nennt, aber auch als Schwarm-Macht bezeichnen könnte, wurde auch bei uns in der deutschen Politik wirksam: Ein Verteidigungsminister kam über die Internet-Seite Guttenplag zu Fall.[38] Auf europäischer Ebene wurde nach der geballten Internet-Aktion der Kritiker[39] die Ratifikation des ACTA-Abkommens ad acta gelegt:[40] Das Europäische Parlament hat mit großer Mehrheit gegen das Abkommen gestimmt.[41] An-

---

[35] *Anne-Marie Slaughter*, A New Theory for the Foreign Policy Frontier: Collaborative Power, The Atlantic v. 30.11.2011, verfügbar unter: http://www.theatlantic.com/international/archive/2011/11/a-new-theory-for-the-foreign-policy-frontier-collaborative-power/249260/ (Zugriff 16.7.2012).

[36] *Amira El Ahl*, Diese Frauen stürzten das brutale System Ägyptens, Die Welt online v. 21.1.2012, unter: http://www.welt.de/politik/ausland/article13826738/Diese-Frauen-stuerzten-das-brutale-System-Aegyptens.html (Zugriff 5.5.12).

[37] Dazu beispielhaft die ARD Korrespondenten *Marc Dugge, Jörg Armbruster, Ulrich Pick, Clemens Verenkotte*, Das Internet als Katalysator des Protests, unter: http://www.tagesschau.de/internet192.html (Zugriff: 17.6.2012).

[38] S. http://de.guttenplag.wikia.com/wiki/GuttenPlag_Wiki (Zugriff 5.5.2012).

[39] Vgl. die Seite „Stoppt Acta“, http://www.stopp-acta.info/deutsch/fakten/fakten/fakten.html (Zugriff 8.5.2012). S. auch *Jan Philipp Albrecht*, „Europaweiter ACTA-Aktionstag: ACTA zu Fall bringen – am Samstag auf die Straße gehen!“, http://janalbrecht.eu/2012/02/10/europaweiter-acta-aktionstag-acta-zu-fall-bringen-am-samstag-auf-die-strase-gehen/ (Zugriff 8.7.2012).

[40] *Neli Kroes*, Internet Freedom (Rede am 4. Mai 2012 re.publica, Berlin): „We are now likely to be in a world without SOPA and without ACTA“, http://europa.eu/rapid/pressReleasesAction.do?reference=SPEECH/12/326&format=HTML&aged=0&language=EN&guiLanguage=en(Zugriff 17.6.2012); vgl. auch Bericht der Stuttgarter Zeitung vom 4.5.2012 über eine Rede auf der re:publica: „Kroes gibt Kampf um Acta verloren“, http://www.stuttgarter-zeitung.de/inhalt.eu-kommission-kroes-gibt-kampf-um-acta-verloren.78b76436-35c1-4d48-bfdb-f457357c011a.html(Zugriff 17.6.2012).

[41] Vgl. Pressedienst des Europäischen Parlaments, Europäisches Parlament lehnt ACTA ab, verfügbar unter http://www.europarl.europa.eu/news/de/pressroom/content/20120703IPR48247/html/Europäisches-Parlament-lehnt-ACTA-ab (Zugriff: 17.6.2012). Kritiker befürchten jedoch teilweise, dass umstrittene Regelungen auf anderen Wegen eingeführt werden könnten, vgl. *Stefan Krempl*, „EU-Kommission: CETA ist nicht ACTA“, heise online v. 12.7.2012, unter: http://www.heise.de/newsticker/meldung/EU-Kommission-CETA-ist-nicht-ACTA-1637478.html (Zugriff: 17.6.2012).

fang des Jahres 2012 hatte schon der Aufschrei der Internet-Nutzer in Form einer von sieben Millionen *usern* gezeichneten Petition, dazu geführt, dass in den USA der Entwurf der Anti-Piraterie-Gesetze SOPA und PIPA scheiterte.[42]

Slaughter bezieht sich speziell auf den Fall der amerikanisch-ägyptischen Bloggerin Mona *Eltahawy*, die von den ägyptischen Sicherheitsbehörden gefangen in kürzester Zeit wieder freikam – dank einer weltweiten Twitter-Aktion.[43] „Collaborative power", so führt sie aus, is „the networked, horizontal surge and sustained application of collective will and resources"[44]. Sie liegt nicht in der Hand einer Person, Gruppe oder Institution, sondern ist ein „emergent phenomenon – the property of a complex set of interconnections"[45]. Das betrifft die Gesellschaft, vor allem aber auch die Politik.

So berichtet der Stern über den „Kirchentag der Netzrevolutionäre", die re:publika 2012: „Die Botschaft, dass das Internet unser Leben maßgeblich verändert und eben nicht – bäh! – verschwindet, ist angekommen. In den Parteien, in den Bundes- und Landesministerien, bei den großen und kleinen Geldverdienern".[46]

III. Strukturwandel der Politik

Dank des Internets und seiner vielfältigen Anwendungen ist der Einzelne also nicht mehr nur Verbraucher, sondern er kann aktiv mitgestalten, leichter als früher. Partizipation am gesellschaftlichen Leben und an der Entwicklung von Wissen, Kultur, ja am Markt und in der Politik wird für jeden Einzelnen in einem bislang ungekannten Ausmaß ermöglicht, geographisch und inhaltlich. Der englische Ausdruck „empowerment" beschreibt am besten, was dieses neue Instrument für den Menschen in der Gesellschaft und in der Politik bedeutet.

---

[42] Süddeutsche Zeitung v. 20.1.2012, Umstrittene Anti-Piraterie-Gesetze US-Kongress stoppt SOPA und PIPA, unter: http://www.sueddeutsche.de/digital/umstrittene-anti-piraterie-gesetze-us-kongress-legt-sopa-und-pipa-vorerst-auf-eis-1.1263420 (Zugriff 5.5.2012).

[43] *Anne-Marie Slaughter*, A New Theory for the Foreign Policy Frontier: Collaborative Power, The Atlantic v. 30.11.2011, unter: http://www.theatlantic.com/international/archive/2011/11/a-new-theory-for-the-foreign-policy-frontier-collaborative-power/249260/ (Zugriff 16.7.2012).

[44] Ebd.

[45] Ebd.

[46] Vgl. *Florian Güßgen*, Internetkonferenz „re:publica" Kirchentag der Netzrevolutionäre. Wie viel Staat brauchen wir im Netz? Die Berliner Konferenz re:publica hat eindrucksvoll gezeigt, dass die politische Verfassung des Internets ein zentrales politisches Thema der nächsten Jahre ist, Stern.de 4.5.2012, unter: http://www.stern.de/digital/internetkonferenz-republica-kirchentag-der-netzrevolutionaere-1822483.html Zugriff 5.5.2012).

Die Internet-Gesellschaft ist – idealiter – besser informiert und vernetzt, sie ist aktiver und selbstbewusster, sie ist nicht an staatliche Grenzen gebunden, wächst über den Staat hinaus. Damit ist sie offener und dynamischer. Der Einzelne hat eine Plattform, um sich bemerkbar zu machen. Was sind die Folgen für die Politik?

Nachfolgend werden vier Beobachtungen skizziert, die dafür sprechen, dass wir es mit einem Strukturwandel nicht nur der Öffentlichkeit, sondern auch der Politik zu tun haben. Die Stichworte dafür lauten: Machtverschiebungen, neue Konfliktzonen, der Staat im Umbruch und die Verfassung der globalen Gesellschaft.

1. Machtverschiebungen

Was bedeutet es, wenn aufgrund einer neuen Technologie und ihrer Anwendung die Parteienlandschaft in Deutschland massiv in Bewegung gerät?[47] Die Piraten haben bei einigen Landtagswahlen einen Erfolg erzielt, von dem andere nur träumen. Ist es nur der Kampf um ein neues nutzerfreundlicheres Urheberrecht? Ist es der Ruf nach mehr Transparenz und Öffentlichkeit, der die politikmüde gewordenen Menschen fasziniert – über das Vorbild Skandinaviens, die EU-Transparenzrichtlinien,[48] das deutsche Informationsfreiheitsgesetz oder Obamas „open governance initiative"[49] hinaus? Oder ist es das, was neuerdings als interaktive Demokratie mit „liquid feedback" gemeint ist[50] oder unter dem „flüssigen" Wechsel zwischen repräsentativen und direkten Demokratieelementen unter dem Motto „liquid democracy" verstanden und versucht wird?[51] Dass neue Wege der politischen Partizipation und der Kommunikation zwischen Politikern und ihren Wählern durch das Internet eröffnet werden, dürfte auf der Hand liegen. Wie weit auf diese Weise das System Politik verändert wird, bleibt abzuwarten.

---

[47] S. *Margarete van Ackeren*, Achtung Piraten!, Focus Nr. 13/12 v. 26. März 2012, S. 23 ff.

[48] S. schon *Christoph Sobotta*, Transparenz in den Rechtsetzungsverfahren der Europäischen Union, 2001; Richtlinie 90/313 über den Zugang der Öffentlichkeit zu Umweltinformationen, abgelöst durch Richtlinie 2003/4. Für die Transparenz in den Institutionen der EU s. die Informationszugangs-VO 1049/2001; jetzt Art. 15 AEUV sowie Art. 42 GRCh.

[49] Open government initiative, unter: http://www.whitehouse.gov/open/about (Zugriff 6.5.2012).

[50] Vgl. Piratenpartei „Liquid feedback", http://wiki.piratenpartei.de/LiquidFeedback (Zugriff 1.8.2012).

[51] Vgl. Piratenpartei „Liquid Democracy", http://wiki.piratenpartei.de/Liquid_Democracy (Zugriff 1.8.2012); s. auch Kontextschmiede, Was ist liquid democracy, http://kontextschmiede.de/was-ist-eigentlich-liquid-democracy/ (Zugriff 1.8.2012).

Es ist nicht auszuschließen, dass schon aus diesen Entwicklungen Internet-bedingte Machtverschiebungen resultieren. Doch wirkt das Internet auch auf andere Weise: Es eröffnet Politikern eine neue Plattform für Werbung und Dialog. Schon bei der Wahl 2008 in den USA dürfte es seine Wirkung getan haben: Hätte Obama gewinnen können ohne Internet, ohne Netzwerke und netzgestütztes Fundraising? Politik ist einer stärkeren gesellschaftlichen Kontrolle unterworfen, spontane Öffentlichkeit tritt neben die Medienmacht. Umgekehrt können Politiker direkter in Echtzeit mit ihren Wählern kommunizieren, die ihre Nöte und Interessen, aber auch ihren Unwillen unmittelbar vortragen. Wenn die politischen Parteien „Sprachrohr des Volkes" sind,[52] kann eine erleichterte öffentliche Kommunikation mit den informierten Wählern die Demokratie stärken.

Peter Altmaier, noch als parlamentarischer Geschäftsführer der CDU-Fraktion im Deutschen Bundestag, schrieb begeistert von seiner Entdeckung, wie man mit Twitter die Menschen erreicht: Dabei, so gesteht er in seinem FAZ-Beitrag „Leben unter Piraten" vom Oktober 2011, „war mir die gesellschaftliche und politische Dramatik, die von der rasanten Evolution des Internet und der elektronischen Medien ausgeht, bislang nicht einmal im Ansatz klar".[53]

Die Verfassung, unser Grundgesetz, hat auf all dies noch nicht reagiert. Ihre Begriffe und Prinzipien sind aber offen für internet-induzierte Entwicklungen etwa des Demokratiebegriffs. Auch die Grundrechte sind offen für eine innovative Interpretation. So umfasst das allgemeine Persönlichkeitsrecht seit einigen Jahren auch das „Grundrecht auf Gewährleistung der Vertraulichkeit und Integrität informationstechnischer Systeme".[54] Gibt es umgekehrt dann aber auch ein Grundrecht der Internetfreiheit,[55] das vielleicht aus der Meinungsfreiheit, der Informationsfreiheit als neuem Inhalt des Art. 5 Abs. 1 GG,[56] je nach Fallgestaltung der Berufsfreiheit, der Wissenschafts- oder Kunstfreiheit oder gar der Menschenwürde abzuleiten wäre?[57]

---

[52] So die Parteienstaatslehre seit *Gerhard Leibholz*, dazu näher: *ders.*, Das Wesen der Repräsentation und der Gestaltwandel der Demokratie im 20. Jahrhundert, 3. Auflage, Berlin 1966, S. 255 (256 f.).

[53] *Peter Altmaier*, Politik und Internet. Mein neues Leben unter Piraten, FAZ-online v. 13.10.2011, verfügbar unter: http://www.faz.net/aktuell/feuilleton/debatten/digitales-denken/politik-und-internet-mein-neues-leben-unter-piraten-11493287.html (Zugriff 6.5. 2012).

[54] So das Urteil des Bundesverfassungsgericht zur Online-Durchsuchung, BVerfGE 120, 274, Leitsatz 1.

[55] Vgl. etwa *Ulrich Beckedahl*, Erklärung zur Internetfreiheit, in: Netzpolitik v. 2.7.2012, mit Verweis auf die entsprechende Erklärung in den USA, http://netzpolitik.org/2012/erklarung-der-internetfreiheit/ (Zugriff 1.8.2012).

[56] Eine Initiative in dieser Richtung scheint in der Enquête-Kommission Internet und Digitale Gesellschaft keine Mehrheit gefunden zu haben, vgl. Heise-Online v. 26.11.12, Bundestag-Enquete zum Internet: Ein ständiger Internet-Ausschuss und etwas Informa-

2. *Neue Konfliktzonen und Aufgaben*

Natürlich entstehen durch das Internet neue Angriffsflächen, Risiken sowie Konflikte in Gesellschaft und Politik. Neue Themen der politischen Auseinandersetzung und Gestaltung treten auf den Plan. Als Stichworte dafür mögen genügen:

– Wie wird der freie und gleiche Zugang zum Netz für jeden sichergestellt und geregelt? Der Zugang zum Netz ist heute wichtiger geworden, als das Fernsehen, auch wenn dies etwa in der Hartz IV-Gesetzgebung noch keinen Niederschlag findet. Geboten ist die Überwindung des „digital divide" nicht minder als der Erhalt der Netzneutralität – erst der gesicherte Zugang für alle macht die Internetfreiheit möglich, und die Gleichheit der Chancen fordert ein neutrales Netz.[58] Viel spricht dafür, dies als grundrechtliche Gewährleistung zu betrachten, nicht nur als politischen Kampfbegriff.
– Kehrseite und sicher auch Grenze der Öffentlichkeit, Transparenz und des Informationszugangs ist das Persönlichkeitsrecht, also der Datenschutz. Weltweite Konflikte treten auf bei Themen wie „street view" oder zur sog. „privacy-Politik" der Betreiber sozialer Netzwerke oder von Suchmaschinen. Mit dem Vorschlag einer Verordnung zum Datenschutz versucht die Europäische Kommission die neuen Herausforderungen anzugehen.[59] Die in Gang gesetzte politische und juristische Debatte dazu[60] lässt deut-

---

tionsfreiheit, zugänglich unter: http://www.heise.de/newsticker/meldung/Bundestag-Enquete-zum-Internet-Ein-staendiger-Internet-Ausschuss-und-etwas-Informationsfreiheit-1756986.html. S. dazu auch Heise-Online v. 24.5.12: Grüne wollen Informationsfreiheit im Grundgesetz verankern, zum Vorschlag, eine Art. 5 Abs. 2a GG einzuführen, nach dem jeder das Recht erhalten soll „auf Zugang zu Informationen öffentlicher Stellen sowie zu Informationen nicht öffentlicher Stellen, soweit diese öffentliche Aufgaben wahrnehmen". Dass ein solcher Anspruch direkt auf Art. 5 Abs. 1 GG zu stützen ist, könnte allerdings eine Folge des veränderten Verhältnisses zwischen Staat und Bürger in der Informationsgesellschaft sein, vgl. dazu *Ingolf Pernice*, Verfassungs- und europarechtliche Aspekte der Transparenz staatlichen Handelns, in: in: Alexander Dix u.a. (Hrsg.) Informationsfreiheit und Informationsrecht. Jahrbuch 2013 (lexxion, Berlin 2014), S. 17, 27 ff.

[57] Vgl. dazu *meinen* Kommentar „Der Schutzbereich und die Schranken der Internetfreiheit" in MIND, Co:llaboratory Discussion Paper Series No. 1, S. 63.

[58] Zur Netzneutralität s. insbesondere die Beiträge in: *Michael Kloepfer* (Hrsg.), Netzneutralität in der Informationsgesellschaft, Berlin 2011.

[59] Vorschlag für Verordnung des Europäischen Parlaments und des Rates zum Schutz natürlicher Personen bei der Verarbeitung personenbezogener Daten und zum freien Datenverkehr (Datenschutz-Grundverordnung), KOM(2012) 11 endgültig.

[60] Vgl. etwa den kritischen Beitrag von *Johannes Masing*, Herausforderungen des Datenschutzes, NJW 2012, 2305 (2310); s. auch *Kai Biedermann*, Reding kritisiert Friedrichs Blockade beim Datenschutz, Zeit Online v. 21.3.2012, unter: http://www.zeit.de/digital/datenschutz/2012-03/reding-friedrich-datenschutz (Zugriff 8.8.2012); *Kai von Lewinksi*, Eu-

lich werden, welche tiefgreifenden Interessenkonflikte und auch technischen Probleme hier zu bewältigen sind.

- Zu einem Machtkampf wird mehr und mehr aber auch die überfällige Reform des Urheberrechts.[61] Es geht um die Frage, ob eine Regelung noch haltbar ist, durch die eine ganze Generation junger Menschen kriminalisiert wird. Damit das Recht nicht an der Wirklichkeit vorbei geht, muss, wer die berechtigten Interessen der Kulturschaffenden und legitime Arbeit der Verwerter ernst nimmt, nach neuen Lösungen suchen. Das mittlerweile zwanghaft wirkende Abmahnwesen sollte durch intelligentere Geschäftsmodelle ersetzt werden.
- Erst weil das Internet seinen Siegeszug quer durch Gesellschaft und Wirtschaft angetreten hat, gerieten die Themen Cybersicherheit, Cyberkriminalität und der Schutz von öffentlichen Interessen wie Jugendschutz oder Verbraucherschutz im Internet in den Focus der Politik. Auch hier sind neue Wege zu suchen. Die Keule der Blockade und Internetsperre[62] ist bei der veränderten Erwartungshaltung vor allem der Jugend vielleicht kein adäquates Mittel.

Hinter jedem dieser Themen verbergen sich Interessenkonflikte, wobei die dahinter stehenden Gruppen nur teilweise klar aufgestellt und identifizierbar sind. Was aber mehr Sorge bereitet, ist, dass tragfähige Lösungen nicht auf nationaler Ebene gefunden werden können, wenn das Internet sein Potenzial und seinen Charme, nämlich ein Instrument grenzenloser globaler Kommunikation zu sein, behalten soll. Es bedarf einer globalen Regulierung, d.h. einer „Verfassung" des Internets,[63] die den Rahmen und die Bedingungen seiner Nutzung festlegt. Aber diese Verfassung könnte anders aussehen, als das, was wir als Verfassung bislang kennen.

---

ropäisierung des Datenschutzrechts, DuD 2012, 564; *Christian Rath*, Schaar über EU-Richtlinie zum Datenschutz „Das gehört nachgebessert", TAZ v. 23.2.2012, verfügbar unter: http://www.taz.de/!88245/ (Zugriff 8.8.2012).

[61] Zusammenfassend zu den verschiedenen Lösungsansätzen, die vor allem *Philippe Aigrain* untersucht, *Leonhard Dobusch*, Urheberrecht darf im Alltag keine Rolle spielen, Zeit Online v. 30.4.12, unter: http://www.zeit.de/digital/internet/2012-04/urheberrecht-fair-use (Zugriff 16.7.12). Eine Reform steht auch auf der „Digitalen Agenda" der EU, Ziff. 2.2.1, vgl. oben, Fn. 6.

[62] So z.B. die „Three Strikes" Regelung in Frankreich, vgl. Bobbie Johnson, France passes three strikes law against filesharers, The Guardian v. 13.5.2009, unter: http://www.guardian.co.uk/technology/blog/2009/may/13/france-three-strikes (Zugriff 16.7.12).

[63] Vgl. etwa *Henning Steier*, Eine Verfassung für das Internet, Interview mit Wolfgang Kleinwächter, Thurgauer Zeitung, 19.2.13, unter:http://www.thurgauerzeitung.ch/aktuell/digital/-Eine-Verfassung-fuer-das-Internet;art119505,3039453.

3. Die Zukunft von Staat und Verfassung: Der Staat im Umbruch

Wenn das Internet Gesellschaft und Politik verändert, wird es vor dem Staat nicht halt machen. Digital democracy und e-participation,[64] e-government, e-justice sind Stichworte, die eine Anpassung innerstaatlicher Strukturen und Verfahren andeuten. Staat und Gesellschaft rücken einander näher. Neue Ansprüche an den Staat harren der Einlösung. Doch auch das genügt nicht.

Das Internet ist Anlass, über partizipative Strukturen und Verfahren nachzudenken, in denen die neu ermächtigten Einzelnen direkter bei der Gestaltung ihrer Lebensverhältnisse Mitverantwortung übernehmen, unmittelbar mitwirken können. E-Government lässt die Entscheidung beim Staat. Aber muss – und kann – der Staat alles entscheiden? Der Multi-Stakeholder-Ansatz gibt den jeweils Betroffenen und Interessierten das Sagen; doch sind die Beteiligten legitimiert und wo bleibt der Blick auf das Ganze, die Einbettung in den Kontext dessen, was wir als Gemeinwohl zu bezeichnen gewohnt sind?

Nicht nur historisch, sondern ganz aktuell bleibt die Vergabe der Domain-Namen ein Beispiel für die Problemlage. Kann die zuständige, nach kalifornischem Zivilrecht gegründete ICANN Modell einer modernen Form der multistakeholder-governance sein, nach deren Regeln eine Verfassung des Internet global entstehen könnte? Welche Rolle spielt dabei das von den Vereinten Nationen gesponsorte Internet Governance Forum IGF, in dem Modelle dieser Art diskutiert werden?[65]

Wenn es etwa um die Vervielfältigung und Verbreitung von urheberrechtlich geschütztem Material über das Internet geht, könnte eine Lösung dadurch herbeigeführt werden, dass in einem staatlich gesetzten Rahmen die Nutzer, Autoren und Verwerter über eine Lösung verhandeln. Werden die dafür gesetzten prozeduralen Bedingungen und die verfassungsrechtlichen Rechte gewahrt, so könnte dem Ergebnis staatliche Autorität verliehen und die Durchsetzung vom Staat gewährleistet werden. Für das Internet und seine Nutzung, aber eben gerade auch mit Hilfe des Internets könnten in

---

[64] Vgl. *Andy Williamson*, Can e-Participation contribute to a new European public sphere?, Hansard Society, unter: http://www.hansardsociety.org.uk/blogs/edemocracy/archive/2011/05/27/can-e-participation-contribute-to-a-new-european-public-sphere.aspx (Zugriff 6.5.2012).

[65] Vgl. näher zu existierenden Strukturen des IGF und der Veränderung von Internet Governance: *Jeremy Malcom*, Multi-Stakeholder Governance and the Internet Governance Forum (2008), S. 353 ff., 442 ff., unter: http://library.uniteddiversity.coop/Cooperatives/Multi-Stakeholder_Co-ops/Multi-Stakeholder_Governance_And_The_Internet_Governance_Forum.pdf. S. auch *Jeanette Hofmann*, Welt 21. Die Zivilgesellschaft erhält auf internationaler Ebene Gehör – etwa bei Themen Internet, WZB-Mitteilungen, Heft 131, März 2011, S. 1–4.

diesem Sinne jedenfalls für bestimmte Themen Räume der bürgerlichen Selbstbestimmung und -regulierung geschaffen werden, bei denen Staaten nur eine Gewährleistungsfunktion übernehmen, so wie das im Verwaltungsrecht durchaus schon bekannt ist.[66]

Gemäß diesem „Gewährleistungsansatz“[67] würden öffentliche Institutionen bzw. der Staat als Gewährleistungsakteur in Erscheinung treten, um dem Mitentscheidungsbedürfnis sozialer Gruppen Rechnung zu tragen. Der Staat stellt konkrete Verfahren zur Entscheidungsfindung zur Verfügung, hält sich aber aus der konkreten Entscheidungsfindung weitgehend heraus. Ein Eingriff (Veto) von seiner Seite wäre auf die Fälle begrenzt, in denen die Entscheidung mit dem Gemeinwohl, dem Minderheitenschutz oder auch mit der Verfassung kollidiert. Im Übrigen könnte der Staat sogar eine Garantie für die Umsetzung der Regelung übernehmen.

Dabei stellt sich allerdings die Frage, ob und inwieweit ein solches Verfahren, wie auch Regelungen im staatlichen Rahmen überhaupt sinnvoll sind. Die Märkte, vor allem die Finanzmärkte sind dem staatlichen Zugriff längst entronnen. Dasselbe gilt für das Internet selbst als Infrastruktur und Regelungsgegenstand.

Auch die europäische Ebene ist hier nicht ausreichend. Lässt sich die notwendige Regulierung auf globaler Ebene denken?

4. Verfassung der globalen Gesellschaft

Wenn wir aufgrund der oben erwähnten Verdichtung der Beziehungen zwischen den Menschen weltweit auf dem Wege der Entwicklung einer Weltgesellschaft sind, werden wir – um des lieben Friedens willen – nicht umhin kommen, für diese Beziehungen Regeln zu schaffen, die respektiert werden. Die genannten Internet-bezogenen Konfliktthemen sind nur ein kleiner Ausschnitt aus der Fülle von Gegenständen, für die sich dies allmählich aufdrängt.

Dass internationale Verträge hierfür weder ein effektives Mittel noch als Modus der Setzung eines Weltinnenrechts[68] demokratisch ausreichend rück-

---

[66] Vgl. etwa *Claudio Franzius*, Gewährleistung im Recht. Grundlagen eines europäischen Regelungsmodells öffentlicher Dienstleistungen, 2008.

[67] Den Begriff und die Überlegung verdanke ich meinem Mitarbeiter am HIIG, *Rüdiger Schwarz*.

[68] Zum Konzept und Begriff: *Jost Delbrück*, Perspektiven für ein „Weltinnenrecht“? Rechtsentwicklungen in einem sich wandelnden internationalen System. Rede vor der Stiftung Entwicklung und Frieden, Bonn 2001 verfügbar unter: http://sef-bonn.org/sef/veranst/2001/forum/delbrueck_rede.html (Zugriff 10.7.2012), *Jürgen Habermas*, Hat die Konstitutionalisierung des Völkerrechts noch eine Chance?, in: Jürgen Habermas (Hrsg.), Der Gespaltene Westen, 2004, S. 113 (134, 159).

gekoppelt sind, zeigt das Beispiel ACTA. Auch für die Internet-Themen bedarf es global flächendeckend wirksamer Regelungen. Der Modus für diese globale Rechtsetzung ist noch zu entwickeln. Der Rahmen dafür könnte eine Art globaler Verfassung sein, die im Sinne des multilevel constitutionalism[69] ergänzend das Recht der Staaten bzw. der Europäischen Union überwölbt und für deren Legitimation das Internet eine Rolle spielen könnte.

Das Internet bietet die technologische Möglichkeit der zeitnahen Information und Kommunikation über alle Grenzen hinweg. Soziale Netzwerke befördern Beziehungen zwischen Menschen weltweit, sind Medium für Diskurse, politische Bewegungen und Aktionen. Das schon genannte, durch den multi-stakeholder-Ansatz[70] geprägte Internet Governance Forum ist vielleicht ein erster Schritt auf dem Weg zur Herstellung einer globalen Öffentlichkeit – auch wenn es auf das Thema Internet beschränkt ist.[71]

Das Internet spielt dabei nicht nur eine Rolle als Gegenstand einer global zu findenden Regelung. Es ermöglicht auch eine gemeinsame Plattform weltweiter Kommunikation, der Information und des – auch politischen – Diskurses. Es könnte damit Grundlage, Medium, vielleicht auch Arena einer demokratisch legitimierten „Verfassung" der globalisierten Gesellschaft werden, Verfassung allerdings nicht als Zustand, sondern als Prozess. In diesem Prozess könnten die Menschen dank des Internets eine direkte Mitsprache haben. Durch sie würde für nur global zu regelnde Materien eine übergreifende Normsetzung organisiert, dazu ein System effektiver Durchsetzung. Hier könnten die staatlichen Instanzen Verantwortung tragen, bei der Normsetzung könnten sie auf die Gewährleistung eines fairen multi-stakeholder-Verfahrens und die Zertifizierung der Ergebnisse beschränkt sein, ganz im Sinne einer Verfassung der regulierten Selbstregulierung.

---

[69] Vgl. näher *Ingolf Pernice*, The global dimension of multilevel constitutionalism: A Legal Response to the Challenges of Globalisation, in: Pierre M. Dupuy/Bardo Fassbender/Malcolm N.Shaw/Karl-Peter Sommermann (Hrsg.), Völkerrecht als Wertordnung. Common Values in International Law, Festschrift für / Essays in Honour of Christian Tomuschat (2006), S. 973–1005.

[70] Vgl. dazu *Wolfgang Kleinwächter* im Interview: Henning Steier, „Eine Verfassung für das Internet", NZZ v. 2.7.2012, unter: http://www.nzz.ch/aktuell/digital/wolfgang-kleinwaechter-interview-1.17308743 (Zugriff: 8.8.2012).

[71] Vgl. dazu *Hofmann* (Fn. 65), S. 3.

Schluss

Ein Strukturwandel der Politik, der Staat im Umbruch, Notwendigkeit und mögliche Wege zu einer Verfassung der globalen Gesellschaft: Das Internet hat in wenigen Jahren einen Wandel der Gesellschaft vorangetrieben, der Information, Wissen und damit auch die Machtverhältnisse nicht unberührt lässt. Was es bedeutet, dass in den entlegensten Gegenden der Welt potentiell jeder eines Tages per Mausklick Zugang zur Bibliothek des amerikanischen Kongresses haben kann, zu Bildungsangeboten der herausragendsten Universitäten der Welt, zu Kulturgütern, zu den neuesten Erkenntnissen der Wissenschaft und auch zu politischen, wirtschaftlichen und gesellschaftlichen Fakten, wird sich erst Schritt für Schritt herausstellen. Die Internetgesellschaft wird, wenn die Staaten nicht die Kontrolle über das Internet übernehmen, wenn sie nicht durch Blockaden die mit dem Internet als grenzenunabhängiges Kommunikationsmittel vermittelte Freiheit aufheben, eine globale Gesellschaft werden. Und dies berührt die Politik in ihren Grundstrukturen, Verfahren und Instrumenten. Sie wird global, wie die Gesellschaft, und die Frage ist nur, ob und wie im Einzelnen es gelingen wird, sie auch rechtlich zu verfassen.

Kapitel 4

Die Verfassung der Internetgesellschaft (2014)

Einführung

Für Konrad Hesse ist Verfassung die „rechtliche Grundordnung des Gemeinwesens";[1] er meint mit Gemeinwesen Staat und Gesellschaft und wendet sich gegen den sonst prominent vertretenen Dualismus von Staat und Gesellschaft.[2] Dies prägt maßgeblich auch die Verfassungstheorie von Peter Häberle, bis hin zu seinen „Vorstudien zu einer universalen Verfassungslehre", die er in seinem kürzlich erschienenen Werk unter den Titel „Der kooperative Verfassungsstaat – aus Kultur und als Kultur" stellt.[3] Verfassung ist nicht statisch gegeben, sondern aufgegeben als „öffentlicher Prozess"[4] politischer Einheitsbildung,[5] und betrifft Staat und Gesellschaft. Hesse sieht dabei den Begriff „Staat" in einer „engeren Bedeutung als Handeln und Wirken der im Wege politischer Einheitsbildung konstituierten Gewalten".[6] Könnte das Internet bei dieser politischen Einheitsbildung eine Rolle spielen? Wenn die Rede von einer Internet-Gesellschaft richtig ist, was bedeutet das für den Staat und seine Verfassung?

---

[1] *Konrad Hesse*, Grundzüge des Verfassungsrechts der Bundesrepublik Deutschland, 20. Aufl. Neudruck 1999, S. 3 ff., insbes. Rn. 11 f., 17 f.

[2] S. etwa *Ernst-Wolfgang Böckenförde*, Die verfassungstheoretische Unterscheidung von Staat und Gesellschaft als Bedingung der individuellen Freiheit, 1973; *ders.*, Die Bedeutung der Unterscheidung von Staat und Gesellschaft im demokratischen Sozialstaat der Gegenwart, in: ders., Staat Gesellschaft Freiheit. Studien zur Staatstheorie und zum Verfassungsrecht, 1976, S. 185 ff.; s. auch *Ernst Forsthoff*, Verwaltungsrecht, 1. Band, Allg. Teil, 10. Aufl. 1973, zur Geschichte der Verwaltungsrechtswissenschaft, S. 32, 43: „Die Entdeckung der Gesellschaft als einer vom Staate prinzipiell zu scheidenden, eigengesetzlichen Sphäre ist für die Systematik des Verwaltungsrechts von großer Wichtigkeit".

[3] Zuletzt: *Peter Häberle*, Der Kooperative Verfassungsstaat – aus Kultur und als Kultur. Vorstudien zu einer universalen Verfassungslehre, 2013, S. 18 ff.

[4] S. *Peter Häberle*, Verfassung als öffentlicher Prozeß. Materialien zu einer Verfassungstheorie der offenen Gesellschaft, 1978.

[5] *Hesse* (Fn. 1), Rn. 5, 17, 26 ff.

[6] Ebd., Rn. 11.

Staat und Gesellschaft haben sich in den letzten Jahrzehnten dramatisch verändert und wandeln sich mit zunehmendem Tempo. Zum einen sind die europäische Integration und die Globalisierung Faktoren, die nicht nur die Gesellschaft über die nationalen Grenzen hinauswachsen lassen, sondern auch die Konstitution und Funktion des Staates verändern (dazu I.). Zum anderen – ergänzend und verstärkend – wirkt die Verbreitung des Internets mit seinen neuen Möglichkeiten grenzenloser Kommunikation und entsprechenden Herausforderungen und Bedrohungen für Staat und Gesellschaft (dazu II.). In der „Internetgesellschaft" wird das „Innen"-Verhältnis des Bürgers zu seinem Staat, zur Europäischen Union, zur öffentlichen Gewalt auf allen Ebenen neu bestimmt. Hier erhält auch die Globalisierung einen neuen Schub, wenn soziale Netzwerke, Information, Bildung, Partizipation – und Überwachung – grundsätzlich über alle Grenzen hinweg möglich werden (dazu III.). Wenn Verfassung emergent,[7] aufgegeben und öffentlicher Prozess ist, und wenn die rechtliche Ordnung des Internets mangels einzelstaatlicher Zugriffsmöglichkeit im Wesentlichen nicht-staatlichen Regelungsmustern der governance folgt,[8] kann das für Begriff und Funktion der Verfassung nicht ohne Folge bleiben (dazu IV.). Mit dem Wandel der Gesellschaft zur Internetgesellschaft drängt sich also eine Neuorientierung auf, bei der etablierte Begriffselemente der Verfassung und weltweit anerkannte Standards ihres materiell-rechtlichen Kerngehalts nicht über Bord geworfen werden, wohl aber den neuen Bedingungen Rechnung getragen wird, unter denen Gesellschaft sich organisiert (dazu V.).

I. Das Gemeinwesen unter dem Druck von Europäisierung und Globalisierung

Die Basler Staatsrechtslehrertagung von 1978 befasste sich mit dem Thema „Der Verfassungsstaat im Geflecht der internationalen Beziehungen".[9] Den hiermit angedeuteten Wandel verstand Peter Häberle weitsichtig im Begriff des „kooperativen Verfassungsstaats" zu fassen.[10] Staat wird in der ursprüng-

---

[7] *Hans Vorländer*, Die Verfassung vor, nach, über und unter dem Staat. Die Konstitutionalismusdebatte in der Suche nach einem anderen Verfassungsbegriff, in: H. Lindemann u.a. (Hrsg.), Erzählungen vom Konstitutionalismus, 2012, S. 23, 36 ff.

[8] S. dazu jüngst *Lars Viellechner*, Transnationalisierung des Rechts, 2014, S. 99–120 (Begrenztheit des staatlichen Rechtsparadigmas, erläutert am Beispiel des Internets), 127–143.

[9] *Christian Tomuschat/Rainer Schmidt*, Der Verfassungsstaat im Geflecht der internationalen Beziehungen, VVDStRL 36 (1978), S. 7 ff./65 ff.

[10] *Peter Häberle*, Diskussionsbeitrag zu Der Verfassungsstaat im Geflecht der internationalen Beziehungen, VVDStRL 36 (1978), S. 129 f., und *ders.*, Der kooperative Verfas-

lich durch den EWG-Vertrag verfassten, heute mit dem EU-Vertrag und dem AEUV zur politischen Union entwickelten EU zum Glied- oder Mitgliedstaat. Konsequent entwirft Peter Häberle eine „Europäische Verfassungslehre", in der nationales und europäisches Verfassungsrecht als Teilverfassungen einander zugeordnet werden.[11] Den Willen des deutschen Volkes, als gleichberechtigtes Glied in einem Vereinten Europa dem Frieden der Welt zu dienen, bringt die Präambel des Grundgesetzes klar zum Ausdruck; Art. 23 I GG konkretisiert diesen Auftrag durch die Pflicht zur Mitwirkung an der Entwicklung der Europäischen Union.[12] Damit weist die Verfassung, wie Hesse sagt, „über sich selbst hinaus".[13] Die Eingliederung Deutschlands in eine überstaatliche Struktur ist im Grundgesetz ebenso angelegt, wie die föderale Gliederung nach innen.[14] Obwohl als Gesamtverfassung konzipiert, versteht sich das Grundgesetz damit latent als Teilordnung eines umfassenderen Gemeinwesens, eines vereinten Europas.[15] Dass sich der Charakter der Verfassung als rechtliche Grundordnung des Gemeinwesens hierdurch ändert, sieht schon Hesse. Wenn er vom „Verzicht auf ihre allumfassende Geltung und ihren Primat in der rechtlichen Ordnung des Gemeinwesens" spricht,[16] oder von der Entwicklung „des Staates vom überkommenen, souveränen, in sich geschlossenen Nationalstaat zum heutigen international verflochtenen und supranational eingebundenen Staat", die ihre Entsprechung finde „in dem Verlust der Suprematie und der bisherigen Reichweite der Verfassung",[17] so erkennt er zu recht, dass der „tiefgehende Wandel" des Staates Auswirkungen auf die Wirklichkeit und Normativität der Verfassung hat. Sie verliert damit allerdings nicht ihre grundlegende demokratische freiheitssichernde Funktion. Denn demokratische und rechtsstaatlich verfasste funktionsfähige Mitgliedstaaten im europäischen Verfassungsverbund sind und bleiben die tragende Grundlage der Union.[18]

---

sungsstaat, in: F. Kaalbach/W. Krawietz (Hrsg.), Recht und Gesellschaft, FS für Helmut Schelsky, 1978, S. 141–177.

[11] *Peter Häberle*, Europäische Verfassungslehre, 7. Aufl. 2011, insbes. S. 37 ff., 221.

[12] Vgl. näher *Ingolf Pernice*, in Horst Dreier, GG Kommentar, Bd. II, 2. Aufl. 2006, Art. 23 Rn. 18.

[13] Hesse (Fn. 1), Rn. 111.

[14] Dazu *Ingolf Pernice*, Europäische Union: Gefahr oder Chance für den Föderalismus in Deutschland, Österreich und der Schweiz?, in: DVBl. 1993, 909 ff.

[15] *Pernice* (Fn. 12), Rn. 19; s. auch *Peter Häberle*, Das Grundgesetz als Teilverfassung im Kontext der EU/EG, FS Schiedermair, 2001, S. 81 ff.

[16] *Hesse* (Fn. 1), Rn. 111.

[17] Ebd., Rn. 113.

[18] Vgl. *Ingolf Pernice*, Does Europe need a Constitution? Achievements and Challenges After Lisbon, in: A. Arnull/C. Barnard/M. Dougan/E. Spaventa (Hrsg.), A Constitutional Order of States? Essays in EU Law in Honour of Alan Dashwood, 2011, S. 75, 87, auch als WHI-paper02/2010, unter: http://www.whi-berlin.eu/documents/whi-paper0210.pdf (Zugriff 20.4.2020), S. 12.

Wenn aber Staat und Verfassung sich wandeln können, was bedeutet das für den Verfassungsbegriff? Jedenfalls der oftmals als zentral genannte Bezug auf den souveränen Staat oder auch der Gedanke der allumfassenden rechtlichen Ordnung staatlichen – oder öffentlichen? – Lebens sind offenbar nicht unverzichtbar.[19] Sonst könnten schon die Verfassungen der Länder der Bundesrepublik Deutschland nicht als Verfassungen bezeichnet werden. Im Blick auf die europäische und internationale Einbindung aller Staaten ist daher auch der Begriff der Verfassung neu zu denken. Wird schon nach Hesse der Staat zu „einem Stück (was nicht bedeutet: zur) Selbstorganisation der modernen Industriegesellschaft",[20] so kann ein tiefgreifender Wandel der Gesellschaft nicht ohne Auswirkung auf den Begriff des Organisationsstatuts, die rechtliche Grundordnung des Gemeinwesens bleiben.

Anders als zu Zeiten der Herausbildung souveräner Nationalstaaten mitsamt der modernen Begriffsbildung von Staat und Verfassung stehen wir heute vor gesellschaftlichen Entwicklungen und globalen Herausforderungen, für die auch weithin akzeptierte neuere konzeptionelle Entwicklungen wie die „offene Staatlichkeit"[21] oder auch der Völker- und Europarechtsfreundlichkeit des Grundgesetzes[22] keine ausreichenden Lösungen mehr bieten. In der etwa vom Klimawandel, von der Herrschaft der Finanzmärkte,

---

[19] S. aber etwa *Paul Kirchhof*, HdStR X, 3. Aufl. 2012, § 214 Rn. 105 ff. und 109, der von der Letztverantwortung des souveränen Staates im Rahmen zwischenstaatlicher Zusammenarbeit spricht. Souveränität sei zwar traditionell begrenzt auf die Ausübung von Gewalt zur Wahrung von Recht und Frieden. Dies sei aber zugleich auch die Grenze für die Zusammenarbeit mit anderen, ebenfalls souveränen Staaten. In diesem Zusammenhang bestehe die Letztverantwortung des Staates für die auf seinem Gebiet ausgeübte Hoheitsgewalt der EU und gegenüber seinem Staatsvolk. *Ulrich Hufeld*, HdStR X, 3. Aufl. 2012, § 215 Rn. 29, benennt das vorbehaltene letzte Wort als Voraussetzung staatlicher Integrationsfähigkeit; krit. gegenüber der Ausweitung des Begriffs der Verfassung jenseits des Staates auch *Rainer Wahl*, In Defence of ‚Constitution', in: P. Dobner/Martin Loughlin (Hrsg.), The Twilight of Constitutionalism?, 2010, S. 220 ff.

[20] *Hesse* (Fn. 1), Rn. 9.

[21] *Klaus Vogel*, Die Verfassungsentscheidung des Grundgesetzes für eine internationale Zusammenarbeit, Recht und Staat in Geschichte und Gegenwart, Heft 292/293, 1964, S. 33, 42; s. auch *Stefan Hobe*, Der offene Verfassungsstaat zwischen Souveränität und Interdependenz, 1998; Fortentwicklung des Konzepts aber bei *Mattias Wendel*, Permeabilität im europäischen Verfassungsrecht, 2011, mwN. etwa ebd., S. 28.

[22] BVerfGE 123, 267 – Lissabon, Leitsatz 4 sowie Rn. 225, 241, 340. Näher dazu etwa: *Thomas Giegerich*, Die Zähmung des Leviathan – Deutschlands unvollendeter Weg vom nationalen Machtstaat zum offenen und europäischen Verfassungsstaat, in: ders. (Hrsg.), Der „offene Verfassungsstaat" des Grundgesetzes nach 60 Jahren. Anspruch und Wirklichkeit einer großen Errungenschaft, 2010, S. 13 ff; weitere Beiträge ebd. zum Oberthema: „Die Völkerrechtsfreundlichkeit des Grundgesetzes im Wandel der Anschauungen", ebd., S. 73–193, sowie entsprechend zur Europarechtsfreundlichkeit des Grundgesetzes ebd., S. 197–281.

vom internationalen Terrorismus bis hin zum quasi unbegrenzten Datenverkehr geprägten globalisierten Gesellschaft können einzelne Staaten notwendige Regelungen weder aufstellen noch garantieren; der Weg der völkerrechtlichen Kooperation ist nur noch bedingt eine Lösung. Nur globale Normsetzungsmechanismen sind eine hinreichende Antwort auf die Verdichtung der Beziehungen zwischen den Menschen weltweit. Dabei ist die seit dem 11. September 2001 eingeführte quasi-legislative Praxis des Weltsicherheitsrats unter Kapitel VII der Satzung der Vereinten Nationen zur Bekämpfung des Terrorismus schon hinsichtlich der Legitimation und des Rechtsschutzes fragwürdig.[23] Als Modell globaler Normsetzung ist dieses für die Wahrung des Weltfriedens entwickelte Notinstrument auf andere Bereiche nicht übertragbar. Der Begriff Verfassung wird häufig im weiteren Sinne für das Organisationsstatut internationaler Organisationen verwendet. Die UNO, aber auch die ILO sind Beispiele. So greift auch Häberle in seinen „Vorstudien einer universalen Verfassungslehre" vielfältige Beobachtungen einer „Konstitutionalisierung der Völkerrechtsgemeinschaft (via Teilverfassungen) auf;[24] der kooperative Verfassungsstaat gewinnt Konturen, es mag sogar eine „universale Verantwortungsgemeinschaft der kooperativen Verfassungsstaaten"[25] geben – etwa in Form der UNO, die „Verfassung" des globalen Handlungsraums bleibt aber fragmentarisch – rechtlich und auch begrifflich. Erst und nur wo verbindliche öffentliche Regelungszuständigkeit, welche Rechte und Pflichten für die Einzelnen begründen kann, durch die Einzelnen als potentiell Betroffene selbst direkt oder auch indirekt konstituiert, legitimiert und zugleich begrenzt wird, sollte der Verfassungsbegriff Verwendung finden. Durch die Verfassung definieren sich die Einzelnen als Bürgerinnen und Bürger des mit ihr begründeten und organisierten Gemeinwesens, im Staat also, in der Europäischen Union und eines Tages vielleicht auch darüber hinaus.[26]

---

[23] S. dazu etwa *Kim Scheppele*, Global Security Law and the Challenge to Constitutionalism after 9/11, in: Public Law 2011, 353 ff.; hinsichtlich des Grundrechtsschutzes s. auch die „Kadi"-Rechtsprechung des EuGH, zuletzt EuGH verb. Rs. C–584/10 P, C–593/10 P und C–595/10 P – Kadi II. Krit. auch *Jean L. Cohen*, Globalization and Sovereignty. Rethinking Legality, Legitimacy, and Constitutionalism, 2012, S. 272 ff., 278 ff: „The usurpation of global constituant power".

[24] *Häberle* (Fn. 3), etwa S. 101, 707 ff.

[25] So *Häberle* (Fn. 3), etwa S. 113.

[26] S. schon *Ingolf Pernice*, The Global Dimension of Multilevel Constitutionalism: A Legal Response to the Challenges of Globalisation, in: P.M. Dupuy / B. Fassbender / M.N.Shaw / K.-P. Sommermann (Hrsg.), Völkerrecht als Wertordnung. Common Values in International Law, Festschrift für / Essays in Honour of Christian Tomuschat, 2006, S. 973 ff.

Viel spricht insofern dafür, mit dem Begriff der Verfassung in einem „postnationalen" Sinne[27] den Begriff des Gemeinwesens von der staatlichen Begrenztheit zu lösen und verfassende Elemente auf europäischer und globaler Ebene mit einzubeziehen. Es gibt auf dieser Basis schon ein europäisches Gemeinwesen in Form der EU, gegründet auf die europäisierte Gesellschaft und die – freilich begrenzte – im gegenseitigen Versprechen der Menschenwürde[28] in der europäischen Rechtsgemeinschaft (Hallstein)[29] verwirklichte Solidarität auch unter den Unionsbürgerinnen und –bürgern,[30] ein globales Gemeinwesen ist indes bislang noch nicht sichtbar. Das liegt nicht daran, dass es am Weltstaat fehlt. Auch die EU ist kein Staat. Aber die EU hat eine rechtlich verfasste Ordnung, die zwar in der Form völkerrechtlich begründet, aber eng mit den nationalen Verfassungen verschränkt,[31] durch Integrations-

---

[27] Dazu *Ingolf Pernice*, Europäisches und nationales Verfassungsrecht, Bericht, in: VVDStRL 60 (2001), S. 148, 155 ff., 160. Zur Lösung des Verfassungsbegriffs aus seiner Staatsbezogenheit ausführlich auch *Anne Peters*, Elemente einer Theorie der Verfassung Europas, 2001, S. 95 ff. „postnational" ist hier nicht historisch gemeint, denn nach *Christoph Möllers*, Verfassunggebende Gewalt – Verfassung – Konstitutionalisierung, in: Armin von Bogdandy / Jürgen Bast (Hrsg.), Europäisches Verfassungsrecht. Theoretische und dogmatische Grundzüge, 2. Aufl. 2009, S. 241, ist die deutsche Verfassungsgeschichte durchaus „mit dem vermeintlich neuen Modell der postnationalen Verfassung pränational vertraut". Vgl. auch *Vorländer* (Fn. 7), S. 23, 35: „Verfassungen sind mithin keineswegs Erfindungen moderner Staatlichkeit".

[28] Vgl. *Hasso Hofmann*, Die versprochene Menschenwürde, AöR 118 (1993), 353, 367, für den das in der Verfassung gegebene Versprechen der Achtung der Menschenwürde als „wechselseitige Gleichachtung eines jeden einzelnen Rechtsgenossen" mehr als nur die Anerkennung eines Prinzips oder die „Artikulation eines kollektiven Wertbewusstseins" ist, sondern eine „Gemeinschaftsaktion", er bezieht es auf den Staat: „es ist Staatsgründung". Zur Übertragung auf die EU s. *Ingolf Pernice*, Solidarität in Europa. Eine Ortsbestimmung im Verhältnis zwischen Bürger, Staat und Europäischer Union, in: C. Calliess (Hrsg.), Europäische Solidarität und nationale Identität. Überlegungen im Kontext der Krise im Euroraum, 2013, S. 25, 55 f.

[29] Walter Hallstein, Die EWG – Eine Rechtsgemeinschaft" (1962), in: ders., Europäische Reden, hrgg. v. T. Oppermann, 1979, S. 343. Der EuGH verwendet seit dem Inkrafttreten des Vertrags von Lissabon den Begriff „Rechtsunion", vgl. EuGH Rs. C–550/09 – E und F, Rn. 44; Rs. C–583/11 P – Inuit, Rn. 91. Der besonderen Bedeutung des Begriffs der Rechtsgemeinschaft (vgl. *Ingolf Pernice*, Begründung und Konsolidierung der Europäischen Gemeinschaft als Rechtsgemeinschaft, in: Manfred Zuleeg (Hrsg.), Der Beitrag Walter Hallsteins zur Zukunft Europas, Referate zu Ehren von Walter Hallstein, 2003, S. 56–70, auch als WHI-paper 09/2001, unter: http://www.whi-berlin.eu/documents/whi-paper0901.pdf (Zugriff 20.4.2020), wird das allerdings nicht gerecht.

[30] S. dazu *Pernice*, Solidarität (Fn. 28), S. 54 ff.

[31] S. schon *Jürgen Schwarze*, Das Staatsrecht in Europa, JZ 1993, 591 ff., der vom Staatsrecht und Europarecht „als zwei im Ausgangspunkt zwar unterschiedlichen, aber nun aufgrund wechselseitiger Einwirkungen immer mehr aufeinander angewiesenen Rechtsordnungen" spricht. Ihm folgend *Hesse* (Fn. 1), Rn. 113: „Verhältnis wechselseitiger

klauseln der Verfassungen besonders legitimiert und von den Unionsbürgerinnen und –bürgern akzeptiert und letztlich von ihrem Willen getragen ist.[32] Von einer solchen Ordnung ist die Welt noch weit entfernt, selbst wenn die Gründe, in dieser Richtung zu arbeiten, ständig zunehmen.[33]

II. Digitale Revolution, Staat und Internetgesellschaft

Einer dieser Gründe, aber zugleich auch ein denkbarer Erklärungsweg für das Entstehen einer globalen Verfassung als „emergente Ordnung",[34] ist mit der digitalen Revolution die Verbreitung des Internets und die damit gebotene Möglichkeit der Kommunikation über alle Grenzen hinweg. Seine Nutzung darf aber die entsprechenden Herausforderungen und Bedrohungen für Staat und Gesellschaft nicht außer Acht lassen.

1. Das Internet und die Emergenz einer globalen Gesellschaft

Die Verbreitung des Internets könnte dramatische gesellschaftliche und politische Veränderungen mit sich bringen, vielleicht vergleichbar mit der Erfindung der Buchdruckerei, mit der Industrialisierung oder mit der Entwicklung der Massenmedien.[35] Die Enttäuschung, die angesichts des NSA-Skandals viele Netz-Aktivisten entmutigt,[36] tut dem keinen Abbruch. Welcher Missbrauch auch immer getrieben wird, das Internet eröffnet in einer zuvor ungeahnten Dimension den Zugang für jedermann zum Recht, Gesetze, Gerichtsentscheidungen und Literatur können per Suchmaschine und Mausklick abgerufen werden, in jedem Land und über die Grenzen hinweg. Das

Bedingtheit und Einflussnahme, das geeignet ist, zu einer – fortschreitenden – Konkordanz von Staats- und Europarecht zu führen".

[32] Zur Bedeutung der Integrationsklauseln der mitgliedstaatlichen Verfassungen als Modus der Permeabilität im einzelnen *Wendel* (Fn. 21), S. 144–369.

[33] Mit Überlegungen hierzu s. *Pernice* (Fn. 26), S. 973.

[34] Dies im Sinne von *Vorländer* (Fn. 27), S. 36.

[35] Vgl. schon *Ingolf Pernice*, Die Politik und die Internet-Gesellschaft, in: Claudio Franzius u.a. (Hrsg.), Beharren, Bewegen. Festschrift für Michael Kloepfer zum 70. Geburtstag, 2013, S. 715, 718 f. (in diesem Band Kap. 3).

[36] S. insbesondere *Sascha Lobo*, „Das Internet ist nicht das, wofür ich es gehalten habe", FAZ.net v. 12.1.2014: „Lange hielt Sascha Lobo das Internet für den Wegbereiter von Demokratie und Befreiung. Jetzt sieht er, dass er sich geirrt hat. In Wahrheit zerstöre es die Grundlagen einer freiheitlichen Gesellschaft", unter: http://www.faz.net/aktuell/feuilleton/medien/sascha-lobo-das-internet-ist-nicht-das-wofuer-ich-es-gehalten-habe-12747989.html (Zugriff 18.4.2020). Dazu: *Evgeni Morozov*, „More political interference!", FAZ.net v. 15.1.2014, unter: http://www.faz.net/aktuell/feuilleton/medien/evgeny-morozov-s-response-to-sascha-lobo-more-political-interference-12752837.html (Zugriff 18.4.2020).

hilft nicht nur Juristen und Bürgern in Wissenschaft und Praxis; Rechtsordnungen treten miteinander in einen Dialog, mit neuen Möglichkeiten der Rechtsvergleichung und der gegenseitig lernenden Entwicklung, ja einer Konvergenz hin zu universellen Grundsätzen und Strukturen, wie sie Handel und zunehmende Mobilität der Menschen fordern.

Das Internet erlaubt den Zugang zu Wissen, Kultur und Bildung, nicht nur dank Plattformen für wissenschaftliche Publikationen wie das Social Science Research Network (SSRN) oder online-Enzyklopädien wie Wikipedia, sondern auch über digitale Bibliotheken (Europeana oder Googlebooks),[37] weltweit frei zugängliche universitäre online-Kurse wie die unentgeltlichen „Massive Open Online Courses“ (Mooc's)[38] oder auch die diversen online-Plattformen für Musik und Film. So werden Wissen und Kultur verfügbar, für alle, die den Zugang zum Netz haben. Wenn Wissen Macht bedeutet, welches werden mittel- und längerfristig die Folgen sein für die Machstrukturen in der Welt, für die künftige „Weltordnung“ und ihre Verfassung?

Über e-mail, chat-Programme oder Skype und ähnliche Dienste wird die Kommunikation in Echtzeit weltweit möglich, mit live-Bildern und Video, gleichzeitig gemeinsamem Verfassen von Texten und Verträgen unabhängig vom Ort der Beteiligten, über soziale Netzwerke, in denen sich Beziehungen zwischen Menschen aus allen Teilen der Welt aufbauen und pflegen lassen, die manchmal enger sind als diejenigen zwischen direkten Nachbarn, so dass schon vom „digitalen Dorfplatz“ die Rede ist.[39] So ermöglicht das Internet auf neue Weise den Zugang von Menschen zueinander, aber auch zum Markt, ja – als „collaborative power“ (Anne-Marie Slaughter) – zur Politik mit noch kaum abschätzbaren Auswirkungen, bis hin zu einem neuen Strukturwandel nicht nur der Öffentlichkeit, sondern auch der Politik.[40] Wenn von einer „Weltgesellschaft“ schon lange die Rede ist, das Internet beschleunigt den Trend ihrer Verdichtung[41] zur global vernetzten Gesellschaft. Für diese

[37] S. dazu *Nadine Klass/Hajo Rupp*, Die Digitalisierung des europäischen Kulturerbes. Europäische Strategien im Interesse der Bewahrung und öffentlichen Zugänglichmachung europäische Kulturgüter, ZUM 2013, 760 ff.

[38] Vgl. etwa die Angebote des Start-Ups https://iversity.org/ (Zugriff 18.4.2020).

[39] Vgl. *Fridtjof Küchemann*, Wären wir doch alle anonym!, FAZ Nr. 104 v. 4.5.2012, S. 31, über eine von Sascha Lobo auf der „re:publica“ in Berlin diskutierte Frage.

[40] Zu allem *Pernice* (Fn. 35), S. 718 ff., 726 ff.

[41] Fraglich ist, ob Tendenzen zur Balkanisierung des Netzes, also Bestrebungen des Aufbaus nationaler Grenzen im Internet mit entsprechenden Regulierungsmöglichkeiten diese Entwicklung aufhalten kann. S. zu aktuellen Entwicklungen insbesondere in China und der Türkei *Eric Schmidt/Jared Cohen*, The New Digital Age. Reshaping the Future of People, Nations and Business, 2013, S. 83 ff. Dabei ist das Phänomen nicht auf autoritäre oder Umbruchstaaten beschränkt, wie das Beispiel Südkoreas zeigt. Dessen Regierung blockiert Netzinhalte, die eine Unterstützung für die nordkoreanische Regierung enthalten. Auch in Deutschland werden Netzinhalte blockiert, beispielsweise solche mit volksverhetzenden Inhalten, s. ebd., S. 88 f.

wäre der Staat nur ein Modus denkbarer politischer Organisation; dass ergänzende überstaatliche Strukturen erforderlich werden, ist schon heute erkennbar.

Bei Internetkampagnen gegen bestimmte politische Entscheidungen oder gar Regime ist – anders bei den Wahlen – aber nicht sichergestellt, dass nur die direkt Betroffenen mitwirken. Das Netz ist offen, wer sich betroffen fühlt,[42] also interessiert ist, kann sich beteiligen, weltweit. Es ist keine neue Erkenntnis, dass jede nationale Politik externe Effekte hat, Dritte betreffen kann, ohne dass diese direkt beteiligt wären.[43] Welche Rolle spielten das Internet und Dienste wie Facebook oder Twitter im „Arabischen Frühling“[44] oder bei der Ablehnung des ACTA-Abkommens durch das Europäische Parlament,[45] wer kann ermessen, wer hier letztlich welche Rolle spielt? Die digitale Revolution lässt Politik, Staat und damit auch die Verfassung nicht unberührt.

2. Die digitale Agenda der Politik im Koalitionsvertrag 2013

Die kürzlich abgeschlossene Enquête-Kommission Internet und digitale Gesellschaft des Deutschen Bundestages hat sich mit den Schlüsselthemen zur Auswirkung des Internets auf das gesellschaftliche und politische Leben in Deutschland intensiv beschäftigt.[46] Hier wurde wichtige Vorarbeit auch für das erarbeitet, was nach den Wahlen 2013 als Grundlage der Großen Koalition vereinbart wurde.

Der Koalitionsvertrag ist ein Zeugnis der neuen Herausforderungen durch das Internet und der Entschlossenheit, diese positiv anzugehen. „Das weltweite Netz ist ein globales Freiheitsversprechen“, so heißt es dort.[47] Die

[42] Dies können Menschen sein, die nicht wahlberechtigt sind bzw. außerhalb des betreffenden Staates leben, aber die „externen Effekte“ nationaler Politikentscheidungen durchaus spüren und ggf. ertragen müssen, s. dazu unten, IV.

[43] S. mit der Antwort eines demokratischen Kosmopolitanismus schon *David Held*, Democracy and the Global Order. From the Modern State to Cosmopolitan Governance, 1995, S. 16 ff., 121–136, 221 ff., 226 ff., 267 ff.; neuerdings mit neuen Vorschlägen zum Thema Legitimation in der EU: *Jürgen Neyer*, The Justification of Europe. A Political Theory of Supranational Integration, 2012; s. auch *Pernice,* Solidarität (Fn. 28), S. 44 ff.

[44] Hierzu, freilich ohne diesen Aspekt näher zu beleuchten, *Häberle* (Fn. 3), S. 760 ff.

[45] Vgl. zur Rolle des EP bei den Verhandlungen und zur Herstellung von Öffentlichkeit *Robert Uerpmann-Wittzack*, Das Anti-Counterfeiting Trade Agreement (ACTA) als Prüfstein für die Demokratie in Europa, AVR 49 (2011), S. 103, 104 ff.

[46] Deutscher Bundestag, Enquête-Kommission Internet und digitale Gesellschaft vom Mai 2010 bis April 2013, mit vierzehn Berichten, abrufbar unter: http://www.bundestag.de/internetenquete/.

[47] Deutschlands Zukunft gestalten. Koalitionsvertag zwischen CDU, CSU und SPD 2013, unter: https://www.cdu.de/sites/default/files/media/dokumente/koalitionsvertrag.pdf (Zugriff 18.4.2020), Ziff. 4.4, S. 97.

Koalition kündigt eine „digitale Agenda 2014–2017" an, Deutschland soll „digitales Wachstumsland Nr. 1 in Europa" werden (S. 97). Das betrifft nicht nur Industrie und Wirtschaft, sondern auch „digitale Bildung und Forschung" so wie „digitales Leben und Arbeiten".[48] Deutschland soll sich zu einem „digitalen Kulturland" weiterentwickeln. Das kulturelle Erbe soll digitalisiert werden: Die Deutsche Digitale Bibliothek wird als Beitrag zu Europeana verstanden (S. 95). Bis 2018 soll ein schnelles Internet flächendeckend in Deutschland verfügbar sein (S. 9) und die Netzneutralität soll gesichert werden (S. 35 f.). Das bedeutet einen Abbau des „digital divide". Dabei soll mehr Sicherheit, Selbstbestimmung und Transparenz in der digitalen Welt geschaffen werden. Das betrifft zunächst den Geschäftsverkehr und Verbraucherschutz (S. 87 ff.). Es geht aber um mehr, wenn von Datenschutz, Cyber-Kriminalität und „IT-Sicherheit" die Rede ist. Sicherheit gehört zu einer der Prioritäten. Dafür will sich die Bundesregierung auch auf der europäischen Ebene im Rahmen der „europäischen Cybersicherheitsstrategie" einsetzen, ja von der „Rückgewinnung der technologischen Souveränität" ist die Rede (S. 103 f.). Ihrer Wahrung soll der Einsatz „national entwickelter IT-Sicherheitstechnologien bei den Bürgerinnen und Bürgern" dienen (S. 104). Der Datenschutz soll durch die baldige Verabschiedung der EU-Datenschutzgrundverordnung gefördert werden (ebd.). Dies freilich liegt nicht allein in deutscher Hand. Wie effektiv kann Datenschutz in der EU sein, wenn Datenpakete ihren Weg im weltumspannenden Netz der Netze spontan und eigenwillig finden und nicht über bestimmbare Verbindungen, wenn die Speicher der cloud weltweit verstreut liegen?[49] Ist die „cloud for Europe" eine sichere Lösung?[50]

Der „NSA-Skandal", der durchaus Berücksichtigung findet (S. 104), zeigt, dass die Rede von Souveränität der heutigen Welt kaum mehr entspricht.[51] Wie souverän kann ein Land sein, wenn das Telefon der Landesmutter systematisch abgehört wird und dies nur zufällig, durch die Snowden-Enthüllungen bekannt wird? Der Koalitionsvertrag fordert ein „rechtlich verbindliches Abkommen zum Schutz vor Spionage". Es soll „Bürger, Re-

[48] Ebd., S. 98, 99 f.; s. auch schon ebd. S. 22: Digitale Bildung: gemeinsame Strategie „Digitales Lernen" und „digitale Lehrmittelfreiheit".

[49] Mit dem Vorschlag, für unterschiedliche Zwecke Parallelnetze einzuführen s. *Thomas Fischermann/Götz Hamann*, Zeitbombe Internet. Warum unsere vernetzte Welt immer störanfälliger und gefährlicher wird, 2011, S. 243 ff.

[50] So *Neli Kroes*, Rede 13/922 Berlin v. 14.11.2013, zugänglich unter: http://europa.eu/rapid/press-release_SPEECH-13-922_en.htm (Zugriff 20.4.2020).

[51] Vgl. *Georg Mascolo/Ben Scott*, Gebt uns unser Grundrecht auf Privatsphäre zurück, FAZ.net v. 24.10.2013: „Kein Staat, egal wie mächtig, kann heute noch die Privatsphäre seiner Bürger schützen", abrufbar unter: http://www.faz.net/aktuell/feuilleton/debatten/ueberwachung/nsa-gebt-uns-unser-grundrecht-auf-privatsphaere-zurueck-12631089.html (Zugriff 20.4.2020).

gierung und Wirtschaft vor schrankenloser Ausspähung" schützen (ebd.). Dabei kam schon im Dezember 2013 die Meldung, dass die USA an einem solchen Abkommen kein Interesse haben.[52] Nach dem 11. September ist Sicherheit höchste Priorität. Je mehr Daten verfügbar sind, desto größer ist die Chance, Bedrohungen rechtzeitig zu entdecken. Welchen Grenzen sind deutsche Nachrichtendienste unterworfen,[53] wie profitieren sie (wir) von der Zusammenarbeit mit den „befreundeten" Diensten? Der Koalitionsvertrag setzt auf die Verschlüsselung der Kommunikationsverbindungen mindestens innerhalb der EU durch die europäischen Telekommunikationsanbieter, und ein Verbot der Weiterleitung an ausländische Nachrichtendienste ohne Einwilligung der Kundinnen und Kunden soll Schutz bieten (ebd.).

Informatiker wissen, dass jede Verschlüsselung nur so lange sicher ist, bis sie entschlüsselt wird.[54] Auch die Anonymisierung bietet keine Sicherheit für die Privatheit der Daten, die Analyse der Korrelationen bei den Datenmassen („big data") erlaubt die Re-Identifizierung in praktisch allen Fällen. Das Internet vergisst nie, sagt *Eric Schmidt* von Google.[55] Unsere Datenspuren sind kaum zu verwischen.[56] Durch das Internet der Dinge werden sich die hier oder dort gespeicherten Daten noch vervielfachen.[57]

---

[52] „Kein Anti-Spionage-Abkommen mit Deutschland", FAZ-net v. 17.12.2013, abrufbar unter: https://www.faz.net/aktuell/new-york-times-kein-anti-spionage-abkommen-mit-deutschland-12714753.html (Zugriff 20.4.2020): „Die Vereinigten Staaten verweigern Deutschland nach einem Bericht der „New York Times" den Abschluss eines sogenannten Anti-Spionage-Abkommens." Zum Hintergrund: *Russel Miller/Ralf Poscher*, Kampf der Kulturen, FAZ Nr. 278 v. 29.11.13, S. 7: „Der präventive deutsche Datenschutz liegt quer zur pragmatischen Rechtskultur in Amerika. Eine Harmonisierung muss scheitern".

[53] *Mascolo/Scott* (Fn. 51): Zur Kooperation und Rolle der europäischen Dienste „Das goldene Zeitalter der Überwachung".

[54] S. auch die neuesten Meldungen über Forschungen des NSA zur Entschlüsselung: „Spionage: NSA arbeitet an Quantencomputer zur Code-Entschlüsselung", Die Zeit online v. 3.1.2014, abrufbar unter: http://www.zeit.de/digital/datenschutz/2014-01/nsa-quantencomputer-verschluesselung (Zugriff 20.4.2020)

[55] *Christian Meier*, American Academy. Eric Schmidt: Der Antworten-Optimierer, Tagesspiegel Medien v. 14.5.2011, abrufbar unter: http://www.tagesspiegel.de/medien/american-academy-eric-schmidt-der-antworten-optimierer/4173930.html (Zugriff 20.4.2020). Dagegen der Bericht von einer Wende: *Denny Fischer, Eric Schmidt*: Das Internet muss lernen zu vergessen, Google arbeitet daran, SmartDroid v. 27.5.2013, abrufbar unter: http://www.smartdroid.de/eric-schmidt-das-internet-muss-lernen-zu-vergessen-google-arbeitet-daran/(Zugriff 20.4.2020).

[56] S. etwa *Constanze Kurz/Frank Rieger*, Die Datenfresser. Wie Internetfirmen und Staat sich unsere persönlichen Daten einverleiben und wie wir die Kontrolle darüber zurückerlangen, 2011. Mit dem Vorschlag, jede Datei mit einem Verfallsdatum auszustatten s. *Victor Mayer-Schönberger*, Delete. Die Tugend des Vergessens in digitalen Zeiten, 2010.

[57] Zu den Datenmengen und der auf der Architektur des Internets beruhenden „ubiquity of transborder data flows" vgl. *Christopher Kuner*, Transborder Data Flows and Data Privacy Law, 2013, S. 3, 4 ff.

Zur Wiederherstellung von Vertrauen sollen Standardisierungsgremien transparenter gemacht werden. Deutschland soll verstärkt darin mitwirken, ebenso wie in den internationalen Gremien etwa der Internetarchitektur und Internet-Governance“ (S. 103). Die Koalition will sich einsetzen für „ein Völkerrecht des Netzes, damit die Grundrechte auch in der digitalen Welt gelten ... Das Recht auf Privatsphäre, das auch im Internationalen Pakt für bürgerliche und politische Rechte garantiert ist, ist an die Bedürfnisse des digitalen Zeitalters anzupassen“ (S. 104).

Zu Recht nimmt der Koalitionsvertrag so die Notwendigkeit der europäischen und der internationalen Zusammenarbeit in den Blick, um den offenbar gewordenen Bedrohungen für das globale Freiheitsversprechen, was im Internet gesehen wird, beizukommen. Der nationale Alleingang ist nicht nur ineffektiv, er könnte auch Sinn und Technik des Internets nicht gerecht werden; eine Abschottung bedeutete den Verzicht auf einen Mehrwert, der für viele zum täglichen Leben gehört. Das existentielle Interesse, das Internet für technischen Fortschritt, Wirtschaft und Märkte, Bildung und Wissenschaft, Kultur und nicht zuletzt für demokratische Politik zu nutzen, zwingt allerdings zur Änderung von Perspektive und Paradigmen. Zunächst muss klar sein, dass nicht das Internet die Politik regiert, sondern die Politik das Internet.[58] Was zu regeln ist, muss auf der Ebene geregelt werden, auf der die Probleme angesiedelt sind. Solange der Staat sich auf die entsprechenden globalen Strukturen nicht einlässt, an diesen nicht konstruktiv mitarbeitet, bleibt er mit seinen Bürgerinnen und Bürgern nur Betroffener: Keine Spur von demokratischer Selbstbestimmung. Auch Europa ist hier nicht die Lösung. Aber die EU kann ein Instrument sein, um den Interessen ihrer Bürgerinnen und Bürger in der Entwicklung globaler Internet-governance eine hörbare Stimme zu verleihen. So ist eine zentrale Passage des Koalitionsvertrags zu verstehen:

---

[58] *Evgeni Morozov*, Smarte neue Welt, 2013, insbes. S. 49 ff. 115 ff. Er ruft dazu auf, aktiv Netzpolitik zu betreiben und das Netz, insbesondere aber seine konstituierenden Techniken zu regulieren. Dabei warnt er vor der Gefahr des „Internetzentrismus“. Der Gedanke der Offenheit und Transparenz des Netzes habe sich zu einer Ideologie verdichtet und werde kaum mehr hinterfragt. Diese Ideologie greife nun auch über auf die das Netz konstituierenden Techniken. Im Ergebnis werde das Internet dann als einheitliches Phänomen beschrieben, dass nur noch in seinen Wirkungen, nicht aber hinsichtlich deren Ursachen regulierbar sei. Morozov hingegen meint, das Internet sei gestaltbar und gerade keine feststehende Konstante, die bestimmte Eigenschaften und Wirkungen wie Offenheit und Transparenz automatisch mit sich bringe, die die Politik hinnehmen müsse. Die Aufgabe der Politik bestehe nicht darin, Symptome zu bekämpfen, sondern an der Ursache ihrer Entstehung anzusetzen. Nicht das Internet mit den ihm zugeschriebenen Eigenschaften dürfe die Politik steuern, vielmehr müsse die Politik die Entwicklung des Internets steuern. Es gelte den Primat der Politik zurückzuerobern.

„Die Rolle, die Europa im 21. Jahrhundert spielen wird, hängt auch entscheidend davon ab, ob es uns gelingt, in der digitalen Welt Anschluss halten, europäische Standards zu setzen und damit unser europäisches Gesellschaftsmodell zu bewahren. Deshalb treten wir für eine umfassende europäische digitale Agenda ein, die Verbraucherschutz, Datenschutz, Innovation Netz- und Informationssicherheit zusammenbringen [sic]. Nötig ist zudem ein neuer internationaler Rechtsrahmen für den Umgang mit unseren Daten. Unser Ziel ist eine internationale Konvention für den weltweiten Schutz der Freiheit und der persönlichen Integrität im Internet. Die derzeit laufende Verbesserung der europäischen Datenschutzbestimmungen muss entschlossen vorangetrieben werden. Auf dieser Grundlage wollen wir auch das Datenschutzabkommen mit den USA zügig verhandeln." (S. 113).[59]

Ob dies zum Erfolg führt, bleibt abzuwarten. Der Staat allein kann jedenfalls sein Freiheitsversprechen nicht mehr erfüllen, wenn ihm die Aufgaben in der geschilderten Weise über den Kopf wachsen.

3. *Ein Ordnungsrahmen für das Internet in der neuen Weltordnung*

Will man das Internet mit seinem lieb gewonnenen Nutzen weiter entwickeln, wird man die Suche nach einem weltweiten Ordnungsrahmen dafür einschließlich des wirksamen Schutzes der Privatsphäre mit in das Programm einbeziehen müssen, das sich die Regierungsparteien im Koalitionsvertrag allgemein für die deutsche Außenpolitik vorgenommen haben:

„Wir wollen die globale Ordnung aktiv mitgestalten ... Deutschland setzt sich weltweit für Frieden, Freiheit und Sicherheit, für eine gerechte Weltordnung, die Durchsetzung der Menschenrechte und die Geltung des Völkerrechts sowie für nachhaltige Entwicklung und Armutsbekämpfung ein ... Wir wollen ein guter Partner bei der Gestaltung einer gerechten Weltordnung sein" (S. 117).

Was eine gerechte Weltordnung ist und welche Rückwirkungen damit für die nationalen Verfassungen sowie für den Verfassungsbegriff selbst verbunden sind, erschließt sich hier nicht unmittelbar. Der Begriff ist offen, ähnlich wie in Art. 21 II lit. h) EUV, der als Ziel der Gemeinsamen Außen- und Sicherheitspolitik der Union auch von einer „verantwortungsvollen Weltordnungspolitik" spricht; der Verweis in Art. 21 I EUV auf die Grundsätze, von denen sich die EU bei ihrem Handeln auf internationaler Ebene leiten lassen will und „die für ihre eigene Entstehung, Entwicklung und Erweiterung maßgebend waren", gilt jedoch auch hier. Es sind die tragenden Verfassungsgrundsätze der Demokratie, der Rechtsstaatlichkeit, die universelle Gültigkeit und

[59] Vgl. auch im Koalitionsvertrag (Fn. 47), S. 117: „Die transatlantische Partnerschaft basiert auf einem Fundament gemeinsamer Werte und Interessen und ist deshalb auch heute der Schlüssel zu Freiheit, Sicherheit und Wohlstand für alle. Dort, wo in jüngster Zeit Vertrauen in Frage gestellt wurde, muss es wiederhergestellt werden ... Wir wollen die Regeln, die für den Umgang zwischen Partnern gelten, klarer definieren und streben glaubhafte und überprüfbare Vereinbarungen an, um die Privatsphäre unserer Bürgerinnen und Bürger zu schützen".

Unteilbarkeit der Menschenrechte und Grundfreiheiten, die Achtung der Menschenwürde, der Grundsatz der Gleichheit und der Grundsatz der Solidarität, ebenso wie die Achtung der Grundsätze der Charta der Vereinten Nationen und des Völkerrechts. Die totale Überwachung im Internet ist hiermit nicht vereinbar.

Im Jahre 2013 wurde im Auswärtigen Amt die Stelle eines Sonderbeauftragten für „Cyber-Außenpolitik" geschaffen. Er steht dem schon 2011 geschaffenen Koordinationsstab für Cyber-Außenpolitik vor.[60] In den Augen des damaligen Außenministers führt „die Digitalisierung zu einem ‚Zusammenrücken' der Welt in Zeit und Raum". Der Sonderbeauftragte soll helfen, „diesen Politikbereich auf internationaler Ebene noch stärker mitzugestalten".[61] Er könnte dazu beitragen, schrittweise die Infrastruktur einer Weltordnung aufzubauen, in der das Internet nicht die Politik vorbestimmt, sondern proaktiv als Instrument genutzt wird, um die genannten Grundsätze und Ziele effektiv um- und durchzusetzen.

III. Staat und Bürger in der Internetgesellschaft

Eine die Potentiale des Internets nutzende und zugleich den Menschenrechten und der Demokratie verpflichtete Weltordnungspolitik setzt voraus, dass auch im Staat Veränderungen wahrgenommen und bewusst gestaltet werden, die neben der Bedingtheit der Staatlichkeit in der vernetzten Welt aus den neuen Möglichkeiten der Öffentlichkeit, Transparenz, Kontrolle und Kommunikation resultieren, die das Internet für die Einzelnen eröffnet. Demgemäß werden auch hinsichtlich des „Innen"-Verhältnisses des Bürgers zu seinem Staat in der Politik neue Akzente gesetzt.

1. Bürgerbeteiligung und „E-Government"

Im Vordergrund steht zunächst die Bürgerbeteiligung: Zielgenauigkeit und Wirksamkeit politischer Vorhaben sollen, so der Koalitionsvertrag, dadurch erhöht werden, „dass wir politische Vorhaben stärker aus Sicht und mit Beteiligung der Bürgerinnen und Bürger entwickeln". Digitale Beteiligungsplattformen sollen den Sachverstand und die Meinung der Bevölkerung mobilisieren, „so dass konstruktive und frühzeitige Einflussnahme von Bürge-

---

[60] In dieses Amt berufen wurde als „Cyber-Beauftragter" *Dirk Brengelmann*.

[61] Vgl. die Erläuterungen des Auswärtigen Amtes abrufbar unter Cyber-Außenpolitik: http://www.auswaertiges-amt.de/sid_7391F11AD13AEAB51EBA3F6A7B222E11/DE/Aussenpolitik/GlobaleFragen/Cyber-Aussenpolitik/KS_Cyber-Aussenpolitik_node.html (Zugriff 28.2.2014).

rinnen und Bürgern besser gelingt" (S. 151). Es geht um die Nutzung der Möglichkeiten der Digitalisierung und um den Ausbau der interaktiven Kommunikation. „Wir wollen die Potenziale der Digitalisierung zur Stärkung der Demokratie nutzen". Deutschland will im Rahmen der „digitalen Agenda" der EU einen „Digital Champion" benennen (S. 151).[62] Ziel ist ein „transparenter Staat", in dem die in der EU schon übliche digitale Berichterstattung über den Bundestag und seine Ausschusssitzungen und Anhörungen „(z.B. in Streams)" ausgebaut wird. Dazu gehört eine moderne Verwaltung, ein bürgerfreundliches „digitales Deutschland". Der Ausbau des E-Governments unter Anwendung der „Identifizierungsfunktion des neuen Personalausweises und die Nutzung von Ende-zu-Ende-Verschlüsselungen spielt dabei eine zentrale Rolle (S. 152). Hinzu kommt für jeden auf Wunsch ein Bürgerkonto mit einheitlichem Stammdaten-Account, bis hin zum digitalen Dokumentenpostfach (S. 153).

In diesem Sinne koordinieren Bund und Länder ihre IT-Politik bereits auf der Grundlage des 2009 eingeführten Art. 91c GG sowie des IT-Staatsvertrags von 2010[63] durch den IT-Planungsrat. Dabei geht es auch darum, dass der Bürger deutschlandweit und ebenenübergreifend mit Hilfe eines Portalverbunds mit den jeweils zuständigen Behörden in Kontakt treten kann.[64] Am 1. August 2013 ist das E-Government-Gesetz in Kraft getreten, das die Kommunikation zwischen Bürgern und Behörden bundesweit elektronisch gewährleisten soll.[65] Ab 2020 wird es danach nur noch eine elektronische Aktenführung geben. Im Gesetz wird auch die Bereitstellung von maschinenlesbaren Datenbeständen durch die Verwaltung (open data) geregelt, die für Bürger und Wirtschaft von großem Interesse ist.

Die hiermit verbundenen Möglichkeiten der öffentlichen und privaten Datensammlung wie auch der Überwachung des Bürgerverhaltens dürfen bei allem nicht außer Acht gelassen werden. Hier ist ein neues Konzept des Datenschutzes gefordert, das die globale Dimension des Internets und seiner

---

[62] Vgl. die Webseite der Kommission, Digital Agenda: „Digital Champions are ambassadors for the Digital Agenda, appointed by their Members States to help every European become digital." Gegenwärtig haben 23 Mitgliedstaaten solche Beratungskräfte ernannt, s. unter: http://ec.europa.eu/digital-agenda/en/digital-champions (Zugriff 18.4.2020).

[63] Vertrag über die Errichtung des IT-Planungsrats und über die Grundlagen der Zusammenarbeit beim Einsatz der Informationstechnologie in den Verwaltungen von Bund und Ländern – Vertrag zur Ausführung von Art. 91c GG v, 20.11.2009, jetzt Stand 2019, unter: https://bravors.brandenburg.de/de/vertraege-242585(Zugriff 18.4.2020).

[64] S. zu den Grundlagen *Jörn von Lucke*, Hochleistungsportale für die öffentliche Verwaltung, 2007. Zur weiteren Entwicklung *Ingolf Pernice*, Informationsgesellschaft und Politik. Vom neuen Strukturwandel der Öffentlichkeit zur Global Privacy Governance (in diesem Band Kap. 1), S. 15, 29 ff.

[65] Gesetz zur Förderung der elektronischen Verwaltung sowie zur Änderung weiterer Vorschriften vom 25. Juli 2013, BGBl. 2013 I S. 2749.

Nutzung mit einbezieht. Ohne sichere Schranken diesbezüglich wird das Vertrauen der Bürgerinnen und Bürger zu ihrem Staat nicht gestärkt und könnte das Ziel der Offenheit und Beteiligung verfehlt werden.

2. Informationsfreiheit, „open-data" und „open government"

Vertrauen kann durch „Informationsfreiheit" entstehen. Sie ist nur am Rande erwähnt, im Zusammenhang mit der Rolle der Medien (S. 135). Open-Data-Projekten wird allerdings ein hohes Potential zugemessen, ein Open-Data-Portal für Bund, Länder und Kommunen soll eingerichtet werden. Auch den Beitritt Deutschlands zur internationalen Initiative Open Government Partnership mit inzwischen 63 Mitgliedstaaten[66] sieht der Koalitionsvertrag vor (S. 153). Es entsteht damit eine neue Öffentlichkeitskultur, mit der die in Deutschland zT. noch verbreitete Vorstellung von Staatlichkeit herausgefordert wird.

Dem entspricht eine Entwicklung, die ihren Ursprung möglicherweise in der EU und vor allem im europäischen Umweltrecht hat. Der Europäische Gerichtshof hatte in der Leitentscheidung zur unmittelbaren Wirkung von Bestimmungen des EWG-Vertrags „Van Gend & Loos" schon 1963 die wichtige Rolle des an der Durchsetzung seiner Rechte interessierten Einzelnen auch für die Sicherung der Rechtstreue der Mitgliedstaaten hervorgehoben.[67] Mit der Umweltinformationsrichtlinie[68] wurde angesichts des Vollzugsdefizits im Umweltrecht für Einzelne und auch für Verbände die Möglichkeit geschaffen, bei den zuständigen Behörden Zugang zu den Akten und Informationen zu erlangen, die etwa die Genehmigung von Anlagen betreffen, damit eine wirksame Kontrolle durch die Öffentlichkeit ausgeübt werden kann. So wurde eine Strategie der Mobilisierung des Bürgers für die Durchsetzung des Rechts entwickelt, die auf das nationale Recht übergreift. Johannes Masing entwickelt daraus eine Neukonzeption des subjektiv-öffentlichen Rechts:[69] Der mitverantwortliche, wachsame und informierte Bürger

---

[66] Vgl. die Webseite http://www.opengovpartnership.org/ (Zugriff 18.4.2020).

[67] EuGH Rs. 26/62 – Van Gend & Loos, Slg. 1963, S. 1, 26: „Die Wachsamkeit der an der Wahrung ihrer Rechte interessierten Einzelnen stellt eine wirksame Kontrolle dar, welche die durch die Kommission und die Mitgliedstaaten gemäß den Artikeln 169 und 170 ausgeübte Kontrolle ergänzt".

[68] Richtlinie 90/313/EWG über den freien Zugang zu Informationen über die Umwelt, ABl. 1990 L 158. Eine Neuregelung erging zur Umsetzung der inzwischen in Kraft getretenen Aarhus-Konvention mit der Richtlinie 2003/4 vom 28. Januar 2003 über den Zugang der Öffentlichkeit zu Umweltinformationen und zur Aufhebung der Richtlinie 90/313/EWG des Rates, ABl. 2003 L 41/26.

[69] Vgl. *Johannes Masing*, Mobilisierung des Bürgers für die Durchsetzung des Rechts. Europäische Impulse für eine Revision der Lehre vom subjektiv-öffentlichen Recht, 1997, insbes. S. 30 ff., 50 ff.: „Die Mobilisierung des Bürgers als Prinzip", sowie ebd. S. 218 ff. (Zitat S. 220).

hat einen „status procuratoris", eine Mitverantwortung für die objektive Rechtmäßigkeit staatlichen Handelns.[70] Überspitzt: Die staatliche Polizei achtete bisher auf die Rechtstreue der Bürger; jetzt wird der Bürger zur Polizei gegenüber dem Staat. Öffentlichkeit und Transparenz machen das möglich.

Als allgemeiner Rechtsgrundsatz[71] fand das Transparenzgebot für die EU Anerkennung zunächst in der Transparenzverordnung von 2001,[72] später auch in Art. 15 AEUV und in Art. 42 der Grundrechtecharta. Christian Calliess versteht die allgemeine Freiheit des Informationszugangs im europäischen Recht als wichtiges „Element des Demokratieprinzips".[73] Informationsfreiheit wird seit 2005 in Deutschland auf Bundesebene durch das Informationsfreiheitsgesetz gewährleistet, aber unsere Behörden tun sich offenbar nach wie vor schwer mit dem Gedanken einer wirklich „öffentlichen" Verwaltung.[74]

Informationsfreiheit ist, wie der bisherige Beauftragte des Bundes für Informationsfreiheit und Datenschutz Peter Schaar sagte, „gewissermaßen der Treibstoff der Demokratie".[75] Erst Information macht wirksame demokratische Kontrolle durch den Bürger, und damit auch substantielle Partizipation möglich. Auf der Ebene der EU spiegelt sich das in Art. 10 III und 11

---

[70] *Masing* (Fn. 69), S. 225 ff.; s. auch *ders.*, Transparente Verwaltung: Konturen eines Informationsverwaltungsrechts, VVDStRL 63 (2004), S. 395.

[71] Dazu *Christoph Sobotta*, Transparenz in den Rechtsetzungsverfahren der Europäischen Union. Stand und Perspektiven des Gemeinschaftsrechts unter besonderer Berücksichtigung des Grundrechtes auf Zugang zu Informationen, 2001, insbes. S. 315 ff.

[72] Verordnung (EG) Nr. 1049/2001 des Europäischen Parlaments und des Rates vom 30.5.2001 über den Zugang der Öffentlichkeit zu Dokumenten des Europäischen Parlaments, des Rates und der Kommission, ABl. 2001 L 145.

[73] Vgl. etwa *Christian Calliess*, in: ders./Matthias Ruffert (Hrsg.) EUV-AEUV Kommentar, 4. Aufl. 2011, Art. 1 Rn. 75 ff.

[74] Vgl. die Übersicht „Informationsfreiheitsgesetz: Transparenter Staat", Zeit-online Digital, unter: http://www.zeit.de/digital/ifg-anfragen#; s. auch *Kai Biermann*, Bockige Behörden – eine Geschichte auf drei Ebenen, Zeit-online v. 18. April 2013, unter: https://blog.zeit.de/open-data/2013/04/18/ifg-protokolle-datengrafik/ (Zugriff 18.4.2020). Zur schleppenden Umsetzung der Umweltinformationsrichtlinie von 1990 erst nach einem Urteil des EuGH s. *Ingolf Pernice*, Verfassungs- und europarechtliche Aspekte der Transparenz staatlichen Handelns, 2. IFG-Tagung Berlin am 6./7. September 2012, in: A. Dix u.a. (Hrsg.) Informationsfreiheit und Informationsrecht. Jahrbuch 2013 (2014), S. 17, 18 ff. (in diesem Band Kap. 2). Krit. zum Nutzen der Transparenz für die Demokratie, auch wegen mangelnden Interesses der Bürger: *Göttrick Wewer*, Form und Inhalt, oder: Transparenz der Politik, in: Politische Bildung 2013, S. 72 ff.

[75] *Peter Schaar/Jürgen Roth*, Quo Vadis Informationsfreiheit? Bilanz und Perspektiven des Informationsfreiheitsgesetzes, in: Alexander Dix/Gregor Franßen/Michael Kloepfer/Peter Schaar/Friedrich Schoch/Deutsche Gesellschaft für Informationsfreiheit (Hrsg.), Informationsfreiheit und Informationsrecht. Jahrbuch 2011 (2012), S. 1, 2.

EUV wider. In den USA hat die Obama-Regierung mit der „Open-Government-Initiative" eine Wende angekündigt, mit der Transparenz und Beteiligung im Sinne einer „collaborative governance" neue Maßstäbe setzen sollte.[76] Auf der deutschen Ebene muss das Bewusstsein dafür erst noch wachsen, wenn die „informierte Öffentlichkeit" wichtiger Akteur in der Politik werden soll – gemäß einem demokratischen Konzept,[77] nach dem durch die Kombination von repräsentativen und verstärkten partizipativen Elementen Politik zur Sache der Bürgerinnen und Bürger wird.[78] Über eine proaktive Transparenzpolitik soll die relevante Information die Bürger noch effektiver erreichen.[79]

3. Offene Staatlichkeit „reloaded"

Wenn die Beobachtungen zur Veränderung des Innenverhältnisses von Staat und Bürger zutreffen, dann findet – ergänzend zu und vielleicht auch getrieben von gewissen Impulsen aus der Europäischen Union – die offene Staatlichkeit „nach außen" nunmehr eine Entsprechung in einer „offenen Staatlichkeit" nach innen. Dieser für das Konzept einer von der lebendigen Partizipation informierter Bürgerinnen und Bürger am öffentlichen Leben getragenen Demokratie grundlegende Wandel hin zu einer doppelt offenen Staatlichkeit hat Konsequenzen auch für das Verhältnis der Staaten – und ihren Bürgerinnen und Bürgern – im Verhältnis zueinander. Der transparente Staat im Sinne eines „open government" ist transparent auch nach außen, durch global unbegrenzte soziale, wissenschaftliche, journalistische und andere berufliche Netzwerke sind die Menschen miteinander verbunden, die Gesellschaft ist global vernetzt. Die aktive Information der Bürgerinnen und Bürger im Internet erlaubt den Blick „in den Staat" auch von außen. Jeder kann sich von praktisch jedem Land aus darüber informieren, welche Themen hier oder dort in der Öffentlichkeit mit welchen Meinungen und Ten-

---

[76] S. White House: „Transparency and Open Government", abrufbar unter:http://www.whitehouse.gov/open/about. Wie *Göttrick Wewer*, Eine Blaupause für Deutschland? Barack Obama und die kollaborative Verwaltung, in: dms 2013, 182 ff., zeigt, belegen die ersten Berichte über die Initiative allerdings nur sehr geringe Veränderungen in der politischen Praxis, s. etwa ebd., S. 196: „Offenheit und Kollaboration ... bleiben Themen für Insider. Für die große Masse der Wähler – und damit auch für Parteien, Parlamente und Regierungen – sind andere Themen meistens wichtiger".

[77] Zu den Wurzeln des Konzepts vgl. *Rolf Gröschner*, Transparente Verwaltung: Konturen eines Informationsverwaltungsrechts, VVDStRL 63 (2004), S. 345, 362, 374: „in Rom" (vgl. ebd., S. 353 f.).

[78] In diesem Sinne die Kombination von Art. 10 und 11 EUV. Bezogen auf die EU s. *Jule Martin*, Das Steuerungskonzept der informierten Öffentlichkeit. Neue Impulse aus dem Umweltrecht des Mehrebenensystems, 2012, insbes. S. 232 ff.

[79] S. näher dazu *Pernice*, Informationsgesellschaft (Fn. 64).

denzen diskutiert werden. Die Verletzung von Menschenrechten, Katastrophen, ein Rechts- oder Linksruck in der Politik und andere politische Auseinandersetzungen jeder Art bleiben keine interne Angelegenheit. Über Blogs, Facebook und Twitter, über die Teilnahme durch Kommentare zu Meldungen in Zeitungen etc. ist sogar die aktive Beteiligung Dritter am „innerstaatlichen" Diskurs in jedem Land weltweit möglich. Die Teile der Welt hängen enger miteinander zusammen. Was hier geschieht, betrifft die Menschen auch am andern Ende der Welt, kann dort ein wirtschaftliches, politisches, ja ein Sicherheitsrisiko darstellen. Das Interesse dafür, die Einmischung ist nicht sachfremd. Wie schon längst die Produkt- und Finanzmärkte, so werden Medien- und Meinungsmärkte transnational. Die Globalisierung erhält einen neuen Schub, wenn Information, Bildung, Partizipation – und Überwachung – grundsätzlich über alle Grenzen hinweg möglich werden.

IV. Internet-Governance und der Wandel des Verfassungsbegriffs

Die hier beobachtete doppelte offene Staatlichkeit bedeutet eine Auflösung des auf den souveränen Nationalstaat als Ursprung und Träger aller öffentlichen Gewalt zentrierten Verfassungsbegriffs nach außen und nach innen. Was mit dem „postnationalen" Verfassungsbegriff angedeutet werden sollte, die begriffliche Lösung vom Konzept des Nationalstaats,[80] vollzieht sich in anderer Weise nach innen: Die Öffnung des Verfassungsbegriffs hin zur Gesellschaft, für die unmittelbare öffentliche Kontrolle auch interner Staatsgeschäfte, für die unmittelbare Beteiligung der Bürger an Entscheidungen, für die Wahrnehmung öffentlicher Aufgaben durch Private, bis hin zur Anerkennung privater Normsetzung („private ordering") als bindendes Recht im Staat und darüber hinaus. Was bei Konrad Hesse konzeptionell schon vorgedacht war, wird auch unter dem Gesichtspunkt der governance plausibel: Verfassung als die rechtliche Grundordnung des Gemeinwesens, Staat und Gesellschaft umfassend.[81] So wird Verfassung eine gestufte Ordnung, in ihren Elementen als rechtliche Grundordnung der gesellschaftlichen Steuerung bezogen jeweils auf die politische Handlungsebene Kommune, Land, Staat und Europäische Union, bis hin zur globalen Ebene, wo Prozesse der gesellschaftlichen Selbstregulierung neben völkerrechtliche Ordnungsbemühungen treten und schrittweise Konturen eines globalen Verfassungsrechts erkennbar machen. Elemente der Internet-Governance (dazu 1.) zei-

[80] Vgl. *Pernice* (Fn. 27), S. 155 ff.; s. auch oben, Fn. 27.
[81] Vgl. oben bei Fn. 1.

gen mit dem, was als „Verfassung“ des Internets bezeichnet wird, einen Paradigmenwechsel und Wege auf (dazu 2.), wie der postnationale Verfassungsbegriff in steuerungstheoretischer Perspektive auch für global wirksame Regelungsprozesse fruchtbar gemacht werden kann (dazu 3.).

1. Aspekte der Internet-Governance

Anders als es die Erfinder und Entwickler des Internets gedacht hatten, ist das Internet keine zweite Welt, die, wie es die „Declaration of independence of Cyberspace“ von John Perry Barlow suggeriert,[82] unabhängig von den Staaten jedem eine neue, virtuelle Freiheit gewährleistet, in die einzugreifen dem Staat verwehrt ist. Sehr wohl aber wurde es, nachdem es vom US-amerikanischen Militär für den zivilen Kommunikationsverkehr geöffnet und seine Verwaltung und Entwicklung insoweit in zivile Hände gelegt war, im Rahmen der ICANN, die mit der Domain-Vergabe eine zentrale Funktion wahrnimmt, in einer neuartigen privatrechtlich organisierten Form der Selbstregulierung ohne wesentlichen Einfluss der Staaten schrittweise aufgebaut.[83] Viellechner verwendet den Begriff „Regelungsarrangement“, weil es sich den klassischen Unterscheidungen von Völker- und nationalem Recht, Norm und Vertrag, öffentlich und privatrechtlich entzieht und auch mit Begriffen wie Regime oder gar Staatenverbund nicht beschrieben werden kann.[84] Damit das System funktionsfähig ist, bedarf es des Zusammenwirkens einer Vielfalt von privaten – so für die Standardisierung etwa der Inter-

[82] *John Perry Barlow*, A Declaration of the Independence of Cyberspace, 1996, unter: https://projects.eff.org/~barlow/Declaration-Final.html (Zugriff 18.4.2020). Die Enthüllungen von Snowden über die Überwachung durch den NSA dagegen führte zu dem Aufschrei von *Sascha Lobo*, „Die Digitale Kränkung des Menschen“, FAZ v. 11.1.2014: „Die fast vollständige Durchdringung der digitalen Sphäre durch Spähapparate aber hat den famosen Jahrtausendmarkt der Möglichkeiten in ein Spielfeld von Gnaden der NSA verwandelt. Denn die Überwachung ist nur Mittel zum Zweck der Kontrolle, der Machtausübung. Die vierte, digitale Kränkung der Menschheit: Was so viele für ein Instrument der Freiheit hielten, wird aufs Effektivste für das exakte Gegenteil benutzt.“ Dass dies so neu nicht ist, kann der Empfehlung eines Renaissance-Forschers von 2008 entnommen werden, der die Analysemethode des NSA für die Analyse gescannter Literatur empfiehlt, vgl. *Anthony Grafton*, Codex in Crisis, 2008, S. 37: „... we'll also be able to interrogate this whole mass of material in new ways, using the same applied mathematical techniques that the NSA uses to mine data from our telefone calls and emails“.

[83] Vgl. die zusammenfassende Beschreibung bei *Viellechner* (Fn. 8). S. 147 ff. S. auch die Untersuchung von *Jeanette Hofmann*, Internet Governance: Eine regulative Idee auf der Suche nach ihrem Gegenstand, in Gunnar Folke Schuppert (Hrsg.), Governance-Forschung – Vergewisserung über Stand und Entwicklungslinien, 2005, S. 277–301.

[84] Ebd., S. 14–158. Schon für *Hofmann* (Fn. 83), S. 298, besteht der „Fluchtpunkt“ des „Suchprozesses“ der Internetgovernance „in einem stabilen, legitimen Regelungsarrangement, das den Problemen im transnationalen Datenverkehr Rechnung trägt“.

national Engineering Task Force (IETF)[85] – oder für die Standardisierung der Netz-Infrastruktur privater und staatlicher Akteure. Der Ansatz hat sich bewährt. Die russische Initiative von 2012, die Vergabe der Internetadressen einer internationalen Organisation, der International Telecommunications Union (ITU), zu übertragen und damit in staatliche Verantwortung zu nehmen, blieb ohne Erfolg.[86]

Der Staat, wegen der Diversität der Interessen aber auch das Völkerrecht, bekommen das Internet nicht in den Griff. Die bislang hoffnungslosen Bemühungen um einen effektiven Datenschutz sowohl gegenüber privaten, vor allem aber gegenüber öffentlichen Datensammlern sind ein Beispiel für das Versagen der überkommenen Strukturen und Regelungsansätze, schon auf der Ebene der EU.[87] Die Entwicklung der ICANN, aber auch die Initiative der IETF zur Schaffung sicherer Internetprotokolle als Antwort auf die Überwachungspraktiken der NSA[88] könnten indessen einen Weg aufweisen, neue Aufgaben, die über die Handlungsmöglichkeiten einzelner Staaten oder auch der EU hinausgehen und auch durch internationale Abkommen nicht zu regulieren sind, über neue Formen einer global governance einem wirksamen Ordnungsrahmen zu unterwerfen.

Dabei könnten die jährlichen multi-stakeholder Treffen des von den Vereinten Nationen getragenen „Internet Governance Forums" (IGF),[89] bei denen sich inzwischen jeweils mehr als 2000 Teilnehmer aus allen Ländern, von

[85] Standards werden hier auf der Grundlage von sog. Requests for comments (RfC) vorgeschlagen und von den Unternehmen angenommen (oder nicht), vgl. dazu die Webseite http://www.ietf.org/ (Zugriff 18.4.2020).

[86] Vgl. *Ole Reißmann*, ITU-Konferenz in Dubai: Darum geht es beim Internetstreit, Spiegel-online Netzwelt v. 6.12.12.

[87] So ist der Versuch, auf europäischer Ebene bis zur Neuwahl des Europäischen Parlament eine Datenschutz-Grundverordnung (Vorschlag der Kommission für eine Verordnung zum Schutz natürlicher Personen bei der Verarbeitung personenbezogener Daten und zum freien Datenverkehr, KOM(2012) 11 endgültig), auf den Weg zu bringen, an der Vielzahl von Interessendivergenzen gescheitert, und ein Abschluss des Gesetzgebungsverfahrens ist nicht in Sicht.

[88] Vgl. die Mitteilung: Leading Engineers Agree to Upgrade Standards to Improve Internet Privacy and Security. IETF reaches broad consensus to improve the security of Internet protocols to respond to pervasive surveillance", unter http://www.ietf.org/media/2013-11-07-internet-privacy-and-security.html (Zugriff 1.2.14).

[89] The Internet Governance Forum, Webseite unter: http://www.intgovforum.org/. Es wurde vom World Summit on the Information Society (http://www.itu.int/wsis/index.html) in Tunis (WSIS 2005) eingerichtet, das den UN-Generalsekretär ersuchte, das Forum einzuberufen., vgl. WSIS Tunis-Agenda, Ziff. 72, unter: http://www.itu.int/wsis/docs2/tunis/off/6rev1.html. Zur Entwicklung der Internet Governance, bis zu den IGF's, s. auch die Übersicht bei Jovan Kurbalija, Internet Governance, jetzt 7. Aufl., 2016, abrufbar unter: https://www.diplomacy.edu/resources/books/introduction-internet-governance (Zugriff 18.4.2020).

interessierten Einzelnen, über Industrie- und NGO-Vertretern bis hin zu Regierungsmitgliedern in einem offenen Dialog über die dringlichsten Themen der Entwicklung des Internets austauschen, Ausgangspunkt und Ideenschmiede für die Schaffung dieses Ordnungsrahmens sein. Ihre Debatten sind online weltweit zugänglich, nicht nur zum Anschauen, sondern auch zum Mitwirken. Der zusammenfassende Bericht etwa vom Treffen 2013 in Bali lässt erkennen, dass sich hier – etwa zur „internet surveillance" – durchaus konkrete Meinungsströmungen einer globalen Öffentlichkeit bilden, die ihrerseits nicht ohne Einfluss auf die Politik der Staaten und nichtstaatlichen Akteure bleiben dürften.[90]

2. „Verfassung" des Internets als Paradigma

Eine globale Ordnung – oder gar „Verfassung" – des Internets[91] könnte im Wege der „Eigenkonstitutionalisierung" schrittweise entstehen und sich – pluralistisch und responsiv, nicht unbeeinflusst von Vorgaben staatlichen Verfassungsrechts – in das System von Teilrechtsordnungen[92] einer fragmentierten globalen Verfassung einordnen. Ihre Emergenz ist aber nur ein Paradigma für das, was in anderen Sachbereichen die Herausbildung von „Regelungsarrangements" ähnlicher oder auch anderer Art notwendig macht.

Zu diesen Bereichen gehört, eng verbunden mit dem Internet, und heute in seiner Schnelligkeit angewiesen auf das Internet, der globale Finanzmarkt; er bedarf eines rechtlichen Ordnungsrahmens, ebenso wie das Internet. Aber auch etwa der Klimawandel, Bevölkerungswachstum und –wanderung, und nach wie vor die Wahrung von Frieden und Sicherheit oder die Abwehr des Terrorismus sind globale Herausforderungen, denen einzelne Staaten oder auch Verbünde wie die EU allein nicht gewachsen sind. Globale Regelungsarrangements gibt es hierfür kaum. Die externen Effekte nationaler Politik aber können gerade in diesen Bereichen zum Demokratieproblem werden. Sie sind am stärksten spürbar, wo etwa hohe CO2-Emissionen in einigen

---

[90] Vgl. etwa zum Thema „Internet Surveillance": 8th Meeting of the Internet Governance Forum (IGF) Bali, Indonesia, 22–25 October 2013. Chair's Summary, S. 18 ff, abrufbar unter: http://www.intgovforum.org/cms/Chair%27s%20Summary%20IGF%202013%20Final.Nov1v1.pdf (Zugriff 18.4.2020).

[91] Überlegungen dazu etwa bei: *Stefano Rodotà*, A Constitution for the Internet. Comments, in: The Federalist Debate, 2006, unter: http://www.federalist-debate.org/index.php/component/k2/item/371–a-constitution-for-the-internet (Zugriff 18.4.2020). S. auch Henry H. Perritt Jr., The Internet at 20: Evolution of a Constitution for Cyberspace, in: William & Mary Bill of Rights Journal, 2006, S. 1115–1180, unter: http://scholarship.law.wm.edu/cgi/viewcontent.cgi?article=1622&context=wmborj (Zugriff 18.4.2020).

[92] *Viellechner* (Fn. 8), S. 253 ff., 265 ff., wobei die Einbettung in Vorgaben staatlichen Verfassungsrechts unter dem Aspekt der „Fremdkonstitutionalisierung" behandelt wird (ebd., S. 285–302).

Ländern das Versinken anderer Länder im Ozean verursachen oder die Gestattung oder gar Förderung der Ausbildung von Terroristen in einem Land zum Sicherheitsrisiko im anderen Land wird. Hier muss über den Staat hinaus gedacht werden, wenn der Friede gesichert werden soll und Lösungen erwünscht sind, die den Erwartungen und berechtigten Interessen der Menschen gerecht werden – Lösungen die nicht ein Staat den anderen oktroyieren kann, sondern die in einem gemeinsam verfassten System durch einen demokratisch organisierten Willensbildungsprozess zum gemeinen Wohl gefunden werden. Verfassung kann hier nicht auf den Staat begrenzt sein, sie muss jenseits des Staates weitergedacht werden.

Die Vorstellung der traditionellen Staats- und Verfassungstheorie, dass das Gemeinwesen Staat für seine Bürgerinnen und Bürger sämtliche ihr Leben, ihre Freiheit, ihre Sicherheit betreffenden Dinge „souverän" zu regeln imstande wäre, war schon immer eine Illusion, vielleicht eine auf die Versprechen von Monarchen gegründete Ideologie mit verheerenden Folgen. Wie die einzelne Person im Urzustand kooperativ oder nicht kooperativ, friedlich in der Gruppe oder aggressiv sein kann und daher erst die staatliche Institution mit Gewaltmonopol Sicherheit und Freiheit garantiert, so bedarf auch der Staat der Einbindung in einen rechtlich zwingenden institutionellen Rahmen, eine Ordnung jenseits des Staates. Der Staat als Sicherheit gewährleistender Leviathan, als die Freiheit und das Eigentum der Einzelnen, das öffentliche Wohl sichernde demokratisch verfasste und gesteuerte Institution kann in einer nach dem Westfälischen Frieden auf Achtung der Souveränität und auf Kooperation gegründeten Staatenwelt seinen Auftrag allenfalls nach innen erfüllen – solange er nicht von außen angegriffen wird. Bei der Sicherung des äußeren Friedens aber versagt das System in vollem Umfang.

Die Konsequenz wurde nach dem zweiten Weltkrieg mit der Europäischen Integration gezogen. Erst in einem rechtlich verfassten supranationalen System mit gemeinsamen Institutionen, die in gemeinsamen Angelegenheiten rechtlich verbindliche Entscheidungen für alle treffen, können den Bürgerinnen und Bürgern die öffentlichen Güter geliefert werden, die Staaten einzeln nicht zu liefern in der Lage sind. Der Wille zur Kooperation, ja sogar die Verpflichtung zur Kooperation bei gleichzeitiger Anerkennung der Souveränität oder Autonomie genügen nicht. Das hat sich erneut im Fall der Eurokrise gezeigt, die u.a. als Folge der Asymmetrie von zentralisierter Währung(-spolitik) und nur der Koordination unterworfener Wirtschafts- und Finanzpolitiken der Mitgliedstaaten zu erklären ist.[93] Was für Europa gilt, kann für die globalen Herausforderungen nicht wesentlich anders sein.

---

[93] S. dazu *Pernice*, Solidarität (Fn. 28), S. 46 ff., 50 ff.; s. auch *Henrik Enderlein*, Solidarität in der Europäischen Union – Die ökonomische Perspektive, in: *Christian Calliess* (Hrsg.), Europäische Solidarität und nationale Identität. Überlegungen im Kontext der Krise im Euroraum, 2013, S. 83 ff.

An welche Art von Regelungsarrangement aber ist zu denken? Hier stellt sich die Frage, ob die „Verfassung“ des Internets und das System der Internet-governance Elemente aufweisen, die für die Entwicklung eines globalen Ordnungsrahmens für andere Problembereiche nutzbar gemacht werden können.

3. Der Verfassungsbegriff in steuerungstheoretischer Perspektive

Dass die Verfassung nicht nur öffentliche Gewalt regelt, sondern weitergehend als rechtliche Grundordnung der gesellschaftlichen Steuerung auch privates Handeln mit einbezieht, ist nicht neu. Die mit der Koalitionsfreiheit in Art. 9 III GG garantierte Tarifautonomie und ihre Ausgestaltung durch das Tarifvertragsgesetz sind ein Beispiel der Anerkennung der Maßgeblichkeit privaten Handelns. Die Möglichkeit der Vereinbarungen der Sozialpartner, nach Art. 155 AEUV Vereinbarungen zu schließen, deren Durchführung im Zuständigkeitsbereich der EU auf Antrag vom Rat verbindlich gemacht werden kann, folgt dem Beispiel.

Ehemalige Staatsaufgaben im Bereich von Verkehr und Daseinsvorsorge sind heute privaten Unternehmen überlassen. In unterschiedlicher Intensität ist dabei der Staat nach den Art. 87e und 87f GG auf eine Gewährleistungsverantwortung beschränkt,[94] eine begrenzte Regulierungsaufgabe wird von der Bundesnetzagentur wahrgenommen. Das ist auf europäischer Ebene durch die Rechtsetzung zur Liberalisierung der Post- und Telekommunikationsmärkte, der Elektrizitäts- und Gasversorgung, aber auch des Eisenbahnverkehrs vorgezeichnet.[95] Im Bereich des Warenverkehrs wird seit dem neuen Ansatz zur Harmonisierung im Binnenmarkt auf die technische Normung durch private Normungsgremien zurückgegriffen.[96]

Wie immer die Verteilung von privater und öffentlicher Verantwortung geregelt ist, es gehört zu den Funktionen der Verfassung, die wesentlichen Vorgaben dafür festzulegen. Dass diese Grundvereinbarung in der Verfassung auch über den nationalstaatlichen Rahmen hinausreichen kann, zeigen die Präambel und die Integrationsklausel des Art. 23 GG, z.T. auch Art. 24

---

[94] Vgl. näher *Claudio Franzius*, Gewährleistung im Recht. Grundlagen eines europäischen Regelungsmodells öffentlicher Dienstleistungen, 2009.

[95] Vgl. dazu *Ingolf Pernice*, Soll das Recht der Regulierungsverwaltung übergreifend geregelt werden? Europarechtliche Aspekte, in: Ständige Deputation des Deutschen Juristentages (Hrsg.), Verhandlungen des sechsundsechzigsten Deutschen Juristentages, Bd. II/1, 2006, S. O 85–O 142.

[96] S. die Entschließung des Rates vom 7. Mai 1985 über eine neue Konzeption auf dem Gebiet der technischen Harmonisierung und der Normung, ABl. 1985 C 136 S. 1–9, abrufbar unter: http://eur-lex.europa.eu/LexUriServ/LexUriServ.do?uri=CELEX:31985Y0604%2801%29:DE:NOT (Zugriff 18.4.2020).

GG. Über diese Bestimmungen wird die Öffnung des Staates für supranationales Recht im innerstaatlichen Bereich durch die Konstituierung und Fortentwicklung der Europäischen Union vollzogen. Begrifflich nicht ausgeschlossen ist aber, dass die Verfassung sich auch anderen Formen der gesellschaftlichen Steuerung öffnet, die von privaten Akteuren oder von der Interaktion zwischen privaten und öffentlichen, global wirkenden Gremien ausgeht, entsprechend dem Muster der Internet-governance. Hier geht es nicht notwendig um die Übertragung von Hoheitsrechten, sondern die Um- und Durchsetzung von rechtlichen Standards, die möglicherweise in einem „multi-stakeholder-Verfahren" auf globaler Ebene erarbeitet werden, verbunden mit einer Gewährleistungsverantwortung für die Wirksamkeit derartiger Regelungen einerseits und die Achtung der auch hier notwendig geltenden verfassungsrechtlichen Mindestgarantien der demokratischen Mitwirkung, der Rechtsstaatlichkeit und vor allem der Grundrechte.

Geboten ist ein Verfassungsbegriff, der neben der europäischen Ebene auch nach anderen Maßstäben sich formendes globales Recht mit in den Blick nimmt, ja die für die Bildung dieser Normen notwendigen Bedingungen und Verfahren einer global governance als Teil der Verfassung nicht ausschließt, sondern selbst konzeptualisiert. Verfassung ist dann rechtliche Grundordnung des Gemeinwesens, von Staat und Gesellschaft also mit der Perspektive ihrer europäischen und globalen Dimension. Jede Verfassung versteht sich insofern als Teilsystem nicht nur im supranationalen Zusammenhang des „europäischen Verfassungsverbunds",[97] sondern auch einer emergenten globalen Verfassung, der Verfassung der Internetgesellschaft. Wie immer der Prozess der schrittweisen Herausbildung dieser Ordnung sich vollziehen und angesichts der drängenden Notwendigkeit globaler Regulierung in diversen Bereichen gestaltet werden mag, entscheidend ist, dass er nicht ohne Rückwirkung auf das nationale Verfassungsrecht bleibt. Deswegen wird es wichtig sein, die hier geltenden Prinzipien durch eine gedachte, aus der Verfassung zu entwickelnde oder positiv gesetzte neue Struktursicherungsklausel zum Maßstab dieser Entwicklung zu machen.

---

[97] S. zuletzt *Ingolf Pernice*, Der Europäische Verfassungsverbund in der Bewährung. Antonio Lopez-Pina zu Ehren, WHI-paper 07/2013, unter: http://www.whi-berlin.eu/tl_files/WHI-Papers%20ab%202013/whi-paper%2007%202013.pdf (Zugriff 20.4.2020).

V. Schlussfolgerungen zur Verfassung der Internetgesellschaft

Eine Verfassung der Internetgesellschaft kann sich nach allem vorläufig nur als System pluralistisch nebeneinanderstehender, mit einander verflochtener Teilverfassungen verstehen, in dem die demokratischen Verfassungen der Staaten Grundlage und Ausgangspunkt sind, sich aber dem Einfluss und der normativen Kraft der sich entwickelnden Ordnungen nicht verschließen. Begriffe wie Permeabilität, wie von Mattias Wendel für das europäische Verfassungsrecht verwendet,[98] oder der Responsivität, wie ihn Viellechner für das transnationale Recht vorschlägt,[99] machen deutlich, dass es sich nicht um hierarchische Konstruktionen handeln kann, sondern um ein gegenseitiges Achten und Berücksichtigen formal autonomer Ordnungen. Gerade aber eine übergreifende Ordnung, die wegen der Fähigkeit, für Staaten und vor allem auch für Individuen relevantes Recht zu erzeugen, die Qualifikation Verfassung erhalten soll, kann für ihre Normativität Anerkennung nur finden, wenn und solange das, was Verfassung funktional und materiell ausmacht, auch hier gewährleistet ist.

1. Schutz der Menschen- und Grundrechte

An erster Stelle steht der Schutz der Menschen- und Grundrechte als leitende Orientierung und Grenze jeglicher Regelsetzung. Hier stehen die Meinungs- und Informationsfreiheit im Vordergrund, als Grundlage dafür aber auch der Schutz der Persönlichkeitsrechte, insbesondere der Privatsphäre durch einen effektiven Datenschutz und der Schutz des Eigentums unter Berücksichtigung des kulturellen Interesses am freien Zugang zu den Inhalten.

Der Schutz der Freiheit des Internets und damit zugleich die Achtung der Privatsphäre des Einzelnen, deren Wahrung Grundlage des Vertrauens ist, lassen sich im Internet vom einzelnen Staat nicht gewährleisten. Niemand hat in der kurzen Geschichte des Netzes den Nutzern Privatheit versprochen. Und doch ist sie angesichts der Bedeutung des Internets für das Alltagsleben vieler Menschen zur legitimen Forderung geworden. Weil die Internetgesellschaft und die Überwachung global sind, es aber an Institutionen fehlt, die Datenschutz und Freiheit gewährleisten können, befinden wir uns praktisch wieder im Urzustand. Es muss kein Leviathan sein, aber ohne Konstituie-

---

[98] *Wendel* (Fn. 21). S. auch schon Peter Häberle, Der kooperative Verfassungsstaat (FS Schelsky 1978, S. 141–177), abgedruckt in ders., Verfassung als öffentlicher Prozess. Materialien zu einer Verfassungstheorie der offenen Gesellschaft (2. Aufl. Duncker & Humblot, Berlin 1978), S. 407, 441: „Offenheit für internationale Bindungen mit Durchgriffswirkung in den innerstaatlichen Bereich (Permeabilität)“

[99] *Viellechner* (Fn. 8), S. 265 ff.

rung einer Stelle, die die Grundrechte wirksam schützt, soweit das Internet reicht, ist die Freiheit und Persönlichkeit jedes Einzelnen in Gefahr.

Auf brasilianisch-deutsche Initiative hat die UN Vollversammlung im Dezember 2013 eine Resolution verabschiedet, die die „ungesetzliche und willkürliche Überwachung“ verurteilt und den Schutz des Rechts auf Privatheit einfordert.[100] Die brasilianische Präsidentin Rousseff forderte zuvor schon vor der UNO einen „Mechanismus, der die Integrität von Daten im weltweiten Netz künftig sichern soll“.[101] In ihrer Rede vom 24.9.2013 vor der Generalversammlung protestierte sie vehement gegen die Verletzung von Menschenrechten und Völkerrecht durch die USA, erkannte aber an, dass es sich nicht um ein bilaterales Problem handelt: „it affects the international community itself and demands a response from it“. Dazu führte sie weiter aus:

„We need to create multilateral mechanisms for the worldwide network that are capable of ensuring principles such as:

1. Freedom of expression, privacy of the individual and respect for human rights.
2. Open, multilateral and democratic governance, carried out with transparency by stimulating collective creativity and the participation of society, Governments and the private sector.
3. Universality that ensures the social and human development and the construction of inclusive and non-discriminatory societies.
4. Cultural diversity, without the imposition of beliefs, customs and values.
5. Neutrality of the network, guided only by technical and ethical criteria, rendering it inadmissible to restrict it for political, commercial, religious or any other purposes“.[102]

Dies ist ein Anstoß in die richtige Richtung. Die brasilianisch-deutsche Initiative erreichte, dass UNO-Menschenrechtskommissarin Navi Pillay dieses Jahr einen Bericht über geheimdienstliche Überwachungsprogramme und den Schutz der Privatsphäre vorlegen soll; damit ist der Grundstein gelegt für das, was eines Tages auf der globalen Ebene in das gegenseitige Versprechen der Achtung der Menschenwürde münden könnte, gegen staatliche und auch private Willkür.

---

[100] Vgl. „NSA-Affäre: Uno-Vollversammlung verabschiedet Resolution gegen Spähaktionen“, Spiegel-online v. 19.12.13, unter: http://www.spiegel.de/politik/ausland/nsa-affaere-uno-vollversammlung-verabschiedet-anti-spaeh-resolution-a–939967.html (Zugriff 18.4. 2020).

[101] Vgl. *Monika Ermert*, „NSA-Affäre: Brasilien liest den USA die Leviten“, heise online v. 24.9.13, unter: https://www.heise.de/newsticker/meldung/NSA-Affaere-Brasilien-liest-den-USA-die-Leviten-1966154.html (Zugriff 21.4.2020).

[102] Statement by H.E. *Dilma Rousseff* at the Opening of the General Debate of the 68th Session of the UNGA, 24.9.13, abrufbar unter: http://gadebate.un.org/sites/default/files/gastatements/68/BR_en.pdf. (Zugriff 21.4.2020).

2. Demokratische Legitimation

Eine solche zu schaffende Struktur bedarf demokratischer Legitimation, und gerade diese ist auf Weltebene für viele eine Utopie. Das Internet könnte allerdings selbst das Instrument werden, mit dem der öffentliche Diskurs, die Kontrolle durch die Öffentlichkeit, ja vielleicht sogar ein Stimmungsbild der globalen (Internet-)Gesellschaft erzeugt werden kann, wo jeder einzelne Mensch aktiv teilnehmen kann, ein Mitspracherecht hat.[103] Ein Forum wie das IGF könnte derartige Meinungsströmungen katalysieren, so dass dann ein – pluralistisch zusammengesetztes, möglicherweise von der UNO eingesetztes – Gremium eine Grundlage für seine Beschlüsse vorfindet, die ihrerseits in der geeigneten Weise Staaten und privaten Akteuren zur Um- und Durchsetzung empfohlen werden.

Dass die für den Staat geltenden demokratischen Grundsätze auf der globalen Ebene nicht ohne weiteres umgesetzt werden können, sollte nicht davon ablenken, dass die Technik durchaus Instrumente entwickeln und bereitstellen könnte, in der eine gewisse Partizipation der betroffenen Menschen an der Festlegung der für die Sicherung der Menschenrechte wie auch der Funktionsfähigkeit des Internets notwendigen Entscheidungen möglich ist.

3. Infrastrukturverantwortung und Cybersicherheit

An diesem Projekt mitzuwirken sollte zu den Aufgaben jedes Staates, aber auch der beteiligten Unternehmen und zivilgesellschaftlichen Gruppen gehören. Den Staaten ist dabei eine Infrastrukturverantwortung zugewachsen, die die Sicherheit des Internets insgesamt, aber auch den effektiven Schutz gegen Cyber-Attacken auf Einzelne mitumfasst. Seit 1990 gibt es dazu das Bundesamt für Sicherheit in der Informationstechnik (BSI).[104] Auf EU-Ebene wurde 2004 die Europäische Agentur für Netz- und Informationssicherheit (ENISA) geschaffen.[105] 2011 wurde die Cyber-Sicherheitsstrategie für Deutschland beschlossen.[106] Im Februar 2013 hat die EU ihre Cyber-Sicherheitsstrategie veröffentlicht.[107] Zu den Zielen gehört u.a. Entwicklung einer einheitlichen Cyberraumstrategie der EU auf internationaler Ebene und Förderung der Grundwerte der EU.[108]

---

[103] S. in diesem Sinne schon *Pernice* (Fn. 35), S. 732 f.

[104] Vgl. das BSI-Errichtungsgesetz v. 17.12. 1990, BGBl I S. 2834 ff.

[105] Verordnung (EG) Nr. 460/2004.

[106] Zur Neufassung von 2016 s. unter: https://www.bmi.bund.de/DE/themen/it-und-digitalpolitik/it-und-cybersicherheit/cyber-sicherheitsstrategie/cyber-sicherheitsstrategie-node.html (Zugriff 19.4.2020).

[107] Mitteilung v. 7.2.13, Cybersicherheitsstrategie der Europäischen Union – ein offener, sicherer und geschützter Cyberraum, JOIN(2013) 1 final, abrufbar unter: http://eeas.europa.eu/policies/eu-cyber-security/cybsec_comm_de.pdf.(Zugriff 19.4.2020).

Eine sichere Infrastruktur ist die Voraussetzung dafür, dass das Internet auch als Instrument demokratischer Entscheidungsstrukturen auf der globalen Ebene funktionsfähig wird. Der Staat allein kann dies aber nicht sicherstellen; auch die EU ist auf die staatenübergreifende Kooperation angewiesen, sie könnte allerdings das Gewicht der europäischen Stimme auf globaler Ebene stärken, um zu einer Ordnung zu kommen, die sich nicht auf Vertragstreue allein verlässt, sondern Entscheidungs- und Kontrollmechanismen, einschließlich des Rechtsschutzes umfasst, mit denen die Schaffung und Beachtung des Rechts Aufgabe von gemeinsamen Institutionen wird.[109]

So schließt sich der Kreis: Die tatsächliche Entwicklung der Gesellschaft zur globalen Internetgesellschaft fordert die Emergenz einer globalen, ihrerseits vom Internet gestützten Verfassung, die auf den in ihrer Funktion und Reichweite veränderten Verfassungen der Staaten aufbauend und diese ergänzend das funktionsfähig erhält und grundrechtsgerecht demokratisch einfängt und entwickelt, was sie selbst erst hervorgebracht hat.

Ausblick

Der kooperative Verfassungsstaat steht angesichts des Wandels der Gesellschaft zur Internetgesellschaft vor neuen Aufgaben und ist mit seiner Verfassung seinerseits im Wandel. Neben staatlichem Recht und Völkerrecht ist, gerade auf das Internet bezogen, in Formen privat-öffentlicher Kooperation die Entstehung von durchaus wirksamem und als verbindlich anerkanntem Recht zu beobachten, das zusammen mit anderen Erscheinungen der „Internet-Governance" und mit dem Wandel auch des Verhältnisses von Staat und Bürger im Sinne einer doppelt offenen Staatlichkeit einen Wandel des Verfassungsbegriffs nahelegt. Die Enthüllungen von Snowden zwingen dazu, um der Freiheit und des Schutzes der Persönlichkeit willen, den Prozess der Verfassung der Internetgesellschaft global zu beschleunigen. Die neu gebildeten Strukturen könnten dann aber auch dazu dienen, andere globale Herausforderungen auf derjenigen Ebene in Angriff zu nehmen, auf der ihre Bewältigung allein erfolgversprechend ist.

---

[108] Ebd., S. 5, 17 ff.

[109] Gegen eine „constitutional solution" aber *Kuner* (Fn. 57), S. 162 ff., der mit guten Gründen nicht an die Möglichkeit eines entsprechend umfassenden völkerrechtlichen Vertrags glaubt. Sein „pluralistic approach" (ebd., S. 164 ff.) könnte allerdings im Sinne einer governance-Lösung fortentwickelt werden.

Kapitel 5

Vom Völkerrecht des Netzes zur Verfassung des Internets. Privacy und Digitale Sicherheit im Zeichen eines schrittweisen Paradigmenwechsels (2015)

Einleitung

Daniel Thürer gehört zu denjenigen Rechtsgelehrten, die sich nicht scheuen, den Blick über den Tellerrand zu werfen und Zusammenhänge des Rechts und der Verfassung jenseits des Staates, in Europa und auf der globalen Ebene zu erkunden, einzuordnen und die Erkenntnisse in ein offenes Verständnis von Staatlichkeit und Völkerrecht münden zu lassen. Keines der großen Themen auf der politischen Tagesordnung unserer Zeit entgeht seiner kritischen verfassungs- und völkerrechtlichen Analyse, stets sind seine Schriften dazu von der Offenheit für Neues, für den Wandel von Staat und Recht in einer globalen Ordnung geprägt. Dies mag es erlauben, in den folgenden Zeilen einige vielleicht etwas gewagte Überlegungen zu einem aktuellen, die Entwicklung des Völkerrechts im Zeitalter des Internets betreffenden Thema zur Diskussion zu stellen. Es zieht die Aufmerksamkeit von Politikern, aber auch einiger Juristen auf sich: „Das Völkerrecht des Netzes".[1]

Der Koalitionsvertrag vom 27. November 2013, der die gegenwärtige Bundesregierung in Deutschland trägt, enthält dazu folgenden zukunftsweisenden Satz:

[1] Zum Internet-Völkerrecht s. schon die Beiträge von *Franz C. Mayer*, Das Internet, das Völkerrecht und die Internationalisierung des Rechts, in 23 Zeitschrift für Rechtssoziologie, 2002, S. 93; *Robert Uerpmann*, Internetvölkerrecht, 47 AVR 2009, S. 261; *ders.*, Principles of International Internet Law, 11 German Law Journal, 2010, S. 1245 ff.; für die wirtschaftsrechtliche Seite, die hier nicht behandelt wird, s. *Christian Tiedje/Karsten Nowrot*, Das Internet im Fokus des transnationalen Wirtschaftsrechts: Normative Ordnungsstrukturen für den E-Commerce 47 AVR 2009, S. 328. Neuestens: *Karine Bannelier/Théodore Christakis*, Cyber-Attacks – Prevention-Reactions: The Role of States and Private Actors, Les Cahiers de la Revue Défense Nationale, Paris, 2017, unter: (https://papers.ssrn.com/sol3/papers.cfm?abstract_id=2941988) (Zugriff 19.4.2020).

„Um die Grund- und Freiheitsrechte der Bürgerinnen und der Bürger auch in der digitalen Welt zu wahren und die Chancen für die demokratischen [sic] Teilhabe der Bevölkerung am weltweiten Kommunikationsnetz zu fördern, setzen wir uns für ein Völkerrecht des Netzes ein, damit die Grundrechte auch in der digitalen Welt gelten. Das Recht auf Privatsphäre, das im Internationalen Pakt für bürgerliche und politische Rechte garantiert ist, ist an die Bedürfnisse des digitalen Zeitalters anzupassen“.[2]

Dieser Satz kann als Reaktion auf die Enthüllungen von Edward Snowden verstanden werden und auf die damit offenbarten Praktiken der Massenüberwachung durch amerikanische und britische, aber auch französische und deutsche Geheimdienste. Er verspricht ein Programm, dessen Konturen, Ziele und Stufen noch nicht definiert sind.

Erste Ansätze finden sich allerdings in der von der deutschen Bundesregierung am 20. August 2014 beschlossenen Digitalen Agenda 2014–2017. Im vorletzten Punkt unter dem Titel „Weiterentwicklung, ‚Völkerrecht des Netzes' und Menschenrechtsschutz“ wird hier als Ziel die „Erstellung einer Handreichung zu Elementen eines ‚Völkerrecht des Netzes'“ bezeichnet. Zur Erläuterung verweist die Digitale Agenda u.a. auf den „Pillay“-Bericht, der auf eine deutsch-brasilianische Initiative in der UN-Generalversammlung hin vom Menschenrechtsrat der Vereinten Nationen erstellt wurde.[3] Der damit begonnene Diskussionsprozess soll der Digitalen Agenda zufolge aktiv begleitet werden. Zudem sollen die deutsche Beteiligung in der „freedomonlinecoalition“[4] sowie der „Runde Tisch Internet und Menschenrechte“ gestärkt werden. All dies dient dem wie folgt formulierten Anliegen:

„Wir wollen Klarheit über das anwendbare ‚Völkerrecht des Netzes' herstellen, um die geltenden Grund- und Freiheitsrechte auch in der digitalen Welt wirksam zu schützen und die Chancen für eine demokratische Teilhabe am weltweiten Kommunikationsnetz zu verstärken. Das Recht auf Privatsphäre und die Informations- und Meinungsfreiheit müssen auch im digitalen Zeitalter durchgesetzt werden“.[5]

Anders als der Begriff „Völkerrecht des Netzes“ zunächst erwarten lässt, steht damit der Schutz der Grund- und Freiheitsrechte im Zeitalter des Internets im Vordergrund, wenn auch die Stärkung der „Chancen für eine demokratische Teilhabe am weltweiten Kommunikationsnetz“ gleich danach

[2] Deutschlands Zukunft gestalten. Koalitionsvertag zwischen CDU, CSU und SPD 2013, unter: https://www.cdu.de/sites/default/files/media/dokumente/koalitionsvertrag.pdf (Zugriff 18.4.2020), S. 104.

[3] Human Rights Council, 27th session, The right to privacy in the digital age, 30. Juni 2014 (A/HCR/27/37), s. unter: http://www.ohchr.org/EN/HRBodies/HRC/RegularSessions/Session27/Documents/A.HRC.27.37_en.pdf.(Zugriff 19.4.2020).

[4] Webseite der Freedomonlinecoaliton, unter: https://freedomonlinecoalition.com (Zugriff 19.4.2020).

[5] Vgl. Bundesregierung: Digitale Agenda 2014–2017, August 2014, Kapitel VII Ziff. 4, abrufbar unter: https://www.bmwi.de/Redaktion/DE/Publikationen/Digitale-Welt/digitale-agenda.pdf?__blob=publicationFile&v=3 (Zugriff 19.4.2020).

als weiteres Ziel genannt und damit zum Gegenstand des Begriffs gemacht wird. Der Kontext dieses Punktes in der Digitalen Agenda zeigt, dass über das Thema Menschenrechte hinaus weit mehr auf der Agenda steht: Um „ein offenes, freies, sicheres globales Internet als Raum der Meinungsvielfalt, Teilhabe, Innovation und als Motor für Wirtschaftswachstum und Arbeit" zu schützen und auszubauen, verlangt die Agenda auch die „Schaffung von Regeln und Rahmenbedingungen für das globale Netz", die ein Handeln auf nationaler, europäischer und internationaler Ebene erfordert.[6] Zu „Themen wie Netzausbau, Netzneutralität, Vollendung des digitalen Binnenmarktes, Datenschutz, Schutz des geistigen Eigentums im Internet, IT-Sicherheit und die Forschungsförderung" wird ein stärkeres Engagement auf der europäischen Ebene angekündigt,[7] während im Blick auf die internationale Handlungsebene das Interesse auf den „multi-stakeholder-Ansatz", auf bilaterale Regierungskonsultationen wie etwa den bereits begonnenen „Cyber-Dialog", sowie auf die aktive Mitgestaltung der internetbezogenen Diskussionen in der Internationalen Fernmeldeorganisation ITU und in der OECD gerichtet ist.[8] Die diversen Foren für das „Management des Internets (Internet Governance)", in denen sich der multi-stakeholder-Ansatz gegenwärtig besonders manifestiert, werden eigens angesprochen, verbunden mit dem Vorsatz, dass Deutschland sich hier aktiv beteiligt.[9]

Angesichts dieser Vielfalt von eng miteinander zusammenhängenden Themen liegt es nahe, den Begriff eines Völkerrechts des Netzes inhaltlich weit zu fassen. Er umfasst Fragen des Schutzes der Grund- und Freiheitsrechte, insbesondere den Schutz von Daten und Privatsphäre[10] und den Schutz des geistigen Eigentums im Internet, es geht um die Ermöglichung und Sicherheit von Information und Kommunikation und damit auch um IT-Sicherheit und weitere Problemfelder wie Cyberkriminalität und -spionage[11] sowie um den Cyber-war („Cyber-Sicherheitspolitik"),[12] Fragen, die weder national noch auf europäischer Ebene effektiv zu lösen sind; hierüber ist eine Verständigung auf globaler Ebene unerlässlich, wenn der globale Charakter des Internets erhalten bleiben soll. In der Folge des Cyber-Angriffs auf Estland 2007 hat Duncan B. Hollis bereits ein „international law for information operations" (ILIO) gefordert, wobei er derartige Angriffe zwischen *cyber crime* und *cyber war* ansiedelt und mit dem Vorschlag eines neuen Abkommens den Unsicherheiten, der Komplexität und den – u.a. auf der neuen Bedeutung nicht-

---

[6] Ebd., Kap. VII, Vorspann.

[7] Ebd., Kap. VII.1.

[8] Ebd., Kap. VII.2.

[9] Ebd., Kap. VII.3.

[10] Ebd., Kap. VI.2.

[11] Ebd., A (Grundsätze), S. 5, Kap. II.3 (S. 15), VI.5.

[12] Ebd., Kap. VII.2.

staatlicher Angriffe beruhenden – Unzulänglichkeiten des geltenden Rechts begegnen will.[13]

Dabei stellt sich die Frage, ob die Kategorie „Völkerrecht“ im klassischen Sinne nicht zu kurz greift, wenn es doch viel allgemeiner, wie es in der Digitalen Agenda heißt, um „Regeln und Rahmenbedingungen für das globale Netz“ geht.[14] Die Frage, ob das Internet das Völkerrecht ändert,[15] scheint eine positive Antwort zu erhalten.[16] Zu Recht werden Entwicklungen im Bereich der Internet Governance angesprochen, wie etwa die Entstehung und wachsende Bedeutung der ICANN,[17] die eine wesentliche Säule des globalen Regelungssystems für das Internet geworden ist. Das Völkerrecht mutiert vom Recht zwischen Staaten zum Recht zwischen Menschen, die durch ihre Staaten handelnd oder auch im Wege eines *private ordering* Rechte und Pflichten für sich selbst begründen. Dann aber liegt es nahe, überhaupt den Begriff „Völker“-recht zu überdenken und jedenfalls für die Regeln und Rahmenbedingungen des globalen Internets einen Begriff zu finden, der die Beschränkung auf das Zwischenstaatliche, das Internationale überwindet und der wachsenden Bedeutung privater Akteure im multi-stakeholder-Modell der *global governance* Rechnung trägt.

Ein solcher Begriff nimmt das klassische Völkerrecht als wichtiges Element in sich auf, er muss dabei aber die legitimierende Rolle des Individuums auch bei Verträgen zwischen Staaten in den Blick nehmen und andersartig generierte und durchsetzbare global geltende Normen mitumfassen, deren Legitimität ggf. auf neuen Wegen zu konstruieren wäre. Wenn solche Normen unmittelbar für den Einzelnen Rechte und Pflichten begründen, geht es um Konstitutionalisierung. Dann geht es um die „Verfassung“ des Systems der Herausbildung globaler Prinzipien und Normen allgemein und es eröffnet sich eine neue Perspektive in der Debatte über den globalen Konstitutionalismus, die dem *multi-stakeholderism* eine wichtige Rolle zuweist.[18]

---

[13] *Duncan B Hollis*, Why States Need an International Law for Information Operations, in: 11 Lewis & Clark Law Review (2007),S.1023,1026ff.,1039ff.

[14] Digitale Agenda (Fn. 5), Kap. VII, Vorspann.

[15] Vgl. dazu schon *Henry H. Perritt*, The Internet is Changing International Law, 73 Chicago-Kent Law Review (1998), S 997: „The Internet is changing international law because it is eroding the dominance of traditional sovereign states at the same time that it facilitates new institutional mechanisms for making, applying, and enforcing law“.

[16] Krit. noch *Franz C. Mayer*, Review Essay. The Internet and Public International Law – Worlds Apart?, 12 EJI (2001), S. 617, 621.

[17] Digitale Agenda Agenda (Fn. 5), Kap. VII.3.

[18] Zum hier zugrunde gelegten gewandelten Verfassungsbegriff s. *Ingolf Pernice*, Die Verfassung der Internetgesellschaft. Zur Rolle von Staat und Verfassung im Zuge der digitalen Revolution, in: Alexander Blankenagel (Hrsg.), Den Verfassungsstaat nachdenken. Eine Geburtstagsgabe, 2014, S. 171 (in diesem Band Kap. 4). Die Literatur zum Thema Global Constitutionalism ist inzwischen kaum übersehbar, eine eigene Zeitschrift

Thema und Begriff „Völkerrecht des Netzes" sind damit Anstoß für eine umfassendere Reflektion mit entwicklungsoffener Perspektive. Der auf die Einzelnen fokussierte konstitutionelle Ansatz impliziert ein Verständnis der Garantien von Menschenrechten, insbesondere des Schutzes von Daten und Persönlichkeitsrechten, das auf dem Gedanken eines gegenseitigen Versprechens der Menschenwürde zwischen den Individuen beruht[19] und den Staat vollumfänglich in die Verantwortung nimmt (dazu I.). Er eröffnet aber auch hinsichtlich der Sicherheit einen neuen Blick auf schwierige Abgrenzungsfragen vor allem zur rechtlichen Einordnung und Behandlung von Cyberangriffen im Kriegs- und humanitären Völkerrecht, seit nicht nur Staaten, sondern auch – vielleicht sogar primär – Individuen oder nicht-staatliche Organisationen die relevanten Akteure sind (dazu II.). Die Einzelnen sind damit neben den Staaten zugleich Akteure und Betroffene, wo die Entwicklung neuer Formen der *governance* eine „Verfassung des Internets" befördert, die, nur teilweise im klassischen Völkerrecht verankert, Ausdruck ist für einen vielleicht grundlegenden Wandel des Völkerrechts selbst (dazu III.).

I. Digitale Überwachung und Privatheit im Völkerrecht

In Reaktion auf die Snowden-Enthüllungen unternahm die entrüstete Bundesregierung zwei Schritte: Zum einen wurde sie bei der US-Regierung vorstellig, um „unter Freunden" eine „no-spy" Vereinbarung mit den USA abzuschließen. Entgegen anfänglichen Hoffnungen[20] zeigte Obama Deutschland die kalte Schulter; die Vereinigten Staaten sahen keinen Bedarf und fanden die Idee auch nicht gut.[21] Auf diese Abfuhr folgte ein zweiter Anlauf,

ist ihm gewidmet: Global Constitutionalism. Human Rights, Democracy and the Rule of Law, http://journals.cambridge.org/action/displayJournal?jid=GCN(Zugriff19.4.2020).

[19] Zum Gedanken, freilich bezogen auf den Staat: *Hasso Hofmann*, Die versprochene Menschenwürde, AöR 118 (1993), 353, 367, für den das in der Verfassung gegebene Versprechen der Achtung der Menschenwürde als „wechselseitige Gleichachtung eines jeden einzelnen Rechtsgenossen" mehr als nur die Anerkennung eines Prinzips oder die „Artikulation eines kollektiven Wertbewusstseins" ist, sondern eine „Gemeinschaftsaktion": „es ist Staatsgründung". Zur Übertragung auf die EU s. *Ingolf Pernice*, Solidarität in Europa. Eine Ortsbestimmung im Verhältnis zwischen Bürger, Staat und Europäischer Union, in: Christian Calliess (Hrsg.), Europäische Solidarität und nationale Identität. Überlegungen im Kontext der Krise im Euroraum, 2013, S. 25, 55 f.

[20] S. etwa *Peter Carstens*, Geheimdienste „No-Spy-Abkommen" nimmt Form an, FAZ e-paper v. 13.8.2013, abrufbar unter: http://www.faz.net/aktuell/politik/geheimdienste-no-spy-abkommen-nimmt-form-an-12530395.html(Zugriff 19.4.2020).

[21] Vgl. *Torsten Denkler*, Bundesregierung beerdigt No-Spy-Abkommen, Süddeutsche.de v. 29. April 2014: Vor Merkels USA-Reise – Regierung beerdigt No-Spy-Abkommen, abrufbar unter: http://www.sueddeutsche.de/politik/vor-merkels-usa-reise-bundesregierung-beerdigt-no-spy-abkommen-1.1946679(Zugriff 19.4.2020).

eine Resolutionsinitiative bei der UN-Generalversammlung, jetzt gemeinsam mit Brasilien, zu der Außenminister Westerwelle erklärte:

> „Digitale Kommunikation ist heute ein globales Geschäft, deshalb muss der Schutz der Privatsphäre auch auf globaler Ebene gefestigt werden. Wir streben mit der Initiative mit unseren brasilianischen Partnern ein breites internationales Bündnis für einen zeitgemäßen Schutz der Privatsphäre an".[22]

Ein Interessenausgleich durch völkerrechtlichen Vertrag wäre der direkteste Weg gewesen, das Ziel eines wirksamen Schutzes der Privatsphäre zu erreichen, doch offenbar fehlte das Interesse der anderen Seite. Der mühsamere Weg über die Vereinten Nationen aber erweist sich potentiell als erfolgreicher. Mit dem „Pillay-Bericht" ist ein erster Schritt getan, um die Bedeutung der Menschenrechte bei Überwachungsmaßnahmen zu unterstreichen (dazu 1.). Wie weit die staatliche Verantwortung etwa gemäß dem Internationalen Pakt für Bürgerliche und Politische Rechte (IBPR) reicht, ist allerdings nicht eindeutig (dazu 2.). Dennoch formuliert der Bericht beachtliche Pflichten der Staaten in Bezug auf Kontrolle und Rechtsschutz bei den Tätigkeiten ihrer Dienste (dazu 3.). Nach allem treffen die Staaten erweiterte menschenrechtliche Schutzpflichten (dazu 4.).

1. Der „Pillay-Bericht" zum Recht auf Privatheit

Die UN-Generalversammlung nahm am 18. Dezember 2013 die Resolution Nr. 68/167 über „The right to privacy in the digital age" an, in der auf Art. 12 der Menschenrechtserklärung von 1948 und Art. 17 des Paktes über die Bürgerlichen und Politischen Rechte hingewiesen wird, die Staaten zum effektiven Schutz der Privatheit[23] in der digitalen Kommunikation aufgefordert werden und die Hohe Kommissarin für Menschenrechte ersucht wird, einen Bericht über den Schutz und die Förderung der Privatheit im Kontext der inländischen und extraterritorialen Massenüberwachung und Abhörpraktiken zu erstellen.[24] Trotz diplomatischer Sprache stellt der daraufhin am 30. Juni 2014 vorgelegte „Pillay-Report" mit erstaunlicher Klarheit das Vorliegen sehr problematischer Praktiken fest: „governmental mass surveillance

---

[22] Pressemitteilung des Auswärtigen Amtes vom 1.11.2013: Außenminister Westerwelle zur UN-Resolution „The Right to Privacy in the Digital Age", abrufbar unter: https://www.auswaertiges-amt.de/de/newsroom/131101-brasilien-vn/258068 (Zugriff 19.4.2020).

[23] Der Begriff der Privatheit wird hier als Inbegriff der auf der Achtung der Menschenwürde und damit der freien (informationellen) Selbstbestimmung des Individuums beruhenden Persönlichkeitsrechte, Schutz von Daten und Privatsphäre des Individuums verstanden, wie er in den Art. 8 EMRK und 17 IPBPR sowie Art. 7 und 8 GRCh verankert ist.

[24] Resolution adopted by the General Assembly on 18 December 2013 (ARES/68/167), unter: https://undocs.org/en/A/RES/68/167 (Zugriff 19.4.2020).

emerging as a dangerous habit rather than an exceptional measure".[25] Der Bericht erläutert ausführlich die völkerrechtlichen Normen, an denen diese Praktiken zu messen sind, stellt ihre grobe Verletzung fest und fordert die Staaten dringlich auf, Abhilfe zu schaffen:

„Bearing the above observations in mind, there is a clear and pressing need for vigilance in ensuring the compliance of any surveillance policy or practice with international human rights law, including the right to privacy, through the development of effective safeguards against abuses. As an immediate measure, States should review their own national laws, policies and practices to ensure full conformity with international human rights law. Where there are shortcomings, States should take steps to address them, including through the adoption of a clear, precise, accessible, comprehensive and non-discriminatory legislative framework. Steps should be taken to ensure that effective and independent oversight regimes and practices are in place, with attention to the right of victims to an effective remedy".[26]

Jedenfalls implizit offenbart der Bericht, dass wohl kaum ein Staat seinen Pflichten aus den Menschenrechtsverträgen nachkommt. Dabei fordert Art. 17 (1) IPBPR für jeden Menschen den Schutz vor „willkürlichen oder rechtswidrigen Eingriffen in sein Privatleben, seine Familie, seine Wohnung und seinen Schriftverkehr"; nach Absatz 2 der Vorschrift hat „jedermann" sogar „Anspruch auf rechtlichen Schutz gegen solche Eingriffe oder Beeinträchtigungen", ob sie aus dem Inland oder aus dem Ausland kommen.[27] Die massenhafte Sammlung von Daten, auch die Vorratsdatenspeicherung und das Abhören der Kommunikation, werden selbst bei nicht-personenbezogenen Daten schon wegen der Möglichkeiten der Re-Identifikation und der *chilling effects* für Meinungs- und Versammlungsfreiheit als Eingriffe bewertet, wobei die Rechtfertigungslast beim Staat liege.[28] Zur Rechtfertigung wird eine spezielle gesetzliche Grundlage gefordert, verbunden mit strengen Kriterien der Verhältnismäßigkeit, bis hin zur Wesensgehaltsgarantie.[29] Massenüberwachung und unbeschränkte Datensammlung „für den Fall, dass ...", verkehrten gegenwärtig das Verhältnis von Recht und Schranke, von Grundsatz und Ausnahme ins Gegenteil und erfüllten diese Kriterien nicht.[30] Die

[25] Human Rights Council (Fn. 3), Ziff. 3.

[26] Ebd., Ziff. 50.

[27] Ebd., Ziff. 28 ff., 30.

[28] Ebd., Ziff. 17–20, unter Verweis auf die Rechtsprechung des EuGH zur Vorratsdatenspeicherung in Rs. C–293/12 und C–594/12 – Digital Rights Ireland, Rn. 26 f., 37. Bemerkenswert auch: Executive Office of the President, Report to the President. Big Data and Privacy. A Technological Perspective (Mai 2014): „There is no reason to believe that metadata raise fewer privacy concerns than the data they describe" (unter: https://obamawhitehouse.archives.gov/sites/default/files/microsites/ostp/PCAST/pcast_big_data_and_privacy_-_may_2014.pdf (Zugriff 19.4.2020), S. 19.

[29] Human Rights Council (Fn. 3), Ziff. 21 ff., 25.

[30] Ebd., Ziff. 25.

am 18. Dezember 2014 von der Generalversammlung der UN angenommene Resolution „The right to privacy in the digital age“[31] bekräftigt, dass die Staaten den Schutz der Privatheit durch die Menschenrechte zu beachten haben, wenn sie die digitalen Kommunikationswege anzapfen oder von privaten Unternehmen die Vorlage personenbezogener Daten Dritter verlangen,[32] dass sie Verstöße gegen diese Verpflichtung abstellen, entsprechende Regelungen ändern und effektive Kontrollinstanzen zur Sicherstellung der Erfüllung dieser Pflichten und Rechtsschutz für die Betroffenen einführen müssen.[33] Dazu wird die „responsibility to respect human rights“ hervorgehoben, die auch die Wirtschaftsunternehmen trifft.[34] Unter Bezugnahme auf die NETmundial vom April 2014 verweist die Generalversammlung ausdrücklich auf die Notwendigkeit des privaten Engagements im Sinne des *multi-stakeholder*- Ansatzes:

„... recognizing that effectively addressing the challenges relating to the right to privacy in the context of modern communications technology will require an ongoing, concerted multi-stakehoder engagement“.[35]

Bei geheimdienstlichen Tätigkeiten gibt es die Unterscheidung zwischen drei Kategorien von Fällen: Rein innerstaatliche Überwachung, rein ausländische Tätigkeiten (z.B. Abhören von Telefongesprächen zwischen zwei im Ausland befindlichen Endgeräten) und die Überwachung der grenzüberschreitenden Kommunikation zwischen in- und ausländischen Teilnehmern. Innerstaatliche Handlungsermächtigungen und -grenzen, so auch in Deutschland, betreffen nur die rein inländischen sowie – unter Einschränkung – die grenzüberschreitenden Tätigkeiten.[36] Sie erstrecken sich regelmäßig nicht auf Tätigkeiten im Ausland. Dem liegt wohl die Annahme zugrunde, dass ein staatliches Gesetz nicht zu Eingriffen im anderen Staat ermächtigen kann,[37] umgekehrt aber die Grundrechte nicht oder nicht in vollem Umfang binden, wenn es um Tätigkeiten der Dienste im Ausland geht.[38] Auch der Pillay-Bericht erwähnt die unterschiedliche Behandlung von

[31] Dokument A/RES/69/166 v. 18. 12. 2014, https://www.un.org/Depts/german/gv-69/band1/ar69166.pdf (Zugriff 19.4.2020).

[32] Ebd., Präambel Abs. 17.

[33] Ebd., Ziff. 4 lit. b–d.

[34] Ebd., Präambel Abs. 18, mit Verweis auf die „Guiding Principles on Business and Human Rights: Implementing the United Nations ‚Protect, Respect and Remedy' Framework“, A/HRC/17/31, annex.

[35] Dokument A/RES/69/166 (Fn. 31)Präambel Abs. 10.

[36] Vgl. dazu *Bertold Huber*, Die strategische Rasterfahndung des Bundesnachrichtendienstes – Eingriffsbefugnisse und Regelungsdefizite, NJW 2013, 2572, 2575 f.

[37] Dies ist offenbar für das britische Recht kein Problem, vgl. dazu *Heike Krieger*, Die Reichweite der Grundrechtsbindung bei nachrichtendienstlichem Handeln, Berliner Online-Beiträge zum Völker- und Verfassungsrecht, Beitrag Nr. 1/08, 2008, S. 9 f.

[38] So die Auffassung der Bundesregierung in BVerfGE 100, 313 – Telekommunikati-

Staatsangehörigen und Ausländern, letzteren werde oft weniger, zT. gar kein Schutz gewährt.[39] Ein legitimer Grund für die Differenzierung ist aus der Perspektive der Menschenrechte nicht ersichtlich.[40]

2. *Umfang der Menschenrechtsverantwortung der Staaten*

Das völkerrechtliche Problem ist die Bestimmung des Geltungsumfangs der Menschenrechte nach Art. 2 (1) IPBPR, der die Verpflichtung jedes Vertragsstaates zur Achtung der Rechte auf alle „in seinem Gebiet befindlichen und seiner Herrschaftsgewalt unterstehenden Personen" erstreckt, aber auch begrenzt. Auch nach Art. 1 EMRK sichern die Vertragsparteien die in der Konvention bestimmten Rechte nur „allen ihrer Hoheitsgewalt unterstehenden Personen" zu. Ausländern im Inland kommt dieser Schutz zu, auch die Kommunikation von In- und Ausländern über die Außengrenzen eines Staates hinweg. Ob zum geschützten Personenkreis aber auch zwei Kommunikationspartner im Ausland gehören, die von inländischen Diensten abgehört werden, ist nicht entschieden. Noch schwieriger erscheint die Frage des Schutzes von Kommunikation und Datenaustausch zwischen Ausländern, die über einen zentralen Knoten des Internets im Inland laufen und hier erfasst werden. Ursprung und Adressaten sind nicht ohne weiteres erkennbar. Erst die Datenanalyse kann hierüber möglicherweise Aufschluss geben. Schon damit ist aber auch die Privatheit verletzt. Können die ausländischen Kommunikationspartner sich wie die Inländer auf den menschenrechtlichen Schutz ihrer Persönlichkeit berufen?

---

onsüberwachung, S. 362, nach der die räumliche Anwendbarkeit des Art. 10 GG nur „bei hinreichendem territorialen Bezug zur Bundesrepublik Deutschland" gegeben sein sollte. Das Gericht lässt einen „Gebietskontakt" genügen, der etwa gegeben ist, wenn die Erfassung oder Auswertung der Daten auf deutschem Boden erfolgt (ebd., S. 363 f.). Krit. und zur Unanwendbarkeit des Territorialitätskriteriums *Florian Becker*, Grenzüberschreitende Reichweite deutscher Grundrechte, in: Josef Isensee/Paul Kirchhof, Handbuch des Staatsrechts der Bundesrepublik Deutschland, 3. Aufl., Bd. XI – Internationale Bezüge, 2013, § 240, S. 515, 547 f. (Rn. 87 ff.). Für eine „Geltungserstreckung" votiert auch *Krieger*, Grundrechtsbindung (Fn. 37), S. 2 ff. Ähnl. *Christoph Gröpl*, Das Fernmeldegeheimnis des Art. 10 GG vor dem Hintergrund des internationalen Aufklärungsauftrages des Bundesnachrichtendienstes, ZRP 1995, 13, 17 f., in Auseinandersetzung mit restriktiveren Auffassungen. Enger wohl *Martin Nettesheim*, Verfassungsbindung der auswärtigen Gewalt, in: Josef Isensee/Paul Kirchhof, Handbuch des Staatsrechts der Bundesrepublik Deutschland, 3. Aufl., Bd. XI – Internationale Bezüge, 2013, § 241, S. 559, 582 (Rn. 57) im Blick auf die „Territorialhoheit anderer Staaten".

[39] Human Rights Council (Fn. 3), Ziff. 35, wobei in Ziff. 36 die Geltung des Diskriminierungsverbots des Art. 26 IPBPR auch insoweit hervorgehoben wird.

[40] Die Frage wurde offen gelassen in BVerfGE 100, 313 – Telekommunikationsüberwachung, S. 362 ff., weil eine ausreichende Verknüpfung mit dem deutschen Territorium („Gebietskontakt") gegeben war.

Entscheidend ist, was Begriffe wie extraterritoriale Hoheitsgewalt oder *jurisdiction* bedeuten.[41] Im Pillay-Bericht wird „jurisdiction" mit „within the power or effective control" bzw. „persons within their ‚authority'" erläutert. Der Bericht votiert für eine extensive Auslegung: Wo die Überwachung in Ausübung staatlicher Macht („power") oder effektiver Kontrolle hinsichtlich des Anzapfens etwa der Kommunikations-Infrastruktur erfolgt, direkt oder auch mittelbar über Privatunternehmen, ist eine Bindung an die Menschenrechte gegeben.[42] Anne Peters greift auf die Rechtsprechung des EGMR zurück, um Klarheit über den Begriff der Kontrolle, die als Ausübung von Herrschaftsgewalt verstanden werden kann, zu erhalten. In Anlehnung an das Urteil Al-Skeini v. UK (2011) sieht sie die Maßnahmen der Massenüberwachung als „virtual control" an, womit die Anwendbarkeit der Konvention gegeben wäre.[43] Der EGMR formuliert seine Schlussfolgerung sehr allgemein, so dass es nicht darauf ankommen kann, ob das Handeln vom Territorium eines Staates ausgeht und sich im anderen auswirkt oder sein Agent sich physisch im Ausland befindet und handelt:

> „It is clear that, whenever the State through its agents exercises control and authority over an individual, and thus jurisdiction, the State is under an obligation under Article 1 to secure to that individual the rights and freedoms under Section 1 of the Convention that are relevant to the situation of that individual"[44].

Auch wenn die Voraussetzungen hierzu eher eng ausgelegt und dann als gegeben anerkannt werden, wenn eine effektive Kontrolle über das Territorium ausgeübt wird,[45] entspricht eine weite Auslegung eher dem konstitutionellen Sinn der Grund- und Menschenrechte als Grenze und Schutzauftrag jedes staatlichen Handelns, zumal ihrer überstaatlichen Gewährleistung: Wo ein Staat durch seine Bediensteten offiziell handelt, also Herrschaftsgewalt ausübt, ob legal oder völkerrechtswidrig durch Eingriff in fremde Souveränitätssphären, binden ihn die Menschenrechte gleichsam im Huckepack: Das

---

[41] Zu vier Möglichkeiten des Verständnisses s. *Helmut Aust*, Völkerrecht des Netzes: welche Rolle für die Menschenrechte?, unter: https://verfassungsblog.de/voelkerrecht-des-netzes-welche-rolle-fuer-die-menschenrechte/ (Zugriff 19.4.2020).

[42] Human Rights Council (Fn. 3), Ziff. 32, 34.

[43] *Anne Peters*, Surveillance without Borders: The Unlawfulness of the NSA, Panopticon, Part II, unter: http://www.ejiltalk.org/surveillance-without-borders-the-unlawfulness-of-the-nsa-panopticon-part-ii/ (Zugriff 19.4.2020), mit Verweis auf ECHR [GC], 7. Juli 2011, Al-Skeini v. UK, No. 55721/07, Rn. 133–135, unter: http://hudoc.echr.coe.int/sites/eng/pages/search.aspx?i=001-105606#{%22itemid%22:[%22001-105606%22]} (Zugriff 19.4. 2020).

[44] ECHR [GC], 7. Juli 2011, Al-Skeini v. UK, No. 55721/07, Rn. 137.

[45] Vgl. die Übersicht der Rechtsprechung des EGMR im (Press Unit) Factsheet – Extraterritorial jurisdiction of States Parties, Nov. 2014, unter: http://www.echr.coe.int/Documents/FS_Extra-territorial_jurisdiction_ENG.pdf.(Zugriff 19.4.2020).

Handeln der öffentlichen Gewalt ist rechtlich gebundenes Handeln, gebunden letztlich durch die universellen Menschenrechte.[46] Das gilt für das Handeln im eigenen Territorium, auch wenn dort nur der Knoten der Internetverbindungen zwischen Drittstaaten liegt, der überwacht wird. Aber auch für staatliches Handeln im Ausland. Der Staat kann sich nicht aus der Bindung an die Menschenrechte herausmogeln, weder durch Beauftragung Privater, noch durch ein Agieren im Ausland. Denn auf der demokratisch verfassten rechtlichen Bindung gründet sich seine Legitimation.

Für Hasso Hofmann ist „die versprochene Menschenwürde" konstitutiv für die Staatsgründung;[47] der Begriff weist weit über den Staat hinaus: Ob Würde mit Kant den Menschen als „Subjekt sittlicher Autonomie" bezeichnet oder ob mit Luhmann „der Mensch Würde aus eigenem selbstbestimmten Verhalten durch gelungene Identitätsbildung" gewinnt,[48] der Anspruch auf Achtung der Menschenwürde erhält mit der wachsenden Dichte der Beziehungen zwischen Menschen mittlerweile eine globale Dimension.[49] Die Erklärung der Menschenrechte von 1948 ebenso wie die Pakte von 1966 spiegeln das rudimentär wider; staatliche und zivilgesellschaftliche Initiativen zum Schutz der Privatheit im digitalen Zeitalter sind ein neuer Anlauf zum globalen Schutz der Persönlichkeit und der individuellen Selbstbestimmung gegenüber dem weltumspannenden Datenhunger staatlicher und privater Institutionen.

3. Kontrolle der Dienste und Rechtsschutz der Betroffenen

Der Bericht gibt zu Kontrolle und Grenzen der Spionage einige Handreichungen. Dazu gehören Vorschläge zu Rechtsschutz und Kontrolle der Dienste, wie etwa durch „‚public interest advocacy' positions within surveillance authorization processes" oder durch ganz unabhängige – nicht nur parlamentarische – Kontrollgremien.[50] Voraussetzung für einen Schutz der Betroffenen ist die (jedenfalls nachträgliche) Information der Betroffenen;

---

[46] Vgl. auch *Krieger*, Grundrechtsbindung (Fn. 37), S. 6: „Die Grundrechtsgeltung ist an die Ausübung von Hoheitsgewalt und nicht an das Staatsgebiet der Bundesrepublik geknüpft".

[47] *Hofmann*, Menschenwürde (Fn. 19), S. 374 f.

[48] *Immanuel Kant*, Metaphysik der Sitten, Ed. Vorländer, 1959, S. 285, und *Niklas Luhmann*, Grundrechte als Institution, 1965, S. 35 ff., zit. mit den Worten von *Hofmann*, Menschenwürde (Fn. 19), S. 358.

[49] Vgl. näher *Ingolf Pernice*, Global Constitutionalism and The Internet. Taking people Seriously, in: Rainer Hofmann & Stefan Kadelbach (Hrsg.), Law beyond the State. Past and Futures, 2016, S. 151–206, auch online HIIG Discussion Paper Series No. 2015-01, unter: https://papers.ssrn.com/sol3/papers.cfm?abstract_id=2576697.

[50] Human Rights Council (Fn. 3), Ziff. 37 f.

die Verpflichtung dazu wird dem Bericht zufolge allerdings in der Praxis regelmäßig ignoriert.[51]

Wenn es um Überwachungsmaßnahmen im Ausland geht, kann nichts anderes gelten. Hier sind neue Wege zu suchen. Dazu gehört zunächst die Verbreitung der Einsicht, dass mit neuen Instrumenten, die dem Staat mit dem Internet zur Erfüllung seiner Aufgaben gegeben sind und die seine Wirkungsmöglichkeiten im bislang unbekannten Umfang territorial entgrenzen, auch die Verantwortlichkeit gegenüber den jeweils von ihrem Handeln betroffenen Menschen, ggf. weltweit, in anderem Licht erscheint. Die parlamentarische Kontrolle kann auch insofern zwar sichergestellt werden, die nachträgliche Information und ein angemessener Rechtsschutz bereiten bei Aktionen im Ausland allerdings besondere Schwierigkeiten, die auch mit dem Eingriff in die Souveränitätssphäre des anderen Landes verbunden sein können.[52] Jedenfalls die Resolution A/RES/69/166 der UN-Generalversammlung vom 18. Dezember 2014[53] unterscheidet nicht zwischen In- und Ausland, wenn es um den Schutz der Privatheit der Menschen geht.

4. Erweiterte Menschenrechtliche Schutzpflichten

Die Folgerungen aus dem Bericht konfrontieren die Staaten mit Anforderungen, über die man sich vor Snowden wenig bewusst war. Spionage, so heißt es, hat es immer gegeben und wird es immer geben. Das Völkerrecht schwieg dazu. Ziel war Information über den anderen Staat, die Regierung, ihre Politik, Waffenarsenale, Strategien, eventuelle Angriffs- oder Kriegspläne. Privatpersonen gerieten selten in den Fokus, außer bei der Wirtschaftsspionage. Der Schutz der Menschenrechte, insbesondere der Persönlichkeit und der Privatheit, war insoweit kein Thema.

Das hat sich geändert mit dem internationalen Terrorismus und vor allem mit den neuen Überwachungsmöglichkeiten, die das Internet bietet. Zu der Veränderung der Bedrohungen und ihrer Autoren kommt die Veränderung des Instrumentariums der Aufklärung. Potentieller Feind sind heute nicht nur fremde Staaten, sondern auch einzelne Menschen – im In- und im Ausland – und ihre sozialen Netzwerke. Sie operieren über das Internet, und die Staaten reagieren mit der Überwachung des Internets, in Wahrnehmung ihrer Schutzpflicht für das Leben der Menschen, für das Netz als Infrastruktur und für die Informations- und Kommunikationsfreiheit, die das Internet gewährt. Die Unterscheidung von innerer und äußerer Sicherheit ver-

---

[51] Ebd., Ziff. 40, mit der Empfehlung der Untersuchung durch unabhängige Stellen sowie strafrechtlicher Sanktionen (ebd., Ziff. 41).

[52] Ob deswegen der Schutzumfang der Grundrechte „reduziert" sein muss, wie *Krieger*, Grundrechtsbindung (Fn. 37), S. 8, feststellt, kann nur im Einzelfall entschieden werden.

[53] S. oben Fn. 31.

schwimmt, so wie mit der Interdependenz der Staaten und mit den globalen Herausforderungen das völkerrechtliche Innen-/Außenschema überhaupt an Kontur verliert.[54]

Wenn aber nicht Staaten, sondern einzelne Menschen oder nicht-staatliche Gruppen das Sicherheitsrisiko sind, versagen die für Staat-Staat-Konfrontationen entwickelten völkerrechtlichen Instrumente. Wo nicht nur staatliche Macht über die Staatsgrenzen hinaus wirksam wird, sondern vielleicht gerade auch das Versagen der Staatsmacht eines Staates Privaten die Möglichkeit autonomer Angriffe im anderen Staat eröffnet, verlieren nicht nur die Beschränkung der staatlichen Menschenrechtsverantwortlichkeit auf das eigene Territorium und die *jurisdiction* im ursprünglichen Sinne ihre Legitimation. Menschenrechte machen als Grenze des staatlichen Eingriffs, aber auch als Grundlage einer Schutzpflicht an staatlichen Grenzen nicht Halt. Sie zwingen dazu, das Handeln Privater jenseits der Grenzen, auch im Ausland ins Auge zu fassen, soweit es Wirkungen im Inland erzeugt, also selbst Grenzen überschreitet. Nicht nur die innere Sicherheit erhält damit eine externe Dimension, sondern parallel dazu die Bindung an die Menschenrechte. Sie binden das notwendige, wenn auch nicht immer nach den Maßstäben des Zielstaates legale staatliche Handeln im fremden Raum, einschließlich nachrichtendienstlicher Tätigkeiten, das spätestens seit dem Internet und dem internationalen Terrorismus auch die einzelnen Menschen im Fokus hat. Unterschiedliche Menschenrechtsstandards der betreffenden Länder mögen dabei aufeinanderstoßen; nur eine Angleichung auf der Basis der internationalen Menschenrechtserklärung und Pakte kann etwaigen daraus resultierenden Konflikten vorbeugen.

Der Staat also wird zunehmend porös, im Völkerrecht menschenrechtlich verankerte Schutzpflichten ebenso wie die Achtung der Menschenrechte sind Gebote mit globaler Reichweite im Interesse jedes Einzelnen. Das völkerrechtliche Normengeflecht zum Schutz der Menschenrechte erhält insofern einen überstaatlich-konstitutionellen Charakter, als die Staatsangehörigkeit kein Differenzierungsmerkmal mehr ist, die Geltung der Rechte nicht auf staatlicher Ordnung beruht, sondern der globalen Rechtsebene angehört. Menschenrechte binden Staaten als subjektive Freiheitsrechte des Einzelnen, aber sie sind zugleich objektive Verpflichtung zur Gewährleistung der Sicherheit in Bezug auf staatliches, aber auch auf privates Handeln.

Freiheit und Sicherheit, und damit auch Grundlagen und Grenzen der Spionage und Überwachung des Netzes sind im digitalen Zeitalter neu zu vermessen.

---

[54] S. schon *Ingolf Pernice* in: Horst Dreier (Hrsg.), Grundgesetz Kommentar, 2. Aufl. Bd. II (2006), Art. 32 Rn. 1, 11, entsprechend zur Fragwürdigkeit des Begriffs der auswärtigen Gewalt, ebd., Rn. 18, jeweils mwN. S. auch *Krieger*, Grundrechtsbindung (Fn. 37), S. 3 f.

II. Digitale Sicherheit und Völkerrecht

Wie angedeutet können Cyberangriffe von Staaten ausgehen, ebenso wie von Privaten. Eine sichere Feststellung des Ursprungs ist nach wie vor kaum möglich, ebensowenig wie eine Verteidigung dagegen nach klassischem Muster, durch Abschreckung oder gar Vergeltungsschläge („hack-back"). Treffen sie kritische Infrastrukturen, etwa die Funktion eines Atomkraftwerks, die Elektrizitäts- oder Wasserversorgung in einem Land, Verkehrssysteme oder auch Krankenhäuser, Industriebetriebe oder sonstige öffentliche oder private Einrichtungen, so sind verheerende Schäden zu befürchten. Das Völkerrecht muss sich den hiermit verbundenen neuen Fragen stellen. Dabei verfügt es nur über ein sehr begrenztes Arsenal, mit den neuen Herausforderungen umzugehen. In der Folge des (wohl) russischen Cyber-Angriffs auf Estland von 2007[55] hat das NATO Cooperative Cyber Defence Centre of Excellence hierzu auf vielen Hundert Seiten das „Tallinn Manual on the International Law Applicable to Cyber Warfare" erstellt, das 2013 veröffentlicht wurde.[56] Für die Expertengruppe, die das Werk verfasst hat, „both the jus ad bellum and the jus in bello apply to cyber operations". Sie sucht zu erklären, wie das Völkerrecht hier anzuwenden ist und was die „cyber-unique aspects" davon sind.[57] Es gibt Aufschluss über eine mögliche Interpretation des Völkerrechts in vielen relevanten Problembereichen, die die humanitären Errungenschaften ins digitale Zeitalter zu übertragen sucht und dabei die Rechte und Pflichten des Individuums in den Mittelpunkt rückt.

Zentral erscheinen vor allem drei Fragen zur Reichweite und Fortentwicklung vorhandener völkerrechtlicher Institute. Erstens: Inwieweit ist das Gewaltverbot des Art. 2 Abs. 4 SVN auf Cyberangriffe anwendbar und unter welchen Bedingungen gilt das Selbstverteidigungsrecht nach Art. 51 SVN in einem solchen Fall? Zweitens: In welchem Umfang wachsen den Vereinten Nationen, insbesondere dem Weltsicherheitsrat mit dem Auftrag der Wah-

---

[55] Vgl. *Patrick Howell O'Neill*, The cyberattack that changed the world, in: The Daily Dot 20 May 2016, at: https://www.dailydot.com/layer8/web-war-cyberattack-russia-estonia/ (Zugriff 19.4.2020); *Patrik Maldre*, The Russian Cyber Threat: View from Estonia, unter: https://upnorth.eu/the-russian-cyber-threat-views-from-estonia/ (Zugriff 19.4.2020); and from the time: *Ian Traynor*, Russia accused of unleashing cyberwar to disable Estonia, in: theguardian World news 17 May 2007, at: https://www.theguardian.com/world/2007/may/17/topstories3.russia (Zugriff 19..42020).

[56] *Michael N. Schmitt* (Hrsg.), Tallinn Manual on the International Law Applicable to Cyber Warfare. Prepared by the International Group of Experts at the Invitation of The NATO Cooperative Cyber Defence Centre of Excellence, Cambridge University Press 2013, unter: http://csef.ru/media/articles/3990/3990.pdf (Zugriff 19.4.2020). Vorwort zur 2. Auflage von *Thoomas Hendrik Ilves* unter: http://assets.cambridge.org/97811071/77222/frontmatter/9781107177222_frontmatter.pdf (Zugriff 19.4.2020).

[57] Tallinn Manual (Fn. 56), S. 5.

rung des Weltfriedens neue Aufgaben nach Kapitel VII SVN zu? Und schließlich: Kann das Kriegsvölkerrecht und insbesondere das humanitäre Völkerrecht, dessen notwendigem Wandel Daniel Thürer angesichts des „war on terror" einen bemerkenswerten Aufsatz gewidmet hat,[58] im Falle des „cyber-war" Anwendung finden?

1. Gewaltverbot und Selbstverteidigung bei Cyberangriffen: Das Tallinn-Manual

Nach Art. 2 Abs. 4 SVN unterlassen alle Mitglieder der Vereinten Nationen in ihren internationalen Beziehungen jede Androhung oder Anwendung von Gewalt. Eine Ausnahme davon gibt es nur nach Art. 51 SVN für die individuelle oder kollektive Selbstverteidigung im Falle eines bewaffneten Angriffs. Was bedeutet das für Cyberangriffe? Ansatzweise kann in Anlehnung an das *Tallinn Manual* zu vier zentralen Fragen in der folgenden Richtung eine Antwort gesucht werden:

a) Ist ein Hacker-Angriff auf ein Atomkraftwerk, der dieses zum Stillstand oder zur Explosion bringt und vielen Menschen das Leben kostet, Anwendung von Gewalt? Hinsichtlich der Tätigkeit erscheint das fragwürdig, denn nach herrschender Auffassung fällt unter den Gewaltbegriff nur Waffengewalt.[59] Doch hinsichtlich der Folgen kommt der Akt einem Bombardement oder Raketenbeschuss gleich. Auch wenn weder Personen noch Sachen physisch auf das Objekt wirken, sondern nur über elektronische Signale operiert wird, entsprechen die Ursächlichkeit und Wirkung des fremden, digitalen Handelns doch dem, was das Gewaltverbot verhindern soll. Die Form des Handelns und die Art der Einwirkung sollten hier keinen Unterschied machen. Die Feststellung des IGH im Nuclear Weapons Fall, dass Art. 2 Abs. 4 SVN „any use of force, regardless of the weapons employed" betrifft, wird im Tallinn Manual so verstanden, dass dies auch der Gebrauch eines Computers sein kann.[60] Auch der Cyber-Angriff fällt damit bei entsprechenden Folgen unter den Begriff der Gewalt. Ist die Schwelle der Gewalt nicht erreicht, so kann doch ein Fall der Intervention vorliegen.[61]

---

[58] *Daniel Thürer*, International Humanitarian Law: Essence and Perspectives, SZIER 2/2007, unter: https://www.ivr.uzh.ch/dam/jcr:00000000-528e-0b9e-0000-000027592d73/SZIER.pdf(Zugriff 19.4.2020), S. 1.

[59] S. *Albrecht Randelzhofer* in: Bruno Simma (Hrsg.), Charta der Vereinten Nationen. Kommentar, 1991, Art. 2 Ziff. 4, Rn. 15, mwN.

[60] Tallinn Manual (Fn. 56), Part I Chapter 2, The use of force, Ziff. 1, mit Verweis auf ICJ Nuclear Weapons Opinion, Ziff. 39; s. auch Rule 10, Ziff. 4.

[61] Ebd., Rule 10, Ziff. 6 ff. S. auch Rule 13, Ziff. 17 ff.

b) Wird Art. 2 Abs. 4 SVN auch dann verletzt, wenn der Angriff nicht von der staatlichen Gewalt sondern von Einzelnen oder privaten Gruppen ausgeht? Das *Tallinn Manual* führt eine Mindermeinung an, nach der auch nicht-staatliche „cyber operations" die staatliche Souveränität verletzen können.[62] In Regel 6 wird festgestellt, dass ein Staat verantwortlich ist für die „cyber operations", die ihm zurechenbar sind.[63] Das ist bei staatlichem Handeln, bei Handeln im staatlichen Auftrag oder auch dann der Fall, wenn der Staat Kontrolle über den Angreifer ausübt.[64] Ein Konsens über die Kriterien der Zurechnung eines privaten Cyber-Angriffs zum Verantwortungsbereich des Staates, von dessen Territorium er ausgeht, wurde aber nicht gefunden.[65] Die Kriterien, die für andere, etwa terroristische, Akte nicht-staatlicher Gruppen gelten, sollten hier indessen Anwendung finden.[66] Perspektivisch – und unter dem Gesichtspunkt einer konstitutionellen, aus den Menschenrechtspakten folgenden gemeinsamen Schutzverantwortung aller Staaten – wäre zumindest eine Kooperationspflicht der beteiligten Staaten sowohl bei der Prävention wie bei der Abwehr nicht-staatlicher Angriffe anzunehmen.
c) Hierbei liegt ein besonderes Problem in der mit der Konstruktion des Internets verbundenen Schwierigkeit, im Einzelfall den oder die Akteure überhaupt zu identifizieren und zu lokalisieren. Auch für die Anstrengung in der Identifizierung bzw. Ortung (geo-location) des Angreifers ist die geforderte Zusammenarbeit von fundamentaler Bedeutung für die Sicherheit. Nachrichtendienstliche Ermittlungen und Zusammenarbeit, einschließlich der Speicherung von Verbindungsdaten können hierbei eine Rolle spielen, wobei die von den Grund- und Menschenrechten gesetzten Grenzen beachtlich bleiben. Die Kooperationspflicht erstreckt sich auch auf das Festsetzen und die Bestrafung der Angreifer. Verweigert ein Staat diese Kooperation, so spricht viel dafür, ihm selbst das Handeln zuzurechnen. Dabei kann es freilich nicht jedem einzelnen Land allein überlassen

---

[62] Ebd., Rule 1, Ziff. 14.

[63] Ebd., S. 29.

[64] Vgl. ebd., etwa Rule 1, Ziff. 14, Rule 2, Ziff. 7, Rule 5, Ziff. 9, Rule 6 (vgl. dort in Ziff. 4 den Hinweis auf den Ausschluss der Cyber-Spionage per se, die völkerrechtlich nicht verboten sei). S. insbes. Rule 6, Ziff. 11 hinsichtlich „hacktivists": „The material scope of applicability of Article 8 is relatively stringent in that it is limited to instructions, direction, or control. The State needs to have issued specific instructions or directed or controlled a particular operation to engage State responsibility."

[65] Ebd., Rule 13, Ziff. 16 f., wonach eine Mehrheit sich für die Annahme eines bewaffneten Angriffs aussprach, freilich nicht bezogen auf den Staat, sondern auf „those cyber terrorists".

[66] In diesem Sinne als Grundregel ebd., Rule 5: „A State shall not knowingly allow the cyber infrastructure located in its territory or under its exclusive governmental control to be used for acts that adversely and unlawfully affect other States".

sein, unabhängig zu definieren, was ein Cyberangriff ist.[67] Nur gemeinsam entwickelte Standards können eine tragfähige Basis der geforderten Kooperation sein.

d) Hinsichtlich möglicher Gegenmaßnahmen stellt sich die weitere Frage, wann ein Cyber-Angriff ein „bewaffneter Angriff“ ist, der das Recht auf Selbstverteidigung nach Art. 51 SVN auslöst. Dem Zweck der Vorschrift entsprechend, die Anwendung von Gewalt zwischen Staaten weitestgehend auszuschließen, wird dieser Begriff eng ausgelegt. Er setzt die Anwendung von Gewalt im größeren Umfang voraus, wobei auch hier Gewalt als Waffengewalt verstanden wird. Die Bombardierung fremden Gebiets ist ein Beispielsfall.[68] Kann das Internet als Waffe verstanden werden? Aus traditioneller Sicht ist das sicher kaum plausibel. Angesichts des Zerstörungspotentials, also der Möglichkeit, unter Nutzung der Schwachstellen der angegriffenen Infrastruktur großen Schaden anzurichten, erscheint die Annahme aber nicht ausgeschlossen, dass das Internet als Waffe zu betrachten und damit im Falle erheblicher Zerstörung der Angriff als „bewaffneter Angriff“ iSd. Art. 51 SVN zu qualifizieren ist. Daneben werden „Cyber-countermeasures“ gegen den verantwortlichen Staat nach Regel 9 des *Tallinn Manual* für zulässig gehalten.[69]. Aber gegen wen soll das erlaubt sein, wenn der Ursprung des Angriffs nicht verlässlich festzustellen ist?

2. Neue Aufgaben und Instrumente für den Weltsicherheitsrat

Nachdem festgestellt werden kann, dass ein Cyber-Angriff Gewalt iSd. Art. 2 Abs. 4 SVN ist und vor allem auch einen bewaffneten Angriff iSd. Art. 51 SVN darstellen kann, ist auch die Verantwortung des Weltsicherheitsrats für die Wahrung des Weltfriedens nach Kap. VII der Satzung begründet. Liegt eine Bedrohung des Weltfriedens vor, ob durch Cyber-Angriff oder in anderer Weise, so kann der Sicherheitsrat insbesondere „Maßnahmen ohne Gewaltanwendung“ nach Art. 41 SVN ergreifen. Zu diesen Maßnahmen gehört nach dem *Tallinn Manual* auch die vollständige oder partielle Unterbrechung der „cyber communication“ mit dem betreffenden Staat oder dem

[67] So könnte es China als Cyberangriff betrachten, wenn die chinesische Firewall von Wissenschaftlern dahingehend „getestet“ wird, wie mit Hilfe von TOR dem chinesischen Nutzer Wege eröffnet werden können, unbeobachtet auf kritische Webseiten zuzugreifen.

[68] Vgl. in diesem Sinne *Randelzhofer* (Fn. 59), Art. 51 Rn. 15 ff., 21; restriktiv auch *Ian Brownlie*, Principles of Public International Law, 7. Aufl. 2008, S. 732. S. auch Tallinn Manual (Fn. 56), Rule 13, Ziff. : „... Whether a cyber operation constitutes an armed attack depends on its scale and effects“, und ebd., Ziff. 4, wo auf die Wirkungen abgestellt wird.

[69] Ebd., Rule 9.

nicht-staatlichen Akteur.[70] Alle Staaten könnten so durch den Sicherheitsrat verpflichtet werden, entsprechende gesetzliche Regelungen zu erlassen, die etwa gegenüber den Internet-Providern die Durchsetzung des Beschlusses sicherstellen.[71] Und der Sicherheitsrat könne seinerseits „cyber operations" gegen einen Staat anordnen, der entgegen den Forderungen des Sicherheitsrats Atomwaffen entwickelt.[72]

Hier ist nicht nur zu prüfen, ob der Weltsicherheitsrat nicht die Grenzen seiner Befugnisse überschreiten würde, wenn er sich als Quasi-Gesetzgeber geriert.[73] Wie im Falle der *smart sanctions* und der Kadi-Rechtsprechung des EuGH als Reaktion darauf[74] stellt sich insbesondere auch die Frage, welchen Rechtsschutz betroffene Einzelne bei solchen Maßnahmen des Weltsicherheitsrats haben. Soweit das Sanktionssystem zwingend mit Rechtswirkungen gegenüber dem Einzelnen operiert, entsteht eine unmittelbare Rechtsunterworfenheit des Individuums unter eine öffentliche Gewalt, die von einer effektiven Bindung an die Menschenrechte nicht befreit sein kann. Der Vorschlag, einen Internationalen Strafgerichtshof für Cyberkriminalität zu errichten,[75] könnte erweitert werden um seine Zuständigkeit für effektiven Rechtsschutz gegenüber Resolutionen des Sicherheitsrats im Bereich der Cybersicherheit. Grundlage müssten auch insoweit gemeinsame Prinzipien und Regeln sein über das, was Cyberkriminalität und -sicherheit bedeuten.

Das hier in der Praxis der Staaten und Institutionen sich schrittweise entwickelnde unmittelbare Rechtsverhältnis zwischen Individuum und den Vereinten Nationalen als internationaler öffentlicher Gewalt, ist Ausdruck eines Konstitutionalisierungsprozesses, dessen Eckpunkte noch zu bestimmen sind.

---

[70] Ebd., Rule 18, Ziff. 4.

[71] Ebd., Rule 18, Ziff. 5.

[72] Ebd., Rule 18, Ziff. 6.

[73] Von einer „usurpation of global constituent power" spricht *Jean L. Cohen*, Globalization and Sovereignty. Rethinking Legality, Legitimacy, and Constitutionalism (Cambridge University Press 2012), S. 278, 280, 282 ff.

[74] Zuletzt: EuGH Rs. C–584/10 – Kadi II. S. auch die Entscheidung des EGMR vom 26.11.2013, Case-no. 5809/08 – Al Dulimi, unter https://hudoc.echr.coe.int/eng#{"itemid":["001-138948"]}(Zugriff 19.4.2020), insbes. Rn. 131 und 134; dazu *Sébastien Platon*, The ‚Equivalent Protection Test'. From European Union to United Nations, from Solange II to Solange I, European Constitutional Law Review 2014, S. 226 ff.

[75] S. *Stein Schjolberg*, Draft United Nations Treaty on an International Criminal Court or Tribunal for Cyberspace (10th Ed. 2015), unter: https://www.cybercrimelaw.net/documents/Draft_Treaty_text_on_International_Criminal_Tribunal_for_Cyberspace.pdf (Zugriff 19.4.2020).

3. Kriegsvölkerrecht und die Entwicklung eines globalen humanitären Rechts

Es drängt sich nicht auf, im Falle von Cyberangriffen von „cyber-war" zu sprechen.[76] Die Analogie zum Krieg ist allerdings erforderlich, wenn das für bewaffnete Konflikte entwickelte humanitäre Völkerrecht zur Anwendung kommen soll. Das *Tallinn Manual* geht ohne weiteres von der Anwendbarkeit des humanitären Völkerrechts aus, weil das Kriegsrecht unabhängig von den Mitteln und Methoden der Kriegführung anwendbar sei.[77] Es dekliniert im Teil II dementsprechend das „law of cyber armed conflict" durch, von der grundsätzlichen Anwendbarkeit auf internationale und nicht-internationale Konflikte (Rule 20), über die Verantwortlichkeit bei Kriegsverbrechen (Rule 24), die Voraussetzungen des Beteiligtenstatus (Rules 25–29), die Definition der „cyber attack" (Rule 30) und des terroristischen Angriffs (Rule 36), den Schutz der Zivilbevölkerung und von zivilen Objekten (Rules 32–40), die Mittel und Methoden der Kriegführung (Rules 41–48) und vieler weiterer den Angriff und die Angemessenheit aller weiteren relevanten Handlungen betreffenden Regeln, einschließlich des Schutzes von Gefangenen, Kindern, Journalisten, des Status besetzter Gebiete und der Achtung der Neutralität.

Die Betrachtung des Internets als Waffe und die Anwendbarkeit des Kriegsrechts zeigen, dass es insoweit keine Privilegien gibt. Bemerkenswert ist gleichwohl, welch hohes zerstörerische Potential dem Internet zuerkannt wird. In dem Sinne, wie Herfried Münkler den Wandel des Gesichts des Krieges im Lauf der Zeit beschreibt,[78] dürfte mit dem Internet als Waffe ein neuer Entwicklungsschritt eingeleitet sein. Veranlasst durch die missglückte Bezeichnung des Kampfes gegen Al-Kaida als „war on terror" bei gleichzeitiger Missachtung des humanitären Völkerrechts durch die Bush-Administration weist Daniel Thürer treffend darauf hin, dass die Ausgangssituation des Kriegsvölkerrechts heute nur selten noch gegeben ist. Nicht nur, dass

---

[76] S. die Fragen, die in *Hans-Peter Gasser/Nils Melzer*, Humanitäres Völkerrecht. Eine Einführung, 2. Aufl. 2012, S. 198 f.: „Können Angriffe auf Computernetzwerke, welche ohne jede Gewaltanwendung die gesamte militärische Stromversorgung, Radarüberwachung und Kommunikationssysteme des Feindesausschalten können, überhaupt als Angriffe oder Kampfhandlungen im Sinne des humanitären Völkerrechts betrachtet werden? ... Kann ein Computerkrieg überhaupt als ein bewaffneter Konflikt verstanden werden?"

[77] Tallinn Manual (Fn. 56), Rule 20, Ziff. 2: „As used in this Manual, armed conflict refers to a situation involving hostilities, including those conducted using cyber means", wobei für internationale und nicht-internationale Konflikte die Beteiligung von mindestens zwei Staaten (Rule 22) bzw. eine bestimmte Intensität und ein Grad der Organisation der Beteiligten Gruppen gefordert wird (Rule 23). Zu den Unsicherheiten bei der Qualifizierung des Stuxnet-Angriffs im Iran als internationaler Konflikt s. Rule 22, Ziff. 14 ff., wo das Kriterium des Umfangs des Schadens doch eingeführt wird.

[78] *Herfried Münkler*, Der Wandel des Krieges von der Symmetrie zur Asymmetrie, 2006.

militärische Operationen zunehmend elektronisch und auf Distanz ausgeführt würden; statt des Konfliktes zwischen Staaten, so schließt er sich einer Formulierung von Robert Smith an, sei das heutige Paradigma der „war amongst the people". Die Konflikte seien von Angriffen gegen die Zivilbevölkerung und zunehmender Brutalität gekennzeichnet.[79]

Dies verlangt ein Umdenken, wie es im *Tallinn Manual* nur ansatzweise sichtbar wird. Das humanitäre Völkerrecht wird sich vom Recht zwischen Staaten zum Recht zwischen Menschen entwickeln müssen, spätestens mit dem Internet. Es muss dem Einzelnen nicht nur Rechte gegenüber der staatlichen militärischen Gewalt geben, sondern auch Pflichten auferlegen. Das Budapester Übereinkommen über Computerkriminalität von 2001[80] betrifft nicht die hier relevanten Fragen. Ein internationales Strafrecht ist aber zwingend. Staaten haben die Herrschaft über die Mittel der Gewalt verloren, nicht nur im Falle der *failed states*. Was sie rechtlich für sich in Anspruch nehmen, das Monopol physischer Gewalt, muss sich dem privaten Gebrauch des Internets als Waffe faktisch entgegenstellen. Eine neue Ordnung des humanitären Rechts muss daher auch den Einzelnen in die Pflicht nehmen, sie muss den Staat und die Menschen auch gegen private Angriffe schützen. Dies erfordert Instrumente, die über den Grundsatz der staatlichen Souveränität hinausgehen, ein globales Recht also, das, angeleitet von der Pflicht zum effektiven Schutz der Menschenrechte, Staaten wie auch nicht-staatliche Akteure unmittelbar bindet.

Der Weg zu solch einem globalen humanitären Recht dürfte lang und steinig sein. Vielleicht ist es aber gerade der Gedanke einer „Verfassung des Internets" selbst, der die Richtung anzeigt, in die gedacht werden sollte.

III. Internet Governance und die „Verfassung des Internets"

Was könnte die „Verfassung des Internets" sein,[81] und was hat diese ggf. mit dem Völkerrecht zu tun? Ist eine Verfassung des Internets denkbar, die Regeln für die Festlegung und Durchsetzung humanitärer Normen zumindest bei der Verwendung des Internets als Waffe enthält, vielleicht sogar ihr Ver-

[79] *Thürer* (Fn. 58), S. 8, mit Verweis auf die ähnliche Formulierung bei *Robert Smith*, The Utility of Force – The Art of Force in the Modern World, London 2006, S. XIII. S. auch *Daniel Thürer*, Manuskript: International Humanitarian Law, S. 336, zum Download unter: https://www.ivr.uzh.ch/de/institutsmitglieder/thuerer/forschung.html (Zugriff 19.4.2020).

[80] Unter: https://www.coe.int/en/web/conventions/full-list/-/conventions/rms/0900001680081561 (Zugriff 19.4.2020). Vgl. dazu auch *Amalie M. Weber*, Council of Europe's Convention on Cybercrime, in: 18 Berkeley Technology Law Journal (2003), S. 425 ff.

[81] Der Begriff wird unterschiedlich verwendet, vgl. etwa *Annegret Bendiek/Ben Wagner*,

bot, jedenfalls aber auch Normen unmittelbar zum Schutz der Privatheit gegen massenhafte Datensammlung und Überwachung durch staatliche Geheimdienste und private Akteure sowie zur effektiveren Garantie anderer Menschenrechte wie der Meinungs- und Pressefreiheit der Informationsfreiheit oder auch der Wissenschaftsfreiheit im globalen Maßstab? Können Prinzipien, die von den Nutzern gemeinsam entwickelt und gefordert werden, zu einer „Verfassung“ des Internets erwachsen?[82],

Als „Verfassung des Internets“ wird bereits der *Marco Civil da Internet* Brasiliens bezeichnet; es handelt sich um ein Gesetz, in dem Rechte und Pflichten von Bürgern, Unternehmen und auch der staatlichen Stellen hinsichtlich der Nutzung des Internets geregelt werden und dessen Zustandekommen unter reger Einbeziehung der Zivilgesellschaft durch die Snowden-Enthüllungen beflügelt wurde.[83] Der Begriff „Verfassung“ verleiht dem Gesetz einen besonderen legitimatorischen Anspruch, darf aber nicht rechtstheoretisch als oberste Norm im politischen Gemeinwesen verstanden werden. Es gibt bislang keine Definition, die sich schon durchgesetzt hätte. Wenn im Folgenden von „Verfassung des Internets“ die Rede ist, ist an die Grundordnung für ein globales Regelungssystem gedacht, das auf einem völkerrechtlichen Vertrag beruhen könnte, aber nicht muss. Die völkerrecht-

---

Die Verfassung des Internets. Die EU muss eine gemeinsame Strategie für Cybersicherheit erarbeiten, in: Internationale Politik 2012, S. 85–92, die freilich eine Definition nicht liefern. Immerhin gehe es bei der zukünftigen Verfassung des Internets ebenfalls um die Förderung von Demokratie und den Schutz von Grundrechten auch außerhalb von Europa“ (ebd., S. 89), abrufbar unter: https://dgap.org/de/ip-die-zeitschrift/archiv/jahrgang-2012/november-dezember/die-verfassung-des-internets (Zugriff 19.4.2020) Zum hier verwendeten Begriff der Verfassung s. auch *Ingolf Pernice*, Die Verfassung der Internetgesellschaft, in: Alexander Blankenagel (Hrsg.), Den Verfassungsstaat nachdenken. Eine Geburtstagsgabe, Duncker & Humblot, Berlin (2014), S. 171–208 (in diesem Band Kap. 4).

[82] S. jüngst die Studie von *Todd Davies*, Digital Rights and Freedoms: A Framework for Surveying Users and Analyzing Policies (October 3, 2014), in: Luca Maria Aiello and Daniel McFarland (Hrsg.), Proceedings of the 6th International Conference on Social Informatics, SocInfo 2014 (Barcelona, November 10–13), Springer LNCS Series, 2014, unter: http://ssrn.com/abstract=2507608 (Zugriff 19.4.2020), S. 1 f., 14: „The current moment is one of revival for the idea of a „bill of rights“ or „constitution“ for users online.

[83] S. dazu *Carlo Pilz*, Brasilien: Gesetzentwurf der „Verfassung des Internets“ veröffentlicht, in: De Lege Lata. Datenschutz-Privacy-Web 2.0, v. 14.11.2013, unter: http://www.delegedata.de/2013/11/brasilien-gesetzentwurf-der-verfassung-des-internets-veroeffentlicht/ (Zugriff 19.4.2020). S. auch *Danilo Fariello*, Modelo do Marco Civil da Internet pode ser exportado, diz especialista, in: O Globo v. 10.7.2014, abrufbar unter: http://oglobo.globo.com/sociedade/modelo-do-marco-civil-da-internet-pode-ser-exportado-diz-especialista-13214629 (Zugriff 19.4.2020). Das Gesetz wurde im April 2014 vom Senat Brasiliens angenommen, vgl. *Andreas Knobloch*, Brasiliens Verfassung fürs Internet, in: heise-online v. 25.4.2014, abrufbar unter: http://www.heise.de/tp/artikel/41/41594/1.html (Zugriff 19.4.2020).

liche Form kann wegen der geringen Aussichten auf einen ausreichenden Konsens nicht ohne Weiteres als realistische Option betrachtet werden. Erst recht nicht kann es um Verfassungsgebung im klassischen Sinne gehen, etwa durch ein Volk als verfassungsgebende Gewalt. Ein globales Volk, das diese Kapazität hätte, gibt es nicht, auch wenn Begriffe wie Weltbürgerschaft oder global citizenship[84] nicht mehr utopisch erscheinen. „Verfassung des Internets" soll vielmehr die Ordnung der Internet Governance heißen, in der eine Vielzahl von Akteuren in einer Vielzahl unterschiedlicher, aber durchaus korrespondierender Foren tätig und Staaten nur ein Akteur unter anderen sind.[85] Verfassung ist als Prozess zu verstehen,[86] sie ist nicht Setzung, sondern emergent,[87] Ausdruck eines sich entwickelnden Zusammenhangs verfassender Elemente,[88] der nicht unbedingt dem klassischen Bild einer Verfassung entsprechen muss, sondern fragmentarisch bleiben mag und ohne schriftliches Dokument.

---

[84] S. etwa: *Anne Peters*, Dual Democracy, in: Jan Klabbers, Anne Peters, Geir Ulfstein (Hrsg.), The Constitutionalization of International Law (Oxford University Press, 2009), S. 263, 296–313, insbes. S. 307–313: „globalization of citizenship". *Jürgen Habermas*, The crisis of the European Union. Response (Polity Press, Cambridge 2012), S. 58–59, 62, 65: „world citizen". Einige zivilgesellschaftliche Organistionen benutzen den Begriff „global citizen", vgl. etwa http://www.globalcitizen.org/ (Zugriff 19.4.2020).

[85] Zur Internet Governance s. etwa *Roxana Radu/Jean-Marie Chenou/Rolf H. Weber* (Hrsg.), The Evolution of Global Internet Governance. Principles and Policies in the Making (2013); zum Begriff aufschlussreich: *Jeanette Hofmann*, Internet Governance. Zwischen staatlicher Autorität und privater Koordination, in: ipg 3/2005, unter: https://www.fes.de/ipg/arc_05_set/set_03_05d.htm (Zugriff 19.4.2020); zuletzt *dies./Christian Katzenbach/Kirsten Gollatz*, Between Coordination and Regulation: Conceptualizing Governance in Internet Governance, HIIG Discussion Paper Series, Discussion Paper No. 2014–04, unter: http://papers.ssrn.com/sol3/papers.cfm?abstract_id=2484463: Governance as „reflexive coordination" (Zugriff 19.4.2020).

[86] In diesem Sinne auch das Votum von *Sascha Schumacher*, Die Verfassung des Netzes, in: digital constitution – Verfassungsrecht und -politik im Spiegel der digitalen Welt, 3.5.2012, unter: http://www.uni-muenster.de/Jura.tkr/digitalconstitution/?p=406 (Zugriff 5.8.2015).

[87] Zum Konzept vgl. *Hans Vorländer*, Die Verfassung vor, nach, über und unter dem Staat. Die Konstitutionalismusdebatte in der Suche nach einem anderen Verfassungsbegriff, in: Helena Lindemann/Mina Malaviya/Alexander Hanebeck/Felix Hanschmann/Raner Nickel/Timo Tohidipur (Hrsg.), Erzählungen vom Konstitutionalismus, 2012, S. 36: „das Problem der Verfassunggeltung ist zureichend nur als ein komplexer Prozess der Emergenz zu verstehen. Die Verfassung gewinnt ihren spezifischen Verfassungscharakter damit erst in einem offenen und öffentlichen Prozess, die stabilisierende, orientierende und regulative Funktion ist mehr ein Produkt erfolgreicher Praxis über Zeit, denn Faktum historischer Setzung".

[88] Zum Begriff und Ansätzen im Rahmen einer „universellen Verfassungslehre" vgl. *Peter Häberle*, Der kooperative Verfassungsstaat – aus Kultur und als Kultur. Vorstudien zu einer universalen Verfassungslehre, 2013, S. 100 ff.

Die schrittweise Entwicklung von Elementen einer Ordnung der Internet Governance, bzw. der Prozess der Emergenz einer Verfassung des Internets haben sehr unterschiedliche Beteiligte: Basis, Rahmen und zugleich betroffen ist die Öffentlichkeit, die sich in Medien und vor allem über das Internet durch die „Emergenz digitaler Öffentlichkeiten“[89] artikuliert – im entgrenzten Cyber-Raum, also einer vernetzen Öffentlichkeit, die dynamisch, divers, dezentralisiert und effektiv über staatliche Grenzen hinaus existiert. Je nach Thema und Arena spielen die Staaten eine Rolle, die Vereinten Nationen sowie andere internationale Organisationen, wie die ITU; hinzu kommen die Zivilgesellschaft und ihre Vertreter, die bei der Artikulierung der relevanten Interessen unterstützend und kanalisierend wirken; auch die Vertreter der Wirtschaft und insbesondere der global operierenden Unternehmen gehören dazu, wie schließlich die *scientific communities* insbesondere aus den Bereichen der Technik, der Sozialwissenschaften und des Rechts. Es ist ein multistakeholder-Prozess, der auf den vorhandenen, auch – aber nicht nur – völkerrechtlichen Strukturen aufbaut, aus ihnen heraus wächst, sie ihrerseits ändert und dabei zunächst ergebnisoffen bleibt. Beispiel und zugleich einer der Ausgangspunkte der Internet Governance ist die Entwicklung des Systems der Vergabe der Domain-Namen durch ICANN, die Lars Viellechner als Prozess der Eigenkonstitutionalisierung bezeichnet und beschreibt.[90] Der Staat (die USA) ist hier nur am Rande beteiligt, das auf einem Geflecht privatrechtlicher Verträge beruhende „transnationale Regelungsarrangement“[91] errang globale Bedeutung und ist das Ergebnis des Zusammenwirkens einer Vielzahl diverser Akteure. Die Kritik an der Abhängigkeit der ICANN vom amerikanischen Recht und amerikanischer Aufsicht führte zur Ankündigung, diese Bindung aufzulösen und eine neue Struktur zu finden.[92] Ihre Unterwerfung unter das Regime der ITU, wie Russland und China das fordern, würde sie zum Völkerrecht zurückführen; die USA und die Mehrzahl der OECD-Staaten ziehen das multi-stakeholder Modell vor, doch ist eine konkrete Lösung noch nicht in Sicht.[93]

---

[89] Vgl. *Stefan Münker*, Emergenz digitaler Öffentlichkeiten. Die sozialen Medien im Web 2.0, 2009. *Yochai Benkler*, A Free Irresponsible Press: Wikileaks and the Battle over the Soul of the Networked Forth State, Harvard Civil Rights-Civil Liberties Law Review, Draft (2011) unter: http://benkler.org/Benkler_Wikileaks_current.pdf (Zugriff 19.4.2020), spricht von einer politischen Öffentlichkeit im Sinne eines „Networked Forth Estate“.

[90] *Lars Viellechner*, Transnationalisierung des Rechts, 2013, S. 127–143, 253 ff., 257 ff.

[91] Ebd., S. 147 ff., 262.

[92] Vgl. NTIA Announces Intent to Transition Key Internet Domain Name Functions, unter: http://www.ntia.doc.gov/press-release/2014/ntia-announces-intent-transition-key-internet-domain-name-functions (Zugriff 19.4.2020).

[93] Vgl. dazu *Bendiek/Wagner* (Fn. 81), S. 87 f.

Völkerrechtlich radiziert und jedenfalls anfänglich vom Modus des UN-Systems geprägt war dagegen die Entwicklung des Internet Governance Forums (IGF), das im Jahre 2014 zum neunten Mal tagte. An diesem Forum in Istanbul fanden rund 3000 Personen aus allen *stakeholder*-Gruppen zur öffentlichen und inklusiven Debatte der dringlichsten Probleme zusammen.[94] Die Einrichtung des IGF geht von der Generalversammlung Vereinten Nationen aus.[95] Hier werden keine Entscheidungen getroffen. Aber der Austausch von Gedanken und die Diskussion weiterführender Vorschläge gibt den Teilnehmern Einblick in das Interessengeflecht und die wichtigsten Positionen zu Einzelfragen, als Grundlage für entsprechende Schritte in anderen Foren und Gremien, die ggf. mit mehr Entscheidungskompetenz ausgestattet sind.

Das deliberative *multi-stakeholder*-Verfahren des IGF, an dem jeder unmittelbar oder, soweit er Zugang zum Internet hat, auch online teilnehmen kann und das auf der Webseite des IGF dokumentiert ist, nimmt für sich zwar nicht in Anspruch, repräsentativ zu sein, und sicher nehmen potente Wortführer einzelnen weniger renommierten Stimmen Raum und Aufmerksamkeit;[96] doch gibt es so lange kein Legitimationsproblem, wie es allein um Meinungs- und Willensbildung ohne jede verbindlichen Festlegungen geht. Was hier „vor-gedacht" und diskutiert wird, kann allerdings Legitimationsfragen aufwerfen, wenn es in die Verhandlungen anderer Foren oder Institutionen einfließt, die – wie die von Brasilien veranstaltete NETmundial von 2014[97] – darauf gerichtet sind, Prinzipien zu formulieren,[98] an denen sich die Politik der Staaten und auch internationaler Organisationen orientieren, die

---

[94] Vgl. die Begrüßung durch den Vorsitzenden der „Multistakeholder Advisory Group", Botschafter *Janis Karklins*, IGF 2014 – the gateway for the future, unter: https://www.intgovforum.org/multilingual/content/igf-2014---the-gateway-for-the-future (Zugriff 19.4. 2020).

[95] UN General Assembly Resolution 56/183 (21 December 2001), die der ITU die Verantwortung für die Organisation des World Summit of the Information Society (WSIS) 2003/2005 überträgt; die dort beschlossene „Tunis Agenda" sieht in Ziff. 72 die Einberufung des Internet Governance Forums vor. Weitere Information zum WSIS unter: http://www.itu.int/wsis/basic/about.html (Zugriff 19.4.2020).

[96] Krit. insofern *Aust*, Völkerrecht (Fn. 41).

[97] Global Multistakeholder Meeting on the Future of Internet Governance, on the invitation of the government of Brezil, offizielle Website: www.netmundial.org (Zugriff 19.4.2020). Zu den Ergebnissen s. das NETmundial Multistakeholder Statement vom 24. April 2014, mit den „Internet Governance Principles" und einer „Roadmap for the future evolution of the Internet Governance Ecosystem", unter: http://netmundial.br/wp-content/uploads/2014/04/NETmundial-Multistakeholder-Document.pdf (Zugriff 19.4.2020).

[98] Dazu *Jeanette Hofmann*, Inside NETmundial – Wie in Brasilien über die Zukunft des Internets diskutiert wird, HIIG Blog, 28 April 2014, unter: http://www.hiig.de/inside-netmundial-wie-in-brasilien-uber-die-zukunft-des-internet-diskutiert-wird/ (Zugriff 19.4. 2020).

aber auch Richtschnur für die Entwicklung von Standards sein können, welche von technischen Normierungsgremien, wie der IETF,[99] oder als Maßstab unternehmerischen Handelns im Rahmen der *corporate social responsibility* (CSR)[100] entwickelt werden. Je breiter die Konsensbasis, desto mehr Legitimität könnte den so entwickelten Prinzipien zukommen, desto größer ist jedenfalls der Geltungsanspruch solcher rechtlich unverbindlichen Prinzipien oder Standards und desto erheblicher können sie auch als Orientierung für die staatliche Politik oder als Referenz für Verpflichtungen werden, wie sie in der Folge Gegenstand internationaler Konventionen werden könnten.

Das Völkerrecht des Netzes kann auf diese Weise normativ verbindlich Standards und Prinzipien in positives Recht verwandeln, deren Inhalt sich möglicherweise in einem Dreischritt herausbildet:

- Im offenen Diskurs der durch das Internet möglichen, schrittweise sich entfaltenden global vernetzten Öffentlichkeit,
- mit der diskursiven Artikulierung der hier entwickelten Auffassungen und Interessen auf öffentlichen Foren wie dem IGF
- und durch die Verdichtung und Transformation der tragenden Leitgedanken aus dieser Diskussion in Prinzipien und Standards.

Als Modell eines solchen Prozesses vom Gedanken zur Norm bietet sich der Rio-Prozess an, in dem die Prinzipien der Rio-Erklärung und die Agenda 21 als Ergebnis eines langjährigen weltweiten Diskurses über Umwelt und Entwicklung Zwischenschritt und Orientierung für internationale Konventionen und nationale Politiken auf dem Wege zur Nachhaltigkeit wurden. Dem Governance-Ansatz folgend ist die zur weiteren Dynamisierung des Prozes-

[99] Internet Engineering Task Force (IETF), zu Organisation und Verfahren s. die Website: https://www.ietf.org/ (Zugriff 19.4.2020).

[100] Vgl. etwa *Birgit Spießhofer*, Unternehmerische Verantwortung, in: Hanno Kube, Rudolf Mellinghoff, Gerd Morgenthaler, Ulrich Palm und Thomas Puhl (Hrsg.), Leitgedanken des Rechts. Paul Kirchhof zum 70. Geburtstag (C.F. Müller, Heidelberg 2013), S. 1235–1245; *Birgit Spießhofer/Friedrich Graf von Westphalen*, Corporate Social Responsibility und AGB-Recht, in: 70 Betriebsberater (2015), S. 75–85. Weiterführend mit Blick auf eine Konstitutionalisierung – bis hin zur „Aushandlung eines neuen transnationalen Gesellschaftsvertrags“, bei der „sich Unternehmen auf beiden Seiten“ gegenüber stehen, *Birgit Spießhofer*, Unternehmerische Verantwortung. Zur Entstehung einer globalen Wirtschaftsordnung (Nomos 2017), S. 650 ff., 672. Zu den Maßnahmen auf EU-Ebene zur CSR s. zuletzt die Richtlinie 2014/95/EU des Europäischen Parlaments und des Rates vom 22. Oktober 2014 zur Änderung der Richtlinie 2013/34/EU im Hinblick auf die Angabe nichtfinanzieller und die Diversität betreffender Informationen durch bestimmte große Unternehmen und Gruppen, ABl. 2014 L 330/1, dazu *Thomas Volland*, Erweiterung der Berichtspflichten für Unternehmen nach der neuen CSR-Richtlinie, in: 49 Der Betrieb (2014), S. 2815–2818. Zur CSR-Strategie der EU weiterführend *Spießhofer*, Unternehmerische Verantwortung, aaO., S. 273 ff.

ses die 1992 eingesetzte „Commission of Sustainable Development" auf der Rio+20 Konferenz 2012 ersetzt worden durch das „High-Level Political Forum of Sustainable Development",[101] in dessen Arbeit die relevanten nichtstaatlichen Akteure einbezogen werden sollen.[102] Das neue, „hybrid" strukturierte Forum ist am multi-stakeholder Modell orientiert, und gerade davon werden Impulse für größere Effizienz erwartet. Bemerkenswert ist dabei die neue Rolle der Vereinten Nationen nach der Zuschreibung der für die Einrichtung des neuen Forums eingesetzten Expertengruppe:

> „The UN is a ‚norm-setting' institution; how best can the forum and international community help to translate agreed norms into policies at the national level?"[103]

Inwieweit sich diese Funktion aus dem Text der Satzung der Vereinten Nationen herauslesen lässt, bedarf einer genaueren Prüfung. Möglicherweise wird, wie sich u.a. aus Art. 31 Abs. 3 lit. b) der Wiener Vertragsrechtskonvention ergibt, die konsentierte nachfolgende Praxis eine solche neue, auch erweiternde Auslegung der Satzung tragen.[104]

Die im Rio-Prozess entwickelten Ansätze lassen sich gewiss nicht Eins zu Eins auf die Internet Governance übertragen. Sie deuten indessen auf eine Richtung hin, in der zumindest mittelfristig globale Herausforderungen normativ beantwortet werden können, auch im Bereich einer notwendigen globalen Regulierung des Internets. Die Generalversammlung der Vereinten Nationen hat mit dem Anstoß zur Gründung des IGF bereits ein Stück Verantwortung übernommen. Zu den spezifischen Fragen einer Cyber-Sicherheitspolitik dürfte dem Weltsicherheitsrat eine wichtige Rolle zukommen, die über die Reaktion auf konkrete Bedrohungen des Friedens hinaus um der Prävention willen auch ein proaktives Wirken einschließt. Dem durch die Resolution Nr. 60/251 ins Leben gerufenen UN-Menschenrechtsrat obliegt es schließlich, u.a. durch Empfehlungen an die Generalversammlung für die vorbehalts- und ausnahmslose Bindung jeder öffentlichen Gewalt an die Menschenrechte insbesondere hinsichtlich des Schutzes von Privatheit, Meinungs- und Informationsfreiheit einzutreten und die effektive Wahrnehmung

---

[101] Näheres unter: https://sustainabledevelopment.un.org/csd.html (Zugriff 19.4.2020).

[102] UN Sustainable Development Knowledge Platform, Announcement for the Expert Group Meeting on the role of the high-level political forum on sustainable development in post–2015 development framework, 30 April–1 May 2014, unter: https://sustainabledevelopment.un.org/hlpf/2014/egmdevelopmentframework (Zugriff 19.4.2020).

[103] UN Sustainable Development Knowledge Platform: Key messages of Expert Group Meeting on the role of the high-level political forum on sustainable development in post–2015 development framework, unter: https://sustainabledevelopment.un.org/index.php?page=view&nr=998&type=12&menu=1556 (Zugriff 19.4.2020)

[104] Zum Grundgedanken vgl. *Christopher Peters*, Praxis Internationaler Organisationen – Vertragswandel und völkerrechtlicher Ordnungsrahmen (Springer, Heidelberg 2016), zur UN insbes. S. 245–338, 411 ff. (UN-Praxis als Modell?).

entsprechender Schutzpflichten gegenüber privaten Eingriffen durch die einzelnen Staaten, aber auch auf globaler Ebene durch die Staatengemeinschaft zu fordern und zu fördern.

Die wenigen hier aufgezeigten Elemente einer Verfassung des Internets, die sich als Ordnung der Aufgaben, Befugnisse und des Zusammenspiels von öffentlichen und auch privaten Akteuren – im Sinne der Internet Governance – entwickelt, sind damit Ausdruck dessen, was als Völkerrecht des Netzes verstanden werden kann. Sie zeigen zugleich einen Wandel des Völkerrechts hin zu einem globalen Rechtsrahmen an, der die Menschen als Adressaten und auch als Legitimationssubjekte anerkennt und damit einen konstitutionellen Charakter annimmt.

Kapitel 6

Staat 2.0 oder der „Staat im Netz" (2017)

Die Digitalisierung lässt den Staat nicht unberührt, die Gesellschaft nicht und auch nicht die Demokratie. Wir sprechen von E-Government, wenn es um die Nutzung der IT innerhalb der Verwaltung und zur besseren Kommunikation zwischen Verwaltung und Bürgern geht. Wir sprechen von Open Government, wo der Staat sich öffnet für die Bürger, den Zugang zu Informationen über innere Vorgänge freigibt oder Behörden aktiv Öffentlichkeit herstellen. Dank neuer Informationstechniken wandelt sich der Arcanstaat zum öffentlichen Gemeinwesen, Staat und Verwaltung werden deutlicher zur Angelegenheit der Bürgerinnen und Bürger. Mit dem Internet, sozialen Netzwerken, Blogs etc. kommt ein neuer Strukurwandel der Öffentlichkeit in Gang, es gibt neue Kontroll- und Partizipationsmöglichkeiten in Diskurs- und Entscheidungsprozessen, die Digitalisierung der Verwaltung mag sogar ein Umdenken in der Ordnung des Bundesstaates fordern. Aber ist das (schon) der Staat 2.0? Sicher nicht.

Es gibt zahlreiche andere Herausforderungen, die einen Wandel anzeigen. Unser Staat ist nicht mehr Herr der Lage. Das betrifft die Cyberkriminalität und allgemeiner: Angriffe auf IT-Einrichtungen von Staat und Verwaltung, ebenso wie von Unternehmen und Bürgern. Die Abwehr, d.h. die Gewährleistung von Sicherheit gelingt nicht, denn es ist technisch nicht möglich, sicher festzustellen, wo die Angriffe herkommen. Sie können unmittelbar aus der Nachbarschaft oder von jenseits des Pazifiks kommen. Ein „hack-back" kann es nicht geben. Abschreckung funktioniert nicht. Neue Strategien sind gefordert. Die Möglichkeiten des BSI, „Cybersicherheit" zu gewährleisten, sind bislang ebenso begrenzt, wie die Hoffnung, dass die Einrichtung eines neuen Kommandos der Bundeswehr, neben Land-, Luft- und Seestreitkräften jetzt die Cybertruppe mit tausenden von Cybersoldaten und -spezialisten, eine effektive Abwehr der neuen Gefahren gewährleisten kann.

Unser Staat ist aber auch insofern nicht Herr der Lage, als die Regeln, die den Aufbau und das Funktionieren des Internets beherrschen, nicht vom Staat gesetzt werden, sondern Ergebnis eines weltweit z.T. privat organisierten Prozesses der Internet-governance sind. So geraten hergebrachte Regelungen etwa des Urheberrechts oder des Datenschutzes unter Druck. Die auf europäischer Ebene angestrebten Lösungen haben schon im transatlantischen Verhältnis eine offene Flanke. Notwendig wären globale Regelungen für das Internet, so wie für den Handel, die Finanzmärkte oder den Klimaschutz. Davon aber sind wir weit entfernt. Weder der Staat allein, noch die klassischen Instrumente des Völkerrechts können eine angemessene Lösung bieten. Staaten wirken bei den „multi-stakeholder" Prozessen der Internetgovernance zwar mit, aber „der Staat" ist nicht mehr die Institution, die das für uns relevante Recht setzt. Mit der Digitalisierung werden die Abhängigkeiten auch des Staates selbst, seine Einbindung in ein von den betroffenen Menschen nicht selbst bestimmtes Netz von Normen und anderen Vorgaben erst allmählich erkennbar.

Je deutlicher das Schwinden staatlicher Wirkmächtigkeit wird, desto häufiger hören wir den Ruf nach der „Digitalen Souveränität". In ihrer Einführung zum Kongress „Selbstbestimmt und sicher in der digitalen Welt" im Februar 2017 hat die Forschungsministerin Johanna Wanka die „Stärkung der digitalen Souveränität" als ersten Schritt in Richtung Cybersicherheit genannt. Aber was kann das sein? Für Frau Wanka, die zugleich auf ein Positionspapier von Wissenschaftlern zur IT-Sicherheit verweist, verbindet sich „das strategische Ziel der ‚Digitalen Souveränität' – mit einem ‚ja' zu internationaler Kooperation und einem parallelen Ausbau eigener Kompetenzen und Technologien. Beides muss ineinander greifen. Das heißt: Forschung auf Augenhöhe."

Die Digitale Revolution ist eine neue Herausforderung an die Souveränität. Selbstbestimmung gibt es nur noch in der internationalen Kooperation, gemeinsam mit den Partnern suchen wir Lösungen für Probleme, die wir im Staat, als Staat nicht allein lösen können. Wenn Demokratie eine, oder *die* Form der kollektiven Selbstbestimmung ist, muss sie mit der Digitalisierung über den Staat hinauswachsen. Das Internet hat seinen besonderen Wert darin, dass es global angelegt, grenzenlos ist als Infrastruktur und Kommunikationsnetz. Der „Staat im Netz" kann diese Möglichkeiten optimal nur nutzen, und wir können unsere Werte und uns selbst gegen die neuen Gefahren, Stichwort: Cyberangriffe, Datendiebstahl und –missbrauch, bis hin zur Verbreitung von hate-speech, fake-news und Wahlbeeinflussung, effektiv nur schützen, wenn wir Formen des gemeinsamen Handelns und Wege gemeinsamer Regelung finden, die der Dimension der Herausforderungen entsprechen. Ist das Netz global, kann sich der Staat nur noch als ein Element im Netz verstehen, als Teil also einer vernetzen Struktur, in die er selbst ebenso wie jeder einzelnen Bürger eingeflochten ist, als Betroffener und als Akteur.

Was bedeutet das für die Demokratie? Verstehen wir den *demos* von der Nation her, national, dann ist der *„digi-demos"* in der Tendenz global. Das Internet mit seinen Möglichkeiten der Jetzt-Zeit-Kommunikation, Information und Partizipation, und mit seinen Herausforderungen an Sicherheit, Werte, Rechtssysteme und – letztlich – Selbstbestimmung, verdichtet die Beziehungen zwischen den Menschen weltweit zu einer globalen Gesellschaft.

Diese globale Gesellschaft, will sie in Frieden und Sicherheit leben, braucht globales Recht. Das Völkerrecht allein kann dies nicht schaffen. Das lernen wir aus dem Modell Europa. Bürgerinnen und Bürger der Nationalstaaten werden dafür Strukturen und Verfahren etablieren müssen und sich in einem global konstituierten Ordnungsrahmen als *global citizens* definieren. Es ist das Internet, das den Prozess einer emergierenden globalen Verfassung erzwingt und auch ermöglicht. Der „Staat im Netz“ gibt sich damit nicht selbst auf, sondern stärkt und konsolidiert sich, im Bewusstsein seiner eigenen Begrenztheit und doch als Basis und wesentlicher Faktor eines überstaatlichen Handlungssystems. Das ermöglicht es ihm, seiner ureigenen Aufgabe, Sicherheit, Freiheit, sozialen Frieden und Menschenrechte zu gewährleisten, auch in der digitalen Welt gerecht zu werden. Demokratie fordert, wie *Jürgen Habermas* zu Recht sagt, eine Erweiterung des politischen Handlungssystems über den Staat hinaus für Aufgaben, die seine Handlungsmöglichkeiten überschreiten, um der wirksamen Demokratie selbst willen. Demokratische Selbstbestimmung vollzieht sich auf dann auf verschiedenen politischen Handlungsebenen.

Der *digi-demos* ist somit das Subjekt einer Demokratie, die nicht auf den Staat begrenzt ist. Die Digitalisierung und mit ihr die Möglichkeiten der Kommunikation in der Gesellschaft, der Vernetzung und der kollektiven Meinungsbildung verändern die Öffentlichkeit und damit auch die Demokratie grundlegend, auf allen Ebenen, von der lokalen Gebietskörperschaft bis zur globalen Politik. Dieser neue Strukturwandel ist nicht einmal in den Ansätzen sozial- und politikwissenschaftlich erfasst. Aber erste Konturen sind erkennbar: Der Staat 2.0 versteht sich im doppelten Sinne als „Staat im Netz“: Er ist eingefangen und Teil eines Ganzen. Mit dem souveränen Nationalstaat, wenn es ihn jemals gegeben hat, hat er so viel und so wenig zu tun, wie die Made mit dem Schmetterling.

Kapitel 7

Digitale Abstimmung, Zufallsauswahl und das Grundgesetz. Zur Überbrückung der Kluft zwischen Regierung und Regierten (2019)

Einleitung

Wenn Demokratie Selbstbestimmung aller Bürger bedeutet und in der Menschenwürde verankert,[1] ja als Ausdruck der persönlichen Freiheit letztlich auf möglichst weitgehende Selbstbestimmung des Einzelnen im Gemeinwesen gerichtet ist,[2] dann wird die (gefühlt) wachsende Kluft zwischen Bürgerinnen und Bürgern einerseits und den Trägern politischer Verantwortung, insbesondere Abgeordneten und Regierung, andererseits, mehr und mehr zum Problem. Das gilt auf allen politischen Ebenen. Trotz funktionierender Wahlen, trotz einer durch das Internet grundlegend veränderten Medienlandschaft, in der Einzelne nicht nur Empfänger von Informationen ist, sondern potentiell auch Sprecher in der Massenkommunikation wird,[3] trotz der dank der Informationsgesetzgebung verstärkten Transparenz staatlichen Handelns[4] fühlen Bürgerinnen und Bürger sich machtlos, von den Regieren-

[1] Vgl. BVerfGE 123, 267, 341 ff. – Lissabon. Näher dazu *Horst Dreier*, Vom Schwinden der Demokratie, in: Friedrich Wilhelm Graf u. Heinrich Meier (Hg.), Die Zukunft der Demokratie. Kritik und Plädoyer (2018), S. 29 ff.

[2] In diesem erweiterten Sinne *Ingolf Pernice*, Solidarität in Europa. Eine Ortsbestimmung im Verhältnis zwischen Bürger, Staat und Europäischer Union, in: Christian Calliess (Hrsg.), Europäische Solidarität und nationale Identität – Überlegungen im Kontext der Krise im Euroraum, 2013, S. 25, 37 ff., unter Bezugnahme auf *Hasso Hofmann*, der auf die „staatsstrukturelle Bedeutung" der Achtung der Menschenwürde als gegenseitiges Versprechen hinweist, das er im Rahmen der konkreten „Anerkennungsgemeinschaft" (ebd., S. 164) bzw. „Verwirklichungsgemeinschaft" Staat in Art. 1 I GG (S. 366, 368–371) als gegeben sieht. Entsprechend könnte für die EU jetzt Art. 1 der Europäischen Grundrechte-Charta gedeutet werden.

[3] Mit den verfassungsrechtlichen Konsequenzen s. dazu *Steffen Hindelang*, Freiheit und Kommunikation. Zur verfassungsrechtlichen Sicherung kommunikativer Selbstbestimmung in einer vernetzten Gesellschaft, 2019, S. 5 ff., 58 ff., 103 ff.

[4] Vgl. *Ingolf Pernice*, Verfassungs- und europarechtliche Aspekte der Transparenz staat-

den unverstanden, „abgehängt", ja wie in den Fällen der Finanzkrise, der Klimapolitik, des Dieselskandals oder auch der Maut-Pleite von den Verantwortlichen in der Regierung getäuscht oder in ihren Sorgen nicht gehört. Soweit das Internet den Menschen neue Möglichkeiten verleiht, ihre Stimme zu erheben und am öffentlichen Diskurs teilzunehmen, führt allerdings der Missbrauch durch die Verbreitung von Falschinformationen, Hassreden oder die Manipulation der öffentlichen Meinungsbildung durch automatisierte Beeinflussung („bots") in sozialen Netzwerken[5] eher zur Verunsicherung als zu einer effektiven politischen Kontrolle der Herrschenden.[6]

Mehr als früher drängt sich daher heute auf, nach Möglichkeiten zu suchen, dem politischen Engagement der Einzelnen Wege zu eröffnen, ja über alternative oder ergänzende Verfahren des demokratischen Prozesses nachzudenken und damit die wachsende Kluft zwischen Bürger und Regierung auf allen Ebenen zu überbrücken. Der Einsatz der IT erscheint umso wichtiger, je umfassender ein politisches System ist. Auf lokaler Ebene kommunizieren Menschen noch direkt, auf nationaler, europäischer oder gar globaler Ebene ist dies zunehmend schwierig[7]. Wahlen und Repräsentation im

lichen Handelns, 2. IFG-Tagung Berlin am 6./7. September 2012, in: Alexander Dix u.a. (Hrsg.) Informationsfreiheit und Informationsrecht. Jahrbuch 2013 (2014), S. 17–34 (in diesem Band Kap. 2).

[5] *Jan A.G.M. van Dyjk/Kenneth L. Hacker*, Internet and Democracy in the Network Society, 2018, beschreiben drastisch die Veränderungen, denen die Erfahrungen und Erwartungen an das Internet als Stärkung bzw. Bedrohung der Demokratie in den 18 Jahren seit 2000 unterlegen haben. Zur Bedeutung von Lügen und Falschinformation im Vorfeld des britischen EU-Referendums von 2016 s. *Wolfgang Hoffmann-Riem*, Verhaltenssteuerung durch Algorithmen – Eine Herausforderung für das Recht, AöR 142 (2017), S. 1, 14 f.; *Ingolf Pernice*, Brexit – Exercise of Democracy or a Challenge to Democracy, in: Lina Papadopoulos/Ingolf Pernice (Hrsg.), Brexit and the Future of European Politics. A Constitutional Law Perspective, 2017, S. 101, 115 ff, 123 f.; s. auch *ders.*, Protecting the global digital information ecosystem: a practical initiative, in: Internet Policy Review (IPR), 05 March 2019 (on Public discourse), online abrufbar unter: https://policyreview.info/articles/news/protecting-global-digital-information-ecosystem-practical-initiative/1386 (Zugriff 24.7.2019).

[6] Zu den Erscheinungsformen und möglicher Abhilfe s. näher *Jakob Schemmel*, Soziale Netzwerke in der Demokratie des Grundgesetzes, in: Der Staat 57 (2018), 501, 509 ff., 511 ff. Bemerkenswert auch die Initiative der Reporter ohne Grenzen zur Stärkung des Journalismus als Träger einer zuverlässigen Information: „Information & Democracy Commission": International Declaration on Information and Democracy (November 2018), unter: https://rsf.org/sites/default/files/international_declaration_on_information_and_democracy.pdf (Zugriff 3.9.19).

[7] Zur Problemlage und Abhilfemöglichkeiten durch den Einsatz digitaler Instrumente zur Stärkung der Demokratie in Europa und auf globaler Ebene s. schon *Ingolf Pernice*, Stärkung der Demokratie in der Digitalen Konstellation, in: Markus Ludwigs (Hrsg.), Regulierender Staat und konfliktschlichtendes Recht. Festschrift für Matthias Schmidt-Preuß zum 70. Geburtstag, 2018, S. 241, 242 ff.

traditionellen Sinne reichen nicht mehr aus. Deliberative demokratische Willensbildung und persönliches Engagement der Einzelnen als Grundlage der Demokratie funktionieren nur, wenn die aktive Beteiligung am politischen Prozess für jeden Einzelnen einen fühlbaren Unterschied macht. Dafür und für eine effektive öffentliche Kontrolle der Repräsentanten über die regelmäßigen Wahlen hinaus fehlen aber geeignete Instrumente, auch wenn der Zugang zu Informationen und zur Öffentlichkeit durch das Internet heute leichter geworden ist und die Transparenz des Regierens zugenommen hat. Doch was die Einzelnen bewegt, erreicht die politische Ebene trotz allem nur selten, wenn die Medien das betreffende Thema, wie etwa im Falle massiver online-Aktionen, nicht aufgreifen und an die Politik herantragen.

Was mit der Einrichtung der „Bürgerhaushalte"[8] oder von „Bürgerversammlungen"[9] auf der kommunalen Ebene versucht wird[10] oder was die Bundesregierung selbst mit den „Bürgerdialogen"[11] oder die Europäische Kommission auch auf der europäischen Ebene mit dem „citizens dialogue"[12] anstreben, geht sicher in die richtige Richtung, hat aber den erwünschten Breiteneffekt nicht erzielt. Partizipation, die Schaffung von Räumen, „die allen Mitgliedern der Gesellschaft erlauben, sich einzumischen", „Fablabs" werden gefordert, sie sollten als „offene Werkstätten" innovativer Ideen nicht nur zur weiteren Entwicklung der Digitalisierung, sondern auch zur Bele-

[8] Vgl. etwa *Jochen Franzke*, Bürgerhaushalte: Chancen und Grenzen, 2010, zum Thema „Partizipative Demokratie neu erfinden" dort insbes. S. 28 ff. Krit. *Brigitte Geißel/Martina Neunecker/Alma Kolleck*, Dialogorientierte Beteiligungsverfahren: Wirkungsvolle oder sinnlose Innovationen? Das Beispiel Bürgerhaushalt, in ZfP 46 (2015), 151 (160): „Die Teilnahme ist selten höher als ein Prozent … Eher erfolglose Innovationen"; zur Abhilfe könnten aber „Vorschläge zum Bürgerhaushalt mit direktdemokratischen Verfahren verbunden und über die ersten drei Vorschläge auf der Prioritätenliste per Bürgerentscheid entschieden werden" (ebd., S. 165).

[9] S. etwa das für 2019 geplante „Münchner Bürgerparlament", Denkzentrum-Demokratie, unter: http://denkzentrum-demokratie.de/verwirklichen-2/gespraechsformate/buergerraete-in-muenchen (Zugriff 19.4.2020).

[10] Weitere Beispiele bei *Antje Röcke*, Losverfahren und Demokratie. Historische und demokratietheoretische Perspektiven, 2005, S. S. 93–128.

[11] Zum „Bürgerdialog Stromnetz" etwa s. unter https://www.bmwi.de/Redaktion/DE/Artikel/Energie/buergerdialog.html (Zugriff 3.7.2019).

[12] Europäische Kommission, Bürgerdialog, s. https://ec.europa.eu/info/events/citizens-dialogues_de (Zugriff 2.7.19). zu den EU-weiten Bürgerdialogen s. auch: Die Bundesregierung, Europa im Dialog, unter: https://www.bundesregierung.de/breg-de/themen/eu-buergerdialog. Zu den Ergebnissen s. *Oliver Sartorius/Christiane Scholz*, Wissenschaftliche Analyse des Bürgerdialogs der Bundesregierung zur Zukunft Europas. Endbericht https://www.bundesregierung.de/resource/blob/975246/1548726/b1ec8de936dcc8cf9c7183e871ac8503/2018-11-15-kantar-bericht-buergerdialog-data.pdf?download=1 (Zugriff 3.7.2019).

bung und Modernisierung der Demokratie gestaltet sein.[13] Die Bundeszentrale für politische Bildung hat mit einem Beitrag von 2014 für die Besetzung von 5 % der Sitze des Deutschen Bundestages durch (nicht stimmberechtigte) Mitglieder geworben, die aus der gesamten Wählerschaft im Losverfahren ausgewählt werden.[14] In seiner Studie über „Demokratie und Lotterie" plädiert Hubertus Buchstein für eine Ergänzung des institutionellen Systems der EU u.a. durch eine neue Kammer des Europäischen Parlaments, das „house of lots".[15] Mit dem Buch „Gegen Wahlen" sucht David *Van Reybrouck* an die Demokratie-Tradition des antiken Griechenland anzuknüpfen und schlägt seinerseits vor, das gewählte Parlament jeweils durch eine per Losverfahren ausgewählte Bürgerversammlung zu ergänzen.[16] Dass hiermit die Legitimität von Entscheidungen erhöht werden kann, legt er überzeugend dar. Mit gewichtigen Argumenten wehrt sich *Van Reybrouck* vor allem gegen Einwände wie etwa den Verweis auf die Inkompetenz der durch Los auserwählten Bürgerinnen und Bürger.[17] Ob die Kluft zwischen Politik und Betroffenen mit einer weiteren Kammer des Europäischen Parlaments zu überwinden ist, bleibt allerdings offen. Und eine Auseinandersetzung mit anderen Formen der direkten Demokratie fehlt in seinem Buch.[18] Entscheidend aber ist, dass er das Losverfahren als solches erneut ins Gespräch bringt und als demokratisches Verfahren würdigt, wenn hier auch nur als Form der Auswahl von Amtsträgern.

---

[13] Vgl. trotz des eher kritischen Ausgangspunktes *Yvonne Hofstetter*, Das Ende der Demokratie. Wie die künstliche Intelligenz die Politik übernimmt und uns entmündigt, 2016, S. 448 f.

[14] Vgl. *Christiane Bender/Hans Graßl*, Losverfahren: Ein Beitrag zur Stärkung der Demokratie?, APuZ 2014, unter: http://www.bpb.de/apuz/191195/losverfahren-ein-beitrag-zur-staerkung-der-demokratie?p=all (Zugriff 19.4.2020).

[15] *Hubertus Buchstein*, Demokratie und Lotterie. Das Los als politisches Entscheidungsinstrument von der Antike bis zur EU, 2009, S. 427 ff.

[16] *David Van Reybrouck*, Gegen Wahlen. Warum Abstimmen nicht demokratisch ist, 2016. Engl. Fassung: *ders*, Against Elections (mit Einführung von Kofi Annan), New York/Oakland 2016/2018, S. 150 ff; krit. dazu: *Hannah Bethke*, Per Losverfahren soll das Stimmvieh mündig werden, FAZ-net 12.2.2017, unter: https://www.faz.net/aktuell/feuilleton/buecher/rezensionen/sachbuch/gegen-wahlen-von-david-van-reybrouck-14871594-p2.html(Zugriff 3.7.2019). Noch radikaler schon *Timo Rieg*, Demokratie für Deutschland. Von unwählbaren Parteien und einer echten Alternative. Berliner Konsortium, 2013, dazu *Robert Jende*, Demokratie aus dem Lostopf, ForDemocracy v. 27.3.2019, unter: https://fordemocracy.hypotheses.org/1566 (Zugriff 19.4.2020). S. auch Michael Mayen, Gegen Wahlen, für Demokratie, in: ForDemocracy 23.4.2019, unter: https://fordemocracy.hypotheses.org/1596 (Zugriff 3.7.2019).

[17] *Van Reybrouck*, Against Elections (Fn. 16), S. 154 ff.

[18] S. die Kritik bei *Karl Martin-Hentschel*, GEGEN WAHLEN. Der belgische Autor David Van Reybrouck will mit Losverfahren die Demokratie verbessern, unter: https://www.mehr-demokratie.de/ueber-uns/mdmagazin/rezensionen/david-van-reybrouck-gegen-wahlen-warum-abstimmen-nicht-demokratisch-ist/(Zugriff 2.7.19).

Direkte Demokratie ist die Urform der unmittelbaren politischen Willensbildung. Aber sie ist aufwendig, zumal wenn es um komplexe Fragen geht, deren verantwortliche Beantwortung eine intensive Befassung mit dem Thema ebenso voraussetzt wie den Austausch aller denkbaren Argumente auch in öffentlichen Debatten. Meinungsumfragen durch spezialisierte Institute liefern nur bedingt verlässliche Daten; und die jeweils registrierten Meinungen sind spontan geäußert, nicht auf eine intensive Auseinandersetzung mit dem Problem gestützt. Die Vorbereitung und Durchführung allgemeiner Abstimmungen, bei denen eine solche politische Auseinandersetzung vorab möglich ist, ist mit hohen Kosten verbunden, finanziell und zeitlich. Bei allzu häufiger Befragung der Bürgerinnen und Bürger droht Ermüdung, trotz allen grundsätzlichen Engagements Einzelner. Die Frage ist daher, wie direkte Bürgerpartizipation und damit Bürgernähe und das Gefühl der von politischen Entscheidungen Betroffenen, gehört und an Entscheidungen über wichtige politische Fragen beteiligt zu werden, hergestellt werden kann, ohne dass eine solche Ermüdung eintritt. Es geht dabei um das, was *Herfried Münkler* in historischer Perspektive mit dem Begriff des „Neuarrangements von Partizipationsformen infolge veränderter Möglichkeiten und Herausforderungen" beschreibt.[19]

Am 16. März 2017 hat das Europäische Parlament eine Entschließung über das Potenzial und die Herausforderungen der digitalen Demokratie in der EU angenommen,[20] in der unter Berufung auch auf die Empfehlung CM/Rec(2009)1 des Europarates betont wird,

„dass die digitale Demokratie zur Förderung der demokratischen Kultur dienen soll, durch die die demokratische Praxis bereichert und verbessert wird, indem zusätzliche Mittel für mehr Transparenz und Bürgerbeteiligung zur Verfügung gestellt werden, jedoch kein alternatives demokratisches System zum Nachteil der repräsentativen Demokratie errichtet werden soll",[21]

Und die Entschließung hebt in diesem Zusammenhang besonders hervor,

„wie wichtig die Systeme der elektronischen Stimmabgabe und der Fernabstimmung über das Internet sind, da mit ihnen die Inklusion der Bürger ausgeweitet und die demokratische Partizipation insbesondere in Gebieten gefördert werden kann, die sich in geografischer

[19] *Herfried Münkler*, Verkleinern und Entschleunigen oder die Partizipationsformen neu arrangieren?, in: Friedrich Wilhelm Graf/Heinrich Müller (Hg.), Die Zukunft der Demokratie. Kritik und Plädoyer, 2018, S. 83, 85.

[20] Entschließung des Europäischen Parlaments vom 16. März 2017 zur digitalen Demokratie in der Europäischen Union: Potenzial und Herausforderungen (2016/2008(INI)) (2018/C 263/21), ABl. C 263/156 v. 25.7.2018; dazu den Bericht (*Ramón Jáuregui Atondo*) über digitale Demokratie in der Europäischen Union: Potenzial und Herausforderungen (2016/2008(INI)), unter: http://www.europarl.europa.eu/doceo/document/A-8-2017-0041_DE.pdf (Zugriff 17.7.19).

[21] Ebd., Entschließung Ziff. 3.

und gesellschaftlicher Randlage befinden, denn sie bieten viele potenzielle Vorteile insbesondere für junge Menschen, Personen mit eingeschränkter Mobilität, ältere Menschen und Personen, die in einem Mitgliedstaat, dessen Staatsangehörigkeit sie nicht besitzen, oder einem Drittland leben oder arbeiten, sofern dabei die strengstmöglichen Datenschutzstandards sichergestellt werden“.[22]

Die Mitgliedstaaten, aber auch die Parteien werden aufgerufen, diese Instrumente der besseren Partizipation zu entwickeln, zu testen und zu nutzen, um die Demokratie EU-weit zu beleben. Was im Europawahlprogramm 2019 der FDP unter dem Titel „Mehr digitale Beteiligung“ gefordert wird,[23] dürfte in die gleiche Richtung gehen.

Ein Versuch, auf diesem Wege ein Stück voranzukommen, ist die Kombination von direkter Demokratie und Losverfahren durch die Entwicklung eines zufallsbasierten digitalen Abstimmungssystems, mit dem die jeweils ausgewählten Beteiligten aufgrund umfassender Information und Deliberation die ihnen gestellte Frage mit „ja“ oder „nein“ beantworten und so – repräsentativ für die betreffende Gruppe oder Gemeinschaft – Orientierung geben oder sogar verbindlich entscheiden können.[24] Der hier betrachtete Vorschlag betrifft ein IT-gestütztes Instrument, das für die Politik auf allen Ebenen ebenso gut zur Anwendung kommen kann, wie in Parteien, Verbänden und Organisationen aller Art.[25] Auf der Basis registrierter digitaler Identitäten (e-ID) der Mitglieder der betreffenden Gruppe (Verbands-, Partei-,

[22] Ebd., Entschließung Ziff. 4.

[23] Europas Chancen nutzen. Das Programm der Freien Demokraten zur Europawahl 2019, abrufbar unter: https://www.fdp.de/sites/default/files/uploads/2019/04/30/fdp-europa-wahlprogramm-a5.pdf (Zugriff 5.8.19), S. 27: „Wir Freie Demokraten wollen eine stärkere Verbindung zwischen den Bürgerinnen und Bürgern und ihren Mandatsträgern im Parlament. Daher fordern wir die Einrichtung von mehr digitalen Beteiligungsformen auf der Basis eines elektronischen Personalausweises für EU-Bürgerinnen und EU-Bürger. Hierzu sind on-line-Befragungen und Diskussionsforen sowie direkte Kontakte zu Politikerinnen und Politikern über soziale Medien vielversprechend. In einem späteren Schritt lassen sich hiermit auch politische Befragungen und Abstimmungen in Ergänzung der Europawahlen digital durchführen und die Hürden für eine erfolgreiche EU-Bürgerinitiative abbauen“.

[24] Vgl. näher dazu *Ingolf Pernice*, Stärkung der Demokratie in der digitalen Konstellation. Einführung zur öff. Anhörung des Ausschusses für Verfassungsfragen (AFCO) des Europäischen Parlaments am 25. April 2018 zum Thema: „Globalization Trilemma. How to Reconcile Globalization, Democracy and Welfare – Lessons for the EU“, unter: http://www.europarl.europa.eu/committees/en/afco/events-hearings.html?id=20180423CHE03881 (Zugriff 16.7.2019). Aktualisierte Fassung: ders., Stärkung der Demokratie in der Digitalen Konstellation, in: Markus Ludwigs (Hrsg.), Regulierender Staat und konfliktschlichtendes Recht. Festschrift für Matthias Schmidt-Preuß zum 70. Geburtstag, 2018, S. 241–256.

[25] S. dazu das DECiDe-Projekt am Alexander von Humboldt-Institut für Internet und Gesellschaft, näheres unter: https://www.hiig.de/project/decide/ (Zugriff 16.7.19).

Organisationsangehörige, Bürgerinnen und Bürger einer Gemeinde, eines Landes, eines Staates, der Europäischen Union, ja vielleicht aller Weltbürger) können – unbegrenzt skalierbar – Abstimmungen elektronisch und so mit vergleichsweise geringem finanziellen Aufwand durchgeführt werden; dabei sind bei jeder Abstimmung nicht alle registrierten Teilnehmer stimmberechtigt, sondern nur eine jeweils neu im Losverfahren bestimmte Auswahl. Wo jede und jeder stimmberechtigte Einzelne aufgrund dieser Auswahl das Gefühl haben darf, bei einer wichtigen Entscheidung eine besondere Verantwortung zu tragen, kann erwartet werden, dass eine ernsthafte Auseinandersetzung mit dem Thema und eine intensivere Debatte im sozialen Umfeld zu einem wohlüberlegten Abstimmungsverhalten und letztlich zu einem besser zu verantwortenden Ergebnis führt.[26]

Das im Folgenden nur kurz skizzierte Abstimmungssystem soll die repräsentative Demokratie mit regelmäßigen Parlamentswahlen und einer vom Parlament kontrollierten Regierung nicht ersetzen, sondern um eine neue Komponente ergänzen (dazu I.). Denn Bürgerinnen und Bürger müssen auch in der repräsentativen Demokratie eine direktere Stimme haben, sie werden damit zur Übernahme von Mitverantwortung für die Politik in ihrem Gemeinwesen auf der jeweiligen politischen Ebene motiviert (dazu II.). Soll das System in der Politik eingesetzt werden und funktionieren, bedarf es allerdings einer verfassungsrechtlichen Grundlage sowie einer Einbettung in einen Raum der Information und Deliberation, für dessen Gestaltung das Internet eine hilfreiche Stütze bietet, soweit sich häufig benannte Sicherheits- und Manipulationsrisiken ausreichend eindämmen lassen (dazu III.). Verfassungsrechtlich schließlich müssen die Anforderungen erfüllt sein, die vor allem in Bezug auf die Öffentlichkeit und Kontrollierbarkeit, wie sie das Grundgesetz voraussetzt,[27] aber auch hinsichtlich der Demokratie allgemein zu stellen sind (dazu IV.).

I. Abstimmungen auf der Basis von Digitaler Identität und Zufallsauswahl

Das hier betrachtete System elektronischer Abstimmungen besteht aus zwei Komponenten: Die erste ist ein Register digitaler Identitäten der Teilnehmer, also bei politischen Parteien, Verbänden oder sonstigen Vereinen der Mitglieder, bei Gemeinden, Ländern, Staaten etc. ein Register aller wahlberech-

---

[26] In diesem Sinne der Urheber des Random Sample Voting (RSV) *David Chaum*, Random-Sample Voting. More democratic, better quality and far lower cost, 2016, unter: https://rsvoting.org/whitepaper/white_paper.pdf (Zugriff 16.7.19).

[27] S. insbesondere BVerfGE 123, 39 – Wahlcomputer.

tigten Bürgerinnen und Bürger. Im Projekt DECiDe wird dieses von der Schweizer Firma Procivis zur Verfügung gestellt, die die betreffende Technologie in Zusammenarbeit mit dem Kanton Schaffhausen entwickelt und testet.[28] Die Registrierung, Verifizierung und schließlich auch die Abstimmung, die Information über das Ergebnis der Abstimmung und ggf. die Überprüfung erfolgen über eine App (eID+), die frei heruntergeladen werden kann. Die zweite Komponente ist ein Algorithmus, der im Hintergrund aus der Liste der Teilnehmer per Zufallsgenerator die Stimmberechtigten auswählt, in verschlüsselter Form die jeweiligen Abstimmungscodes über die genannte App an die Auserwählten versendet und am Ende die „ja" und „nein"-Stimmen auszählt. Dieser Algorithmus wurde von David Chaum unter dem Namen *Random Sample Voting* (RSV) entwickelt[29] und für das Projekt zur Verfügung gestellt. Die Verbindung beider Komponenten erlaubt es, sooft nötig und erwünscht ein Votum zu je einer bestimmten Frage abzurufen. Die Wahrscheinlichkeit, dass dabei ein- und dieselbe Person öfter ausgewählt und damit „abstimmungsmüde" wird, ist gering; dabei gewährleistet die mathematisch abgesicherte Anzahl der jeweils Ausgewählten, dass das Ergebnis statistisch für das Meinungsbild der Gruppe insgesamt repräsentativ ist.

Ein digitales Identitätsregister kann mit den darin verwahrten Daten durch Blockchain-Technologie manipulationssicher gemacht werden; eine entsprechende Verschlüsselung erlaubt die Kontrolle der Teilnehmer darüber, welche in diesem „digital wallet" aufbewahrten Daten für welchen Zweck unter welchen Bedingungen zur Verfügung gestellt werden. Dabei ist die Verifizierung bei Eingabe der Daten ein zentrales Problem. In Schaffhausen erfolgt sie durch die zuständige Gemeindebehörde gegen Vorlage des Personalausweises. Entsprechend könnte sie in Deutschland durch die Meldebehörden erfolgen. Alternativ sind Verfahren wie bei der Deutschen Post das PostIdent[30] oder Angebote anderer gemäß der eIDAS-Verordnung[31] qualifizierter Vertrauensdiensteanbieter denkbar; solange in einem Staat Rechtsstaatlichkeit gewährleistet ist und damit eine diskriminierungsfreie Verlässlichkeit der Verifizierung ist der Weg über die staatlichen Meldebehörden aber sicher der beste Weg.

---

[28] S. die Website: https://procivis.ch/eid-de/ (Zugriff 19.4.2020). Vgl. auch Oliver Schneider, Schaffhausens digitale Identität ist da, Netzwoche 6.6.2018, unter: https://www.netzwoche.ch/news/2018-06-06/schaffhausens-digitale-identitaet-ist-da (Zugriff 16.7.19).

[29] Vgl. *Chaum*, Random-Sample Voting (Fn. 26).

[30] S. unter: https://www.deutschepost.de/de/p/postident/identifizierungsverfahren/verfahren-videochat.html (Zugriff 16.7.19).

[31] Verordnung (EU) Nr. 910/2014 über elektronische Identifizierung und Vertrauensdienste für elektronische Transaktionen im Binnenmarkt und zur Aufhebung der Richtlinie 1999/93/EG.

Ein erster Prototyp des Systems wurde auf Instituts- und Universitätsebene getestet. Aufgrund der dabei gemachten Erfahrungen wurde das System weiterentwickelt und in Zusammenarbeit mit der Organisation „European Alternatives“ erneut getestet. Nur Schritt für Schritt kann mit den verfügbaren Mitteln parallel zur technischen Optimierung das System auf anderen Ebenen getestet werden; geplant ist dies in Zusammenarbeit mit einer Kommune und mit einer politischen Partei. Mit zunehmender Einsatzreife sollten Anwendungen auf Länder- und auf Bundesebene in Betracht gezogen werden, bevor eine Umsetzung auf der Ebene der EU und schließlich auf globaler Ebene denkbar wird.

II. Digitale Abstimmungen und Losverfahren in der repräsentativen Demokratie

Die repräsentative Demokratie hat sich in diversen Formen über Jahrhunderte bewährt. Wenn sie durch Gutenbergs Erfindung des Buchdrucks, die damit verbundene Verbreitung des Lesen- und Schreibenkönnens und damit neuer, räumliche und zeitliche Distanz überwindender Kommunikationswege erst möglich wurde,[32] könnte mit der Erfindung des Internets ein weiteres Neuarrangement demokratischer Partizipationsformen bevorstehen und evtl. geboten sein. *Münkler* beschreibt die Entschleunigung, die mit dem Übergang von der klassischen attischen Demokratie zur repräsentative Demokratie mit ihrem für komplexere Fragen offeneren „Leistungsprofil neuen Typs“ verbunden war als einen wichtigen Entwicklungsschritt gegenüber dem Beraten, Verhandeln und Entscheiden in physischer Präsenz der Volksversammlung oder ausgewählter Vertreter vor Ort.[33] Diese Entwicklung verliert ihre Vorteile nicht dadurch, dass deliberative Prozesse und auch Abstimmungen dank der Digitalisierung nunmehr online, inklusiv und ohne räumliche oder zeitliche Grenzen organisiert werden, im Gegenteil: Das Internet Governance Forum (IGF)[34] ist ein Beispiel für einen solchen deliberativen Prozess, wenn hier dringende Probleme der globalen Kommunikation diskutiert werden. Neue Formen demokratischer Partizipation, wie die Digitalisierung sie ermöglicht, können das Funktionieren der repräsentativen Demokratie begünstigen, indem jedem Einzelnen die unmittelbare Teilnahme am Diskurs möglich und in Einzelfragen auch seiner Stimme Gehör verliehen wird.

[32] Vgl. *Münkler*, Verkleinern (Fn. 19), S. 85 ff.

[33] Ebd., S. 86–88, 91.

[34] Internet Governance Forum, offizielle Website unter: https://www.intgovforum.org/multilingual/ (Zugriff 1.8.19).

Demokratie muss sich allerdings wandelnden sozialen, politischen und technischen Bedingungen ständig anpassen, also auch der Digitalisierung und dem damit verbundenen erneuten Strukturwandel der Öffentlichkeit.[35] Die Transformation der Öffentlichkeit im Zuge der Digitalisierung, wie sie in den Politikwissenschaften beschrieben wird[36] und danach tendenziell in einer Reduktion darauf bestehen mag, was John Keane „monitory democracy" nennt,[37] hat bislang allerdings keine überzeugenden Instrumente mit sich gebracht, die die Inklusion und den wirklichen Einfluss der Einzelnen auf die politische Willensbildung stärken und die damit eine demokratische Bodenhaftung gewährleisten helfen, wie sie auch in der repräsentativen Demokratie unverzichtbar ist.

Der hier betrachtete Vorschlag geht von der Annahme aus, dass Repräsentation und Abstimmungen nicht alternativ, sondern in einer Verbindung miteinander das Prinzip der Demokratie, wie es auch in Art. 20 II GG verbürgt ist, am besten verwirklichen (dazu 1.). Bisherige Erfahrungen mit Formen der e-democracy zeigen zwar, dass von ihnen kein grundlegender Wandel der Demokratie zu erwarten ist, elektronische Wahlen sind aber nicht

---

[35] *Ingolf Pernice*, Informationsgesellschaft und Politik: Vom Neuen Strukturwandel der Öffentlichkeit zur Global Privacy Governance (2013). HIIG Discussion Paper Series No. 2013–02, S. 6 ff., unter: https://papers.ssrn.com/sol3/papers.cfm?abstract_id=2222046 (Zugriff 2.8.19), in diesem Band Kap. 1. S. auch *Albert Ingold*, Digitalisierung demokratischer Öffentlichkeiten, in: Der Staat 56 (2017), 491, 506 ff., mit den Konsequenzen für die „verfassungsrechtliche Demokratiekonstruktion" ebd., S. 521 ff., und zur „Auseinandersetzung mit den Konturen einer etwaigen Modifikation dieses verfassungsrechtlichen Leitbegriffs angesichts der Digitalisierung von Öffentlichkeit" ebd., S. 524 ff. Für ihn „bedarf es rechtswissenschaftlich einer grundlegenden Neukonzeptionierung des Öffentlichkeitsverständnisses" (ebd., S. 525, 528 ff.).

[36] Vgl. schon *Christoph Neuberger*, Wandel der aktuellen Öffentlichkeit im Internet, ifk (2004), unter: https://www.ifkw.uni-muenchen.de/organisation/personen/professoren/neuberger_christoph/technikfolgen/tab_gutachten.pdf (Zugriff 2.9.19); richtungweisend: *Yochai Benkler*, The Wealth of Networks. How Social Production Transforms Markets and Freedom (2006), insbes. S. 212 ff., unter: http://www.benkler.org/Benkler_Wealth_Of_Networks.pdf (Zugriff 2.9.2019). Zum Begriff der Öffentlichkeit im Spiegel neuerer Öffentlichkeitstheorien aus rechtswiss. Sicht s. auch *Hindelang*, Freiheit und Kommunikation (Fn. 3), S. 33 ff., der als Konsequenz ein neues Verständnis der Kommunikationsgrundrechte entwickelt; s. auch den Überblick mit dem Vorschlag einer neuen methodischen Perspektive zur Analyse der Entwicklung der Demokratie im Zusammenspiel mit der Entwicklung digitaler Medien: Jeanette Hofmann, Mediated democracy – Linking digital technology to political agency, in: Internet Policy Review 8 (2019), at: https://policyreview.info/articles/analysis/mediated-democracy-linking-digital-technology-political-agency (Zugriff 16.7.19), insbes. ebd., unter „5. Mediated Democracy Under Conditions of Digitization".

[37] *John Keane*, Democracy and media decadence. Cambridge; New York: Cambridge University Press (2013), S. 77 ff.

grundsätzlich verfassungswidrig (dazu 2.). Dass speziell das Losverfahren demokratisches Potenzial hat, zeigen diverse Studien, die auch zur Annahme Anlass geben, dass es auch für digitale Abstimmungen zur Anwendung kommen kann (dazu 3.).

1. Abstimmungen und Repräsentation nach Art. 20 II GG

Abstimmungen können das Gefühl der Einzelnen stärken, nicht abgehängt, sondern in der Politik gehört zu werden. Nicht zufällig bestimmt deshalb Art. 20 II GG, dass alle Staatsgewalt vom Volke ausgeht und vom Volke in Wahlen *und Abstimmungen* … ausgeübt wird. Wahlen zum Parlament können dem demokratischen Prinzip entsprechend damit durchaus ergänzt werden durch Abstimmungen.[38] Das so in Art. 20 II GG verankerte demokratische Prinzip gilt nach Art. 28 II 1 GG auch für die Länder und ist gemäß der Struktursicherungsklausel des Art. 23 I 1 GG ebenso Maßstab für die Europäischen Union und ihre weitere Entwicklung. Allerdings bedarf es zu den Voraussetzungen und Modalitäten im Einzelnen nach überwiegender Meinung einer Verfassungsänderung, jedenfalls einer Regelung durch Gesetz[39] oder durch die Statuten der betreffenden Organisation. Wenn das Grundgesetz grundsätzlich offen ist für repräsentative und direktdemokratische Formen, so wird eine vollständige Substitution des Repräsentativsystems durch die direkte Demokratie doch allgemein für ausgeschlossen gehalten.[40]

[38] Anders aber *Hans Hofmann*, in: ders./Axel Hopauf (Hrsg.), GG Kommentar zum Grundgesetz, 12. Aufl. 2011, Art. 20 Rn 50. Dass der Volksentscheid „ausschließlich" in Art. 29 zur Länderneugliederung erlaubt sei, ist weder zwingend noch plausibel; es dürfte allenfalls ein Beispiel sein, nach Horst Dreier, in: ders. (Hrsg.), Grundgesetz Kommentar, Bd. II, 2. Aufl. 2006, Art. 20 (Demokratie) Rn 104, 109, handelt es sich bei solchen „Territorialplebisziten" nach Art. 29, 118, 118a GG nicht einmal um Abstimmungen iSv. Art. 20 II 2 GG (mwN., gegen die hM). Wenn die Begriffe „Volksentscheid" und „Volksbefragung" in Art. 29 III u. IV GG ausdrücklich verwendet werden, stellt sich allerdings die Frage nach dem Volksbegriff, der hier eher im Sinne von Bevölkerung zu verstehen ist, vgl. *Ingolf Pernice*, in: Horst Dreier (Hrsg.), Grundgesetz Kommentar, Bd. II, 2. Aufl. 2006, Art. 29 Rn. 11, 17; was BVerfGE 54, 92 ff. – Neugliederung II, zur Unterscheidung zwischen dem Volksentscheid nach Art. 29 GG und Wahlen zur Volksvertretung ausführt, lässt sich auch auf Abstimmungen iSd. Art. 20 II 2 GG anwenden. Dies spricht dafür, Art. 29 GG gegenüber Art. 20 II GG als Sonderregelung zu betrachten, nicht als Konketisierung.

[39] Vgl. *Dreier*, in: Grundgesetz Kommentar (Fn. 38), Art. 20 (Demokratie) Rn 110 f., mit der Unterscheidung zwischen „Volksgesetzgebung (Volksbegehren, Volksentscheid)", wofür eine Verfassungsänderung nötig sei, einerseits, und Volksbefragungen, für die ein einfaches Bundesgesetz genüge, mwN. Im Blick auf eine Einführung eines Referendums vor der Zustimmung Deutschlands zu Änderungen der EU-Verträge halten *Sven Hölscheid/Steffi Menzenbach*, Referenden in Deutschland und Europa, DÖV 2009, 777, 778 ff., für ein bindendes Referendum eine Verfassungsänderung für erforderlich, während ein konsultatives Referendum per Gesetz eingeführt werden könnte.

Vieles spricht dafür, dass durch immer wieder durchgeführte Abstimmungen zu einzelnen Fragen die mit dem Vierjahresturnus der Wahlen verbundene politische Lethargie, ja teilweise Entfremdung der Bevölkerung gegenüber ihren Institutionen gemildert würde. In Parteien, Verbänden und sonstigen Mitgliederorganisationen kann durch vereinfachte Abstimmungen die Kluft zwischen Mitgliedern und Führungsebene verringert werden. Es ist dabei eine Frage der Statuten der betreffenden Organisation bzw. der gesetzlichen Ausgestaltung auf jeder politischen Ebene, inwieweit die Ergebnisse derartiger Abstimmungen verbindlich sein oder den Institutionen nur eine Orientierung geben sollen.[41]

Verfassungsrechtliche Grenzen für die Durchführung von Abstimmungen zu politischen Fragen ergeben sich allerdings aus der Kompetenzverteilung zwischen Bund und Ländern bzw. zwischen Mitgliedstaaten und Europäischer Union. So hat das Bundesverfassungsgericht in einer frühen Entscheidung zur Vereinbarkeit eines hamburgischen und eines Bremer Gesetzes zur Volksbefragung über Atomwaffen mit dem Grundgesetz klargestellt, dass dies ein Eingriff in die Kompetenz des Bundes und deshalb verfassungswidrig sei. Die Gesetze beträfen weder eine Form der Meinungsäußerung noch gehe es um einen grundrechtlich als öffentliche Meinung oder politische Willensbildung des Volkes geschützten Vorgang; vielmehr eröffneten die Gesetze „dem Staatsvolk eine Mitwirkung an der Staatswillensbildung: die Abstimmung der Bürger stelle sich essentiell als Teilhabe an der Staatsgewalt im status activus dar". Es gehe also um ein „Tätigwerden des Volkes als Staatsorgan – gleichgültig in welcher Form und mit welcher Wirkung es geschieht", das „im freiheitlich-demokratischen Rechtsstaat durch Kompetenznormen verfassungsrechtlich begrenzt" sei.[42]

Ob das Volk als Staatsorgan behandelt werden kann – hier zieht das Gericht den Vergleich zum Bundespräsidenten, Bundestag und Bundesrat, dem Volk bei der Abstimmung über Gebietsänderungen nach Art. 29 GG oder zu einem Land, das nach Art. 32 II GG zu einem völkerrechtlichen Vertrag gehört wird, – mag hier dahingestellt bleiben, jedenfalls wenn das Gericht

---

[40] *Dreier*, Grundgesetz Kommentar (Fn. 38), Art. 20 (Demokratie) Rn. 108 mwN.

[41] Für eine Stärkung direktdemokratischer Elemente auf Bundesebene s. auch *Dreier*, Demokratie (Fn. 1), S. 78.

[42] BVerfGE 8, 104 – Volksbefragung I, Leitsätze 2–6, mit einer grundsätzlichen Abgrenzung zur Meinungsforschung, die von Privaten durchgeführt wird. Zur vorangehenden einstweiligen Anordnung, die die Durchführung der Volksbefragung vorerst stoppte, s. BVerfGE 7, 367. Entsprechend zu Beschlüssen hessischer Gemeinden, eine Volksbefragung über Atomwaffen durchzuführen, BVerfGE 8, 123 – Volksbefragung II: Pflicht des Landes gemäß dem Grundsatz bundesfreundlichen Verhaltens zum Einschreiten gegen „den Übergriff und Eingriff der Gemeinden in die Entscheidungsfreiheit der zuständigen Verfassungsorgane des Bundes auf dem Gebiet des Verteidigungswesens" (ebd., S. 139).

letztlich dem einzelnen Bürger diese Rolle zuerkennt: Wo die Gesetze dem Staatsvolk eine Mitwirkung an der Staatswillensbildung eröffnen, stelle

> „die Abstimmung der Bürger… sich essentiell als Teilhabe an der Staatsgewalt, als ein Stück Ausübung von Staatsgewalt im status activus dar. In dieser Eigenschaft macht der Bürger nicht von seinen gegen den Staat gerichteten Grundrechten… Gebrauch“.[43]

Es geht also nicht abstrakt um „das Volk“, sondern um Bürger. So bleibt festzuhalten, dass die Kompetenzvorschriften relevant werden, wenn es nicht um die „im gesellschaftlich-politischen Raum erfolgende Bildung der öffentlichen Meinung und die Vorformung der politische(n) Willensbildung“ geht, die sich „ungeregelt“ vollzieht, sondern die Bürgerinnen und Bürger unter Bedingungen abstimmen, die denen der allgemeinen Wahlen entsprechen; und dies, ob das Ergebnis verbindlich ist oder nicht.[44] Dass die Volksbefragung nur der Orientierung der Vertreter des Landes im Bundesrat diene, lässt das Gericht also nicht gelten; die „Instruktion“ der Mitglieder der Landesregierung im Bundesrat durch das Landesvolk sei „nach der Struktur des Bundesrats ausgeschlossen“.[45] Das Thema einer Abstimmung muss daher in den Bereich der Kompetenzen derjenigen Körperschaft fallen, welche die Abstimmung organisiert.

Von Bedeutung ist zudem die grundsätzliche Unterscheidung der Funktion, in der Bürgerinnen und Bürger bei der allgemeinen politischen Willensbildung teilnehmen, von derjenigen, die sie bei gesetzlich geregelten politischen Abstimmungen (Ausübung von „Staatsgewalt“) haben. Im ersten Fall können sie sich auf das Grundrecht der Meinungsfreiheit berufen. Soll das im zweiten Fall nicht gelten, weil sie an der Ausübung von Staatsgewalt teilnehmen? Genießen sie also keinen Grundrechtsschutz, wenn sie nicht im „gesellschaftlich-politischen“ sondern im „staatsorganschaftlichen Bereich“ handeln,[46] also an einer offiziellen Abstimmung teilnehmen? Dass hier keine Grundrechte gelten, wird aus der Unterscheidung indessen nicht zu folgern sein; denn es ging in dem Urteil um die Einordnung des fraglichen Gesetzes in Bezug auf die Kompetenz des Landes zur Organisation einer Volksbefragung über eine bestimmte Sachfrage, nicht konkret um den Grundrechtsschutz einzelner. Und dass die Geltung der allgemeinen Grundrechte bei Wahlen und Abstimmungen gänzlich ausgeschlossen wären, lässt schon Art. 1 GG nicht zu. Gegenüber der Wahlfreiheit wie auch der anderen in Art. 38 I 1 GG verankerten Wahlrechtsgrundsätze als spezielle, auf den Schutz der Wahl als „zentrales Verfahren der demokratischen Willensbildung“ und ihrer legitimierenden Funktionen[47] gerichtete und zugleich als subjektive Rechte ausge-

---

[43] BVerfGE 8, 104 – Volksbefragung I, S. 114 f.

[44] Ebd., S. 115, 118.

[45] Ebd., S. 119 ff.

[46] Vgl. die Formulierungen ebd., S. 112–114.

[47] Vgl. *Martin Morlok* in: Horst Dreier (Hrsg.), Grundgesetz Kommentar, 2. Aufl. Bd. II, Art. 38 Rn. 51, 56.

staltete Gewährleistungen,[48] die analog auch für Abstimmungen iSd. Art. 20 II GG Geltung beanspruchen,[49] dürften sie indessen zurücktreten.

Unter diesen Bedingungen, insbesondere bei Achtung der Kompetenzverschriften und auch der Wahlrechtsgrundsätze und der Grundrechte, entsprechen Abstimmungen als Ergänzung der repräsentativen Demokratie den Anforderungen des Grundgesetzes.

2. Digitalisierung: E-democracy

Die Digitalisierung bietet aufgrund der vielfältigen neuen Möglichkeiten der Information und Deliberation eine Grundlage dafür, dass Bürgerinnen und Bürger sich informieren und in der Sache fundiert im politischen Entscheidungsprozess mitwirken können. Grundsätzlich kann sie auch Wahl- und Abstimmungsprozesse erleichtern, wie es unter den Stichworten e-voting bzw. e-democracy vor allem im ersten Jahrzehnt dieses Jahrhunderts intensiv diskutiert wurde[50] und in einigen Ländern, wie etwa Estland, zur alltäglichen

---

[48] Ebd., Rn. 59

[49] Vgl. BVerfGE 28, 214, 224: „Die Stimmrechtsgrundsätze, die in Art. 38 Abs. 1 Satz 1 GG für das Bundestagswahlrecht und in Art. 28 Abs. 1 Satz 2 GG für das Wahlrecht in den Ländern, Kreisen und Gemeinden ihren verfassungsrechtlich verbindlichen Ausdruck gefunden haben, gelten als ungeschriebenes demokratisches Verfassungsrecht (!) auch für den in dem Gebietsteil Baden durchzuführenden Volksentscheid."

[50] Vgl. den Überblickbei *Jan A.G.M. Van Dijk & Kenneth L. Hacker*, Internet and democracy in the networked society, 2018, S. 3 ff.: „The Claims of Digital Democracy Made in the Year 2000 and 17 Years After". S. auch die vergleichende Analyse von *Norbert Kersting, Ronald Leenes* und *Jörgen Svensson*, Conclusions: Adopting Electronic Voting – Context Matters, in: Norbert Kersting u. Harald Baldersheim (Hrsg.), Electronic Voting and Democracy. A Comparative Analysis (Palgrave 2004), S. 276–304. Eine eher positive Bilanz (2012) zieht *Norbert Kersting*, The Future of Electronic democracy, in: ders. (Hrsg.), Electronic Democracy, 2012, S. 11–54; vgl. auch das Vorwort von *Michael Stein* und *John Trent* ebd., S. 8: „The editor concludes that ‚although hardly predictable', electronic democracy has already produced 1) enhanced political transparency, 2) greater use of Internet voting; 3) increasingly blended online and offline political participation; 4) a more hybrid form of democratic participation involving direct, dialogical and representative democratic forms; 5) a more open and transparent form of e-innovation; and 6) an amalgamation of new and different information and communication functions". Mit Betonung der positiven Potentiale der e-democracy s. auch *Ingolf Pernice*, E-Democracy, the Global Citizen, and Multilevel Constitutionalism, in: Corien Prins, Colette Cuijpers, Peter L. Lindseth, Mônica Rosina (Hrsg.), Digital Democracy in a Globalised World (Edward Elgar, Cheltenham 2017), S. 27, 37 ff.; eher krit. *Rivka Weill*, Election integrity: the constitutionality of transitioning to electronic voting in comparative terms, ebd., S. 142–159. Zu Erfahrungen aus Brasilien s. *Mônica Rosina et al.*, Digital democracy in Brazil: is technology a game changer?, ebd., S. 163–179. Krit. zuletzt: *Tommaso Maria Fornoni*, Why e-democracy is not a possible reality (yet). A literature review on the challenges to the applicability of e-democracy, in: kommunikation.medien 10/2019, unter: https://eplus.uni-

Praxis geworden ist.[51] Wenn auch das Europäische Parlament unter Berücksichtigung der zwischenzeitlich erworbenen Kenntnisse und Erfahrungen zu den Risiken die weitere Entwicklung und Nutzung der elektronischen Abstimmungen und Wahlen als Instrument der Intensivierung der Demokratie ausdrücklich empfiehlt,[52] fehlt es doch bislang an konkreten Vorschlägen und geeigneten Technologien zur Erreichung dieses Zieles.

Eher überwiegt angesichts bisheriger Erfahrungen mit „einer kontinuierlichen und unmittelbaren Einflussnahme der Bürger auf Politikprozesse die Kritik", so etwa zur Steuerung von Politikprozessen über *likes* oder zum Aufstieg und Fall der Piraten[53]. Digitale Demokratie muss aber nicht „eine Rückkehr zur Stimmungsdemokratie der Antike" sein, die „mit einem erheblichen Reflexivitätsverlust erkauft" würde. Für *Münkler* „tut Entschleunigung als Reflexivitätsermöglichung" not.[54] Daher ist repräsentative Demokratie unverzichtbar. Die hier vorausgesetzte Möglichkeit der Information und Schulung zur Stärkung der Urteilsfähigkeit der Wähler und die Gelegenheit zur Reflexion und Deliberation[55] findet mit dem Internet allerdings neue Möglichkeiten und Wege.[56] Das gilt ungeachtet dessen, ob eine Abstimmung per Wahlurne oder elektronisch organisiert ist; entscheidend ist, ob und ggf. welche Anreize und Gelegenheit zur Schaffung dieser Kompetenz gegeben sind.

Ein anderer Aspekt ist das Verfassungsrecht. In Deutschland ist ein erster Versuch, elektronische Wahlen neben dem klassischen Verfahren der Wahl an der Urne möglich zu machen, am Bundesverfassungsgericht gescheitert. Im Urteil vom 3. März 2009 erklärte es die betreffende Bundeswahlgeräte-Verordnung in der Fassung vom 20. April 1999 insoweit für unvereinbar mit Art. 38 iVm. Art. 20 I und II GG, „als sie keine dem Grundsatz der Öffentlichkeit der Wahl entsprechende Kontrolle sicherstellt".[57] Elektronische

---

salzburg.at/download/pdf/3683429?name=Fornoni%20Tommaso%20Maria%20Why%20e-democracy%20is%20not%20a%20possible%20reality%20yet%20A%20literature (Zugriff 2.9.19).

[51] S. dazu etwa *Wolfgang Drechsler/Ülle Madise*, Electronic Voting in Estonia, in: Norbert Kersting u. Harald Baldersheim (Hrsg.), Electronic Voting and Democracy. A Comparative Analysis (Palgrave 2004), S. 97 –107. Zum Stand 2012: *Thad Hall*, Electronic voting, in: N. Kersting Electronic Democracy S. 153, 159 ff.; *Costa Vayenas*, Democracy in the Digital Age. How we'll vote and what we'll vote about, 2017, S. 1 ff. S. auch *Viljar Veebel*, E-Demcocracy in the European Union: Lessons from Estonia, in: Baltic Bulletin 13. Febr. 2018, unter: https://www.fpri.org/article/2018/02/e-democracy-european-union-lessons-estonia/ (Zugriff 17.7.19).

[52] Vgl. oben Fn. 20.

[53] *Münkler*, Verkleinern (Fn. 19), S. 94, 95.

[54] Ebd.

[55] Ebd., S. 113–115.

[56] Vgl. näher *Pernice*, Informationsgesellschaft (Fn. 35).

[57] BVerfGE 123, 39 – Wahlcomputer, S. 39 f.

Wahlen sind damit zwar nicht *per se* verfassungswidrig,[58] doch stellen die hier entwickelten Kriterien hohe Anforderungen an die technische Gestaltung von Geräten und Verfahren. Dasselbe muss für Abstimmungen gelten.

Die verfassungsrechtlichen Anforderungen sind im Einzelnen konkret für jedes Wahl- oder Abstimmungssystem zu beurteilen, wobei – wie das Beispiel der Briefwahl zeigt – die einzelnen Wahlrechtsgrundsätze nicht absolut zu nehmen sind, sondern jeweils ins Verhältnis zu setzen sind zu gegenläufigen Prinzipien.[59] Die verfassungsrechtliche Grundentscheidung für Demokratie nimmt hier eine besondere Stellung ein.[60]

3. Das Losverfahren und zufallsbasierte Abstimmungen: DECiDe

Die Entwicklung eines zufallsbasierten Abstimmungssystems im Projekt DECiDe versteht sich als Versuch, durch eine gezielte Einbeziehung der Bürgerinnen und Bürger in politische Entscheidungsprozesse einen Beitrag zur Stärkung der Demokratie zu leisten. Dass hierbei statt aller Bürgerinnen und Bürger jeweils nur einige Ausgewählte stimmberechtigt sind, dient wie beschrieben der Effizienz und nimmt der Abstimmung nicht den Charakter der demokratischen Abstimmung iSd. Art. 20 II GG. Zufallsauswahl oder Losverfahren sind seit der griechischen Demokratie auf Freiheit und Gleichheit gegründete Mittel der Auswahl der Mitglieder von Gremien und Versammlungen, denen politische Entscheidungsmacht anvertraut ist.[61] Für Aristoteles war die Auswahl der Mitglieder des Magistrats im Losverfahren demokratisch, Wahlen dagegen nicht; letztere entsprechen nach ihm einem oligarchischen Prinzip.[62] Wie dies sich seit der französischen Revolution bis heute

[58] Anders wohl *Morlok* (Fn. 47), Art. 38 Rn. 127, im Anschluss an *Martin Will*, Internetwahlen. Verfassungsrechtliche Möglichkeiten und Grenzen, 2002, S. 153 ff.

[59] Vgl. zu den Grundsätzen der Allgemeinheit und Freiheit der Wahl bzw. des Wahlgeheimnisses im Falle der Briefwahl: BVerfGE 21, 200, 204 ff. – Briefwahl I; BVerfGE 59, 119 124 ff. – Briefwahl II; BVerfGE 123, 39, 75 – Wahlcomputer; BVerfGE 134, 25, 30 ff. – Briefwahl III.

[60] S. insbes. BVerfGE 134, 25, 30 – Briefwahl III, hier zur Untermauerung für den Grundsatz der Öffentlichkeit der Wahl.

[61] S. *Aristoteles*, Politik, Sechstes Buch, Kap. 2 (1317b.1–20: Vgl. auch *Anja Röcke*, Losverfahren und Demokratie. Historische und demokratietheoretische Perspektiven, 2005, S. 15–25, mit ausführlicher Schilderung des Losverfahrens auch im republikanischen Florenz, ebd., S. 35–55, und der Diskussion moderner Anwendungsformen (ebd., S 93–131). Zusammenfassend zur Entwicklung: *van Reybrouck*, Against Elections (Fn. 16), S. 63–77. S. auch den Überblick bei *Konstantinos Tsakiliotis*, Was, wenn PolitikerInnen nicht gewählt, sondern durch Los gezogen würden?, Digital Society Blog, 29.1.2019, unter: https://www.hiig.de/was-wenn-politikerinnen-nicht-gewaehlt-sondern-durch-los-gezogen-wuerden/ (Zugriff 17.7.19).

[62] *Aristoteles*, Politik, Erstes Buch Kap. 9 (1294b.5): „… wie es demokratisch zu sein

realisiert, schildert *Peter Sloterdijk* drastisch unter dem Titel „Demokratie als Deckbegriff für Oligokratie".[63] Montesquieu führt in seinem Werk „Vom Geist der Gesetze" aus:

„Wahl durch Los entspricht der Natur der Demokratie. Wahl durch Abstimmung der Natur der Aristokratie. Das Auslosen ist eine Wahlform, die niemand verletzt. Sie lässt jedem Bürger eine begründete Hoffnung, seinem Vaterland dienen zu können".[64]

Diese Versuche einer Zuordnung mögen überspitzt oder gar falsch sein.[65] Mit dem Losverfahren wird Gleichheit gegenüber allen faktischen Ungleichheiten absolut gesetzt. Der Umstand, ausgelost zu sein, begründet bei den Erwählten das Gefühl besonderer Macht und Verantwortung für begrenzte Zeit bzw. für die fragliche Entscheidung; die geringe Wahrscheinlichkeit, dass das Los erneut auf sie fällt, schließt Elitenbildung aus, ebenso wie die Erwartung, besonderen persönlichen Nutzen aus einer bestimmten Entscheidung ziehen zu können.[66]

Wie die Auswahl der Mitglieder etwa von Bürgerversammlungen oder gar eines Teils (5%) der Abgeordneten des Bundestages im Losverfahren[67] als Form der demokratischen Auswahl verstanden wird, kann demgemäß auch die Auswahl der zur Teilnahme an einer elektronischen Abstimmung Berechtigten im Losverfahren oder nach dem Zufallsprinzip durchaus als mit dem

---

scheint, die Ämter durch das Los zu wählen, sie aber durch Wahl zu bestimmen eben oligarchisch; und demokratisch scheint zu sein, dass dies nicht von einer Vermögensklasse abhängt", s. auch ebd., Sechstes Buch, Kap. 2 (1317b.20), wo es darum geht, was demokratisch ist: „der Umstand, dass alle Ämter von allen gewählt werden, dass alle über jeden herrschen und jeder wechselweise über alle, dass die Ämter durch das Los bestimmt sind ..." S. dazu *van Reybrouck*, Against elections (Fn. 16), S. 66 f.

[63] *Peter Sloterdijk*, Von pseudonymer Politik. Über einige weit verbreitete Mißverständnisse der Demokratie, in: Friedrich Wilhelm Graf/Heinrich Meier (Hsg.), Die Zukunft der Demokratie. Kritik und Plädoyer, 2018, S. 171, 176 ff. – Oligokratie wird hier als eine der „vier mehr oder weniger ausgeprägte(n) Figuren realer politischer Machtausübung" dargestellt, „die unter ihrem wahren Namen unmöglich allgemein zustimmungsfähig wären: „Oligokratie, Fiskokratie, Mobokratie und Phobokratie" (ebd., S. 176 f.).

[64] *Charles-Louis de Secondat*, Baron de la Brède et de Montesquieu, Vom Geist der Gesetze, 2. Buch, 2. Kap. (Reclam 1964, 1995), S. 109, mit nachfolgender Diskussion diverser Formen des Auslosens, mit denen Mängel des Losverfahrens vermieden werden sollten. S. dazu *van Reybrouck*, Against elections (Fn. 16), S. 75 ff.

[65] So *Buchstein*, Demokratie und Lotterie (Fn. 15), S. 11, 20, mit dem Hinweis, dass es bei der Unterscheidung von Demokratie und Aristokratie weniger um das Verfahren als um das Recht auf Zugang zu bestimmten Ämtern gehe.

[66] Für *Buchstein*, Demokratie und Lotterie (Fn. 15), S. 17–110, 109 f., war das Los allerdings nicht die „Inkarnation des politischen Gleichheitsverständnisses der Athener", sondern „genau umgekehrt. Die politische Gleichheit war die Bedingung, unter der sich das Los, welches sakrale und oligarchische Wurzeln hatte, zu einem Instrument der Ämterbesetzung der Demokratie entpuppen konnte".

[67] So *Bender/Graßl*, Losverfahren (Fn. 14), S. 4 ff.

demokratischen Prinzip vereinbar bezeichnet werden. Die Repräsentativität hinsichtlich der diversen Gruppen der pluralistischen Gesellschaft ist bei ausreichender Größe der Gruppe der Ausgewählten gegeben.

Somit dürfte der Legitimität des Abstimmungsergebnisses insofern nichts entgegenstehen. In der repräsentativen Demokratie ermöglicht die zufallsbasierte Abstimmung „Responsivität", also die regelmäßigere kommunikative Rückkopplung zwischen Repräsentanten und Repräsentierten.[68] Sie stärkt damit das, worauf letztlich auch die Repräsentation abzielt: In jeder politischen Entscheidung soll der Wille der Bürgerinnen und Bürger sich im besten Sinne widerspiegeln.

III. Information, Deliberation und die Gefahren der Manipulation

Wie in der attischen Demokratie kann dank der Digitalisierung für eine zumindest virtuelle Präsenz der an einer politischen Entscheidung beteiligten Repräsentanten gesorgt werden. Anders als in der griechischen Polis aber ist heute die Möglichkeit der Teilnahme an der Abstimmung nicht von der geographischen Nähe zum Abstimmungsort abhängig, sondern sie ist räumlich unbegrenzt.

Zwei relevante Einwände werden dennoch von *Münkler* wie folgt auf den Punkt gebracht:

> „Elektronische Abstimmungen der Online-Bürger können allenfalls den Status demoskopischer Untersuchungen haben, aber keine kollektive Verbindlichkeit für sich beanspruchen – allein schon wegen der Verwundbarkeit des Internets für Attacken von außen".[69]

Der erste Einwand hat mit den Vorteilen der durch den Buchdruck gewonnenen Möglichkeiten der Entschleunigung zu tun (dazu 1.), der zweite betrifft die Sicherheit und Manipulationsresistenz des Systems (dazu 2.)

1. Entschleunigung – Der Raum der „organisierten Deliberation"

Die für die repräsentative Demokratie typische „Entschleunigung zwecks Reflexion und Deliberation", auf die jede sinnvolle demokratische Partizipation angewiesen ist, macht verantwortliche Entscheidungen auch über komplexere Fragen erst möglich und ist daher unverzichtbar.[70] Selbst wenn

---

[68] Zur Bedeutung vgl. *Dreier*, Demokratie (Fn. 1), S. 37 ff.

[69] *Münkler*, Verkleinern (Fn. 19), S. 118.

[70] Ebd., S. 118. Vgl. auch oben bei Fn. 33. Zur Notwendigkeit der Stärkung der politischen Urteilskraft durch Schulung auch im repräsentativen System infolge gesteigerter

die elektronische Abstimmung als Element direkter Demokratie nur komplementär die durch Wahlen und Parlament geprägte repräsentative Demokratie ergänzen soll, müssen Reflexion und Deliberation auch hier sichergestellt werden. Sie können es aber auch: Im Unterschied zu spontanen Meinungsumfragen kann das System eines auf digitale Identitäten gestützten zufallsbasierten elektronischen Votums auf der Webseite der jeweiligen Organisatoren mit einem Informationsservice, mit Dialogplattformen, mit geschlossenen sozialen Netzwerken und mit Online- oder auch Präsenz-Versammlungen all derjenigen unterlegt werden, die zu der jeweiligen Frage als abstimmungsberechtigt ausgewählt wurden. Auch was *Münkler* als die „Zwischenschicht von Experten, Politikberatern und Gemeinwohlunternehmen" identifiziert und als „Provokation für den Egalitätsanspruch der Herrschaftsunterworfenen" bezeichnet,[71] kann hier denjenigen dienstbar gemacht werden, die ihre persönliche Meinung im Diskurs verantwortungsvoll bilden. So wird ein digitaler Raum der Information und „organisierten Deliberation" geschaffen, der ein informiertes und abgewogenes verantwortliches Entscheiden ermöglicht und letztlich die Legitimität des Ergebnisses stärkt. Die speziell auf die registrierten Mitglieder der Gruppe, um deren Votum es geht, beschränkten Dienste ergänzen die Informations- und Dialogmöglichkeiten, die ohnehin im familiären und privaten Umfeld, aber auch öffentlich, durch die Medien oder in sozialen Netzwerken zur Verfügung stehen, so dass auch ein kritischer Abgleich immer möglich ist.

Voraussetzung und Grundlage dieser „organisierten Deliberation" aller Stimmberechtigten ist, dass zwischen der Auswahl der Abstimmungsberechtigten und der Abstimmung selbst ein angemessener Zeitraum liegt, während dessen sie sich informieren, diskutieren und eine Meinung bilden können. Die zeitliche Dimension des Raumes organisierter Deliberation ist ebenso wichtig, freilich nicht so grenzenlos, wie die räumlich/geographische.

Ebenso wenig wie die Teilnahme an der Abstimmung selbst kann allerdings die Teilnahme an der Deliberation in den diversen, begleitend angebotenen Foren erzwungen werden. Es gibt jedoch Gründe zur Annahme, dass allein schon die Tatsache, dass eine zur Teilnahme im Verfahren registrierte Person nach dem Zufallsprinzip zur Teilnahme an der Abstimmung ausgewählt wurde, dazu führt, dass sich die Auserwählten der Bedeutung ihrer Mitwirkung bewusst werden und deswegen besonders motiviert sind, sich umfassend zu informieren und an dem betreffenden Diskurs intern teil-

---

Komplexität und Elitenbildung s. ebd., S. 107 ff., 113 ff.: in den „komplexen Systemen der modernen Demokratie" werde der Bürger schrittweise „in einen Leistungskonsumenten des politischen Managements transformiert" (S. 112), dagegen erlaube Entschleunigung die Steigerung der Kompetenz und sei „Voraussetzung kompetenter Bürgerpartizipation" (S. 113).

[71] *Münkler*, Verkleinern (Fn. 19), S. 110.

zunehmen, ja darüber hinaus das Thema im eigenen Umfeld zur Sprache zu bringen.[72]

2. Sicherheit und Manipulationsresistenz

Wenn ein elektronisches Wahl- oder Abstimmungsverfahren anfällig ist für Störungen oder Manipulationen, die das Wahlergebnis verfälschen könnten, kann es nicht für verbindliche Entscheidungen Verwendung finden. Es geht hier nicht um gezielte Manipulationen des Meinungsbildungsprozesses, etwa durch organisierte Ver(w)irrungen, wie sie unter den Stichworten *disinformation operations* und *psychographically microtargeted advertising* (Cambridge Analytica) bekannt geworden sind.[73] Diese Herausforderungen betreffen demokratische Prozesse allgemein, zumal in der heutigen „mobokratischen Großwetterlage“ (*Sloterdijk*);[74] dass hierdurch elektronische Abstimmungen besonders gefährdet würden, ist nicht ersichtlich. Schon we-

---

[72] S. in diesem Sinne schon *Chaum*, Random Sample Voting (Fn. 26), S. 1 (abstract), Appendix 1 lit. (a)–(c).

[73] Am eindrucksvollsten zuletzt der Netflix Dokumentationsfilm „The Great Hack“, dazu *Markus Böhm*, Doku zum Skandal um Cambridge Analytica „Bis sie die Welt so sahen, wie wir es wollten“. Cambridge Analytica mischte bei der Wahl von Donald Trump mit und gelangte an Daten zu Millionen Facebook-Nutzern: Nun dreht sich eine Netflix-Doku um die Skandalfirma – und ihren angeblichen „großen Hack“, Spiegel-online v. 24.7.2019, unter: https://www.spiegel.de/netzwelt/netzpolitik/the-great-hack-das-taugt-die-netflix-doku-zum-cambridge-analytica-skandal-a-1278161.html (Zugrif 19.4.2020). S. auch *Ingolf Pernice*, Protecting the global digital information ecosystem: a practical initiative, Internet Policy Review, 05 March 2019 (on Public discourse), online at: https://policyreview.info/articles/news/protecting-global-digital-information-ecosystem-practical-initiative/1386 (Zugriff 5.8.19), m.w.N. Speziell zur Rolle der Falschinformation im Brexit-Prozess *ders.*, Brexit – Exercise of Democracy or a Challenge to Democracy, in: Lina Papadopoulos/Ingolf Pernice (Hrsg.), Brexit and the Future of European Politics. A Constitutional Law Perspective, Tenth ECLN Conference (Lisbon 2017), S. 101, 115–119, 123 f. (i.E). – Krit. *Helen Margetts*, Rethinking Democracy with Social Media. *The Political Quarterly*, *19* (2019), 107–123. Differenzierend: *Torsten Thiel*, Digitalisierung: Gefahr für die Demokratie? Ein Essay, in: Politikum: Analysen, Kontroversen, Bildung, 4 (2018), 50–55, unter https://www.econstor.eu/bitstream/10419/184647/1/f-21551–Volltext-Thiel-Digitalisierung-v3.pdf (Zugriff 16.7.19). Mit der Identifizierung von „nine ways in which Facebook could incrementally make itself a better forum for free speech and democracy“ s. *Timothy Garton Ash/Robert Gorwa/Danae Metaxa*, Glasnost! Nine ways Facebook can make itself a better formum for free speech and democracy. An Oxford-Stanford Report (2019), unter: https://reutersinstitute.politics.ox.ac.uk/sites/default/files/2019-01/Garton_Ash_et_al_Facebook_report_FINAL_0.pdf. (Zugriff 17.2.2020).

[74] *Sloterdijk*, Von pseudonymer Politik (Fn. 63), S. 191, speziell zum Ausgang des Brexit-Referendums: „… die *Leave*-Kampagne wurde nicht selten mit den typischen Mitteln mobokratisch enthemmter Desinformation geführt. Hier war offenkundig ein Mob von oben tätig, um einen Mob von unten zu mobilisieren“.

gen des tendenziell höheren Verantwortungsbewusstseins der im Losverfahren auserwählten Personen dürfte sich ein auf Zufallsauswahl basiertes Abstimmungssystem, das in einem Raum der organisierten Deliberation eingebettet ist, sogar als resistenter gegenüber Manipulationsversuchen bei der Meinungsbildung erweisen, als spontane Meinungsumfragen oder allgemeine Volksabstimmungen.

Für dieses System stellen sich indessen besondere Probleme der IT-Sicherheit gegenüber (Hacker-) Angriffen von außen (dazu a.); ebenso gibt es Risiken der „inneren" Manipulation des Systems, durch welche die Abstimmungsergebnisse verfälscht werden könnten (dazu b.). Da jeweils nur ein relativ kleiner Kreis der im eID-Register registrierten Personen im Losverfahren zum Abstimmen auserwählt ist und jede Stimme dabei ein relativ hohes Gewicht hat, müssen auch besondere Vorkehrungen getroffen werden, die das Risiko des Stimmenkaufs weitgehend ausschließen (dazu c.).

a. „Äußere" Sicherheit und die Verletzbarkeit der Systeme

Die Verwundbarkeit von IT-Systemen und speziell des Internets durch Attacken von außen ist bei Online-Wahlen und Abstimmungen ein schwerwiegendes Argument gegen die Annahme kollektiver Verbindlichkeit der Ergebnisse insbesondere im politischen Raum.[75] Es gibt praktisch kein mit dem Internet verbundenes System, das insofern als absolut sicher bezeichnet werden kann. Die Zahl der Angriffe nimmt eher zu als ab.[76] In der Schweiz wurden nach einigen Tests in den 2000er Jahren[77] Pläne der allgemeinen Einführung elektronischer Wahlen auf Eis gelegt, nachdem offiziell bestellte Hacker das System erfolgreich angreifen konnten.[78] Sicherheitslücken in der

[75] So etwa *Münkler*, Verkleinern (Fn. 19), S. 118, und Zitat oben, bei Fn. 19. Zur Diskussion s. etwa *Thad Hall*, Open government (Fn. 51), S. 168 ff.

[76] Vgl. die Berichte des BSI „Die Lage der IT-Sicherheit in Deutschland" (zum Bericht 2019), unter: https://www.bsi.bund.de/DE/Themen/Cyber-Sicherheit/Gefaehrdungslage/Lageberichte/cs_Lageberichte_node.html;jsessionid=D40520002B4271D2774CD2D3C727B405.1_cid360 (Zugriff 19.4.2020).

[77] S. die Chronik des Schweizerischen Bundesrats unter: https://www.bk.admin.ch/bk/de/home/politische-rechte/e-voting/chronik.html (Zugriff 5.9.2019).

[78] Vgl. *Oliver Wietlisbach*, Das E-Voting der Post ist offiziell gehackt – so reagieren Bund, Post und die Hacker, in: watson v. 12.3.19, unter:https://www.watson.ch/digital/schweiz/775256008–das-e-voting-der-post-ist-offiziell-gehackt-so-reagieren-bund-und-post (Zugriff 14.8.19); s. auch Sonja Peteranderl, E-Voting. Sicherheitslücke in Schweizer Wahl-Software entdeckt, Spiegel-online v. 1.4.19, unter: https://www.spiegel.de/netzwelt/netzpolitik/schweiz-sicherheitsluecke-in-wahl-software-entdeckt-a-1257563.html (Zugriff 14.8.19); s. schon den Bericht von *ders.*, Elektronische Wahlen. Widerstand gegen E-Voting in der Schweiz, Spiegel-online v. 9.2.19, unter: https://www.spiegel.de/netzwelt/netzpolitik/e-voting-in-der-schweiz-widerstand-gegen-elektronische-abstimmungen-a-1252013.html (Zugriff 14.8.19).

Software, die das Hacking ermöglichen – aber auch von Geheimdiensten und Strafverfolgungsbehörden gern genutzt und geheim gehalten werden – gelten als unvermeidbar.[79] Selbst wenn solche Zugriffsmöglichkeiten auf IT-Systeme nicht bestünden, ist menschliche Unachtsamkeit der Weg, über den Angriffe auch auf interne Netzstrukturen gelingen. Die intensiven Bemühungen der Industrie sowie der zuständigen Behörden auf allen Ebenen, die IT-Sicherheit in den Griff zu bekommen,[80] werden die bestehenden und immer neuen Risiken nicht gänzlich beseitigen, weder für kritische Infrastrukturen noch für IT-Systeme und Anwendungen des Internets in Regierungen und Parlamenten. Derartige Risiken bestehen allerdings auch heute schon bei der Durchführung und Auszählung der Wahlen an der Urne, soweit die Digitalisierung hier genutzt wird.[81] Bei elektronischen Wahlen oder Abstimmungen ist besondere Achtsamkeit geboten, doch sollten sich bestehende Sicherheitsrisiken durch spezielle Vorkehrungen derart begrenzen lassen, dass ihre Einführung ergänzend zu Wahlen per Stimmzettel nicht grundsätzlich ausgeschlossen erscheint.[82] Für sie sollte derselbe Schutz gefordert sein, wie er in den diversen Sicherheitsstrategien der Staaten und der EU für kritische Infrastrukturen angestrebt wird.[83]

---

[79] S. das Dokument White House, Vulnerabilities Equities Policy and Process for the United States Government, Nov. 2017, Ziff. 2, unter: https://www.whitehouse.gov/sites/whitehouse.gov/files/images/External%20–%20Unclassified%20VEP%20Charter%20FINAL.PDF (Zugriff 3.8.19): „… Information systems will continue to have vulnerabilities and efforts to discover and disclose these flaws is an ongoing need". Zum Problem und Strategien der Behandlung s. etwa *Sven Herpig*, Schwachstellen-Management für mehr Sicherheit. Wie der Staat den Umgang mit Zero-Day-Schwachstellen regeln sollte, Stiftung Neue Verantwortung, August 2018, unter: https://www.stiftung-nv.de/sites/default/files/vorschlag.schwachstellenmanagement.pdf(Zugriff 3.8.19).

[80] Vgl. dazu *Ingolf Pernice*, Global Cybersecurity Governance. A Constitutional Analysis, in: 7 Global Constitutionalism (2018), 112–141. Zu neueren Entwicklungen auf EU Ebene s. den EU Cybersecurity Act 2019, Verordnung (EU) 2019/881 des Europäischen Parlaments und des Rates vom 17. April 2019 über die ENISA (Agentur der Europäischen Union für Cybersicherheit) und über die Zertifizierung der Cybersicherheit von Informations- und Kommunikationstechnik und zur Aufhebung der Verordnung (EU) Nr. 526/2013 (Rechtsakt zur Cybersicherheit), ABl. ABl. L 151 vom 7.6.2019, S. 15–69.

[81] Dass auch bei analogen Wahlverfahren Betrugsversuche immer wieder vorkommen, zeigt der Fall Frankfurt/Oder, Staatsanwaltschaften prüfen Verdacht auf Wahlbetrug, rbb24 v. 28.8.19, unter: https://www.rbb24.de/politik/beitrag/2019/08/staatsanwaltschaft-wahlbetrug-oder-spree-frankfurt-ermittlung.html (Zugriff 19.4.2020).

[82] In diesem Sinne zuversichtlich *Vayenas*, Democracy (Fn. 51), S. 5 ff., 7.

[83] S. etwa Cyber-Sicherheitsstrategie für Deutschland (2016), S. 10, 21, 22, 29, 32, 34, unter: https://www.bmi.bund.de/cybersicherheitsstrategie/BMI_CyberSicherheitsStrategie.pdf(Zugriff 1.9.19). Défense et sécurité des systèmes d'information. Stratégie de la France, unter: https://www.ssi.gouv.fr/uploads/IMG/pdf/2011-02-15_Defense_et_securite_des_systemes_d_information_strategie_de_la_France.pdf (Zugriff 1.9.19), S. 7, 8, 1 unter: https://assets.publishing.service.gov.uk/government/uploads/system/uploads/attachm

Insbesondere die Datensicherheit ist nicht nur für den Datenschutz von grundlegender Bedeutung (vgl. Art. 32–34 DSGV), sondern auch für die Funktionsfähigkeit eines Systems zufallsbasierter elektronischer Abstimmungen. Sowohl bei der elektronischen Registrierung der e-ID der Teilnehmer als auch hinsichtlich der Wahrung des Wahlgeheimnisses sind hohe Anforderungen an die technische Gestaltung gestellt. Die Verschlüsselung der gespeicherten Daten und die Anwendung der Blockchain-Technologie sollten allerdings erlauben, dass ein Verlust der Daten und die Manipulation von außen weitgehend ausgeschlossen werden. Das e-ID Register ist so strukturiert, dass die registrierte Person „souverän" über ihre Daten verfügen kann, wobei rückwirkende Änderungen der eingefügten Grunddaten ausgeschlossen sind. Die Verschlüsselung der Abstimmungscodes und ihrer Übermittlung vom Organisator zum Wähler und zurück sorgt zusätzlich dafür, dass insofern der Wahlakt und das Votum nicht von außen observiert werden können und insofern das Wahlgeheimnis geschützt ist.

Wenn es nicht möglich ist, die „äußere" Sicherheit eines digitalen Abstimmungssystems hochgradig zu gewährleisten, erscheint es doch denkbar, technisch sicherzustellen, dass Angriffe und Manipulationsversuche hinsichtlich des Systems selbst und seines Funktionierens, also der Hard- und Software nicht unbemerkt bleiben. Dies sollte durch die strikte Trennung der technischen Seite des Systems und seiner operativen Verwendung möglich sein, wobei insbesondere die Integrität der verwendeten Software durch Hash-[84] und Blockchain-Techniken im jeweiligen Stand abgesichert wird und damit Veränderungen und Manipulationsversuche jederzeit erkannt werden können. Zu der technischen Überprüfung der einwandfreien Funktionsweise des Systems, ggf. der Zertifizierung und Erteilung eines Prüfsiegels hinzu kommt

---

ent_data/file/567242/national_cyber_security_strategy_2016.pdf (Zugriff 1.9. 19). Nationale Strategie zum Schutz der Schweiz vor Cyber-Risiken (NCS) 2018–2022, S. 2, 6,7, 8, 9, 11, 13, 15 f., 18, 19 ff., 23 f., unter: https://www.newsd.admin.ch/newsd/message/attachments/52071.pdf. EU Kommission, Cybersicherheitsstrategie der Europäischen Union – ein offener, sicherer und geschützter Cyberraum (2013), S. 7, 8, 13, 14, 15, 18, 19, unter: http://www.eeas.europa.eu/archives/docs/policies/eu-cyber-security/cybsec_comm_de.pdf (Zugriff 1.9.19). EU Kommission, Resilience, Deterrence and Defence: Building strong cybersecurity for the EU (2017), S. 1, 2, 4, 5, unter: https://eur-lex.europa.eu/legal-content/en/TXT/?uri=CELEX%3A52017JC0450 (Zugriff 1.9.19). National Cyber Strategy of the United States of America (Sept. 2018), S. 1, 3, 6 f., 8 f., 11, 17, 24 f., 26, unter: https://www.whitehouse.gov/wp-content/uploads/2018/09/National-Cyber-Strategy.pdf (Zugriff 1.9. 19). U.S. Department of Homeland Security Cyber Security Strategy (2018), S. 2, 3, 11–16, 20, 22, 23, 24, unter: https://www.dhs.gov/sites/default/files/publications/DHS-Cybersecurity-Strategy_1.pdf (Zugriff 1.9.19).

[84] S. näher: *Agnieszka Czernik*, Hashwerte und Hashfunktionen einfach erklärt, in: Datenschutzbeauftragter Info v. 2.9.16 unter: https://www.datenschutzbeauftragter-info.de/hashwerte-und-hashfunktionen-einfach-erklaert/ (Zugriff 14.8.19).

also eine Art Alarmsystem, das jede Veränderung der Software, d.h. sowohl der Wahl-App wie der vom Wahlveranstalter eingesetzten Software, anzeigt. Solange eine solcher Alarm nicht gegeben wird, sollte das Vertrauen auf die Integrität des Systems und seiner Funktion begründet sein.

b. „Innere" Sicherheit des Systems: Manipulationsrisiken und -resistenz

Das Abstimmungssystem muss auch gegen interne, „eingebaute" Manipulation geschützt sein, damit das ausgewiesene Ergebnis zuverlässig die abgegebenen Stimmen reflektiert. Zu den besonderen Herausforderungen bei elektronischen Abstimmungen und Wahlen hinsichtlich der Manipulationsrisiken gehören u.a. die[85]

- Verhinderung der mehrfachen Stimmabgabe durch ein- und dieselbe Person,
- Integrität der Zufallsauswahl im Losverfahren
- Festlegung und Zuordnung der Wahlcodes
- Verschlüsselung und sichere Übermittlung der Wahlcodes
- Wahrung des Grundsatzes der geheimen Wahl
- Identität von Wählerentscheidung und Auszählungsobjekt

Manipulationsrisiken können, wenn sie im Programm etwa durch sog. *backdoors* integriert sind, durch eine unabhängige technische Prüfung und Tests des Systems aufgedeckt werden; jeder nachträgliche Einbau würde als Veränderung durch das genannte Alarmsystem gemeldet. Bei zufallsbasierten elektronischen Abstimmungen sind darüber hinaus hinsichtlich der operativen Anwendung Vorkehrungen möglich, die auf die Gewährleistung eines hohen Maßes an Sicherheit gerichtet sind.

aa. Mehrfache Stimmabgabe?

Die Verbindung von elektronischer Registrierung (e-ID) mit dem Losverfahren und der elektronischen Abstimmung stellt sicher, dass nur diejenigen überhaupt in die Auswahl kommen, die registriert sind und deren Identität verifiziert ist; dass eine Person sich höhere Teilnahmechancen dadurch erschleicht, dass sie sich mehrfach registriert und etwa über verschiedene E-Mail Adressen Wahlcodes mehr als einmal erhält, lässt sich mit der Verifizierung der Registrierung etwa durch amtlichen Abgleich mit dem Personalausweis und Eintragung der Ausweisnummer im Register ausschließen. Die Registrierung der e-ID's wurde im Testlauf, der 2019 in Zusammenarbeit mit *European Alternatives* durchgeführt wurde,[86] über eine Anwendung

[85] *Morlok* (Fn. 47), Art. 38 Rn. 127. S. schon *Will*, Internetwahlen (Fn. 58), S. 71 ff. Zu den Fragen der Transparenz und Öffentlichkeit s. unten IV.

[86] S. https://euroalter.com (Zugriff 5.8.19).

(eID+ App) ermöglicht, die von der schweizerischen Firma Procivis zur Verfügung gestellt wurde.[87] Die Verifizierung erfolgte hier durch den Abgleich von Name und E-Mail-Adresse jedes einzelnen Teilnahmekandidaten mit der Mitgliederliste der NGO. Bei Anwendungen auf Gemeindeebene wäre sie durch die Meldebehörde möglich, deutschlandweit könnte sie durch den elektronischen Personalausweis erfolgen.[88] Ein auf diese Weise erstelltes ID-Register sollte dann zugleich Angaben über die Gemeinde- bzw. Landeszugehörigkeit enthalten, wodurch die Nutzung für Abstimmungen auf allen staatlichen Ebenen möglich würde. Eine Erweiterung auf die europäische Ebene ist durch die Verbindung harmonisierter Register in den Mitgliedstaaten denkbar, wenn nicht von vornherein ein europäisches Register erstellt wird. Die Nutzung der Blockchain-Technologie erlaubt es, die Authentizität der Eintragungen gegenüber Manipulationsversuchen zu sichern. Nachfolgende Änderungen, etwa nach einem Umzug der registrierten Person, würden nur nach erneuter Verifikation akzeptiert.

bb. Zufallsauswahl im Losverfahren

Bereits in der attischen Demokratie wurde eine Vielzahl von Verfahren und Techniken der Zufallsauswahl angewendet, z.T. wurden kunstvolle Losmaschinen eingesetzt und die Auswahl erfolgte in öffentlicher Versammlung.[89] Heute kann als eine besonders transparente und zugleich manipulationssichere Art der Zufallsauswahl das Modell der im Fernsehen übertragenen Ziehung der Lottozahlen unter notarieller Aufsicht angesehen werden. Wenn es aber um die Auswahl einer großen Zahl von Abstimmungsberechtigten etwa aus der Menge der Wahlberechtigten einer größeren Stadt, eines Landes oder des Bundes, ja der EU geht, ist das Modell der Glücksspiel-Lotterie ungeeignet. Ein digitales Auswahlsystem basierend auf einem Zufallsgenerator kann indessen denselben Effekt der manipulationssicheren Lotterie haben, bei der niemand den Ausgang vorhersagen oder den Ausgang beeinflussen kann.[90]

---

[87] Vgl. https://procivis.ch/eid-de/ (Zugriff 5.8.19).

[88] Für den elektronischen Personalausweis in Deutschland s. unter: https://www.personalausweisportal.de/DE/Buergerinnen-und-Buerger/Anwendungen/Anwendungen_node.html (Zugriff 0.8.19). Entsprechend für die Niederlande: die DigID, die für den Zugang zu den staatlich angebotenen E-Government-Diensten offensteht, vgl. unter: https://www.digid.nl (Zugriff 10.8.19).

[89] S. näher *Buchstein*, Demokratie und Lotterie (Fn. 15), S. 30 ff.

[90] Vgl. *Chaum*, White Paper (Fn. 26), appendix 2: „*In terms of the public random draws,* called out as Step (2) and Step (6) in the diagram and recipe below, these are based on publicly-verifiable yet unpredictable data. The blockchain at a time certain can be an ideal source for this …“. Neuerdings ist Chaum allerdings von dieser Lösung abgekommen und schlägt ein der öffentlichen Lotterie ähnlicheres Verfahren („The 7th Estate“) vor, das

Voraussetzung ist zunächst, dass die für jede Abstimmung zugrunde gelegte Wählerliste, die durch den Zugriff auf das e-ID-Register erstellt werden muss, vollständig ist, und nicht bestimmte Gruppen oder Personen ausgeschlossen werden. Ein nachträglicher Abgleich der Wählerliste mit dem e-ID-Register ist technisch realisierbar. Das Vertrauen allein auf die Organisatoren der Abstimmung genügt allerdings nicht; zwingend ist sowohl die vorherige technische Prüfung des Systems (Auditierung) als auch eine „Wahlaufsicht“ durch anerkannte unabhängige Wahlprüfer.

Deutlich schwieriger erscheint es, das unverfälschte und reibungslose Funktionieren des Zufallsgenerators und damit des Auswahlvorgangs selbst sicherzustellen. Es ist gerade das Charakteristikum eines Zufallsgenerators, dass die jeweilige Auswahl nicht nachvollziehbar ist. Sie ist also nicht wiederholbar und kann nicht rekonstruiert werden. Wie bei der Fernsehlotterie wäre es indessen hilfreich, wenn der Auswahlvorgang trotz der digitalen Ausgestaltung visualisiert werden könnte, so dass Interessierte die Auswahl am Bildschirm mitverfolgen können. Eine Auditierung und Zertifizierung des Systems in Bezug auf die Übereinstimmung des technischen Auswahlvorgangs mit dem, was auf dem Bildschirm gezeigt wird, wäre allerdings gleichwohl notwendig.

cc. Festlegung und Zuordnung der Wahlcodes (Verschlüsselung)

Wenn nach dem Losverfahren feststeht, wer an der Abstimmung effektiv teilnehmen kann, muss für jeden Ausgewählten ein „Wahlbrief“ ausgestellt werden, in dem die betreffende Frage, Details über Vorbereitung (den „Raum organisierter Deliberation“) und über den Ablauf der Abstimmung, vor allem aber die Codes übermittelt werden, die den Auswahlfeldern für das „ja“ oder „nein“ auf der App hinterlegt werden. Dabei handelt es sich gegenwärtig um vier zwölfstellige Codes, zur Stärkung des Wahlgeheimnisses jeweils zwei für „ja“ und zwei für „nein“, die für jeden Abstimmungsberechtigten gesondert generiert werden. Die Verschlüsselung dient dem Schutz nach außen, gegenüber Dritten. Nur der Wähler selbst sieht die für ihn gegebenen Codes – wenn er die „Details“ hinter dem jeweiligen Feld für „ja“ oder „nein“ anklickt – und kann deshalb wissen, welche Codes für sein „ja“ bzw. „nein“ jeweils vorgesehen sind und durch Anklicken des jeweiligen Feldes dann zur Zählung übermittelt werden. Wünscht er eine Überprüfung, so kann er nach der Abstimmung nachsehen, ob einer seiner Codes tatsächlich auf den dann öffentlich zugänglichen Listen auftaucht und bei der Zählung berücksichtigt wurde.

---

allerdings schwerlich auf die Auslosung mehrerer (zig-)tausend Abstimmungsberechtigter anwendbar erscheint.

Es ist technisch nicht ausgeschlossen, dass die Veranstalter der Abstimmung die Zuordnung der Codes jeweils zu einer bestimmten Person nachvollziehen, jedenfalls solange die Listen der Codes gespeichert bleiben. Anhand dieser Kenntnisse wäre es dann auch denkbar, dass nach Rücklauf der Abstimmungsentscheidungen nachvollzogen wird, wer wie abgestimmt hat. Um das Wahlgeheimnis zu gewährleisten, muss deshalb dafür gesorgt werden, dass die ursprünglichen Listen der Codes nach Versendung der „Wahlbriefe" endgültig gelöscht werden. Dies könnte durch ein eingebautes unwiderrufliches Verfalldatum der Listen oder auch durch ausdrückliche oder automatische Löschung erfolgen; die Auditierung des Systems insoweit und die Überwachung der Löschung durch unabhängige Wahlbeobachter wären auch insofern geboten.

dd. Sichere Übermittlung der Wahlcodes („Wahlbrief")

Die im Losverfahren aus der Wählerliste ausgewählten Abstimmungsberechtigten müssen über ihr Wahlrecht in jedem Einzelfall informiert werden; dies erfolgt im bisher getesteten Prototyp durch eine Push-Nachricht durch die eID+ App, über die sich der Anwender registriert hatte und deren Anwendung durch Login, Passwort und ggf. eine biometrische Funktion oder auch Zwei-Faktor-Authentifizierung geschützt ist. Auf dieser App erscheint die Wahlbenachrichtigung, hier werden die zur Abstimmung gestellte(n) Frage(n) und die Modalitäten der Abstimmung erläutert, vor allem aber wird der Zugang zu den für jede Frage gegebene Auswahlmöglichkeiten durch „ja-" und „nein"-Felder eröffnet. Die Übermittlung dieses Wahlbriefes und – auf dem Rückweg der Wahlentscheidung – erfolgt also nicht per E-Mail mit ihren Sicherheitsrisiken, sondern im direkten Datenverkehr zwischen Veranstalter und Abstimmungsberechtigtem. Nicht nur die Verschlüsselung der Wahlentscheidung durch die Codes, sondern auch diejenige des Datenverkehrs zwischen den Beteiligten sorgen für den Schutz der Wahlkommunikation.

ee. Wahlgeheimnis: Die Sicherheit des Wahlvorgangs

Die Vertraulichkeit des Wahlvorgang ist im Falle der Urnenwahl durch die Kontrolle der Ausweise, die Übergabe des Wahlzettels an die Wähler gegen Vorlage von Wahlbenachrichtigung und Ausweis, die Abgeschiedenheit der Kabine sowie die Überwachung dieser Abgeschiedenheit und des Einwerfens des ausgefüllten Wahlzettels durch die im Wahlbüro tätigen Wahlhelfer gewährleistet. Bei der digitalen Abstimmung degegen können Wahlberechtigte über die App wie bei der Briefwahl von zu Hause aus oder von unterwegs im angegebenen Zeitraum an der Abstimmung teilnehmen, soweit ein Zugang zum Internet besteht.

Wie bei der Briefwahl ist dabei nicht sichergestellt, dass tatsächlich der Wähler die Unterlagen selbst ausfüllt. Auch bei der Briefwahl ist trotz der

Regelung über den Wahlschein weder die Identität von Wahlberechtigtem und der tatsächlich den Wahlzettel ausfüllenden Person garantiert, noch ist sichergestellt, dass das Ausfüllen des Wahlzettels wirklich unbeobachtet bleibt. Nach der Rechtsprechung des Bundesverfassungsgerichts sind hier gleichwohl die Anforderungen an die „öffentliche Kontrolle" wie auch an die „Integrität der Wahl" erfüllt. Der Schutz dieser Grundsätze ist bei der Briefwahl zurückgenommen, da sie dem „Ziel einer möglichst umfassenden Wahlbeteiligung" diene, und damit „dem Grundsatz der Allgemeinheit der Wahl Rechnung" trage.[91] Da elektronische Wahlen in noch höherem Maße die Beteiligung an der Wahl erleichtern und damit fördern, wären Zugeständnisse an das Wahlgeheimnis und die öffentliche Kontrolle hier erst recht zu rechtfertigen.

Diese Überlegungen können auf digitale Abstimmungen übertragen werden. Es genügt das Vertrauen auf die Identität des Inhabers der Abstimmungs-App sowie des Adressaten des Wahlbriefes und des Wahlscheins mit der Person, die tatsächlich wählt und den Wahlcode an den Veranstalter übermittelt, so wie der Briefwähler den Wahlbrief ans Wahlbüro zurücksendet. Das Bundesverfassungsgericht fordert bei der Briefwahl eine eidesstattliche Erklärung auf dem Wahlschein, welcher zusammen mit dem im gesonderten Umschlag übersandten Wahlzettel an das Wahlbüro geschickt werden muss.[92] Bei der digitalen Abstimmung gibt es zwar keinen Wahlschein, auf dem diese Erklärung abgegeben werden könnte, aber dank Login mit Passwort und ggf. einer biometrischen Sicherung wird auf andere Weise sichergestellt, dass nur die berechtigte Person selbst abstimmt. Die Zwei-Faktor-Authentifizierung wie beim Online-Banking[93] würde ebenfalls eine gewisse Sicherheit geben. Die bei der Briefwahl auf dem Wahlschein geforderte schriftliche eidesstattliche Versicherung kann schließlich implizit als im Wahlakt selbst liegend angesehen werden, selbst wenn sie nicht explizit durch Anklicken eines dafür speziell angelegten Feldes auf der App erfolgt.

Angesichts der nur beschränkten Möglichkeiten des Schutzes des Wahlgeheimnisses bei der Briefwahl war diese ursprünglich auf Fälle beschränkt, in denen glaubhaft gemacht werden konnte, dass der fragliche Wähler am normalen Urnengang gehindert war. Mit Rücksicht auf die zunehmende Mobilität der Bevölkerung und das Interesse an umfassender Wahlbeteiligung gemäß dem Grundsatz der Allgemeinheit der Wahl hat das Gericht aber

---

[91] BVerfGE 134, 25, 30 – Briefwahl III, Rn. 13.

[92] BVerfGE 21, 200, 204 ff. – Briefwahl I; BVerfGE 59, 119, 126 f. – Briefwahl II, mit Anregungen zur Vermeidung von Missbrauchs- und Manipulationsmöglichkeiten ebd., S. 127 f.

[93] Vgl. zur Erläuterung: BSI, Zwei-Faktor-Authentisierung für höhere Sicherheit, unter: https://www.bsi-fuer-buerger.de/BSIFB/DE/DigitaleGesellschaft/OnlineBanking/Zwei_Faktor_Authentisierung/Zwei-Faktor-Authentisierung_node.html (Zugriff 12.8.19).

in einer Entscheidung vom Juli 2013 den Verzicht auf die Glaubhaftmachung besonderer Gründe für die Beantragung eines Wahlscheins und damit der Briefwahl durch Änderung der Europawahlordnung seit 2008 als verfassungsgemäß akzeptiert.[94] Der bisherigen „Ausnahme" der Briefwahl sind also keine sachlichen Grenzen mehr gesetzt, sie kann zur Regel werden. Digitale Abstimmungen dürften entsprechend verfassungsrechtlich zulässig sein, selbst wenn alle Stimmen außerhalb des Wahlbüros abgegeben werden.

ff. Identität von Wählerentscheidung und Auszählungsobjekt

Dabei ist allerdings sicherzustellen, dass jede vom Abstimmungsberechtigten über die App an den Veranstalter übermittelte codierte Wahlentscheidungen unverändert mit dem jeweiligen Inhalt als „ja-" oder „nein"-Stimme – und nur diese – registriert und in der Auszählung berücksichtigt wird. Technisch lässt sich dies dadurch realisieren, dass ein Abgleich zwischen den versendeten Codes mit den eingehenden Codes erfolgt, wobei die Liste der eingehenden und tatsächlich gezählten Codes auf der Veranstalter-Webseite veröffentlicht werden kann. Wer abgestimmt hat, kann auf dieser Liste seinen Code wiederfinden, ohne dass nach außen erkennbar ist, wie votiert wurde. Die Entschlüsselung und entsprechende Zählung erfolgen gemäß den Algorithmen des digitalen Wahlsystems beim Veranstalter, der das Ergebnis dann per App an alle im e-ID-Register gelisteten Personen sowie auf seiner Webseite bekannt gibt.

Bei der digitalen Abstimmung können anders als bei herkömmlichen Wahlen, weder Kisten mit Stimmzetteln abhanden kommen noch Manipulationen etwa durch falsches Zählen erfolgen, eine Manipulation der Registrierung und Zählung der Stimmen durch externe Hacker oder durch den Veranstalter selbst kann bei digitalen Abstimmungen aber nicht absolut ausgeschlossen werden. Allerdings verspricht die Blockchain-Technologie auch Möglichkeiten eines verlässlichen *trackings*, nicht nur hinsichtlich der Identitätsmerkmale jeder registrierten Person, sondern auch für jede Transaktion diese Person betreffend, also der Tatsache, dass sie bestimmte Wahlcodes erhalten und einen dieser Codes bei der digitalen Stimmabgabe durch die App zurück übermittelt hat. Damit das Wahlgeheimnis dabei nicht unterminiert wird, müsste das *tracking* auf die Transaktionen selbst beschränkt sein, der Inhalt könnte durch starke Verschlüsselung geschützt werden.

Möglicherweise lässt sich an den verwendeten Programmen durch die verlässliche Trennung der Software als solcher von ihrer operativen Verwendung sowie mit dem Einbau einer *tracking*-Funktion bei der Software ebenfalls ablesen, ob die betreffenden technischen Vorkehrungen vor oder während des Einsatzes verändert wurden. Wahlbeobachter mit entsprechenden tech-

---

[94] BVerfGE 134, 25, 31 – Briefwahl III, Rn. 14 f.

nischen Vorkenntnissen könnten bei allem eine wichtige Rolle spielen, um gleichwohl möglichen Manipulationen entgegen zu wirken.

c. Vorkehrungen gegen den Stimmenkauf: Das Decoy-Verfahren

Eine besondere Gefahr bei der zufallsbasierten digitalen Abstimmung könnte der Stimmenkauf darstellen.[95] Wenn wegen der Zufallsauswahl nur relativ Wenige repräsentativ für die Gesamtheit der Wahlberechtigten abstimmen und diese auch bekannt sind, könnten Interessierte, die durch finanzielle Angebote oder auf andere Weise auf die Auserwählten Einfluss nehmen wollten, leichtes Spiel haben. Damit wären die Wahlfreiheit und der Nutzen der Abstimmung effektiv gefährdet. Zwar werden die Namen der ausgelosten Abstimmungsberechtigten nicht veröffentlicht, doch ist nicht auszuschließen, dass sie durch Teilnahme an digitalen oder echten Versammlungen im Zuge der Deliberation bekannt werden oder sich offenbaren und damit die Aufmerksamkeit möglicher Stimmenkäufer auf sich ziehen.

Derartigen Missbräuchen wird im Abstimmungssystem RSV mit einem „Decoy-Verfahren“ entgegengewirkt. Eine grundsätzlich unbegrenzte Menge von Codes mit letztlich ungültigen Stimmrechten wird erzeugt und jedem im e-ID-Register Registrierten auf Antrag zur Verfügung gestellt, ohne dass erkennbar wäre, dass die betreffenden Codes bei der Abstimmung nicht gezählt werden. Wenn auf dem „Stimmenmarkt“ potentielle Käufer nicht sicher sein können, dass ein bestimmtes Votum des Verkäufers wirklich gezählt wird, verliert der Kauf seinen Sinn. Auch beim nachfolgenden Auditing, also bei der für die Beteiligten möglichen Prüfung, ob der von ihm übermittelte Wahlcode im System gelistet ist, erscheint dieser Code zwar, doch kann nur der Betrachter wissen, ob diese Stimme für „ja“ oder „nein“ tatsächlich gezählt wurde. Wenn sich also jemand als abstimmungsberechtigt offenbart, um das Interesse von Stimmenkäufern auf sich zu ziehen, ist für Dritte nicht überprüfbar, ob seine Stimme in dem verabredeten Sinne tatsächlich gezählt wurde oder nicht. Damit geht der Stimmenkäufer ein hohes Risiko der Geldverschwendung ein; das Geschäft des Stimmenkaufs dürfte obsolet werden.

---

[95] Zu diversen Methoden und Möglichkeiten der Verhinderung von Einflussnahmen u.a. durch Bestechung oder Zwang vgl. *Zhen-Yu Wu* u.a., An Electronic Voting System Immune to Coercion and Bribery from Cross Layers in Large Scale Election, in: 20 Journal of Internet Technology (2019), S. 689, 690 ff., unter: https://www.researchgate.net/publication/334046399_An_Electronic_Voting_System_Immune_to_Coercion_and_Bribery_from_Cross_Layers_in_Large_Scale_Election (Zugriff 2.9.19).

IV. Öffentlichkeit und Kontrolle im digitalen Abstimmungssystem

Das *e-voting*, also die Stimmabgabe über das Internet, muss nach *Martin Morlok*, wie er in einem Kommentar zum Grundgesetz (2006) feststellt „nach dem derzeitigen Stand der Technik… als unzulässig beurteilt werden".[96] Seit dem Urteil des Bundesverfassungsgerichts vom 3.3.2009, in dem die angegriffene Regelung zur Verwendung bestimmter Wahlcomputer bei der Wahl zum 16. Deutschen Bundestag wegen Verstoßes gegen das Öffentlichkeitsprinzip für verfassungswidrig erklärt wurde,[97] wird die Frage offener beurteilt:[98] Dass „der Einsatz eines wahlgerätegestützten Wahlverfahrens zulässig sein kann", sei klar, „vollkommen unklar sei derzeit jedoch noch", wie das Verfahren „technisch gestaltet sein muss, um den verfassungsrechtlichen Anforderungen zu genügen".[99]

Die vom Bundesverfassungsgericht hierzu entwickelten Kriterien (unten 1.) dürften jedenfalls für öffentliche Abstimmungen ohne Abstriche analog gelten, auch wenn dabei ein Verfahren der Zufallsauswahl zur Anwendung kommt (dazu 2.). Im Fall des hier betrachteten Systems kann davon ausgegangen werden, dass die Kriterien erfüllt sind, wenn bestimmte zusätzliche Vorkehrungen getroffen werden (dazu 3.).

1. Der Grundsatz der Öffentlichkeit der Wahlen

Nach Art. 38 I GG werden die Abgeordneten des Deutschen Bundestages in allgemeiner, unmittelbarer, freier, gleicher und geheimer Wahl gewählt. Hieraus hat das Bundesverfassungsgericht die Wahlgrundsätze entwickelt. Ihre Beachtung – zusammen mit dem Vertrauen in ihre Beachtung – bezeichnet es als „Voraussetzungen funktionsfähiger Demokratie"; dabei bestätigt und präzisiert es im „Wahlcomputer"-Urteil von März 2009 auch den Grundsatz der Öffentlichkeit der Wahl als ungeschriebenen Grundsatz:

---

[96] *Morlok* (Fn. 47), Art. 38 Rn. 127. In diesem Sinne auch schon die Schlussfolgerungen einer gründlichen Studie von *Will*, Internetwahlen (Fn. 58), S. 153 ff., der allerdings anregt, „intensiv Mittel und Wege zu erforschen, um die beschriebenen Gefahren der Internetwahl für die verschiedenen Wahlrechtsgrundsätze zu minimieren" (ebd., S. 158, 161 f.).

[97] BVerfGE 123, 39, 68 ff. – Wahlcomputer.

[98] Vgl. *Martin Morlok*, in: Horst Dreier (Hrsg.), Grundgesetz Kommentar, Bd. II 3. Aufl. (2015), Art. 38 Rn. 126; s. auch *Fabian Haibl, Gerrit Hötzel*, Verfassungskonformer Einsatz rechnergestützter Wahlgeräte. Anforderungen und Lösungsvorschläge, 2014, S. 1. Teilw. zugänglich unter: https://books.google.de/books?id=Q64mBAAAQBAJ&printsec=frontcover&hl=de#v=onepage&q&f=false(Zugriff 12.8.19).

[99] *Haibl/Hötzel*, Wahlgeräte (Fn. 98), S. 1.

„Die Öffentlichkeit der Wahl ist Grundvoraussetzung für eine demokratische politische Willensbildung. Sie sichert die Ordnungsgemäßheit und Nachvollziehbarkeit der Wahlvorgänge und schafft damit eine wesentliche Voraussetzung für begründetes Vertrauen der Bürger in den korrekten Ablauf der Wahl…Die grundsätzlich gebotene Öffentlichkeit im Wahlverfahren umfasst das Wahlvorschlagsverfahren, die Wahlhandlung (in Bezug auf die Stimmabgabe durchbrochen durch das Wahlgeheimnis) und die Ermittlung des Wahlergebnisses“.[100]

In der Republik, so führt das Gericht weiter aus, „ist die Wahl Sache des ganzen Volkes und gemeinschaftliche Angelegenheit aller Bürger“. Dementsprechend müsse „auch die Kontrolle des Wahlverfahrens eine Angelegenheit und Aufgabe der Bürger sein“. Konkret bedeutet das:

„Ein Wahlverfahren, in dem der Wähler nicht zuverlässig nachvollziehen kann, ob seine Stimme unverfälscht erfasst und in die Ermittlung des Wahlergebnisses einbezogen wird und wie die insgesamt abgegebenen Stimmen zugeordnet und gezählt werden, schließt zentrale Verfahrensbestandteile der Wahl von der öffentlichen Kontrolle aus und genügt daher nicht den verfassungsrechtlichen Anforderungen“.[101]

Dem Gesetzgeber obliege es, die Einzelheiten des Wahlverfahrens zu bestimmen, und ihm stehe auch die „Entscheidung über den Einsatz von Wahlgeräten und die Festlegung der Voraussetzungen für deren Einsatz“ zu. Im Rahmen seines weiten Entscheidungsspielraums seien aber die Wahlgrundsätze zu beachten, sodass der „Einsatz von Wahlgeräten, die die Stimmen der Wähler elektronisch erfassen und das Wahlergebnis elektronisch ermitteln…, nur unter engen Voraussetzungen mit dem Grundgesetz vereinbar“ ist.[102] Wegen der „Manipulierbarkeit und Fehleranfälligkeit elektronischer Wahlgeräte“ müssten „beim Einsatz von elektronischen Wahlgeräten… die wesentlichen Schritte von Wahlhandlung und Ergebnisermittlung zuverlässig und ohne besondere Sachkenntnis überprüft werden können“.[103] Insbesondere muss

„der Wähler – auch ohne besondere computertechnische Kenntnisse – nachvollziehen können, ob seine abgegebene Stimme als Grundlage für die Auszählung oder – wenn die Stimmen zunächst technisch unterstützt ausgezählt werden – jedenfalls als Grundlage einer späteren Nachzählung unverfälscht erfasst wird… Es genügt daher nicht, wenn er ausschließlich durch eine elektronische Anzeige darüber unterrichtet wird, dass seine Stimmabgabe registriert worden ist“.[104]

---

[100] BVerfGE 123, 39, 68 – Wahlcomputer. Vgl. dazu die Anmerkung von *Stephanie Schiedermair*, JZ 2009, 572. Auf die Verankerung des Grundsatzes der Öffentlichkeit der Wahl bereits in § 10 Abs 1 S. 1 und § 31 S. 1 BWG sowie auf die vorausgehende Diskussion in der Literatur weisen *Katharina Bräunlich/Rüdiger Grimm, Philipp Richter/Alexander Roßnagel*, Sichere Internetwahlen. Ein rechtswissenschaftlich-informatisches Modell, 2013, S. 28 f. hin.

[101] Ebd., S. 70.

[102] Ebd., S. 71

[103] Ebd., S. 71.

[104] Ebd., S. 72

Eine spätere Nachzählung erlaubt indessen auch bei der klassischen Urnenwahl dem Wähler nicht, nachzuvollziehen und damit zu überprüfen, dass seine individuelle Stimme bei der Zählung unverfälscht erfasst wurde. Denn zur Wahrung des Wahlgeheimnisses ist ausgeschlossen, dass der Wähler seinen Wahlzettel mit seinem Namen versieht oder sonst in irgendeiner Weise individualisiert. Eine solche Stimme wäre ungültig und könnte nicht gezählt werden. Er muss sich damit begnügen, dass seine Stimmabgabe im Wahlbüro bei Einwerfen des Stimmzettels in die Urne durch Abhaken auf der Wählerliste registriert wird. Ob genau diese Stimme dann „unverfälscht" bei der Zählung auch tatsächlich berücksichtigt wurde, ist nicht ohne Weiteres nachprüfbar. Bei der Briefwahl ist die Überprüfung noch schwieriger, schon weil im Zweifel nicht nachgewiesen werden kann, dass der Wahlbrief überhaupt abgesendet wurde.

Das Gericht lässt gegenüber dem Prinzip der Öffentlichkeit Ausnahmen zu, um gegenläufigen Wahlgrundsätzen Rechnung tragen zu können. So sind etwa bei der Briefwahl „Beschränkungen der öffentlichen Kontrolle der Stimmabgabe" zulässig, weil sie dem Ziel einer möglichst umfassenden Wahlbeteiligung und damit der Allgemeinheit der Wahl dient.[105] Darüber hinaus wurden keine der im Verfahren zu den Wahlcomputern vorgetragenen Gründe für Beschränkungen als tragfähig angesehen. Vielmehr zieht das Gericht angesichts der fraglichen Wahlgeräte einige rote Linien, die nicht überschritten werden dürfen:

(1) Die Stimmen dürfen nach der Stimmabgabe nicht ausschließlich auf einem elektronischen Speicher abgelegt werden; eine nachprüfbare Protokollierung jeder Stimmabgabe muss auch in Papierform sichergestellt werden (Protokollierung).
(2) Der Wähler darf nicht darauf verwiesen werden, nach der elektronischen Stimmabgabe alleine auf die technische Integrität des Systems zu vertrauen; eine Typenzulassung oder öffentliche technische Prüfung mit Prüfberichten etc. genügen nicht (technische Integrität).
(3) Bei Ermittlung des Wahlergebnisses durch rechnergesteuerte Verarbeitung der elektronisch abgelegten Stimmen genügt es nicht, wenn anhand eines zusammenfassenden Papierausdrucks oder einer elektronischen Anzeige lediglich das Ergebnis des im Wahlgerät durchgeführten Rechenprozesses zur Kenntnis genommen werden kann (Nachvollziehbarkeit).

Schlüssel für die Vorsicht, die das Gericht hier an den Tag legt, ist die Annahme eines bei der Verwendung elektronischer Wahlgeräte besonders hohen Manipulationsrisikos mit großer Breitenwirkung. Beim Einsatz der Rechner sei nicht ohne weiteres erkennbar, „ob es zu Programmierfehlern in der Soft-

---

[105] Ebd., S. 75.

ware oder zu zielgerichteten Wahlfälschungen durch Manipulation der Software oder der Wahlgeräte gekommen ist".[106] Manipulationen oder Wahlfälschungen seien bei traditionellen Wahlen demgegenüber „einem präventiv wirkenden sehr hohen Entdeckungsrisiko" ausgesetzt.[107]

Hat sich zwischenzeitlich etwas geändert? Dass das allgemeine Vertrauen in die Sicherheit des Internets und digitalisierter Verfahren seit dem Urteil von 2009 wesentlich zugenommen hätte, lässt sich schwerlich behaupten. Viele, z.T. weltweite Attacken auch in staatliche und öffentlich-rechtliche Systeme legen eher das Gegenteil nahe.[108] Gleichwohl schreitet die Digitalisierung ungebremst fort und die Nutzung Internet-gestützter Systeme im privaten und staatlichen Bereich wird zur Normalität. Das elektronische Banking, das wegen des hohen Verlustrisikos bei Sicherheitsvorfällen ein besonders hohes Vertrauen auf die Sicherheit der Systeme voraussetzt, ist ein plastisches Beispiel dafür, dass theoretische Vertrauensmängel im praktischen Leben wenig bedeuten. Der sprunghaft steigende Internethandel ist ein anderes Beispiel für das, was man als „faktisches Vertrauen" bezeichnen könnte. Ein drittes Beispiel ist die zunehmende Verwendung IT-gestützter Systeme für den Betrieb allgemein lebenswichtiger „kritischer Infrastrukturen" trotz der bekannten Risiken.[109] Schließlich sei die Verbreitung des „Internet der Dinge" genannt. Überall erfolgen tagtäglich unendlich viele – auch bedeutsame – Transaktionen, ohne dass für Bürger („ohne besondere computertechnische Kenntnisse") eine Kontrolle der elektronischen Systeme und Abläufe, deren sie sich bedienen, möglich wäre.

Politische Wahlen – und Abstimmungen – sind allerdings etwas anderes als Bankgeschäfte oder Transaktionen im Internethandel. Denn sie sind, wie das Bundesverfassungsgericht zu Recht unterstreicht, grundlegend für eine funktionierende Demokratie.[110] Und so sind die Öffentlichkeit der Wahl und das Vertrauen der Bürger auf die Integrität der Wahlvorgänge und Ergebnisermittlung von fundamentaler Bedeutung. Die Kontrollierbarkeit muss in jedem Fall gewährleistet sein. Ob dies heutzutage (allein) durch „Protokollierung" der Wahl, also Papierausdrucke, die eine händische Nachzählung erlauben, gewährleistet werden kann, oder die Nachvollziehbarkeit eben auch elektronisch gewährleistet werden kann, wäre zu prüfen.

Seit Erlass des Wahlcomputer-Urteils sind interdisziplinär angelegte Studien entstanden, in denen Kriterien und Modelle für verfassungsrechtlich

---

[106] Ebd., S. 71 f., 73. Zu den Manipulationsrisiken der bei der Bundestagswahl 2005 eingesetzten Wahlcomputer sehr anschaulich: *Stepfanie Schiedermair*, Gefährden Wahlcomputer die Democratie?, JZ 2007, 162, 164 ff.

[107] BVerfGE 123, 39, 72 – Wahlcomputer.

[108] S. dazu die Berichte der BSI oben, Fn. 76.

[109] Vgl. oben bei Fn. 83.

[110] S. nur BVerfGE 123, 39, 68 f. – Wahlcomputer.

zulässige Internetwahlen vorgestellt werden, die den Wahlgrundsätzen und insbesondere dem ihrer Kontrolle auch durch computertechnisch nicht vorgebildete Bürger („Laienkontrolle“[111]) dienenden Prinzip der Öffentlichkeit entsprechen könnten.[112] Die Vereinbarkeit eines auf digitale Identitäten gestützten und zufallsbasierten elektronischen Abstimmungssystems mit dem Grundgesetz und insbesondere mit den verfassungsrechtlichen Wahlgrundsätzen muss sowohl der Besonderheit von Abstimmungen als auch den technischen Entwicklungen und ihren möglichen Auswirkungen auf die Auslegung dieser Grundsätze Rechnung tragen.

2. Anwendung der Wahlgrundsätze auf Abstimmungen

Abstimmungen sind nicht dasselbe wie Wahlen. Nicht Personen als Repräsentanten des Volkes stehen zur Wahl, sondern es wird jeweils über bestimmte Inhalte und Sachfragen befunden. Es besteht allerdings wenig Anlass, bei Ausdrucksformen der unmittelbaren Demokratie *a priori* anzunehmen, dass Verstöße gegen die Grundsätze der Allgemeinheit, der Unmittelbarkeit, der Freiheit und Gleichheit der Wahl, das Wahlgeheimnis oder die Öffentlichkeit bei Abstimmungen eine geringere Gefahr darstellten, oder dass Fälschungen und Manipulationen weniger Schaden für die Demokratie mit sich brächten. Wie das Beispiel des Referendums von 2016 über den Brexit zeigt, kann eine einzige Abstimmung, selbst wenn sie formal nicht als rechtlich bindend betrachtet werden kann, ein demokratisches System im Grunde erschüttern und weit über die Grenzen des betreffenden Landes hinaus wirtschaftliche und politische Entwicklungen quasi schicksalhaft vorausbestimmen.[113]

Die Wahlgrundsätze müssen daher, wie das Bundesverfassungsgericht schon in einer frühen Entscheidung zu einem Volksentscheid im Gebietsteil Baden festgestellt hat, als „ungeschriebenes Verfassungsrecht auch für Abstimmungen iSd. Art. 20 Abs. 2 GG gelten.[114] Jedenfalls soweit ein System elektronischer Abstimmungen nicht allein im privaten Bereich oder innerhalb von gesellschaftlich tätigen Verbänden oder Organisationen angewendet wird und das herbeigeführte Votum nicht nur, wie bei Meinungsumfra-

---

[111] Vgl. *Bräunlich* u.a., Sichere Internetwahlen (Fn. 100), S. 38.

[112] Zu den Kriterien s. etwa *Bräunlich* u.a., Sichere Internetwahlen (Fn. 100), S. 165 ff.; mit zwei Vorschlägen: Wahl mittels Stimmzettel und Wahlgerät bzw. Wahl mittels Mobiltelefon s. *Haibl/Hötzel*, Wahlgeräte (Fn. 98), S. 317 ff., 432 ff.

[113] S. näher dazu *Ingolf Pernice*, Brexit – Exercise of Democracy or a Challenge to Democracy, in: Ana Maria Guerra Martins/Ingolf Pernice (Hrsg.), Brexit and the Future of EU Politics. A Constitutional Law Perspective, 2019, S. 101, 115–122,127 f.

[114] BVerfGE 28, 214, 224 – Volksentscheid, wo von „Stimmrechtsgrundsätzen die Rede ist; s. auch oben Fn. 49. Die Bedeutung des Wahlcomputer-Urteils auch für Abstimmungen betont: Schiedermair, JZ 2009, 574.

gen, der Feststellung eines unverbindlichen Stimmungsbildes dient,[115] sondern den Bürger im „status activus" anspricht[116] und im weitestgehenden Fall politische Entscheidungen gewählter Organe vorbereiten oder gar ersetzen soll, sind damit die Wahlgrundsätze auch auf Abstimmungen anzuwenden. Das dürfte auch für interne Abstimmungen politischer Parteien gelten, da die Parteien im öffentlichen Raum tätig werden, an der politischen Willensbildung mitwirken und in ihrer inneren Ordnung demokratischen Grundsätzen entsprechen müssen (Art. 21 I GG).

3. Öffentlichkeitsgrundsatz und zufallsbasierte digitale Abstimmung

Bei der Zufallsauswahl, dem Abstimmungsvorgang und der Auszählung der Stimmen sind nach allem auch für zufallsbasierte digitale Abstimmungen, die auf der Grundlage eines Registers elektronischer Identitäten (e-ID) funktionieren, die Anforderungen der Wahlgrundsätze des Art. 38 I GG einschließlich das Öffentlichkeitsprinzips zu beachten. Definitionsgemäß wird bei elektronischen Systemen auf das klassische Ausfüllen eines Wahlzettels in Papierform ebenso verzichtet wie auf das händische und durch Wahlhelfer überwachte Einstecken eines Wahlzettels in die Wahlurne und auf die händische Auszählung der Stimmen mit der Protokollierung und Weitergabe des Ergebnisses an zentrale Wahlbüros, wo die jeweils errechneten Ergebnisse zusammengerechnet werden und das Gesamtergebnisses zur Veröffentlichung gebracht wird. Selbst wenn jeder Teilakt im elektronischen Verfahren durch einen Papierausdruck dokumentiert würde, wäre eine „Laienkontrolle" nicht gewährleistet, da die im digitalen System angewendeten Algorithmen weder vom Laien noch von computertechnisch gebildeten Personen ohne weiteres verstanden werden können. Es wäre eine Illusion zu glauben, dass die Digitalisierung von Wahlen oder Abstimmungen diese Anforderung erfüllen könnte. So verwundert es nicht, dass bislang kein System entwickelt wurde, das diesen Anforderungen wirklich genügt. Daher werden gestufte Anforderungsprofile je nach „Wahlanwendungstyp, Wahlform und Wahlrelevanz" empfohlen, wobei für parlamentarische Wahlen wie die Bundestagswahl die höchsten Anforderungen gestellt sind, für Wahlen in privaten Körperschaften, wie etwa Vereinen, demgegenüber weit geringere Anforderungen gelten sollen.[117]

---

[115] Volksbefragungen dagegen werden in BVerfGE 8, 104, 114 f. auch dann schon als „Mitwirkung an der Staatswillensbildung" betrachtet, in der der Bürger in seinem „status activus" als ein „Stück Ausübung der Staatsgewalt" handelt, wenn sie nicht verbindlich, sondern nur konsultativ ausgestaltet sind.

[116] Ebd.

[117] Vgl. *Bräunlich* u.a., Sichere Internetwahlen (Fn. 100), S. 113–136.

In der Praxis wird es daher nötig sein, die Entwicklung digitaler Abstimmungssysteme als langsamen Prozess des Lernens, von Versuch und Irrtum zu verstehen, in dem der einmal hergestellte Prototyp nicht von Anfang an alle Wahlgrundsätze in vollem Umfang erfüllen muss, sondern schrittweise Erfahrungen gesammelt und in das System integriert werden. Dazu gehört auch das Lernen der Gesellschaft im Umgang mit digitalen Systemen; Vertrauen, wie es im Bereich politischer Wahlen und Abstimmungen unerlässlich ist, kann nur auf dem allmählichen Vertrautwerden mit der neuen Technologie beruhen, also der Erfahrung ihrer Anwendung zunächst in weniger sensiblen Bereichen, bis das elektronisch Wählen oder Abstimmen schließlich so entwickelt ist und erfahren wird, dass es die nötige Reife für die Anwendung im politischen Bereich hat.

In Bezug auf die oben aufgezeigten „roten Linien", die das Bundesverfassungsgericht im Urteil zu den Wahlcomputern nennt: Protokollierung, technische Integrität und Nachvollziehbarkeit, erfüllt das hier betrachtete Abstimmungssystem die Anforderungen nur teilweise; weitere Entwicklungen müssen im Dialog mit den Projektpartnern und Teilnehmern der Feldtests Schritt für Schritt zu einer Optimierung führen.

a. Protokollierung

Gefordert ist in Bezug auf den Wahlvorgang die Protokollierung jeder Stimmabgabe in Papierform.[118] Bislang erfolgt die Abstimmung durch jeden Teilnehmer durch das Anklicken des „ja-" oder „nein"-Feldes auf der App und das Absenden dieses Votums – verschlüsselt – durch elektronische Übermittlung des betreffenden Codes zurück an den Rechner des Veranstalters. Hier entstehen die Listen der eingegangenen Codes, auf deren Grundlage dann die automatische Auszählung erfolgt. Es dürfte nicht unmöglich sein, die technischen Vorkehrungen für eine Protokollierung, die dann in Papier ausgedruckt werden kann, sowohl für die Absendung des Codes beim Wähler wie auch für den Eingang der Nachricht im Rechner des Veranstalters zu treffen. Dies erlaubt dem Wähler, nicht nur seinen Code auf der nachher veröffentlichten Liste des Veranstalters wiederzufinden, sondern bei Zweifeln auch die Protokollierung des Eingangs seiner Wahlentscheidung. Die

---

[118] Zu den diesbezüglichen Problemen im Falle der Wahlcomputer s. *Ernst R. Zivier*, Der schwierige Weg zum Wahlcomputer. Zum Urteil des Bundesverfassungsgerichts vom 3. März 2009, RuP 2009, 146, 148 ff. Für *Johannes Buchmann/Alexander Roßnagel*, Das Bundesverfassungsgericht und Telemedienwahlen. Zu den Auswirkungen des Urteils des BVerfG zu elektronischen Wahlgeräten für die Durchführung von „Internetwahlen" in nicht-politischen Bereichen, K&R 2009, 543, 545 ist es „naiv", auf die Sicherheit eines Ausdrucks zu vertrauen, der aus einem Wahlgerät stammt"; sie sehen in der Gestaltungsfreiheit des Gesetzgebers ausreichend Spielraum für Ausnahmen, wenn es darum geht, „anderen verfassungsrechtlichen Belangen Geltung zu verschaffen".

ausgedruckten Protokolle eingegangener Wahlentscheidungen beim Veranstalter könnten ihrerseits als Grundlage dafür dienen, die Auszählung bei Zweifeln an der Richtigkeit der automatischen Ergebnisermittlung händisch nachzuvollziehen. Die Zuordnung eines bestimmten „Wahlzettels" (Code) zu einer bestimmten Person ist wie bei der analogen Wahl allerdings ausgeschlossen.

b. Technische Integrität

Durch die strikte Trennung der technischen Seite des Systems von seiner operativen Verwendung und durch die Absicherung der Programmierung durch Hash- und Blockchain-Techniken, die jederzeit erkennbar machen,[119] ob nach einer grundlegenden Prüfung und ggf. Zertifizierung des Systems durch unabhängige Fachleute Änderungen oder Manipulationsversuche vorgenommen wurden, dürfte auch das Kriterium der technischen Integrität des Systems erfüllbar sein. Es ist dann nicht nur eine Typenzulassung oder öffentliche technische Prüfung mit Prüfberichten, worauf zu vertrauen der Wähler verwiesen wird, sondern eine nachweisbar andauernde Integrität des Systems so, wie sie bei der anfänglichen Prüfung festgestellt wurde.

Ein Problem könnte allerdings sein, dass bei Alarm bzw. Fehlermeldungen die Gültigkeit oder Fortsetzung der Abstimmung in Frage gestellt ist und nach Korrektur und erneuter Prüfung die Abstimmung ggf. wiederholt werden müsste. Je nach Anfälligkeit könnte am Ende jede Abstimmung also aufgrund von Störversuchen scheitern und das System für die Klärung einer bestimmten Frage unbrauchbar gemacht werden. Das Risiko von Fehlern, die eine Wiederholung der Abstimmung notwendig machen, gibt es indessen auch im heutigen Wahlsystem. Nur Erfahrungen mit digitalen Abstimmungen in der Praxis können eine Weiterentwicklung ermöglichen, welche die Sicherungen gegen derartige Störungen der technischen Integrität nach und nach ergänzt.

c. Nachvollziehbarkeit

Die Protokollierung der abgegebenen Stimme (Wahlcode) beim Wähler und beim Veranstalter und die spätere Nachprüfbarkeit der Berücksichtigung jedes beim Veranstalter eingegangenen Wahlcodes auf der Liste der gezählten Stimmen erlauben es jedem Wähler, die Ermittlung des Wahlergebnisses nachzuverfolgen. Er, und nur er weiß dank der Verschlüsselung, ob sein Code eine „ja-" oder eine „nein"-Stimme ist. Dass diese bei der Zählung entsprechend berücksichtigt wurde, kann er allerdings nicht nachprüfen. Wie bei der klassischen Urnenwahl ist insoweit das Vertrauen in das Verfahren mit den

---

[119] S. oben bei Fn. 84.

entsprechenden Kontrollen, hier das Vertrauen in die Integrität des geprüften und mit dem oben (III.B.2 f.) genannten *tracking*-System abgesicherten Algorithmus gefordert. Die Anforderungen an die Möglichkeiten der Verifikation der richtigen Zählung sollten allerdings nicht allzu hoch angesetzt sein. Wie bereits ausgeführt, ist es auch bei der Wahl per Wahlzettel und Urne im Wahlbüro und erst recht bei der Briefwahl dem einzelnen Wähler nicht ohne weiteres möglich nachzuprüfen, ob sein Stimmzettel korrekt ausgewertet wurde und die Stimme wie abgegeben in die Ermittlung des Wahlergebnisses eingegangen ist.

Die mögliche Protokollierung der einzelnen Wahlhandlungen allerdings erlaubt doch in gewissem Maße die vom Bundesverfassungsgericht „Laienkontrolle", so dass auch der nicht speziell geschulte Bürger in die Lage versetzt wird, die wesentlichen Schritte im Abstimmungsverfahren nachzuvollziehen.

Ausblick

Bei diesen Betrachtungen konnte weder auf die technischen Details des im White Paper von David Chaum näher beschriebenen Systems des *Random Sample Voting* (RSV)[120] näher eingegangen, noch die Vielzahl der sich stellenden verfassungsrechtlich relevanten Fragen behandelt und vertieft werden. Ihre Klärung muss den Prozess der weiteren, von praktischen Anwendungstests begleiteten Entwicklung des Systems überlassen werden. Bei den Tests wird gewiss nicht mit verbindlichen Abstimmungen über politische Fragen auf Bundesebene begonnen werden können – dafür fehlen gesetzliche Grundlagen ebenso wie die technische Reife des Systems. Vielmehr bieten sich Tests in privaten Organisationen, dann evtl. in Parteien oder auf der Ebene lokaler Gebietskörperschaften an, bis schließlich die Länder- und Bundesebene erreicht wird oder erste Abstimmungen EU-weit organisiert werden können.

Eine der häufig gestellten verfassungsrechtlichen Fragen etwa ist die Vereinbarkeit des hier vorgestellten Systems der auf ein digitales Identitätsregister gestützten zufallsbasierten elektronischen Abstimmung mit den Grundsätzen der Allgemeinheit und der Gleichheit der Wahl bei noch bestehenden Lücken im Zugang zum Internet.[121] Nicht jeder hat ein Smartphone, auf das die Abstimmungs-App geladen werden kann; nicht jeder verfügt über die – freilich minimale – geforderte digitale Kompetenz, die erforderlich ist, um

[120] Vgl. oben, Fn. 26.

[121] Zur Benachteiligung der Personen ohne Internetzugang s. etwa: *Will*, Internetwahlen (Fn. 58), S. 76 ff., 154.

den Anweisungen für das Laden der App und die Durchführung des Abstimmungsaktes zu folgen. Erst recht dürfte die Überprüfung der Richtigkeit von Wahlvorgang und Ergebnisermittlung im Rahmen des Auditing-Verfahrens nicht für jeden Wähler ohne weiteres möglich sein. Wie bei der Briefwahl aber können Wahlhelfer beratend tätig werden, und der Einkauf und Betrieb eines Smartphones ist heute zu einem Preis zu haben, der für jeden zahlbar erscheint.[122] Über die Zeit dürfte sich unter diesen Umständen das Problem des „digital divide" in Deutschland und Europa schrittweise entschärfen. Wie das Fernsehen wird auch der Internetzugang zur Grundausstattung jedes Menschen gehören, und dass jedenfalls der aufwachsenden Generation die digitale Kompetenz fehlen wird, ist nicht zu erwarten. Notfalls könnten Wahlbüros speziell für diejenigen eingerichtet und mit entsprechenden Wahlgeräten ausgestattet werden, denen ein Smartphone (noch) nicht zur Verfügung steht.

Die Allgemeinheit und, vielleicht auch die Gleichheit und Unmittelbarkeit der Wahl, könnten aber deswegen als nicht gewährleistet angesehen werden, weil mit der Zufallsauswahl nicht alle, sondern nur wenige der an sich wahlberechtigten Bürgerinnen und Bürger zur Abstimmung zugelassen sind. Darin liegt auch eine Beschränkung der Freiheit der Wahl. Dies aber ist dem Losverfahren immanent und dürfte in diesem besonderen Fall durch die oben geschilderten Vorteile der Zufallsauswahl bei digitalen Abstimmungen gerechtfertigt sein, die einem anderen Ziel dienen als die Wahl der Abgeordneten für ein Parlament. Es genügt insofern, dass der allgemeine und gleiche Zugang zum e-ID-Register und (damit) gleiche Chancen bei der Zufallsauswahl gewährleistet sind.

Im Zuge der voranschreitenden Digitalisierung werden nicht nur technische Neuerungen die Voraussetzungen dafür weiter verbessern, dass auch bei elektronischen Wahl- oder Abstimmungsverfahren die Wahrung der Wahlgrundsätze sichergestellt ist, wobei auch deren Verständnis und Auslegung einer gewissen Dynamik unterliegen dürften. Vorauszusehen ist auch eine Entwicklung der Erwartungen der Menschen im Sinne einer digitalen Kultur, in der die Verwendung elektronischer Geräte und entsprechende Erfahrungen nichts Neues, Fremdes und eher Verdächtiges mehr ist, sondern zur allgemein anerkannten Selbstverständlichkeit wird. Dies sind die Voraussetzungen, unter denen die Ergänzung der weiterhin unersetzlichen klassischen Wahlen um ein neues Instrument der unmittelbaren demokratischen Rückkopplung der Politik mit den Menschen möglich werden könnte, das Bürgerinnen und Bürger stärker einbindet und ihnen, um es mit der Begrifflich-

---

[122] Vgl. den Überblick bei Computer Bild, Billig und beliebt: Handys und Smartphones unter 50 Euro, wo 30 Modelle aufgeführt werden, unter: https://www.computerbild.de/fotos/Smartphones-und-Handys-unter-50-Euro-10271675.html#8 (Zugriff 15.8.19).

keit von *Albert O. Hirschman* zu sagen, eine „voice“ gibt, bevor der „exit“ droht.[123]

[123] *Albert O. Hirschman*, Exit, Voice and Loyalty. Responses to Decline in Firms, Organizations and States, 1970.

Kapitel 8

Der Staat in der Digitalen Konstellation (2020)

Einleitung

Was bedeutet die Digitalisierung für den modernen Staat? Kürzlich wurde das fünfzigjährige Jubiläum der Entwicklung des Internets gefeiert: Am 29. Oktober 1969 wurde das erste Wort von einem Computer in Los Angeles auf einen anderen Computer in Stanford übertragen.[1] Heute können wir weltweit online kommunizieren, mit Wort, Bild, Ton und sogar Videoübertragung in Echtzeit. Wir sind global vernetzt, arbeiten und lernen online. Die internationalen Finanzmärkte werden in großem Umfang über das Internet abgewickelt, der online-Handel hat viele Einzelhändler verdrängt und erhebliche Marktanteile gewonnen, die Medienlandschaft wurde revolutioniert durch soziale Medien wie twitter oder facebook, Nachrichten und Informationen werden „real time" rund um den Erdball verbreitet, Musik und Filmwerke können im *stream* genossen werden, Dienstleistungen, von Bank- und Versicherungsgeschäften bis hin zur Verwaltung auf allen Ebenen, werden online geordert und erbracht, das Gesundheitssystem ist im Umbruch und riesige Datenmengen werden produziert, verarbeitet und analysiert – und all diese schönen Errungenschaften werden in ihrer Funktion durch ungezählte Cyberangriffe in ungeahnter Vielfalt der Formen und Techniken bedroht.

Der Nutzen der Digitalisierung, die durch immer neue Stichworte und Entwicklungen – *Hypes* wie *big data*, Internet der Dinge, *cloud computing*, *blockchain* und *machine learning* und dem, was man künstliche Intelligenz nennt – gekennzeichnet ist, ist in Zahlen ebenso wenig zu ermessen wie die Schäden und die Risiken, denen die „digitale Gesellschaft" aufgrund von Verstößen etwa gegen Datenschutz und den Schutz geistigen Eigentums, durch Massenüberwachung, Cyberkriminalität oder Angriffe auf kritische Infrastrukturen durch private Akteure oder auch Staaten ausgesetzt ist. Spä-

[1] S. etwa *Donna Lu*, The internet was supposed to be a utopia. 50 years on, what happened? Half a century ago a tiny military-funded experiment changed the world in ways we are only just coming to terms with – for good and bad, in: NewScientist 23.10.2019, unter: https://www.newscientist.com/article/mg24432530-300–the-internet-was-supposed-to-be-a-utopia-50-years-on-what-happened/ (Zugriff 19.2.2020).

testens seit dem „stuxnet"-Angriff der USA gegen Anlagen im Iran wurde in vielen Ländern für den „Cyberraum" ein eigenes militärisches Kommando eingerichtet, in Ergänzung zu den Land-, See- und Luftstreitkräften. Mit den Phänomenen der „fake-news", der „hate-speech", der „disinformation operations" und anderen missbräuchlichen Anwendungen der Netze über alle Grenzen hinweg geraten die Öffentlichkeit, ja die Prozesse der demokratischen Willensbildung und die Demokratie selbst unter Druck.

Trotz aller Risiken verändert die Digitalisierung unsere Lebens- und Arbeitsgewohnheiten nachhaltig, und angesichts der zunehmenden Verwendung künstlicher Intelligenz werden große Strukturveränderungen auch der Arbeitsmärkte einschließlich der öffentlichen Verwaltung vorhergesagt. Nach der Entgrenzung unserer Gesellschaft(en) durch die Globalisierung fühlen wir uns nunmehr digitalen Turbulenzen ausgesetzt, deren Ausmaß und Wirkung in ersten Ansätzen erkennbar werden. Global agierende Internet-Plattformen beherrschen die digitale Welt. Das kann nicht ohne Folgen für die politische Ordnung unseres Gemeinwesens bleiben, für den Staat also in seiner Funktion, Rolle und Stellung uns Einzelnen gegenüber, aber auch gegenüber den anderen Staaten und politischen Systemen in der Welt[2].

Was sind die Folgen, die sich aus dieser neuen Lage, die ich als „digitale Konstellation" bezeichnen möchte, für unser Verständnis und die Rolle von Staat und Verfassung ergeben? Stellt die Digitalisierung den Staat in Frage, wie ein ehemaliger für IT zuständiger leitender Beamter im BMI feststellt[3]? Lassen Sie mich dafür zunächst auf den Punkt bringen, warum ich der von Jürgen Habermas so genannten „postnationalen Konstellation"[4] begrifflich noch eins draufsetzen möchte und diese neue Lage als „digitale Konstellation" beschreibe (dazu I.). Über den Staat kann man zweitens viel philosophieren; worum es mir hier und heute geht, ist die Frage, was sich möglicherweise grundlegend geändert hat oder ändern wird, und welche Konsequenzen sich daraus ergeben (dazu II.). Schließlich soll es darum gehen, ob überhaupt und ggf. wie es für wen möglich ist, die Entwicklungen so zu steuern, dass sie unseren in Verfassung und den europäischen Verträgen verankerten Grundwerten und Prinzipien entsprechen (dazu III.).

---

[2] Einem „vielfältigen dynamischen Veränderungsdruck" unterliegen Staat und Politik „offensichtlich" in den Augen von *Isabelle Borucki/Wolf J. Schünemann*, Internet und Staat – zur Komplexität eines Beziehungsgeflechts, in: dies., Internet und Staat. Perspektiven auf eine komplizierte Beziehung, 2019, S. 11, 13, die hier die vielfältigen Fragestellungen zusammenfassen.

[3] *Martin Schallbruch*, Schwacher Staat im Netz. Wie die Digitalisierung den Staat in Frage stellt, 2018, insbes. S. 187 ff., 204 ff.

[4] Vgl. *Jürgen Habermas*, Die postnationale Konstellation, 1998, engl. The Postnational Constellation and the Future of Democracy, in: ders., The Postnational Constellation. Political Essays, 2001, S. 58–112, wo eine „digitalized communication" und Netzwerke allerdings schon Berücksichtigung finden (ebd., S. 66), ebenso wie der Gedanke einer „economically driven world society" (ebd., S. 61, 70: „interdependent world society").

I. Die digitale Konstellation: Eine neue Lage für Bürger und Staat(en)

Der Begriff der digitalen Konstellation knüpft an eine Entwicklung an, die spätestens seit der Mitte des letzten Jahrhunderts in z.T. revolutionärer Weise die Begriffe und Funktionen von Staat und Verfassung verändert: Europäisierung und Globalisierung. Diese Entwicklung war der Ausgangspunkt für Jürgen Habermas, von einer „postnationalen Konstellation" zu sprechen. Unter den Stichworten Informationsgesellschaft, Massenüberwachung, Risikogesellschaft 2.0 und künstliche Intelligenz lässt sich ein weiterer Entwicklungsschritt beschreiben, mit Veränderungen nicht nur quantitativer, sondern qualitativer Natur, der es rechtfertigt, vom „digitalen Zeitalter"[5] oder dem Übergang zur „digitalen Konstellation" zu sprechen. Im Einzelnen:

1. Von der „postnationalen" zur „digitalen Konstellation"

Mit der internationalen Verflechtung im Zuge der Globalisierung, vor allem aber mit der Einbindung Deutschlands in das Vereinte Europa, wie sie von der Präambel sowie Art. 23 des Grundgesetzes zur Verfassungspflicht erhoben wurde, begann ein Prozess der Relativierung des Staates. Deutschland als Mitgliedstaat in der Europäischen Union hat sein Gesicht verändert, das Grundgesetz bleibt rechtliche Grundordnung des Gemeinwesens, kann aber nur zusammen mit der EU-Verfassung noch als Gesamtordnung verstanden werden. Das Gemeinwesen und seine Verfassung haben eine europäische Komponente, unser Staat ist Gliedstaat im europäischen Verfassungverbund, Souveränität wird auf staatlicher Ebene und gemeinsam europäisch ausgeübt[6]. Das identitätsprägende Selbstverständnis des Staates, wie es mit dieser „offenen Staatlichkeit" im Grundgesetz zum Ausdruck gebracht wird, hat die Vorstellung des Staates als allzuständig hinter sich gelassen, ist „postnational" über sich hinausgewachsen und entspricht auf diese Weise einer

[5] So der Wissenschaftliche Beirat der Bundesregierung Globale Umweltveränderungen (WBGU), Unsere gemeinsame globale Zukunft, Hauptgutachten (28. August 2019), insbes. S. 43, 49 ff., 92 ff. („Kernelemente des Digitalen Zeitalters"), unter: https://issuu.com/wbgu/docs/wbgu_hg2019 (Zugriff 24.2.2020): „Herausforderung, das Digitale Zeitalter selbst im Sinne einer humanistischen, nachhaltigen Weltgesellschaft zu gestalten" (ebd., S. 5), mit der Beschreibung der fünf „Kerncharakteristika", ebd., S. 9 f., 49 ff.: Vernetzung, Kognition, Autonomie selbständig Entscheidungen treffender technischer Systeme, Virtualität und Wissensexplosion.

[6] Vgl. näher zum theoretischen Ansatz *Ingolf Pernice*, Europäisches und nationales Verfassungsrecht, Bericht, in: 60 VVDStRL 60 (2001), S. 148–193, auch online unter: https://www.degruyter.com/downloadpdf/books/9783110879964/9783110879964.148/9783110879964.148.pdf (Zugriff 3.6.2020).

globalen Entwicklung, die Jürgen Habermas treffend als die „postnationale Konstellation“ bezeichnet hat[7]. Hier wird das Innen-/Außenschema porös, Außen- und Europapolitik mit ihren Wirkungen für die Bürgerinnen und Bürger werden zur Innenpolitik, während innerstaatliche Politiken in zunehmendem Umfang über die nationalen Grenzen hinweg in andere Länder hineinwirken[8]; durch die vermehrte externen Effekte nationaler Politik eröffnen sich neue Konfliktfelder, wie sie in der EU durch supranationales Handeln vermieden werden können, jenseits der EU aber durch internationale Kooperation nur sehr bedingt zu bewältigen sind.

Mit dem Internet und der fortschreitenden Digitalisierung erreicht diese Entwicklung eine neue Qualität. Es ist jetzt nicht mehr nur die Interdependenz der Staaten, sondern betroffen ist die Gesellschaft, potentiell jede einzelne Person unmittelbar. Eine aufgrund der raschen Verbreitung der neuen Kommunikationsmittel sprunghafte Verdichtung der Beziehungen zwischen den Menschen weltweit führt dazu, dass die ehemals regional oder national begrenzten, fragmentierten Gesellschaften zu einer globalen Gesellschaft zusammenwachsen[9] und dementsprechend Schutz- und Ordnungsaufgaben, die bislang durch den Staat oder allenfalls die Europäische Union zu bewältigen waren, neue globale Regeln und daher auch Handlungsinstrumente erfordern. Zur wachsenden ökonomischen Interdependenz der Staaten kommt die kommunikative Verdichtung der Beziehungen zwischen Individuen weltweit hinzu. Die globale Verbreitung des Corona-Virus und die Hilflosigkeit der in der Abwehr „souverän“ handelnden Regierungen zeigen, dass nicht nur das virtuelle, sondern auch das ganz reale Zusammenwachsen der Welt effektives Zusammenwirken auf globaler Ebene erfordert, für das geeignete Instrumente bislang fehlen. Das Internet indessen hat das Potential, dass sich eine globale Öffentlichkeit entwickelt und sogar demokratische Prozesse auf globaler Ebene denkbar werden[10].

Zugleich entstehen jedoch spezifische Risiken, die jeden Einzelnen betreffen und von einzelnen Staaten allein nicht zu bewältigen sind. Dies alles scheint es zu rechtfertigen, über das hinaus, was mit der postnationalen Konstellation adressiert wird, konzeptionell einen Schritt weiterzugehen und von einer „digitalen Konstellation“ zu sprechen[11], in der die traditionelle auf sou-

---

[7] *Habermas* (Fn. 4), S. 60 f.

[8] S. schon *Habermas* (Fn. 4), S. 70.

[9] Von der „Weltbürger*innengesellschaft“ spricht auch das WBGU-Gutachten (Fn. 5), S. 226.

[10] S. dazu näher: *Ingolf Pernice*, Global Constitutionalism and The Internet. Taking people Seriously, in: Rainer Hofmann & Stefan Kadelbach (Hrsg.), Law beyond the State. Past and Futures, 2016, S. 151–206. Vgl. auch *ders.*, Die Verfassung der Internetgesellschaft, in: Alexander Blankenagel (Hrsg.), Den Verfassungsstaat nachdenken. Eine Geburtstagsgabe, 2014, S. 171–208 (in diesem Band Kap. 4).

[11] Zum Begriff *Ingolf Pernice*, Global Cybersecurity Governance. A Constitutional

veräne Staaten gestützte Weltordnung herausgefordert wird und erstmals auch Instrumente zur Verfügung zu stehen scheinen, um eine demokratisch verfasste Weltordnung zu konzipieren und vielleicht auch zu realisieren. Kennzeichen und treibende Faktoren der „digitalen Konstellation" mit ihrer die Gesellschaft ändernden Dynamik können vorläufig durch die Stichworte Informationsgesellschaft, Massenüberwachung, Risikogesellschaft 2.0 und lernende Systeme, künstliche Intelligenz als Herausforderung und neuer Regelungsbedarf auf globaler Ebene umrissen werden.

2. Informationsgesellschaft und der neue Strukturwandel der Öffentlichkeit

Mit der Einführung und Entwicklung des Word-Wide-Web und des Internets wurden Datenaustausch, Information und Kommunikation in Echtzeit möglich, für jeden und praktisch von jedem Ort zu jedem Ort und in allen Formen. Information und damit der Zugang zum Wissen wird nicht durch Presse und Rundfunk mediatisiert und kanalisiert, sondern in der vernetzten Gesellschaft[12] hat jeder die Möglichkeit zu informieren und direkt Informationen zu rezipieren. Privates Blogging, soziale Netzwerke und digitale Diskussionsplattformen im Internet treten neben klassische Medien wie Zeitung und Rundfunk, vielfach greifen diese ergänzend auf die neuen Medien zurück. Ein neuer Strukturwandel der Öffentlichkeit ist damit verbunden[13], ebenso wie gesellschaftliche Machtverschiebungen etwa der Art, wie sie im

---

Analysis, in: 7 Global Constitutionalism (2018), 112 ff., 116, erste Konzeptualisierung: ders., Risk management in the digital constellation – a constitutional perspective / La gestió de riscos a la constellació digital: una perspectiva constitucional (part I), in: 2018 IDP. Revista de Internet, Derecho y Política, (26), p. 83, 85, 89 ff., abrufbar unter: https://idp.uoc.edu/articles/abstract/10.7238/idp.v0i26.3124/ (Zugriff 18.2.2020). Der Begriff wird auch verwendet bei *Julia Pohle/Thorsten Thiel*, Digitale Vernetzung und Souveränität: Genealogie eines Spannungsverhältnisses, in: Borucki/Schünemann, Internet und Staat (Fn. 2), S. 57 ff., wobei eine Vertiefung nicht erfolgt und mit ihm wohl die digitale Vernetzung gemeint ist.

[12] S. schon *Yochai Benkler*, The Wealth of Networks. How Social Production Transforms Markets and Freedom, 2006, insbes. S. 212 ff., unter: http://www.benkler.org/Benkler_Wealth_Of_Networks.pdf.

[13] *Ingolf Pernice*, Informationsgesellschaft und Politik. Vom neuen Strukturwandel der Öffentlichkeit zur Global Privacy Governance, 2013 (in diesem Band Kap. 1). Mit den Folgen für die Auslegung der Kommunikationsgrundrechte s. *Steffen Hindelang*, Freiheit und Kommunikation. Zur verfassungsrechtlichen Sicherung kommunikativer Selbstbestimmung in einer vernetzten Gesellschaft, 2019, S. 5 ff., 58 ff., 73 ff., 155 ff. Mit der globalen Perspektive s. auch das WBGU-Gutachten (Fn. 5), S. 229 ff.: „Digitalisierung und öffentlicher Diskurs: das Ende rationaler Argumentation oder die Chance einer globalen Agora?". S. auch *Jan A.G.M. von Dijk/Kenneth L. Hacker*, Internet and Democracy in the Network Society, 2018, S. 83–104: „The reconstruction of Public Space in Democracy".

Arabischen Frühling zu beobachten waren, möglicherweise aber auch die demokratischen Prozesse bei uns in Frage stellen. Wissen ist Macht, und der Zugang zum Wissen wird potentiell für alle möglich; die bislang bestehenden Hindernisse entfallen. Über soziale Netzwerke können sich politische Bewegungen spontan organisieren und auf demokratische Prozesse einwirken, im positiven ebenso wie im negativen Sinne[14]. Dabei ist angesichts der globalen Reichweite des Internets nicht auszumachen, ob bestimmte Aktionen aus der Nachbarschaft oder aus einem anderen Teil der Welt kommen. Es kann sich um gezielte Einflussnahmen fremder Regierungen handeln, es kann aber auch eine aus der Gesellschaft kommende Reaktion auf politische Entwicklungen in einem Land sein, von der sich Menschen in anderen Ländern betroffen fühlen.

Die Globalisierung erfasst damit auch die Informationsgesellschaft. Von einer digitalisierten „globalen Agora" ist die Rede[15]. Öffentlichkeit, der politische Diskurs und damit auch demokratische Willensbildung lassen sich weniger leicht gegenüber der „Beteiligung" Dritter abschotten, nicht einmal die Quellen bestimmter Meinungen und Strömungen sind noch identifizierbar. Das macht bei missbräuchlicher Nutzung der digitalen Medien Demokratie störanfälliger und kann zu unerwarteten Ergebnissen führen. Maßnahmen zum Schutz der Demokratie gegen neue Gefährdungen von innen und außen drängen sich auf[16]. Umgekehrt erscheint es bei externen Effekten der Politik im Sinne demokratischer Selbstbestimmung durchaus als naheliegend und legitim, dass von den Entscheidungen Betroffene sich interessieren und einzumischen suchen, selbst wenn sie nicht zum „Wahlvolk" gehören. In der digitalen Konstellation bedürfen Funktionsweise und Bedingungen der Demokratie der Überprüfung.

---

[14] Inwieweit dabei in den sozialen Netzwerken entstehende Filterblasen die Prozesse demokratischer Willensbildung und Wahlen beeinflussen, ist allerdings unklar. *Yochai Benkler/Robert Faris/Hal Roberts*, Network Propaganda. Manipulation, Disinformation, and Radicalization in American Politics, 2018, stellen in einer Analyse der letzten amerikanischen Wahlen fest, dass primär die extreme Rechte betroffen ist. Vgl. jetzt auch *John Naugthon*, Reports of social media's influence on voters are greatly exaggerated, in: The Guardian v. 15.2.2020: „A new study reveals that traditional outlets online were the most popular for general election news", und: „What about the filter bubbles and echo chambers then? Here the report challenges conventional wisdom. Although the researchers found some evidence for partisan selectivity, they also discovered ‚a lot of cross-cutting exposure (especially among those who rely on social media) and little evidence of partisan selective avoidance'", unter: https://www.theguardian.com/commentisfree/2020/feb/15/reports-of-social-media-influence-on-voters-are-greatly-exaggerated (Zugriff 20.2.2020).

[15] Vgl. das WBGU-Gutachten (Fn. 5), S. 230 ff., 233 ff.

[16] S. auch ebd., S. 235 f.

3. Massenüberwachung und der Schutz der Privatheit

Wie wir aus den Enthüllungen von Edward Snowden lernen mussten, bringt die Digitalisierung bislang ungeahnte Möglichkeiten der Massenüberwachung mit sich. Jeder hinterlässt, bewusst oder unbewusst auf Schritt und Tritt seine digitalen Fußabdrücke, die in diversen Datenbanken weltweit gespeichert und mit Hilfe lernender Systeme zu guten und weniger guten Zwecken analysiert werden können. Die großen Datenmengen (big data) sind Grundlage neuer Geschäftsmodelle, aufgrund derer weltweit operierende IT-Riesen mittlerweile die Spitzenpositionen im Unternehmenswert einnehmen. Regierungen, ihre Geheimdienste und Strafverfolgungsbehörden behalten sich den Zugriff zu diesen Daten vor, wenn sie nicht selbst systematisch auf die Netze und IT-Systeme zugreifen, um für ihre – meist legitimen – Zwecke Informationen zu sammeln. Mit dem Internet der Dinge, vom *smart home* bis hin zum autonomen Fahren werden sich die Datenmengen und damit die Präzision ihrer möglichen Auswertung noch um ein Vielfaches erhöhen. Wenn strenge Gesetze oder Gerichtsentscheidungen Eingriffe in das „Grundrecht auf Gewährleistung der Vertraulichkeit und Integrität informationstechnischer Systeme" – etwa den verdeckten Einbau eines „Staatstrojaners" – grundsätzlich verbieten[17] und die Behörden sich daran halten, so bedeutet das nicht, dass nicht Dienste anderer Staaten etwa durch die Nutzung von Schwachstellen Netze und Geräte anzapfen und, wenn es befreundete Dienste sind, „im Ernstfall" sogar die Ergebnisse den nationalen Behörden zur Verfügung stellen.

Persönlichkeits-, Privatheits- und Datenschutz haben in verschiedenen Regionen der Welt einen unterschiedlichen Stellenwert gegenüber Sicherheits-, aber auch ökonomischen Interessen[18]. Innerstaatliche Bestimmungen zu ihrem Schutz finden regelmäßig keine Anwendung, soweit eine Überwachung im Ausland stattfindet, oft sind Ausländer nicht geschützt. So ist der Schutz des Einzelnen in einer zusammenwachsenden Welt lückenhaft, ganz

---

[17] Vgl. dazu schon BVerfGE 120, 274. Zur Überwachung von Smartphones durch das „Einnisten" von Überwachungssoftware („Quellen TKÜ") s. auch „Verfassungsbeschwerde ‚Staatstrojaner' soll vors Bundesverfassungsgericht", Bericht in FAZnet v. 7.8.2018, unter: https://www.faz.net/aktuell/wirtschaft/digitec/staatstrojaner-soll-vors-bundesverfassungsgericht-15726865.html (Zugriff 19.4.2020).

[18] Im Bemühen um eine schrittweise Verständigung s. den Band von *Randal S. Milch, Sebastian Benthall and Alexander Potcovaru* (Hrsg.), Building Common Approaches for Cybersecurity and Privacy in a Globalized World (2019), online unter: https://papers.ssrn.com/sol3/papers.cfm?abstract_id=3508933 (Zugriff 19.2.2020), und dort insbes. *Reinhard Priebe*, Building Common Approaches for Cybersecurity and Privacy in a Globalized World. A few reflections on recent developments in the European Union, ebd., S. 47–57. Mit einem Vergleich der Strategien der USA und der EU insbes. im Bereich der Cybersicherheit s. auch *Ingolf Pernice*, Welcome and Introduction, ebd., S. 6–20.

abgesehen von Fällen, in denen Datensammlungen großer privater Akteure in die Hände von Unternehmen fallen, die die daraus gewonnenen Informationen nutzen, um Menschen etwa vor Wahlen oder Abstimmungen zu manipulieren[19]. Aber auch der Zugriff der Strafverfolgungsbehörden auf Informationen aus privaten Datensammlungen insbesondere bei ausländischen Filialen inländischer Unternehmen, wie im Fall Microsoft, der bis zum Supreme Court der USA gelangte[20], ist ein bislang ungelöstes Problem.

4. Die Risikogesellschaft 2.0

Die großen Errungenschaften der Digitalisierung gehen Hand in Hand mit einer neuen Art und Dimension von Gefahren[21]. Erst allmählich wurde „Cybersicherheit" ein Thema. Heute ist sie Voraussetzung für das Funktionieren praktisch aller öffentlichen und privaten Infrastrukturen und Versorgungssysteme, vom Stromnetz und Verkehr über die Krankenhäuser und Industriebetriebe bis hin zum privaten Rechner oder Smartphone zu Hause. Die von Ulrich Beck beschriebene Risikogesellschaft ist nunmehr um eine Komponente „bereichert", die wir quasi blind in unsere Systeme eingebaut haben und deren Bedrohlichkeit mit der Entwicklung und jeder Anwendung der neuen Technologie Schritt hält[22].

---

[19] Zum Fall Cambridge Analytica s. etwa den Netflix Dokumentationsfilm „The Great Hack", dazu *Markus Böhm*, Doku zum Skandal um Cambridge Analytica „Bis sie die Welt so sahen, wie wir es wollten". Cambridge Analytica mischte bei der Wahl von Donald Trump mit und gelangte an Daten zu Millionen Facebook-Nutzern: Nun dreht sich eine Netflix-Doku um die Skandalfirma – und ihren angeblichen „großen Hack", Spiegel-online v. 24.7.2019, unter: https://www.spiegel.de/netzwelt/netzpolitik/the-great-hack-das-taugt-die-netflix-doku-zum-cambridge-analytica-skandal-a-1278161.html.

[20] Aufschlussreich: *Théodore Christakis*, Données, extraterritorialité et solutions internationales aus problems transatlantiques d'acc?es aux preuves numériques. Avis Juridique sur l'affaire *Microsoft Ireland* (Cour Suprème des Etats-Unis), in: CEIS, USA v. Microsoft: Quel Impact? Statut des données, souveraineté numérique et preuves dans les nuages (2017), S. 17 ff., unter: https://ceis.eu/wp-content/uploads/2017/12/livre_blanc_FR_WEB.pdf (Zugriff 19.2.2020). S. auch *ders.*, Transfer of EU Personal Data to US Law Enforcement Authorities After the CLOUD Act: Is There a Conflict with the GDPR?, in: Randal S. Milch et al., Building Common Approaches (Fn. 18), S. 60.

[21] S. auch *Schallbruch*, Schwacher Staat (Fn. 3), S. 71: „Die Digitalisierung ist auf Sand gebaut".

[22] Näher dazu *Ingolf Pernice*, Risk management in the digital constellation – a constitutional perspective / La gestió de riscos a la constellació digital: una perspectiva constitucional (part I), in: 2018 IDP. Revista de Internet, Derecho y Política, (26), p. 83–94, unter: https://idp.uoc.edu/articles/abstract/10.7238/idp.v0i26.3124/, sowie (part II), in: 2018 IDP. Revista de Internet, Derecho y Política, (27), p. 79–95, at: https://idp.uoc.edu/articles/abstract/10.7238/idp.v0i27.3125/.

Die Verletzbarkeit trifft jeden, vom Staat mit seinen Einrichtungen bis hin zum Einzelnen Nutzer des Internets, ebenso wie die Angriffe von jedem ausgehen können, vom jungen Schüler bis zu den Staaten und ihren Behörden selbst. Sie halten nicht nur Schwachstellen in der auf dem Markt zugänglichen Software geheim, um sie für eigene Überwachungstätigkeiten zu nutzen und gefährden damit um der Sicherheit willen die Sicherheit vieler Anwender[23]; und sie verpflichten nicht nur die Hersteller von Hardware, sog. Hintertüren (backdoors) einzubauen, um bei Bedarf die Benutzung der Geräte überwachen und Informationen abrufen zu können. Es wird auch in den Aufbau spezieller militärischer Kapazitäten für den „cyber-war" investiert, ja neben Land-, See- und Luftstreitkräften gibt es jetzt das „Cyber-Kommando" speziell für die Nutzung der neuen Technologien zu Angriffs- und Verteidigungszwecken[24]. Dabei ist schwer vorstellbar, wie eine wirksame Verteidigung oder ein sog. „*hack*-back" aussehen soll, wenn – anders als bei einer Invasion oder einem Bombenangriff aus dem Nachbarland – der Ursprung des Angriffs technisch nicht feststellbar ist und damit der Angreifer allenfalls durch geheimdienstliche Arbeit ausgemacht werden kann, eine sichere „*attribution*" also nicht möglich ist[25].

5. Lernende Systeme und künstliche Intelligenz

Mehr und mehr im Vordringen und möglicherweise bald prägend für die „digitale Konstellation" sind lernende Systeme und künstliche Intelligenz. Ihre Verwendbarkeit ist vielfältig: für die Steuerung von Verkehrssystemen etwa in *smart cities*[26], beim vorbeugenden Polizeischutz (*preventive policing*), in Industrie- und Dienstleistungsunternehmen, für Diagnosen im Gesund-

---

[23] Zu Problem und möglicher Regelung der Schwachstellen s. etwa *Sven Herpig*, Schwachstellenmanagement für mehr Sicherheit. Wie der Staat den Umgang mit Zero-Day-Schwachstellen regeln sollte (2018), unter: https://www.stiftung-nv.de/de/publikation/schwachstellen-management-fuer-mehr-sicherheit (Zugriff 19.2.2020).

[24] Aufschlussreich insofern: *Tarah Weeler*, In Cyberwar, there a no Rules. Why the world desperately needs digital Geneva Conventions, in Foreign Policy, 12. Sept. 2019, unter:https://foreignpolicy.com/2018/09/12/in-cyberwar-there-are-no-rules-cybersecurity-war-defense/ (Zugriff 19.2.2020). Zu der Beurteilung nach geltendem (humanitärem) Völkerrecht im Lichte des „Tallinn-Manuals" s. auch *Ingolf Pernice*, Vom Völkerrecht des Netzes zur Verfassung des Internets. Privacy und Digitale Sicherheit im Zeichen eines schrittweisen Paradigmenwechsels (2015), in diesem Band Kap. 4, II.

[25] Vgl. *Schallbruch*, Schwacher Staat (Fn. 3), S. 75 ff.: „praktisch fast unmöglich".

[26] S. etwa *Gerhard Hartmann*: Smart City Wien – Die Stadt fürs Leben, in: Jörn von Lucke (Hrsg.), Smart Government – Intelligent vernetztes Regierungs- und Verwaltungshandeln in Zeiten des Internets der Dinge und des Internets der Dienste, TOGI Schriftenreihe, Bd. 16 (2016), online unter https://www.zu.de/institute/togi/assets/pdf/TOGI-160929-TOGI-Band-16-Smart-Government-V1.pdf (Zugriff 20.2.2020), S. 97 ff.

heitswesen, vor allem aber in der Arbeitswelt mit den erwarteten disruptiven Effekten, die möglicherweise ganze Berufszweige überflüssig werden lassen und auch die staatliche Verwaltung nicht verschonen. In vielen Bereichen verbindet sich mit der künstlichen Intelligenz eher Verunsicherung als eine klare Perspektive hinsichtlich Nutzen, Risiken und Nebenwirkungen. Dabei sind Anwendungen, wie etwa Systeme automatischer Spracherkennung für Diktiergeräte, der Übersetzung von Fremdsprachen oder die automatische Bild- und Gesichtserkennung schon zu unserem Alltag geworden, ohne das dies weiter aufgefallen wäre. Bei Entwicklungen wie der *Fin-tech* oder der *legal tech* fehlt uns indessen bisweilen der Durchblick.

Ein Beispiel für das Vordringen künstlicher Intelligenz in den Raum der öffentlichen Verwaltung[27] ist der elektronische Verwaltungsakt (§ 35 a VwVfG) mit seinen Vorbildern im Steuer- und Sozialrecht. Im Hintergrund steht der Bedarf an Verwaltungsvereinfachung und Beschleunigung der Verfahren bei massenhaft zu treffenden Entscheidungen, für deren Erlass kein Ermessensspielraum besteht. Hier ist nicht der Personalabbau das Ziel, sondern der Einsatz des qualifizierten Personals für wirkliche Problemfälle[28]. Ob und unter welchen Bedingungen Bürgerinnen und Bürger Verwaltungsakte hinnehmen müssen, die maschinell produziert werden und für die keine legitimierte natürliche Person die Verantwortung übernimmt, ist indessen zu prüfen[29]. Verändert es das Staat-Bürger-Verhältnis, wenn der Staat sich von einer Maschine vertreten lässt? – Auch das Verkehrsschild wird als Verwaltungsakt behandelt; dass hier im Einzelfall gegenüber dem betroffenen Bürger eine Person jeweils die Entscheidung trifft, ist schwer zu behaupten. Ob

[27] Vgl. hierzu den Überblick von praktischen Anwendungen bei *Christian Djeffal*, Künstliche Intelligenz. Beitrag zum Handbuch Digitalisierung in Staat und Verwaltung (2018), HIIG Discussion paper series 2018–03, Ziff. 2.2. unter: https://www.hiig.de/publication/kuenstliche-intelligenz-beitrag-zum-handbuch-digitalisierung-in-staat-und-verwaltung/ (Zugriff 19.2.2020).

[28] Vgl. dazu *Christian Djeffal*, Das Internet der Dinge und die öffentliche Verwaltung: Auf dem Weg zum automatisierten Smart Government? Deutsches Verwaltungsblatt 2017, S. 808–816.

[29] Mit einer Übersicht über das Meinungsspektrum differenzierend s. *Annette Guckelberger*, Öffentliche Verwaltung im Zeitalter der Digitalisierung. Analysen und Strategien zur Verbesserung des E-Governments aus rechtlicher Sicht, 2019, S. 364–483, mit einer Reihe von wertvollen „Leitlinien für den Algorithmeneinsatz einschließlich Algorithmenkontrolle, ebd., S. 423 ff. Im Blick auf das übergreifende Gebot der Billigkeit jedes Verwaltungshandelns (vgl. *Ingolf Pernice*, Billigkeit und Härteklauseln im öffentlichen Recht. Grundlagen und Konturen einer Billigkeitskompetenz der Verwaltung, 1991, insbes. S. 325 ff., 539 ff.), wird jedenfalls eine Überprüfung jeder automatisiert hergestellten Entscheidung durch eine legitimierte Person zwingend sein, wenn diese es verlangt. Wie für das Billigkeitspostulat selbst (ebd., S. 447) dürfte hierfür das Gebot der Achtung der Menschenwürde zentrale Bedeutung haben.

der Ersatz von Mitarbeitern durch „Chatbots" als Gesprächspartner für Bürgerinnen und Bürger sich bewähren wird[30], mag fraglich sein.

Lernende Systeme erlauben vor allem die Mustererkennung und, im Gegenzug, das Erkennen von Unregelmäßigkeiten, also Abweichungen vom Muster bei großen Datenmengen. Hiervon profitiert die Steuerverwaltung, aber auch im Bereich der Cybersicherheit kann das Erkennen von Anomalien durch lernende Systeme zum Entdecken eines Angriffs führen[31]. Wenn der künstlichen Intelligenz heute das Potential zugeschrieben wird, die öffentliche Verwaltung grundlegend zu verändern, nicht nur in einzelnen Anwendungen, sondern umfassender bezüglich der Verwaltungsverfahren und -organisation in Richtung dessen, was Jörn von Lucke als *smart government* bezeichnet[32], liegt es nahe, Grundrechte und verfassungsrechtliche Prinzipien wie Demokratie und Rechtsstaatlichkeit nicht nur nachträglich, reaktiv, also bei der Überprüfung bereits eingeführter Regelungen und Systeme in Ansatz zu bringen, sondern proaktiv schon bei der Technikgestaltung und als leitende Orientierung für die bevorstehende Verwaltungsreform. Christian Djeffal hat dies am Beispiel des Schutzes der Privatheit ins Gespräch gebracht und dabei allgemeiner vorgeschlagen, die Statuslehre zu den Grundrechten um einen *status activus technicus* zu ergänzen.[33]

6. Regelungsbedarf und Regelungsperspektiven jenseits des Staates

Die digitale Konstellation kennzeichnet somit die mit der Entwicklung und progressiven Einführung der Informationstechnologien verbundenen Rahmenbedingungen, die zusammen mit Veränderungen der Gesellschaft auch einen Wandel von Staat und Verwaltung, der öffentlichen Gewalt auf allen Ebenen indizieren, einen Wandel, der das Verhältnis sowohl zu den Bürgerinnen und Bürgern als auch zu anderen Staaten und den Menschen im Rest der Welt erfasst[34].

---

[30] S. den Hinweis bei *Djeffal*, Künstliche Intelligenz (Fn. 27), Ziff. 2.2.

[31] Beispiele bei *Djeffal*, Künstliche Intelligenz (Fn. 27), Ziff. 2.2.

[32] Ebd., Ziff. 2.5, mit Verweis auf *Jörn von Lucke* (Hrsg.), Smart Government – Intelligent vernetztes Regierungs- und Verwaltungshandeln in Zeiten des Internets der Dinge und des Internets der Dienste, TOGI Schriftenreihe, Bd. 16 (2016), unter https://www.zu.de/institute/togi/assets/pdf/TOGI-160929-TOGI-Band-16-Smart-Government-V1.pdf (Zugriff 20.2.2020), S. 9, dazu unten II.2.

[33] *Christian Djeffal*, „Privatheit 4.0" im Spiegel von Recht und künstlicher Intelligenz. Das Recht als (Re)aktion und der status activus technicus, in: Hauke Behrendt, Wulf Loh, Tobias Matzner, Catrin Misselhorn (Hrsg.), Privatheit 4.0. Eine Neuverortung des Privaten im Zeitalter der Digitalisierung, 2019, S. 177, 189 ff.

[34] Dieser digitale Wandel des Staates ist erstaunlicherweise in dem sonst umfassenden Gutachten des WBGU (Fn. 5), S. 16, im „Kasten 1: Schauplätze des digitalen Wandels" nicht aufgeführt.

In der postnationalen Konstellation sucht Jürgen Habermas nach Wegen, wie eine „world domestic policy without a world government" demokratisch organisiert sein kann[35]. Die digitale Konstellation mit den Möglichkeiten weltweit grenzenloser Kommunikation[36] und Netzwerkbildung durch das Internet, der Entfaltung einer globalen Öffentlichkeit und internetbasierten politischen Willensbildungsprozessen, ja digitalen Abstimmungen,[37] eröffnet die Perspektive demokratisch legitimierter Regelsetzung auf globaler Ebene zur Bewältigung der globalen Herausforderungen, indem die Menschen sich für diese gemeinsamen Zwecke als *global citizens* definieren und organisieren[38].

II. Digitalisierung und der Wandel der Staatlichkeit

Als Folge – oder mit Hilfe – der Digitalisierung ändert sich zu allererst das Gesicht des Staates. Was im Blick auf die neuen Bestimmungen des Grundgesetzes zur europäischen Integration und zur internationalen Zusammenarbeit von Vogel treffend als „offene Staatlichkeit" bezeichnet wurde, wird nunmehr ergänzt durch Regeln zur Informationsfreiheit und Transparenz, so dass von einer doppelt offenen Staatlichkeit gesprochen werden kann (dazu 1.). Damit verbunden ist die Digitalisierung der Regierung und Verwaltung, mit der das Konzept der Herrschaft des Staates über die Menschen ersetzt wird durch den Staat als Partner und Dienstleister der Einzelnen im Sinne aktiver, verantwortlicher Bürger ihres Gemeinwesens (dazu 2.). Neue Staatszwecke und -aufgaben kommen hinzu (dazu 3.), viele davon allerdings liegen jenseits der Reichweite staatlicher und auch europäischer Wirkmächtigkeit. Der Staat stößt auf seine Grenzen, ist machtlos[39], und insoweit bleibt auch die demokratische Selbstbestimmung hinter dem zurück, was möglich wäre (dazu 4.).

---

[35] *Habermas*, Postnational Constellation (Fn. 4), S. 10 ff.

[36] Krit. allerdings *Jack Goldsmith/Tim Wu*, Who Controls the Internet? Illusions of a Borderless World, 2008.

[37] Vgl. *Ingolf Pernice*, Stärkung der Demokratie in der Digitalen Konstellation, in: Markus Ludwigs (Hrsg.), Regulierender Staat und konfliktschlichtendes Recht. Festschrift für Matthias Schmidt-Preuß zum 70. Geburtstag, 2018, S. 241–256.

[38] S. näher *Ingolf Pernice*, E-Democracy, the Global Citizen, and Multilevel Constitutionalism, in: Corien Prins, Colette Cuijpers, Peter L. Lindseth, Mônica Rosina (Hrsg.), Digital Democracy in a Globalised World, 2017) S. 27–52.

[39] In diesem Sinne *Schallbruch*, Schwacher Staat (Fn. 3), S. 2 f., 187 ff.: „Der Staat fesselt sich selbst" (ebd., S. 203).

1. Doppelt offene Staatlichkeit

Wenn das Grundgesetz mit der Präambel und den Art. 24–26 GG eine offene Staatlichkeit konstituiert, wie Klaus Vogel es 1964 ausführte[40], so ging es um eine Offenheit nach „außen", also für die europäische Integration und die internationale Zusammenarbeit. Dies war ein revolutionärer Schritt, wie sich insbesondere mit der Entwicklung der EU bis heute erwiesen hat[41]. Von der Digitalisierung gestützt und auch getrieben hat sich Staatlichkeit heute aber auch auf andere Weise geöffnet: Aus einer Idee zur Verbesserung der Kontrolle der Umsetzung und Anwendung des europäischen Umweltrechts, dem Anspruch auf Zugang zu Umweltinformationen für jeden Interessierten, wurde eine allgemeine Wendung vom Arkanstaat[42], dem Staat als *black box*, hin zur Transparenz staatlichen Handelns und allgemeiner Informationsfreiheit[43].

Mit dem neuen Verständnis der „Öffentlichkeit" der Verwaltung ändert sich auch das Verhältnis des Bürgers zu seinem Staat. Einzelne sehen sich nicht mehr nur als Betroffene von Verwaltungsentscheidungen, zu denen sie ggf. Akteneinsicht fordern, Widerspruch einlegen und vor den Verwaltungsgerichten Klage erheben können, sondern ganz allgemein wird den einzelnen Bürgern eine Kontrollmöglichkeit über das Verwaltungshandeln eröffnet. Die politische Kontrolle, die traditionell nur gegenüber den Regierungen in den Wahlen erfolgen kann, wird jetzt ergänzt durch die Wachsamkeit der Bürgerinnen und Bürger, die dank der Transparenz unmittelbar das Geschehen beobachten können und schon damit zur Wahrung der Rechtsstaatlichkeit des Handelns der öffentlichen Gewalt beitragen.

Was seinerzeit gerade in Deutschland bei der Umsetzung der europäischen Richtlinie über die Umweltinformationen[44] auf große Schwierigkeiten ge-

---

[40] *Klaus Vogel*, Die Verfassungsentscheidung des Grundgesetzes für eine internationale Zusammenarbeit, 1964, S. 33, 42.

[41] S. dazu *Ingolf Pernice*, Zukunft des Europarechts. Zwischen Alltag und Revolution, in: Stefan Grundmann u.a. (Hrsg.), Festschrift 200 Jahre Juristische Fakultät der Humboldt-Universität zu Berlin, Geschichte, Gegenwart und Zukunft, 2009, S. 1361, 1362 ff.

[42] Diese Ausgangslage schildert mit einem Erklärungsversuch *Johannes Masing*, Transparente Verwaltung: Konturen eines Informationsverwaltungsrechts, VVDStRL 63 (2004), S. 378, 381–386.

[43] Ausführlicher: *Ingolf Pernice*, Verfassungs- und europarechtliche Aspekte der Transparenz staatlichen Handelns, 2. IFG-Tagung Berlin am 6./7. September 2012, in: Alexander Dix u.a. (Hrsg.) Informationsfreiheit und Informationsrecht. Jahrbuch 2013 (2014), S. 17–34 (in diesem Band, Kap. 2, I.1).

[44] Richtlinie 90/313/EWG über den freien Zugang zu Informationen über die Umwelt, ABl. 1990 L 158. Eine Neuregelung erging zur Umsetzung der Aarhus-Konvention mit der Richtlinie 2003/4 vom 28. Januar 2003 über den Zugang der Öffentlichkeit zu Umweltinformationen und zur Aufhebung der Richtlinie 90/313/EWG des Rates, ABl. 2003 L 41/26.

stoßen war[45], ist inzwischen zur Normalität geworden: Transparenz und damit eine neue Offenheit nach „innen". Die Informationsfreiheitsgesetze von Bund und Ländern sind als Ausdruck eines neuen Selbstverständnisses des Bürgers gegenüber seinem Staat zu verstehen, Johannes Masing spricht von einem *„status procuratoris"*[46]. Wenn die staatliche Polizei bisher auf die Rechtstreue der Bürger achtete, wird jetzt der Bürger zur Polizei gegenüber dem Staat[47]. Und auf ihren Webseiten sind die Gemeinden, Länderregierungen und Bundesregierung, wie auch – als Vorreiter – die europäischen Institutionen in diversen Formen und unterschiedlicher Genauigkeit und Qualität dazu übergegangen, Bürgerinnen und Bürger umfassend über ihre Politik aktiv zu informieren[48].

Diese „Öffnung" im Sinne von Öffentlichkeit und Transparenz aber betrifft nicht nur die Verwaltung. Auch von „open justice" ist seit längerem die Rede, also der Schaffung von Transparenz im Justizwesen[49]. So wird etwa die Frage gestellt, ob etwa Gerichtsverhandlungen Internet-öffentlich über einen Stream stattfinden sollen und in welchem Umfang das mit dem Grundgesetz vereinbar ist[50]. Die systematische Veröffentlichung von Gerichtsentscheidungen im Internet dient der Transparenz, zugleich aber auch der Einheitlichkeit der Rechtsanwendung und damit der Gleichheit vor dem Gesetz sowie letztlich der Rechtssicherheit, wenn Bürger, Anwälte und auch die Richter selbst durch geeignete Suchmaschinen den Stand der einschlägigen Rechtsprechung zu speziellen Fragen herausfinden können.

Staatlichkeit ist damit heute doppelt offen, der Staat hat seine Hegelianische Heiligkeit verloren. An die Stelle des noch spät-monarchisch von Allmacht, Souveränität und Kompetenz-Kompetenz des „Herrschers" geprägten Staatsbildes tritt ein mehr instrumentaler Ansatz, nach dem Staat nicht vorgegebene Größe und Autorität ist, sondern vom Individuum her gedacht durch Verfassung konstituierte, organisierte und begrenzte, vom Bürger in

---

[45] Vgl. *Pernice*, Transparenz (Fn. 43), S. 18 ff.

[46] *Masing*, Mobilisierung des Bürgers für die Durchsetzung des Rechts. Europäische Impulse für eine Revision der Lehre vom subjektiv-öffentlichen Recht, 1997, S. 225; s. auch *ders.*, Transparente Verwaltung (Fn. 42), S. 378, 395.

[47] So schon *Pernice,* Transparenz (Fn. 43), S. 25 f.; vgl. auch *Masing*, Transparente Verwaltung (Fn. 42), S. 435: „Der Bürger wird als citoyen an der Verwaltung beteiligt, die Verwaltung in ein politischeres Kräftefeld gestellt".

[48] In diesem Sinne schon *Masing*, Transparente Verwaltung (Fn. 42), S. 423: „Die informierende Verwaltung".

[49] S. *Wilfried Bernhard*, Die deutsche Justiz im digitalen Zeitalter. Entwicklung und Entwicklungsperspektiven von E-Justice, NJW 2015, 2775, 2779 f., der einen Nachholbedarf im Blick auf das „Erfordernis der Transparenz in der Justiz" sieht.

[50] Ausführlich: *Anne Paschke*, Digitale Gerichtsöffentlichkeit. Informationstechnische Maßnahmen, rechtliche Grenzen und gesellschaftliche Aspekte der Öffentlichkeitsgewähr in der Justiz, 2018, insbes. ebd., S. 320 ff.

der Informationsgesellschaft auch kontrollierte öffentliche Kompetenz im Dienste der Bürgerinnen und Bürger.

2. Staat und EU als Dienstleister

Mit dem Wandel des Grundverhältnisses zwischen Staat und Bürger einher geht eine von der Digitalisierung getriebene Veränderung von Organisation und Verfahren, bei der je nach Sachgebiet die Unterschiede zwischen öffentlicher Gewalt und privatwirtschaftlicher Leistungserbringung verschwimmen. Betroffen sind besonders die Bereiche Steuern und Finanzen, das Justiz- und das Bildungssystem, das Sozialversicherungs- und Gesundheitssystem sowie die Gebiete, in denen der Staat sich weitgehend auf Gewährleistungs- und Aufsichtsfunktionen beschränkt, wie die Energie- und Wasserversorgung, Post und Telekommunikation, Banken und Versicherungen. Nicht zu vergessen ist das Geld- und Währungswesen. Gibt es einen Bereich öffentlicher Verantwortung, der vom Zugriff der Digitalisierung nicht betroffen ist und wo vom Einsatz digitaler Technologien keine Effizienzsteigerung, mehr Bürgernähe, Vereinfachung, vielleicht auch Beschleunigung erwartet wird?

Betrachtet man die Entwicklungen zur Digitalen Transformation der Verwaltung (a.), die Veränderungen der Regierung unter dem Druck der Digitalisierung (b.) und das Ringen um Künstliche Intelligenz im Staat (c.) näher, so treten der Staat und entsprechend auch die EU dem Bürger gegenüber tatsächlich immer weniger als Herrscher oder öffentliche Gewalt auf; zunehmend tritt ihre Funktion als Dienstleister[51] in den Vordergrund, und dabei erscheint die Digitalisierung auch als Antwort auf die Frage, wie der Staat, also Gesetzgeber, Regierung, Verwaltung und Justiz diese Rolle bestmöglich erfüllen können.

a. Digitale Transformation der öffentlichen Verwaltung?

Eine digitale Transformation der Verwaltung gelingt allerdings in Deutschland nur mühsam[52]. Schon die Einführung der IT in den Behörden erfolgt dezentral und ungesteuert – trotz der Schaffung einer Zahl von Steuerungsfunktionen und -gremien, vom CIO des Bundes bis hin zum IT-Planungsrat. Folge ist eine Vielzahl mehr oder weniger kompatibler, häufig auch veralteter

---

[51] S. schon, freilich auf den Apekt Dienstleistungsunternehmen beschränkt, *Andreas Voßkuhle*, Der Dienstleistungsstaat: Über Nutzen und Gefahren von Staatsbildern, Der Staat 2001, S. 495, 511 ff., krit. zur „Kundenorientierung", weil der Bürger nicht auf die passive Konsumentenrolle beschränkt ist, ebd., S. 519 ff., entsprechend auch zur „Gewinnorientierung" ebd., S. 522

[52] Vgl. *Guckelberger*, Öffentliche Verwaltung (Fn. 29), S. 157 ff., mit dem Versuch einer Ursachenanalyse, ebd., S. 161 ff.

Systeme, die eine systematische Nutzung im Interesse effizienter Verwaltung erschweren und spezielle Sicherheitsrisiken mit sich bringen[53]. Dabei sind die geplanten Maßnahmen primär auf die Verbesserung der Dienstleistungen für den Bürger und seine Partizipation gerichtet[54]. Die Bundesregierung hat in ihrer Digitalen Agenda 2014–2017 „Meilensteine in der Digitalpolitik" gesetzt und zum „Handlungsziel Digitaler Staat" ausgeführt:

> „Die Bundesregierung setzt sich für eine digitale Transformation der öffentlichen Verwaltung ein. Die digitalen Dienstleistungsangebote der Verwaltung sollen einfacher, effektiver und dennoch sicher abrufbar sein. Mit dem Programm Digitale Verwaltung 2020 schafft die Bundesregierung die Rahmenbedingungen für die Verwaltung der Zukunft. Diese nutzt die Potenziale der Digitalisierung, ist effektiv, transparent, effizient, barrierefrei, bürger- und unternehmensfreundlich…".[55]

Viel mehr an konkreten Maßnahmen findet sich hier nicht. Gleichwohl gibt es mit dem E-Government-Gesetz und dem Online-Zugangsgesetz allgemeine Regelungen, die die Transformation bewirken sollen, und sowohl auf Länder- (Berlin) als auch auf Bundesebene wurden eine Reihe von Maßnahmen zur Umsetzung auf den Weg gebracht, die überwiegend eine Leistungsorientierung gegenüber den Bürgerinnen und Bürgern bzw. den Unternehmen dokumentieren.

aa. E-Government Gesetz und Online-Zugangsgesetz

Sicher aber war schon der Erlass des E-Government Gesetzes des Bundes von 2013[56] und entsprechender Gesetze der Länder, die den elektronischen Zugang zu den Behörden, die sichere Übermittlung über De-Mail, die elektronische Signatur bzw. elektronische Identifizierung per eID vorsehen und damit die Schriftform ersetzen, wie es § 3a VwVfG möglich macht, aber auch die elektronische Aktenführung und eine IT-unterstützte Optimierung der Verwaltungsabläufe einschließlich der Information über den Verfahrensstand als großer Schritt zur Digitalisierung gedacht. In der Praxis allerdings fragt man

---

[53] S. näher *Schallbruch*, Schwacher Staat (Fn. 3), S. 156 ff., 162 ff., mit Erläuterungen zu den Schwierigkeiten, das zu bessern, ebd., S. 210 ff.

[54] Vgl. *Roman Beck/Dennis Hilgers/Helmut Krcmar/Robert Krimmer/Marian Margraf/Peter Parycek/Utz Schliesky/Timo Schuppan*, Digitale Transformation der Verwaltung. Empfehlungen für eine gesamtstaatliche Strategie (2017), unter: https://www.bertelsmann-stiftung.de/fileadmin/files/Projekte/Smart_Country/DigiTransVerw_2017_final.pdf (Zugriff 8.3.2020), S. 12 f., mit instruktivem Vergleich zu Estland und Österreich ebd., S. 16 ff., und beachtlichen Empfehlungen für eine wirkliche digitale Transformation der Verwaltung ebd., S. 24 ff.

[55] Bundesministerium für Wirtschaft und Energie, Digitale Agenda, unter: https://www.bmwi.de/Redaktion/DE/Artikel/Digitale-Welt/digitale-agenda.html (Zugriff 21.2.2020).

[56] E-Government-Gesetz vom 25. Juli 2013 (BGBl. I S. 2749), zuletzt geändert durch Art. 15 G v. 20.11.2019 I 1626.

sich, ob und ggf. wo ein Wandel bereits spürbar ist[57]. Die groß angelegte Evaluierung des Gesetzes, die in einem Gutachten vorbereitet im Mai 2019 von der Bundesregierung dem Bundestag vorgelegt wurde, bietet ein verheerendes Bild: Der Umsetzungsstand des Gesetzes sei „nach den empirischen Ergebnissen des Gutachtens gering"; bereits verfügbare Angebote, wie etwa die qualifizierte elektronische Signatur, würden „nur von einem geringen Teil der Bürgerinnen und Bürger sowie Unternehmen in Anspruch genommen"; die E-Government Angebote wären den Betroffenen nicht bekannt. Die befragten Verwaltungen halten die Umsetzung zu knapp 50% nicht für praktikabel, fast alle der Verwaltungen meinen, zur Umsetzung nicht verpflichtet zu sein.[58] Für die Einführung etwa der elektronischen Akte, Herzstück der Digitalisierung, lief die nach § 6 E-GovG gesetzte Frist am 1.1.2020 ab. Nicht einmal die Hälfte der Bundesbehörden hat diese Vorgabe erfüllt[59].

Ein weiterer, vielleicht effektiverer Schritt, der aber mit dem E-Government-Gesetz in engem Zusammenhang steht, ist das Onlinezugangsgesetz von 2017 (OZG)[60]. Hiernach werden Bund und Länder ausdrücklich verpflichtet, bis 2022 „ihre Verwaltungsleistungen auch elektronisch über Verwaltungsportale anzubieten" und diese Verwaltungsportale „miteinander zu einem Portalverbund zu verknüpfen" (§ 1). Dafür müssen „Nutzerkonten" zur Verfügung gestellt werden, mit denen Bürgerinnen und Bürger sowie Unternehmen ihre Daten einmalig eingeben können – dies ist das *once only*-Prinzip –, um sich „für die im Portalverbund verfügbaren elektronischen Verwaltungsleistungen von Bund und Ländern einheitlich identifizieren" zu können (§ 3 Abs. 2)[61].

---

[57] Zur bisherigen Lage auch *Schallbruch*, Schwacher Staat (Fn. 3), S. 142 ff: „Trostlose Digitale Verwaltung".

[58] Bericht der Bundesregierung zur Evaluierung des Gesetzes zur Förderung der elektronischen Verwaltung sowie zur Änderung weiterer Vorschriften, Bundestag-Drucksache 19/10310 v. 13.5.2019, unter: http://dip21.bundestag.de/dip21/btd/19/103/1910310.pdf (Zugriff 23.2.2020), S. 5. Ähnlich auch die Bilanz in: *Beck* u.a. Digitale Transformation (Fn. 54), S. 7: „Die digitalen Service-Angebote der deutschen Verwaltung bleiben hinter den Erwartungen von Bürgern und Unternehmen sowie Erfolgen anderer Staaten zurück, der IT-Einsatz ist in der Verwaltung nach wie vor disparat und wenig interoperabel und es fehlt eine gesamtstaatliche strategische Steuerung".

[59] Mit Zweifeln an der Rechtstreue der Regierung und Verwaltung und Vorschlägen zur Abhilfe etwa durch ein individuelles Klagerecht oder Haftungsregelungen s. dazu *Wilfried Bernhard/Manfred Klein*, Gesetzlich festgelegte eGovernment-Fristen einhalten. Eine Frage der Rechtstreue, in: eGovernment Computing v. 29.3.2019, unter: https://www.egovernment-computing.de/eine-frage-der-rechtstreue-a-814902/ (Zugriff18.4.2020).

[60] Gesetz zur Verbesserung des Onlinezugangs zu Verwaltungsleistungen (Onlinezugangsgesetz – OZG) vom 14. August 2017 (BGBl. I S. 3122, 3138), unter: https://www.gesetze-im-internet.de/ozg/OZG.pdf.

[61] Zu den Effizienzdefiziten des bisherigen Systems der Datensilos mit der Forderung, das *once only*-Prinzip einzuführen s. *Schallbruch*, Schwacher Staat (Fn. 3), S. 127 ff., 138 f.

Der IT-Planungsrat titelt auf der Webseite zur Umsetzung des OZG mit der Ankündigung: „Flächendeckende Digitalisierung der Verwaltung Deutschlands bis 2022“. Ziel der arbeitsteilig von Bund, Ländern und Kommunen unternommenen Umsetzung des gemeinsam erarbeiteten Digitalisierungsplans sein es, „nutzerfreundliche digitale Leistungen zu schaffen, die leicht von anderen Bundesländern und Kommunen nachgenutzt werden können“.[62]

bb. Umsetzung auf Länderebene: Berlin

Ein Blick auf die Länderebene zeigt am Beispiel Berlin, dass hier nicht nur einiges schon erreicht ist, sondern wortreich noch mehr geplant ist, um die gemeinsamen Ziele zu verwirklichen. Ausgehend von der Dienstleistungsrichtlinie der EU, die in jedem Mitgliedstaat einen Einheitlichen Ansprechpartner[63] im Behördenverkehr für die Abwicklung aller mit der Erbringung von Dienstleistungen im anderen Mitgliedstaat verlangt, gibt es etwa im Berlin seit 2009 für inzwischen alle Gewerbeanmeldungen, Erlaubnisse oder Anerkennungsverfahren für Berufsqualifikationen ein einheitliches online-Portal, über das die nötigen Informationen erhältlich sind und Anträge gestellt werden können.[64] Nach dem Berliner E-Government Gesetz von 2016 müssen seit dem 1.1.2020 Verwaltungsverfahren in der Regel elektronisch abgewickelt werden, die elektronische Identifizierung und Signatur muss möglich sein, ebenso wie die elektronische Einreichung von Nachweisen und gebührenfreie Bezahlung der Dienste (seit 2017). § 7 des Gesetzes schreibt vor, dass die Berliner Verwaltung ihre Akten ab 1.1.2023 elektronisch führt und Akten zwischen den Behörden elektronisch übermittelt werden. Die Verfahrensbeteiligten erhalten elektronisch Informationen über den Verfahrensstand über ein zentrales Serviceportal des elektronischen Stadtinformationssystems des Landes Berlin (§ 10 Abs. 2). Über dasselbe Portal

---

[62] IT-Planungsrat: Flächendeckende Digitalisierung der Verwaltung Deutschlands bis 2022, unter: https://www.it-planungsrat.de/DE/ITPlanungsrat/OZG-Umsetzung/OZG_Umsetzung_node.html (Zugriff 23.2.2020).

[63] Art. 6 Richtlinie 2006/123/EG des Europäischen Parlaments und des Rates vom 12. Dezember 2006 über Dienstleistungen im Binnenmarkt, ABl. L 376/36 v. 27.12.2006, unter: https://eur-lex.europa.eu/legal-content/DE/TXT/PDF/?uri=CELEX:32006L0123&from=EN (Zugriff 24.2.2020). Zur Erläuterung s. ebd., Erwägungsgrund 48. Vgl. dazu die Erläuterungen auf der Webseite der Europäischen Kommission: „Die einheitlichen Ansprechpartner (EA) sind Portale für elektronische Behördendienste, die es Dienstleistern ermöglichen, benötigte Informationen zu erhalten und Verwaltungsverfahren online abzuwickeln. Sie werden vom EUGO-Netz der nationalen Koordinatoren verwaltet“, unter: https://ec.europa.eu/growth/single-market/services/services-directive/in-practice/contact_de (Zugriff 22.2.2020). S. dazu in Deutschland §§ 71a–e VwVfG.

[64] Vgl.https://www.berlin.de/ea/ (Zugriff 22.2.2020).

müssen alle Behörden über ihre Aufgaben, den Zugang zu den zuständigen Stellen, ihre „nach außen wirkende öffentlich-rechtliche Tätigkeit", Gebühren etc. informieren und erforderliche Formulare elektronisch bereitstellen (§ 11).

Zur Umsetzung des Onlinezugangsgesetzes auf Länderebene gibt es in Berlin einen Entwurf vom 30.4.2019[65], über dessen weiteres Schicksal nicht viel zu finden ist[66]. Im Bürgeralltag Berlin ist von Veränderung noch nicht viel zu spüren, allerdings konnte man bei einem Test Ende Februar 2020 ein Bürgerkonto beim „Service-Konto-Berlin" einrichten und bereits vier Dienste anklicken: Anwohner-Parkausweis, Einheitlicher Ansprechpartner, Kita-Gutschein und Kita-Navigator. Und bei der elektronischen Terminvereinbarung etwa für die Beantragung eines Personalausweises hätte man einen Termin im übernächsten Monat erhalten können, für die Beantragung eines Ehefähigkeitszeugnisses gab es im nächsten Standesamt bis Ende Juli 2020 noch einen einzigen Termin: 2. Juni.

cc. Umsetzungsstrategie des Bundes: „digital-made-in.de"

Unter dem Titel „digital-made-in.de" wurde wohl angesichts der festgestellten Defizite im September 2019 eine aktualisierte Umsetzungsstrategie der Bundesregierung zur Gestaltung des digitalen Wandels veröffentlicht[67]. Hier interessiert vor allem, was unter den fünf Handlungsfeldern im Feld „Moderner Staat" vorgesehen ist. Als für die Bundesregierung insgesamt und für alle Ministerien verbindlich findet sich der gemeinsame Leitgedanke:

> „Die Verwaltung soll Bürgerinnen und Bürgern sowie Unternehmen das Leben erleichtern, nicht verkomplizieren. Deshalb wollen wir den Austausch mit der Verwaltung und die Beantragung von Leistungen für alle einfach und sicher machen. Dafür werden wir unsere Verwaltungsleistungen künftig digital anbieten und auch die Verwaltung selbst weiter digitalisieren und modernisieren"[68].

---

[65] Gesetz zur Verbesserung des Onlinezugangs zu Verwaltungsleistungen der Berliner Verwaltung (Onlinezugangsgesetz Berlin – OZG Bln), Berliner Abgeordnetenhaus Drucksache 18/1850 vom 30.4.2019, unter: https://www.parlament-berlin.de/ados/18/IIIPlen/vorgang/d18-1850.pdf(Zugriff 23.2.2020).

[66] S. aber zum Workshop zum „Once-Only"-Prinzip in Berlin. Der eintägige Workshop behandelt Fragen und Probleme beim „Once-Only" Prinzip auf EU-Ebene am 9.12.2019 die Anzeige unter: https://www.onlinezugangsgesetz.de/SharedDocs/termine/Webs/OZG/DE/2019/sdg-ozg-workshop-berlin.html(Zugriff 23.2.2020).

[67] Die Bundesregierung: Digitalisierung gestalten. Umsetzungsstrategie der Bundesregierung digital-made-in.de, Aktualisierte Ausgabe – September 2019, unter: https://www.bundesregierung.de/resource/blob/975292/1605036/61c3db982d81ec0b4698548fd19e52f1/digitalisierung-gestalten-download-bpa-data.pdf?download=1 (Zugriff 21.2.2020).

[68] Ebd., S. 156.

Drei Schwerpunkte sind aufgeführt und erscheinen für den Wandlungsprozess, in dem wir uns befinden, besonders aufschlussreich:

- Der Staat als Dienstleister,
- Digitalisierung der Verwaltung und
- Besteuerung digitaler Geschäftsmodelle

Bei letzterem geht es um ein bekanntes und doch kompliziertes Unterfangen, nämlich „eine faire Besteuerung international tätiger Unternehmen", die in europäischer und internationaler Zusammenarbeit erreicht werden soll. Das geltende Steuersystem ist auf datenbasierte Geschäftsmodelle global agierender Unternehmen nicht eingerichtet. In dem über 200 Seiten starken Dokument finden sich hierzu keine Details, nicht einmal die Denkansätze. Es wird aber deutlich, dass unser Staat in einem durch die Digitalisierung erheblich betroffenen sehr sensiblen Bereich, nämlich der Finanzierung der öffentlichen Aufgaben, nicht souverän entscheiden kann. Möglicherweise sehr erhebliche Einbußen im Haushalt müssen hingenommen werden, ohne dass eine akzeptable Lösung in Sicht wäre.

Bedeutsamer aber ist der Schwerpunkt, der mit „Staat als Dienstleister" überschrieben ist. Selbst wenn hier die Vorhaben praktisch aller Ministerien Punkt für Punkt aufgeführt sind, mit denen eine Digitalisierung erfolgt oder erfolgen soll, ist sicher nicht gemeint, dass der Staat nicht auch andere Funktionen hat. Es ist nur ein Aspekt, aber ein für Bürgerinnen und Bürger zentraler Aspekt. Als Ziel ist gesetzt, dass nicht nur, wie bisher einige, sondern „bis Ende 2022 … alle Verwaltungsleistungen auch online in Anspruch genommen werden können" – dies sieht schon § 1 Abs. 1 OZG vor – aber auch Anträge vereinfacht werden oder auf Anträge ganz verzichtet wird, wie im Fall einer Geburt für die Ausstellung einer Geburtsurkunde und Auszahlung des Kindergeldes[69]. Ein vom Kompetenzzentrum Öffentliche IT des BMI im September 2019 herausgegebener „Leitfaden für benutzerfreundliche digitale Verwaltungsangebote" – „Einfach. Agil. Mobil" – gibt den Verwaltungen Orientierung darüber, wie sie die Angebote am besten gestalten und erklären, damit sie von den Nutzern angenommen werden[70].

Die lange Liste der Vorhaben ist außerordentlich kleinteilig, und vieles ist noch in der Planung oder gar nicht in Angriff genommen. Wirklich grund-

---

[69] Ebd., S. 156, 168: „Elterngeld Digital", wobei hier doch nur angekündigt wird, dass Eltern „das Elterngeld online und medienbruchfrei beantragen können". Entsprechend für das BAföG ebd., S. 169. Zu ähnlichen Schritten bei anderen Familienleistungen, etwa „Kinderzuschlag Digital", s. ebd., S. 173 („Digitales Familienministerium"), und ein „Familienportal", ebd., S. 174.

[70] Leitfaden für benutzerfreundliche digitale Verwaltungsangebote „Einfach. Agil. Mobil", unter: https://www.it-planungsrat.de/SharedDocs/Downloads/DE/OZG-Umsetzung/Einfach_Agil_Mobil.pdf?__blob=publicationFile&v=1 (Zugriff 24.2.2020).

legende Veränderungen von Verwaltungsaufbau oder -verfahren sind kaum erkennbar. Gleichwohl seien einige wichtige Vorhaben beispielhaft genannt, denn mit ihnen könnte unser Alltag im Umgang mit den Behörden tatsächlich verändert werden.

- An erster Stelle steht die Umsetzung des Onlinezugangsgesetzes OZG von 2017, mit der eine Vielzahl (575) von Verwaltungsleistungen „nutzerfreundlich und flächendeckend auch digital verfügbar" gemacht werden sollen. Dabei soll in Umsetzung der Verordnung (EU 2018/1724) zum Single Digital Gateway bis Ende 2023 das Prinzip der einmaligen Datenerfassung (sog. Once-Only-Prinzip) durch EU-weite grenzüberschreitende automatisierte Übermittlung von Nachweisen für 21 Verfahrensbündel realisiert werden[71].
- Auch die online-Verkündung von Gesetzen und Verordnungen des Bundes und Bereitstellung eines elektronischen Bundesgesetzblattes im Internet ist zu nennen[72]. Dies ist längst überfällig[73], europäische Gesetze im Amtsblatt der EU können schon seit vielen Jahren online per Mausklick von jedem eingesehen werden, über „pre-lex" sogar ihr Werdegang[74].
- Der Zugang zu allen Verwaltungsdienstleistungen des Bundes – und über einen Portalverbund zu den Verwaltungsleistungen von Ländern und Kommunen – soll durch die Bereitstellung eines sicheren Bundesportals mit zentralen Nutzerkonten möglich werden. Die Nutzerkonten dienen der sicheren Authentisierung der Nutzerinnen und Nutzer gegenüber den digitalen Verwaltungsleistungen[75].
- Zugleich sollen der EU-Binnenmarkt durch den grenzüberschreitend diskriminierungsfreien Zugang zu Onlineverfahren gestärkt und 28 EU-weite Schlüsselverfahren datenschutzkonform und vollständig digital bereitgestellt werden[76].
- Ergänzend hierzu soll mit dem System ePayment Bund-Länder (ePayBL) eine leistungsfähige E-Government-Basiskomponente für den Zahlungsverkehr zur Verfügung gestellt werden, damit „die Mitglieder der Entwicklergemeinschaft auf ihren E-Government-Plattformen Onlinezahlun-

---

[71] Bundesregierung: Digitalisierung gestalten (Fn. 67), S. 158, 167, 170 f.

[72] Ebd., S. 165, 197.

[73] S. dazu die entschiedene Forderung von *Wilfried Bernhard*, Die e-Verkündung ist längst überfällig, in: eGoverment Computing 02/2019, unter: https://www.egovernment-computing.de/die-everkuendung-ist-laengst-ueberfaellig-a-796563/ (Zugriff 17.4.2020), S. 8.

[74] Bundesregierung: Digitalisierung gestalten (Fn. 67), S. 197.

[75] Ebd., S. 170.

[76] Ebd., S. 159.

gen für Verwaltungsdienstleistungen haushaltskonform und sicher vereinnahmen“ können[77].

- Angesichts der Bedrohungen durch den Corona-Virus aktuell ist die geplante Modernisierung des öffentlichen Gesundheitsdienstes durch die Einführung „eines vollständig digitalen Meldewesens bei übertragbaren Krankheiten“ nach dem Infektionsschutzgesetz, wobei die „frühzeitige Erkennbarmachung von Ausbruchsereignissen“ und eine „zielgruppengerechte Aufbereitung der Daten durch Nutzbarmachung Künstlicher Intelligenz“ erfolgen sollen[78].
- Die „Digitalisierung in der Finanzverwaltung“ soll eine „Effizienzsteigerung, Beschleunigung und Vereinfachung der Erfüllung von steuerlichen Pflichten“ bewirken; so soll den Steuerpflichtigen erspart bleiben, in der Steuerverwaltung bereits vorhandene Informationen erneut zu erklären, „unnötige Behördenwege“ sollen wegfallen und die Vollständigkeit und Richtigkeit von Steuererklärungen soll verbessert werden. Die bereits existierende elektronische Steuererklärung würde dadurch vereinfacht[79].
- An ein übergreifendes Gesamtkonzept, das die Strukturen betrifft, erinnert am ehesten das unter „Digitalisierung der Verwaltung“ aufgeführte Vorhaben „Digitaler Staat – Dienstekonsolidierung“, wo es primär um den „Aufbau einer durchgängigen und einheitlichen digitalen Gesamtarchitektur für den Bund als Grundlage für modernes Verwaltungshandeln“ geht, und die „Bereitstellung einheitlicher IT-Lösungen in nutzerfreundlichen digitalen Diensteplattformen. Dahinter verbergen sich Dinge wie eine „Bundescloud“, die „E-Akte Bund“ oder eine „Plattform für digitale Verwaltung mit Wissen, Kollaboration, Gesetz und Demokratie“[80] – was immer damit gemeint sein mag.
- Für Juristen besonders interessant sein könnte das Vorhaben zur „Digitalisierung der Justiz“: Zwischen Bund und Ländern wurde am 31. Januar 2019 der „Pakt für den Rechtsstaat“ vereinbart, mit dem ein medienbruchfreier Austausch zwischen Polizei und Staatsanwaltschaft von Bund und Ländern, also eine Kommunikationsschnittstelle geschaffen und die Interoperabilität mit den Gerichten ermöglicht werden sollen[81].

---

[77] Ebd., S. 175.

[78] Ebd., S. 179. Zur Einrichtung eines Digitalen Gesundheitsinformationsportals s. ebd., S. 180.

[79] Ebd., S. 162, 186.

[80] Ebd., S. 181, zur E-Akte Bund s. die Meldung des BMI zur Pilotierung dieses Projekts vom 13.1.2020, unter: https://www.cio.bund.de/SharedDocs/Kurzmeldungen/DE/2019/20200108_e_akte_bund_StBA.html;jsessionid=328DD4283C3C4C4E4946F5F039180B09.1_cid332.

[81] Bundesregierung: Digitalisierung gestalten (Fn. 67), S. 198. Vorreiter dürfte hier Baden-Württemberg sein, mit dem „Beteiligungsportal Baden-Württemberg“, unter: https://beteiligungsportal.baden-wuerttemberg.de/de/startseite/ (Zugriff 17.4.2020).

– Digitale Bürgerbeteiligung für eine „transformative und kooperative Umweltpolitik“ soll bis hin „zur Erprobung digitaler Beteiligungsformen bei einem Gesetzesvorhaben des BMU“ gehen und neben den Ausbau von Onlinedialogformaten auf den Social-Media-Kanälen treten. Positive Erfahrungen mit Instrumenten der Onlinebeteiligung sollen hier genutzt und weiter ausgebaut werden[82].

Das Modell des Staates im Sinne einer „Herrschaft von oben“ weicht mit all dem deutlich einer von Beteiligung und Mitverantwortung geprägten mehr service-orientierten Beziehung zwischen Bürger und Staat. Von einer wirklichen digitalen Transformation der Verwaltung oder gar des Staates zu sprechen dürfte allerdings voreilig sein. Denn angesichts der sehr unterschiedlichen Ideen und Initiativen zum Einsatz der IT, bei denen es auch um die Verbesserung des Datenaustauschs zwischen allen Ebenen geht,[83] um das öffentliche Auftragswesen[84], die Verteidigung[85], die Zollverwaltung[86] und den Außenhandel[87], mit dem Projekt „Diplomatiegeschichte digital“ um Grundlagen der auswärtigen Politik[88], und bei allem auch um die Personalentwicklung und -gewinnung in der digitalen Verwaltung[89], bei der Vielzahl der Bemühungen also scheint es doch an einem übergreifenden Konzept, das neue Strukturen und Verfahren der Verwaltung erkennen ließe, noch zu fehlen.

b. Regierung unter dem Druck der Digitalisierung

Für eine gewisse Offenheit der Regierung gegenüber den Bürgerinnen und Bürgern in politischen Fragen stehen die EU-weiten Bürgerdialoge, offline geführt und online dokumentiert, wie sie u.a. mit der Kanzlerin über Jahre

---

[82] Bundesregierung: Digitalisierung gestalten (Fn. 67), S. 202 f.

[83] Datenmanagement zwischen Bund, Ländern und den EU-Institutionen verbessern, s. ebd., S. 164, 196.

[84] Digitalisierung der öffentlichen Beschaffung, ebd., S. 162, und Elektronische Vergabe, Vergabestatistik, Wettbewerbsregister, ebd., S. 182 f.

[85] Etwa: Krisenfrüherkennung unter Nutzung von Schlüsseltechnologien und Entwicklung innovativer Dienste, ebd., S. 163, 191, daneben auch das Krisenvorsorgeinformationssystem Bund (KVInfoSysBund), ebd., S. 163, 192, und die Digitalisierung der Lagebilder des BMVg, ebd., S. 164, 193.

[86] Bürger- und Geschäftskundenportal der Zollverwaltung, ebd., S. 160, 177, aber auch die Modernisierung des Verbrauchs- und Verkehrssteuervollzugs der Zollverwaltung, ebd., S. 176.

[87] Exportkreditgarantien: Digitalisierung von Service- und Produktangeboten, ebd., S. 161, 178.

[88] Diplomatiegeschichte digital: Digitalisierung und Onlineveröffentlichung von Dokumenten aus dem Politischen Archiv des Auswärtigen Amts, ebd., S. 165, 199, s. aber auch zum Aufbau des Auslandsportals des Bundes, ebd., S. 172.

[89] Ebd., S. 189.

stattfanden[90] und bei der Europäischen Kommission weiterhin auf dem Programm stehen[91], ergänzt durch einen online-Dialog der Kommission zur Zukunft Europas[92]. In diesem Sinne spricht die Europäische Kommission in ihrer Digitalen Strategie von 2018 allgemeiner von Lösungen, die „…im Einklang mit einer offenen Regierungskultur es den Bürgern ermöglichen, die Politikgestaltung zu verfolgen und sich daran zu beteiligen“[93]. Dabei lehnt sie sich an eine OECD-Definition der digitalen Regierung an: Es geht um die

> „Nutzung digitaler Technik als festen Bestandteil der Modernisierungsstrategien der Behörden, um einen Nutzen für die Öffentlichkeit zu erbringen (...) und die Produktion von und den Zugang zu Daten, Diensten und Inhalten im Zusammenwirken mit den Behörden zu unterstützen“[94].

Diese Orientierung dürfte allgemeine Gültigkeit haben. Sie wird von der Kommission in ihrer digitalen Strategie von 2018 in beachtlich konkreter, auf die Dienste gegenüber den Bürgerinnen und Bürgern und den Unternehmen konzentrierter Weise unterlegt (aa.). In Deutschland ging es zunächst nur um die Institutionalisierung der Zusammenarbeit von Bund und Ländern (bb.), bevor auch einige erste organisatorische Maßnahmen auf der Ebene der Bundesregierung umgesetzt wurden (cc.). In welchem Umfang weitere Schritte der Digitalisierung nicht nur im europäischen Verwaltungsverbund, sondern auch im Verbund der Regierungen und Parlamente, vielleicht sogar der Gerichte, die Funktionsfähigkeit der Union insgesamt steigern könnte, bleibt noch zu prüfen (dd.).

aa. Digitale Strategie der Europäischen Kommission

Die Europäische Kommission beschreibt ihre „Vision“ in einem blau unterlegten Kasten gleich nach der Einführung zu ihrer Digitalen Strategie wie folgt:

---

[90] Vgl. Bundesregierung, Menu / Europa im Dialog, unter: https://www.bundesregierung.de/breg-de/themen/eu-buergerdialog (Zugriff 22.2.2020). S. auch #eubürgerdialog auf twitter.

[91] So die „Bürgerdialoge“ der Europäischen Kommission, dazu unter: https://ec.europa.eu/info/events/citizens-dialogues_de (Zugriff 22.2.2020).

[92] Webseite der Europäischen Kommission, unter: https://ec.europa.eu/commission/future-europe/consultation-future-europe_de (Zugriff 24.2.2020).

[93] Europäische Kommission: DIGITALSTRATEGIE DER EUROPÄISCHEN KOMMISSION Eine digital gewandelte, nutzerorientierte und datengesteuerte Kommission, C(2018) 7118 final v. 21.11.2018, unter: https://ec.europa.eu/info/sites/info/files/strategy/decision-making_process/documents/ec_digitalstrategy_de.pdf (Zugriff 24.2.2020), S. 4.

[94] Ebd.

„Bis 2022 wird die Kommission eine digital gewandelte, nutzerorientierte und datengesteuerte Verwaltung sein – eine wirklich digitale Kommission. Sie wird ausgestattet sein mit einer neuen Generation vertrauenswürdiger und personalisierter digitaler Lösungen, die ihre durchweg digitalisierte Politik, Tätigkeiten und Verwaltungsabläufe unterstützen. Diese Lösungen werden die Effizienz, Wirksamkeit, Transparenz und Sicherheit in der Kommission erhöhen und EU-weit grenzenlose digitale öffentliche Dienste ermöglichen, die für das Funktionieren der Europäischen Union unverzichtbar sind“[95].

Vereinfacht gesagt will sie damit, „über traditionelle elektronische Behördendienste“ hinauszugehen und „die Arbeitsweise der Kommission grundlegend“ ändern: In dieser Strategie gehe „es vor allem um Menschen und ihre Bedürfnisse, nicht nur um Daten und Technik“[96]. Die Kommission soll in „eine ‚offene Verwaltung‘ von Weltrang“ umgestaltet werden[97]. Die Nutzerfreundlichkeit spielt dabei eine besonders hervorgehobene Rolle, beginnend mit dem Grundsatz der „einmaligen Erfassung“, über den Schutz von Sicherheit und Privatsphäre, Offenheit und Transparenz, und den digitalen Arbeitsplatz[98] bis hin zur Interoperabilität und zur grenzüberschreitenden Gewährleistung der Dienste[99]. „Der Erfolg“, so führt die Kommission aus, „wird eine Kommission sein, die dafür bekannt ist, dass sie digitale Technik in innovativer Weise einsetzt, um die bestmöglichen Dienstleistungen für die Bürgerinnen und Bürger der Union zu erbringen“[100].

Bemerkt sei hier nebenbei, dass es explizit um Dienstleistungen für die Bürgerinnen und Bürger, nicht um Dienste für die Regierungen oder die Mitgliedstaaten geht, wie es für ein Organ einer internationalen Organisation oder auch einen Staatenverbund typisch wäre; die Wortwahl macht deutlich, dass die Kommission sich als Institution versteht, deren Handeln unmittelbar im Dienste der Menschen steht und in diesem Sinne ihre Kapazitäten im gemeinsamen europäischen öffentlichen Interesse neu ordnen und effizienter machen will.

Institutionell verantwortlich für die Umsetzung ist nach dieser Strategie die Generaldirektion „DIGIT“, die zusammen mit der Generaldirektion „CONNECT“ das „digitale Zentrum“ verwaltet, „eine organisatorische Einheit zur Förderung der IT-Innovation in der Kommission und in der gesamten EU“[101]. Ein „Informationstechnik- und Cybersicherheitsbeirat“ soll in Zusammenarbeit mit allen Generaldirektionen einen Modernisierungsplan aufstellen, für die Nutzung der „Plattform für weiterverwendbare Lösungen“

---

[95] Ebd.

[96] Ebd.

[97] Ebd., S. 5: „…eine kooperativ funktionierende, innovative und agile Institution im Dienste der Europäischen Union“.

[98] Ebd., S. 13 f.

[99] Ebd., S. 6 f.

[100] Ebd., S. 3.

[101] Ebd., S. 30.

sorgen, regelmäßig einen Risikobericht vorlegen, die Entwicklung des „digitalen Bereitstellungsmodells“ fördern und die Umsetzung der Strategie beaufsichtigen[102].

Dieses Programm reicht über die vergangene Europawahl und die Einsetzung der neuen Kommission hinaus. Gleichwohl wird die neue Kommission neue Akzente setzen. Am 19. Februar 2020 stellte sie ihre Strategien für Daten und künstliche Intelligenz vor[103]. Zur Digitalisierung der Kommission oder der Regierungen findet sich hier zwar nichts, aber die Präsidentin, Ursula von der Leyen, betont ganz allgemein: „Ich möchte, dass das digitale Europa das Beste von Europa widerspiegelt – offen, fair, vielfältig, demokratisch und selbstbewusst.“[104]

bb. Institutionalisierung der Bund-Länder Kooperation: Der IT-Planungsrat

Für Deutschland fällt die Bestandsaufnahme bescheidener aus: Eine wirkliche Digitalisierung der Regierung in Deutschland ist auf Bundesebene – abgesehen von den unter „digital-made-in.de“ bereits erwähnten Ansätzen – nicht erkennbar. In den Ländern wird es nicht besser aussehen[105]. Dabei ist der digitale Umbau der Regierung auf beiden Ebenen gebremst durch die föderale Struktur Deutschlands, die auf Bundes- und Länderebene gemeinsame, jedenfalls interoperable Lösungen fordert. Die ersten Maßnahmen betrafen daher die Institutionalisierung der Zusammenarbeit von Bund und Ländern mit dem Ziel, die Digitalisierung insgesamt besser steuern zu können[106]. Das begann im Rahmen der Föderalismusreform II im Jahre 2009 mit der Einführung des Art. 91c GG, der nicht nur die Kooperation von Bund und Ländern bei der Planung, der Errichtung und beim Betrieb der für ihre Aufgabenerfüllung benötigten informationstechnischen Systeme vorsieht (Abs. 1), sondern auch Vereinbarungen darüber (Abs. 2) und über den gemeinschaftlichen Betrieb solcher Systeme (Abs. 3). Zur Verbindung der informationstechnischen Netze von Bund und Ländern soll der Bund ein Verbindungsnetz errichten (Abs. 4) und für die Regelung eines übergreifenden informationstechnischen Zugangs zu den Verwaltungsleistungen von Bund

---

[102] Ebd., S. 11, 15, 26, 28, 35.

[103] Pressemitteilung 19. Februar 2020 Brüssel. Gestaltung der digitalen Zukunft Europas: Kommission stellt Strategien für Daten und künstliche Intelligenz vor, unter:https://ec.europa.eu/commission/presscorner/detail/de/ip_20_273 (Zugriff 24.2.2020).

[104] Wegweiser VdZ.org, Die Verwaltung der Zukunft: Der europäische Weg der Digitalisierung. Digitalstrategie der EU-Kommission, unter: https://www.verwaltung-der-zukunft.org/gesellschaft-und-politik/der-europaeische-weg-der-digitalisierung (Zugriff 20.4.2020).

[105] Die Vielfalt der Regelungen wird deutlich in der Übersicht bei *Guckelberger*, Öffentliche Verwaltung (Fn. 29), S. 305 ff., 323.

[106] Näher dazu *Guckelberger*, Öffentliche Verwaltung (Fn. 29), S. 250 ff.

und Ländern wurde 2017 eine eine Bundeskompetenz begründet (Abs. 5). Letzteres war die Grundlage für das bereits erwähnte Onlinezugangsgesetz. Durch Staatsvertrag vom 1. April 2010 wurden Einzelheiten der Kooperation geregelt[107].

Damit wurde vor allem der IT-Planungsrat gegründet, der die Zusammenarbeit zwischen Bund und Ländern in der Informationstechnik koordinieren und gemeinsame Standards für IT-Sicherheit und Interoperabilität festlegen soll (Art. 1 Abs. 1 S. 1 Ziff. 1), aber auch für die Planung und Entwicklung des Verbindungsnetzes zuständig ist (Art. 1 Abs. 1 S. 1 Ziff. 4, Art. 4)[108]. Mitglieder des Planungsrates sind für den Bund der Beauftragte der Bundesregierung für Informationstechnik, Staatssekretär Vitt, und für jedes Land ein für Informationstechnik zuständiger Vertreter. Drei Vertreter der Gemeinden und Gemeindeverbände können beratend teilnehmen. Der IT Planungsrat berichtet an die Konferenz des Chefs des Bundeskanzleramtes mit den Chefs der Staats- und Senatskanzleien (Art. 1 Abs. 1 S. 2). Der IT-Planungsrat hat seinerseits die „Föderale IT-Kooperation (FITKO) ins Leben gerufen, mit Sitz in Frankfurt, die für die „Erarbeitung und Umsetzung der föderalen IT-Strategie und -Architektur“ sorgen soll, für Transparenz und für die Vernetzung der relevanten Interessengruppen[109].

Die Transformation der Verwaltung wird angesichts der Potentiale, die die Kommunikation aufgrund des Internets unabhängig von Ort, Zeit und Person bietet, prinzipieller gedacht werden müssen. Vor allem das bislang für die Zuständigkeitsverteilung geltende Territorialprinzip verliert an Bedeutung, eine sachbezogene arbeitsteilige Neuorganisation könnte erhebliche Effizienzgewinne mit sich bringen[110]. Dass mit der Digitalisierung ein „Abschied von der hierarchischen Verwaltung“ verbunden sein wird[111], dürfte angesichts der Legitimationsfrage im Verfassungsstaat eher fraglich sein.

---

[107] Vgl. BT Drs. 17/427 v. 13.1.2010, Gesetzesentwurf zum „Vertrag über die Errichtung des IT-Planungsrats und über die Grundlagen der Zusammenarbeit beim Einsatz der Informationstechnologie in den Verwaltungen von Bund und Ländern – Vertrag zur Ausführung von Artikel 91c GG“, unter: https://www.cio.bund.de/SharedDocs/Publikationen/DE/Bundesbeauftragter-fuer-Informationstechnik/it_planungsrat_gesetzentwurf_download.pdf;jsessionid=FFEFBC437A2679A1D30ABACDE5F15755.1_cid350?__blob=publicationFile (Zugriff 1.3.2020).

[108] Vertrag über die Errichtung des IT-Planungsrats und über die Grundlagen der Zusammenarbeit beim Einsatz der Informationstechnologie in den Verwaltungen von Bund und Ländern – Vertrag zur Ausführung von Artikel 91c GG, unter: https://www.it-planungsrat.de/SharedDocs/Downloads/DE/ITPlanungsrat/Staatsvertrag/Staatsvertrag.pdf?__blob=publicationFile&v=2 (Zugriff 24.2.2020).

[109] Der Beauftragte der Bundesregierung für Informationstechnik: IT-Planungsrat, unter: https://www.cio.bund.de/Web/DE/Politische-Aufgaben/IT-Planungsrat/it_planungsrat_node.html (Zugriff 1.3.2020), letzter Punkt, mit Verweis auf: FITCO. Digitale Verwaltung intelligent vernetzt, unter https://www.fitko.de/Start (Zugriff 1.3.2020).

[110] Vgl. *Guckelberger*, Öffentliche Verwaltung (Fn. 29), S. 330 ff.

[111] Dazu eher zurückhaltend ebd., S. 343 ff.

cc. Reorganisation der Bundesregierung: Digitalpolitik als „Chefsache“

Zur institutionellen Reorganisation der Bundesregierung gab es vor den letzten Wahlen Vorschläge, die darauf zielten, den Umgang mit der Digitalisierung besser zu steuern. Es brauche nicht ein Digitalministerium, sondern viele, so eine Stimme aus der Wissenschaft[112]. Inzwischen wurde die Funktion der Staatsministerin bei der Bundeskanzlerin und Beauftragte der Bundesregierung für Digitalisierung geschaffen und mit Dorothee Bär besetzt. „Jedes Ministerium muss ein Digitalministerium sein“, so wird sie zitiert. Dabei wurde die Digitalpolitik zur „Chefsache“ erklärt, und im Bundeskanzleramt wurde eine eigene Digitalabteilung gegründet. Beobachter stellen fest, es sei das „Kanzleramt um Helge Braun (CDU)“, das „am ehesten an die Stelle eines Digitalministeriums“ trete[113].

Daneben ist der Staatssekretär im BMI, Klaus Vitt, Beauftragter der Bundesregierung für Informationstechnik und ihr Vertreter im IT-Planungsrat. In jedem Ministerium gibt es mehrere hohe Beamte, die für die Digitalisierung zuständig sind. Sie treffen sich im „Kabinettsausschuss für Digitalisierung“[114], das von der Kanzlerin geleitet wird und in dem neben den Bundesministern auch Dorothee Bär, die Kulturstaatsministerin Monika Grütters (CDU) und der Chef des Bundespresseamtes, Steffen Seibert sitzen[115]. Dazu wurde ein beratendes Gremium geschaffen, der neunköpfige „Digitalrat“; Katrin Suder, Mitglied im Digitalrat, berichtet, dass er im ersten Jahr vielfache Anstöße insbesondere bei der Umsetzung des OZG gegeben habe[116].

---

[112] *Christian Djeffal*, Deutschland braucht nicht ein Digitalministerium, sondern viele! Die Digitalisierung ist überall, und sie muss es auch in der nächsten Bundesregierung sein – von Wirtschafts- bis Verteidigungsministerium, in: süddeutsche.de vom 18. Sept. 2017, unter: https://www.hiig.de/wp-content/uploads/2017/09/Digitalisierung-Deutschland-braucht-nicht-ein-Digitalministerium-sondern-viele-Süddeutsche.pdf (Zugriff 24.2.2020). Anders *Schallbruch*, Schwacher Staat (Fn. 3), S. 245, der insofern seine Meinung geändert hat: „Was uns heute fehlt, ist die Behandlung der übergreifenden querschnittlichen Fragen“. Eher kritisch *Guckelberger*, Öffentliche Verwaltung (Fn. 29), S. 295 f.

[113] *Miriam Stegherr*, Die Akteure der Digitalisierung in der Bundesregierung. Ein eigenes Ministerium? Fehlanzeige. Im Bund bleibt die digitale Transformation ein Querschnittsthema, das sich durch alle Ressorts zieht. Eine Auswahl der wichtigsten Arbeitsgruppen und Ausschüsse der Bundesregierung in: politik&Kommunikation, 14.2.2019, unter: https://www.politik-kommunikation.de/ressorts/artikel/die-akteure-der-digitalisierung-der-bundesregierung-1834844825 (Zugriff 24.2.2020).

[114] S. dazu *Guckelberger*, Öffentliche Verwaltung (Fn. 29), S. 291 ff.: „Digitalkabinett“

[115] Vgl. *Stegherr*, Akteure (Fn. 113): „Digitalisierungskabinett“.

[116] Die Bundesregierung, Menü Digitalisierung: Beratungsgremium ernannt. Der Digitalrat – Experten, die uns antreiben, unter: https://www.bundesregierung.de/breg-de/themen/digitalisierung/der-digitalrat-experten-die-uns-antreiben-1504866 (Zugriff 24.2. 2020). Zur Arbeit des Digitalrats s. das Interview in der Hannoverschen Allgemeine v. 22.8.2019: „Ein Jahr Digitalrat: ‚Der Regierungsapparat arbeitet noch immer mit Brie-

Der im Koalitionsvertrag vereinbarte Aufbau einer „E-Government-Agentur“ dagegen geht offenbar nur schleppend voran, von 5 Mitarbeitern wird berichtet und einer Umbenennung in „Digital Innovation Team“, das Ende 2020 verselbständigt werden soll; im Vergleich mit der entsprechenden Agentur in Dänemark, die über 300 Mitarbeiter verfügt, werden von ihr keine großen Impulse erwartet[117].

Ein erster Erfolg der Re-organisation dürfte die bereits erwähnte Umsetzungsstrategie „Digitalisierung gestalten“ sein. Der Kabinettsausschuss Digitalisierung wird regelmäßig über den Umsetzungsstand der verschiedenen Maßnahmen unterrichtet. Bürgerinnen und Bürger können sich jederzeit auf der Webseite digital-made-in.de über den aktuellen Stand der Digitalisierungsmaßnahmen informieren, und zur Steigerung der Transparenz der Digitalpolitik soll noch in 2020 der jeweilige Umsetzungsstand auf einem „Dashboard“ veröffentlicht werden. Ein weiterer Schritt ist die Veröffentlichung der „Eckpunkte der Datenstrategie des Bundes“, die im November 2019 beschlossen wurden, um „Datenbereitstellung und Datenzugang zu verbessern, eine verantwortungsvolle Datennutzung zu befördern, Datenkompetenz in der Gesellschaft zu erhöhen und den Staat zum Vorreiter einer Datenkultur zu machen“[118].

Nach dem Vorbild der Europäischen Kommission und in enger Zusammenarbeit mit den Partnerländern und der Europäischen Kommission ist das Bemühen der Bundesregierung sichtbar, viele Jahre verschlafener Digitalisierung nachzuholen. Wenig erkennbar wird dabei indessen, in welchem Umfang die Ministerien und das Kanzleramt sich selbst intern „digitalisieren“. Gemessen an den dargestellten Ambitionen der Europäischen Kommission sieht die Bilanz der Digitalisierung der Bundesregierung oder ihrer Pläne zur Digitalisierung der eigenen Dienste noch eher bescheiden aus. Dabei dürfte die persönliche Erfahrung jedes Politikers und jedes Beamten, die selbst den digitalen Umbau ihrer Arbeitsumwelt erlebt haben, nicht unwesentlich sein für den Erfolg des Bemühens, die Digitalisierung der Gesellschaft insgesamt zu steuern.

---

fen und Faxen‘. Seit einem Jahr existiert der Digitalrat der Bundesregierung. Im Interview spricht die Vorsitzende *Katrin Suder* über erste Erfolge, bestehende Probleme und die Grundsatzfrage, wann Beratung einer Regierung gut tut – und wann nicht, unter: https://www.haz.de/Nachrichten/Politik/Deutschland-Welt/Ein-Jahr-Digitalrat-Der-Regierungsapparat-arbeitet-noch-immer-mit-Briefen-und-Faxen (Zugriff 24.2.2020).

[117] Vgl. *Wim Orth*, „Knapp fünf Millionen Euro für fünfköpfigen Planungsstab“, Behördenspiegel vom 7.11.2019, unter: https://www.behoerden-spiegel.de/2019/11/07/knapp-fuenf-millionen-euro-fuer-fuenfkoepfigen-planungsstab/ (Zugriff 24.2.2020).

[118] Bundesregierung: Eckpunkte der Datenstrategie des Bundes, unter: https://www.bundesregierung.de/breg-de/themen/digitalisierung/datenstrategie-1693546 (Zugriff 25.2.2020), krit. *Julia Krüger*, Strategie ohne Perspektive, in: Netzpolitik.org v. 21.11.2019, unter: https://netzpolitik.org/2019/strategie-ohne-perspektive/ (Zugriff 25.2.2020).

dd. Digitalisierung im EU Verwaltungs-, Regierungs- und Parlamentsverbund

Wenig wird in den diversen Strategien erkennbar zu den Potenzialen, die mit der Digitalisierung im „Netzwerk Europa", also im Verhältnis zwischen der EU und den Mitgliedstaaten sowie der Mitgliedstaaten untereinander einhergehen. Dies betrifft die Zusammenarbeit der Verwaltungsstellen, etwa bei der Durchführung des Sekundärrechts der Union (Europäischer Verwaltungsverbund[119]) ebenso wie die notwendige Abstimmung der Regierungen und ihrer jeweils zuständigen Stellen nicht nur im Rahmen der Arbeiten des Rats im Gesetzgebungsverfahren und hinsichtlich der Gemeinsamen Außen- und Sicherheitspolitik, sondern auch soweit es um die korrekte fristgerechte Umsetzung von EU-Richtlinien geht (Europäischer Regierungsverbund). Effiziente digitale Informations- und Kooperationsnetze sind ebenso zwingend für die Zusammenarbeit des Europäischen Parlaments und der nationalen Parlamente, denen – je auf unterschiedliche Weise (vgl. Art. 10 Abs. 2 EUV) – die demokratische Kontrolle der Gesetzgebung der EU obliegt, denen aber auch bei der europäischen Koordinierung der Wirtschafts- und Fiskalpolitik der Mitgliedstaaten gewisse Rechte zustehen, die dringend einer Stärkung bedürfen[120].

Über Internet und e-mail ist eine direkte Kommunikation der jeweiligen Stellen in Echtzeit schon möglich, ein Quantensprung gegenüber den ersten Jahrzehnten der europäischen Integration mit schriftlicher Korrespondenz oder Telex, die meist auch nur über die Ständigen Vertretungen zulässig war. Die Digitalisierung bietet indessen Möglichkeiten, den Kommunikationsverbund vertikal und horizontal noch erheblich zu effektivieren. Ansätze hierfür sind im Blick auf den vereinfachten Datenaustausch erkennbar[121]; die

---

[119] Zum Begriff *Eberhard Schmidt-Aßmann*, Das allgemeine Verwaltungsrecht als Ordnungsidee. Grundlagen und Aufgaben der verwaltungsrechtlichen Systembildung, 2. Aufl. 2004, S. 393 f.; zum dogmatischen Ansatz weiterführend: *ders.*, Europäische Verwaltung zwischen Kooperation und Hierarchie, in: FS Steinberger, 2002, S. 1375 (1383); weiter *ders.*, Einleitung: Der Europäische Verwaltungsverbund und die Rolle des europäischen Verwaltungsrechts, in: ders./Bettina Schöndorf-Haubold, (Hrsg.), Der Europäische Verwaltungsverbund. Formen und Verfahren der Verwaltungszusammenarbeit in der EU, 2005, S. 1 ff.

[120] Vgl. näher *Ingolf Pernice*, Financial Crisis, National Parliaments and the Reform of the Economic and Monetary Union, in: Davor Jancic (ed), National Parliaments after the Lisbon Treaty and the Euro Crisis. Resilience or Resignation?, 2017, S. 115, 126 ff., 131 ff., 135 ff.

[121] Vgl. oben Fn. 83. S. auch die Mitteilung der Kommission COM(2020) 66 final v. 19.2.2020, Eine europäische Datenstrategie, unter: https://ec.europa.eu/info/sites/info/files/communication-european-strategy-data-19feb2020_de.pdf (Zugriff 26.2.2020), S. 27, mit dem Vorschlag der „Schaffung gemeinsame(r) europäische(r) Datenräume für die öffentliche Verwaltung, um sowohl auf EU-Ebene als auch auf nationaler Ebene die Transparenz und Rechenschaftspflicht bei den öffentlichen Ausgaben und die Ausgabenqualität

Frage aber ist, ob sich durch veränderte Organisationsstrukturen und Verfahren etwa mit der Einrichtung digitaler Plattformen, die nur für die jeweils zuständigen Behörden oder Regierungsstellen zugänglich sind, nicht eine auch zeitlich noch dichtere Zusammenarbeit organisieren lässt.

c. Künstliche Intelligenz im Staat und in Europa

Die Entwicklung und Verwendung künstlicher Intelligenz in Regierung und Verwaltung sind eine neue, besondere Herausforderung. Große Erwartungen werden unter dem Begriff *smart government* geweckt, zugleich aber auch angesichts der Risiken gedämpft (aa.). Mit der „Strategie Künstliche Intelligenz" unternimmt die Bundesregierung einen breit angelegten Anlauf zur Modernisierung, die auch Staat und Verwaltung einschließen soll (bb.) und in enger Verbindung zu den Plänen steht, die auf europäischer Ebene geschmiedet wurden (cc.).

aa. Smart Government?

Seit einigen Jahren wird – unter wesentlichem Einfluss von Jörn von Lucke – der Gedanke des *smart government* diskutiert. Wie im Vorwort des von ihm 2016 veröffentlichten Bands mit diesem Titel erläutert wird, sollen dabei Entwicklungen und Erfahrungen der „Industrie 4.0" in den öffentlichen Bereich übertragen werden; es müsse

> „im Sinne eines intelligent vernetzten Regierungs- und Verwaltungshandelns (Smart Government, Verwaltung 4.0) darum gehen, sich smarter Objekte und cyberphysischer Systeme zur effizienten wie effektiven Erledigung öffentlicher Aufgaben zu bedienen"[122].

Mit den Worten „smart" oder „intelligente Vernetzung" allein ist allerdings noch nicht viel gewonnen. Dahinter steckt „die Anwendung des Internets der Dinge und des Internets der Dienste im Rahmen der Prozesse des Regierens und Verwaltens", wobei nicht nur „die technische Integration von smarten Objekten und CPS (sc. Cyber-Physischen Systemen) in die öffentliche Verwaltung" gemeint ist, sondern „eine direkte Kommunikation von Maschine zu Maschine, von System zu System, ohne noch menschliche Mittler zu benötigen"[123]. Dabei mahnt er zugleich zu besonderer Vorsicht,

---

zu verbessern und Korruption zu bekämpfen, um die Strafverfolgung zu erleichtern, die wirksame Anwendung des EU- Rechts zu unterstützen und innovative Anwendungen für IT-gestütztes Regierungshandeln („*Gov-Tech*"), IT-gestützte Regulierung („*Reg-Tech*") und IT- gestützte Rechtspflege („*Legal-Tech*") zur Unterstützung der praktischen Nutzer sowie anderer Dienste von öffentlichem Interesse zu ermöglichen".

[122] *Jörn von Lucke*, Vorwort, in: ders., Smart Government (Fn. 32), S. 7, 8.

[123] *Jörn von Lucke*, Smart Government auf einem schmalen Grat, in: Resa Mohabbat Kar/Basanta Thapa/Peter Parycek (Hg.): (Un)Berechenbar? Algorithmen und Automatisierung in Staat und Gesellschaft (Kompetenzzentrum Öffentliche IT, Berlin 2018), unter:

„da diese Systeme nicht nur informieren und analysieren, sondern zunehmend auch Steuerung und Entscheidungsfindung übernehmen, ohne dass noch menschliche Entscheidungsträger eingebunden sein müssen“[124]

Im Blick auf den möglichen Einsatz im öffentlichen Sektor nennt von Lucke relativ allgemein: smarte Amtsgebäude, smarte Behörden oder smarte Städte (*smart cities*), aber auch smarte Mobilitätsnetze, Energienetze, Gesundheitsnetze und sogar smarte Bildungsnetze[125]. Es geht um Systeme, die autonom, also unabhängig von Menschen operieren und Entscheidungen treffen und miteinander kommunizieren. Wie das im Bildungssystem funktionieren soll, erfordert viel Phantasie. „Komplexere Ansätze“ führen von Lucke zufolge

„zu selbststeuernden autonomen Systemen wie etwa autonomen Drohnen oder selbstfahrenden Kraftfahrzeugen. Vorstellbar und in Deutschland bereits durch § 35a VwVfG rechtlich zulässig wären aber auch entscheidungstreffende autonome Systeme in der Verwaltung“[126].

Die vielen dabei aufgeführten und diskutierten Probleme und Bedingungen dürften dazu führen, dass in der öffentlichen Verwaltung und umso eher auf Regierungsebene entscheidungsunterstützende Systeme durchaus als effizienzsteigernd progressiv zur Anwendung kommen, autonome Entscheidungssysteme allerdings weniger. So werden im Bereich der Verwaltung Sensor-gestützte Systeme der Verkehrssteuerung als Beispiel genannt, das auf Wetterlagen und Verkehrsdichte autonom mit Überholverboten, Geschwindigkeitsbegrenzungen oder temporären Seitenstreifenfreigaben reagiert[127]. Ein anderes Beispiel ist der in Berlin durchgeführte Versuch, mit intelligenter Gesichtserkennung durch Kameras und Technologien der Mustererkennung Personen eindeutig zu identifizieren, um gesuchte Personen herauszufiltern[128]. In einem zweiten Testszenario

---

http://publica.fraunhofer.de/eprints/urn_nbn_de_0011-n-5038620.pdf(Zugriff 25.4.2020), S. 97, 98. „Smarte Objekte“ werden unterteilt in: „Wearables, Smart-Home-Geräte, smarte stationäre Geräte und smarte mobile Geräte“ (ebd., S. 100).

[124] Ebd., S. 99.

[125] Ebd., S. 104.

[126] Ebd., S. 105.

[127] S. *Christian Djeffal*, Normative Leitlinien Für Künstliche Intelligenz in Regierung und Verwaltung. In: Resa Mohabbat Kar/Basanta Thapa/Peter Parycek (Hrsg.): (Un)Berechenbar? Algorithmen und Automatisierung in Staat und Gesellschaft, Berlin 2018, unter: http://publica.fraunhofer.de/eprints/urn_nbn_de_0011-n-5038620.pdf (Zugriff 25.4.2020), S. 493, 497, mit Verweis auf Bundesamt für Straßenwesen unter: https://www.bast.de/BASt_2017/DE/Verkehrstechnik/Fachthemen/v5–verkehrsbeeinflussungsanlagen.html (Zugriff 25.2.2020).

[128] *Djeffal* (Fn. 127), S. 498, mit Verweis auf Bundespolizei, Test zur Gesichtserkennung am Bahnhof Berlin Südkreuz gestartet (18.7.2018), unter: https://www.bundespolizei.de/Web/DE/04Aktuelles/01Meldungen/2017/08/170810_start_videotechnik.html.

„soll ein intelligentes Videoanalysesystem für die Behandlung und Auswertung verschiedener Gefahrenszenarios erprobt werden. Dabei sollen u.a. Gefahrensituationen wie das Erkennen hilfloser liegender Personen oder stehengelassener Gegenstände automatisiert erkannt und gemeldet werden[129].

Die Analyse großer Datenmengen und die Mustererkennung durch lernende Systeme sind Instrumente, die auf allen Ebenen der Exekutive Grundlage (besser) informierter Entscheidungen, zur Früherkennung von Gefahrenlagen, ja wie im Falle des *predictive policing* sogar zur Verhütung von Kriminalität beitragen können. Automatisierte Verwaltungsentscheidungen in Massenverfahren, wie im Bereich Steuern oder Sozialversicherung entlasten die Behörden, die systematische Analyse der dabei anfallenden Daten kann aber auch Anomalien aufdecken, die dann zu einer genaueren Prüfung der betreffenden Fälle führt. Die Phantasie ist unbegrenzt, wenn es um die Entwicklung anderer möglicher Anwendungen geht, die Regierung und Verwaltung helfen, ihre Aufgaben zu erfüllen und bestmögliche Leistungen gegenüber dem Bürger zu erbringen. Bei allem ist einer Entwicklung zum Überwachungsstaat vorzubeugen durch effektiven Datenschutz, ethische Leitlinien etc. Der Gesetzgeber setzt dabei Grenzen und muss die Entwicklung auch proaktiv gestalten, um bei allem die Achtung der Würde und Rechte des Menschen zu gewährleisten[130].

bb. Die Strategie Künstliche Intelligenz der Bundesregierung

Nicht um vollautomatisiertes Verwalten oder Regieren geht es der Bundesregierung in ihrer Strategie Künstliche Intelligenz vom November 2018[131]. Von den vielfältigen Initiativen, die hier ins Auge gefaßt wurden, interessiert vor allem das, was unter 3.7 zum Thema „KI für hoheitliche Aufgaben nutzen und Kompetenzen der Verwaltung anpassen", also zur „Nutzung von KI in der öffentlichen Verwaltung" gesagt ist. Ganz an erster Stelle steht erneut die Dienstleistungsfunktion des Staates:

„Der Einsatz von KI bietet im Bereich der öffentlichen Verwaltung die Chance, Informationen und Leistungen zielgerichteter, passgenauer und niedrigschwelliger für Bürgerinnen und Bürger sowie verwaltungsintern bereitzustellen. Für die Verwaltung verändern sich Anforderungen, Rahmenbedingungen und Möglichkeiten durch den Einsatz von KI"[132].

---

[129] Bundespolizei, ebd.

[130] Vgl. auch Guckelberger, Öffentliche Verwaltung (Fn. 29), S. 501 ff.: „Rechtliche Einhegung des KI-Einsatzes".

[131] Strategie Künstliche Intelligenz der Bundesregierung (November 2018), unter: https://www.bmbf.de/files/Nationale_KI-Strategie.pdf (Zugriff 25.2.2020).

[132] Ebd., S. 31.

Dabei betont die Bundesregierung, dass sie „beim weiteren Einsatz von KI in der Verwaltung eine Vorreiterrolle einnehmen und damit zur Verbesserung von Effizienz, Qualität und Sicherheit von Verwaltungsdienstleistungen beitragen“ will[133]. Dass bei allem in der Strategie vom Einsatz der KI in der Regierung selbst nicht die Rede ist, sei am Rande bemerkt. Vielmehr geht es um eine Ausweitung der „datenschutzkonforme(n) Bereitstellung offener Verwaltungsdaten für die uneingeschränkte Weiternutzung und den Aufbau einer „open data-Plattform für den Bund“, aber auch um die Nutzung der „KI zur Gefahrenabwehr und für die innere und äußere Sicherheit“[134]. Hier scheint das Hauptinteresse zu liegen, wenn die Formulierungen auch eher vorsichtig und allgemein bleiben. Die Rede ist von Aufklärung, Analyse und Auswertung von Daten, von „Maßnahmen zur Gefahrenbewertung und entsprechende Schutzmechanismen“, und dies „im Hinblick auf mögliche Angriffe mit KI-basierten Technologien gegen Staat, Wirtschaft und Gesellschaft“; durch die Nutzung von KI könnten „neue Bedrohungsszenarien entstehen, beispielsweise zur Manipulation oder Fälschung von Informationen“, und auch die Auswirkungen des Einsatzes von KI-basierten Technologien und Systemen auf Streitkräfte und damit auf die Zukunftsentwicklung der Bundeswehr werden in Betracht gezogen[135].

Daneben geht es um „geeignete Themenfelder für die Sicherheitsbehörden, wo „KI im Sinne einer agilen, praxisnahen Entwicklung“ gefördert werden soll. Im Sicherheitsbereich sei „die Nutzung KI-basierender Systeme ein wichtiger Baustein für die digitale Souveränität Deutschlands. Eine „deutliche Effizienzsteigerung gegenüber herkömmlichen Auswertungsmethoden“ sei zu erwarten, und damit ein Beitrag zur Bereitstellung von „Informationen zur Entscheidungsfindung…, die ohne KI in einem adäquaten Zeitrahmen nicht gewonnen werden können“. Aufschlussreich sind die dazu gegebenen Beispiele:

„…die Wiedererkennung von Personen im Kontext der Analyse großer Datenmengen, auch wenn die darauf aufbauenden polizeilichen, nachrichtendienstlichen und militärischen Auswertungen sowie die darauf basierenden Entscheidungen auch künftig in der Hand der Mitarbeiterinnen bzw. der Mitarbeiter der Behörden liegen werden. Darüber hinaus kann KI in der Strafverfolgung/Gefahrenabwehr zum Schutz der Bürgerinnen und Bürger oder zur Steuerung des Einsatzes von Polizeikräften eingesetzt werden. Andere Anwendungsgebiete sind unter Wahrung der betroffenen Persönlichkeitsrechte und unter bestimmten Voraussetzungen das *Predictive Policing* (präventive Gefahrenabwehr), der Schutz von Kindern und Jugendlichen vor sexualisierter Gewalt im Internet und die Bekämpfung und Verfolgung der Verbreitung von Missbrauchsdarstellungen oder *Social Media Forensics* zur Bildung von Personenprofilen“[136].

---

133 Ebd., S. 32.
134 Ebd., S. 32 f.
135 Ebd., S. 32.
136 Ebd., S. 33.

Damit endet der Part der Strategie, der sich mit der KI in Staat und Verwaltung beschäftigt, um auf die vielleicht wesentlich wichtigere Grundlage der genannten Anwendungen zu sprechen zu kommen: „Daten verfügbar machen und Nutzung erleichtern“[137]. Hier kann auch die Datenstrategie des Bundes, für die es bislang nur „Eckpunkte“ gibt, den Weg bereiten. Die Betonung der Unterstützung der Europäischen Kommission bei der Initiative zum Aufbau des Europäischen Datenraumes[138] erlaubt dabei den Schluss, dass die Notwendigkeit der Einbettung der Strategie insgesamt in den europäischen Zusammenhang erkannt wird.

cc. Ambitionen der EU im Bereich der Künstlichen Intelligenz

„Europa will vertrauenswürdige künstliche Intelligenz fördern“, so titelt Die Zeit am 19. Februar 2020 zur Mitteilung der Europäischen Kommission, in der sie ihre „Digitalstrategie für künstliche Intelligenz“ vorgestellt hat[139]. Der Kommission geht es dabei um „einen digitalen Wandel für alle…, der das Beste widerspiegelt, was Europa zu bieten hat: Offenheit, Fairness, Vielfalt, Demokratie und Vertrauen“[140]. Eine Vorreiterrolle will die EU spielen, bei der Digitalisierung, bei der Entwicklung künstlicher Intelligenz und in der Datenwirtschaft. Dabei ist Vertrauenswürdigkeit ein Schlüsselwort, und das *credo* der Strategie lautet:

> „Europa wird seine offene, demokratische und nachhaltige Gesellschaft bewahren, und digitale Werkzeuge können diesen Grundsätzen dienen. Es wird seinen eigenen Weg zu einer weltweit wettbewerbsfähigen, auf Werten beruhenden und inklusiven digitalen Wirtschaft und Gesellschaft finden und gehen, dabei aber ein offener, aber auf Regeln beruhender Markt bleiben und weiterhin eng mit seinen internationalen Partnern zusammenarbeiten“[141].

Bemerkenswert ist, dass auch hier künstliche Intelligenz und Datenwirtschaft Hand in Hand gehen. Ebenso wichtig ist, dass die Kommission mit der

---

[137] Ebd.

[138] Ebd., S. 34.

[139] *Christopher Burns*, EU will vertrauenswürdige künstliche Intelligenz fördern. Die EU-Kommission hat ihre Digitalstrategie für künstliche Intelligenz vorgestellt. Besonders risikoreiche Systeme sollen streng überwacht und reguliert werden, in: Die Zeit Online, 19.2.2020, unter: https://www.zeit.de/digital/2020-02/kuenstliche-intelligenz-eu-digitalstrategie-foerderung-digitalisierung (Zugriff 24.2.2020). S. auch die Pressemitteilung der Kommission v. 19.2.2020: Gestaltung der digitalen Zukunft Europas: Kommission stellt Strategien für Daten und künstliche Intelligenz vor, unter: https://ec.europa.eu/commission/presscorner/detail/de/ip_20_273 (Zugriff 25.2.2020).

[140] Kommission, Pressemitteilung (Fn. 139). Näher: Mitteilung der Kommission COM(2020) 67 final v. 19.2.2020, Gestaltung der digitalen Zukunft Europas, unter: https://ec.europa.eu/info/sites/info/files/communication-shaping-europes-digital-future-feb2020_de_0.pdf (Zugriff 26.2.2020).

[141] Ebd.

Öffentlichkeit in einen konstruktiven Dialog treten will, indem sie mit dem Weissbuch „Zur Künstlichen Intelligenz – ein europäisches Konzept für Exzellenz und Vertrauen“[142] ebenso wie mit der gleichzeitigen Mitteilung über „Eine europäische Datenstrategie“[143] zu Stellungnahmen aufruft[144] und so eine Debatte auslösen will, deren Ergebnisse sie bei ihren Maßnahmen für die weitere Entwicklung zu berücksichtigen verspricht[145]. Dies kann auch als eine Form der Mobilisierung der Schwarmintelligenz verstanden werden; jedenfalls ist es ein Beispiel offener, digital unterstützter Regierung, die auf die Beteiligung und Mitverantwortung der Bürgerinnen und Bürger setzt und damit bereits ein Stück weit das umsetzt, worum es den Strategien auch geht: Die Stärkung der digitalen Kompetenz in der Gesellschaft[146].

Eine solche Debatte erscheint zwingend angesichts nicht nur der Chancen, sondern auch der Risiken, die mit künstlicher Intelligenz und Datenwirtschaft verbunden sind. Als Beispiel sei die automatische Gesichtserkennung für die biometrische Fernerkennung genannt, die grundsätzlich verboten sei, aber in besonderen Fällen auch nützlich. Hier sei eine breit angelegte Debatte wichtig, wenn es darum gehe, „welche Umstände in Zukunft möglicherweise Ausnahmen rechtfertigen können“[147].

Als Antwort auf berechtigte Sorgen will die Kommission ein „Ökosystem für Vertrauen“ schaffen, indem sie einen „KI-Regulierungsrahmen“ vorschlägt[148]. Als erste Region weltweit soll die EU den Umgang mit selbstlernenden, technischen Systemen regulieren. Dazu wird zwischen „Fällen mit hohem Risiko“ und „KI-Anwendungen mit geringerem Risiko“ unterschie-

[142] Europäische Kommission, Weissbuch „Zur Künstlichen Intelligenz – ein europäisches Konzept für Exzellenz und Vertrauen, unter: https://ec.europa.eu/info/sites/info/files/commission-white-paper-artificial-intelligence-feb2020_de.pdf (Zugriff 26.2.2020).

[143] Mitteilung der Kommission COM(2020) 66 final v. 19.2.2020, Eine europäische Datenstrategie, unter: https://ec.europa.eu/info/sites/info/files/communication-european-strategy-data-19feb2020_de.pdf (Zugriff 26.2.2020).

[144] Pressemitteilung (Fn. 139): „Das Weißbuch zur künstlichen Intelligenz steht nun bis zum 19. Mai 2020 zur öffentlichen Konsultation. Ebenso bittet die Kommission um Stellungnahmen zu ihrer Datenstrategie. Auf der Grundlage der eingehenden Beiträge wird die Kommission weitere Maßnahmen ergreifen, um die Entwicklung einer vertrauenswürdigen KI und die Datenwirtschaft zu unterstützen.

[145] Ebd., mit dem Verweis auf die „Politischen Leitlinien“ der Präsidentin *Ursula von der Leyen* und ihrer Ankündigung, „die Debatte über die menschlichen und ethischen Aspekte der künstlichen Intelligenz und die Nutzung von „Big Data“ zur Schaffung von Wohlstand für Gesellschaften und Unternehmen in den ersten 100 Tagen ihrer Amtszeit anzustoßen“.

[146] S. dazu die Mitteilung der Kommission, Gestaltung der digitalen Zukunft Europas (Fn. 140), S. 6 f., 8, mit der Ankündigung von „Schlüsselmaßnahmen“, u.a.: „ein Aktionsplan für digitale Bildung, um digitale Kenntnisse und Kompetenzen auf allen Bildungsebenen zu fördern (2. Quartal 2020)“.

[147] Ebd.; vgl. auch Weissbuch (Fn. 142), S. 25 f.

[148] Weissbuch (Fn. 142), S. 10 ff.

den[149]. Hierzu werden im Weissbuch erste Kriterien entwickelt. So soll für die Sektoren Gesundheitswesen, Verkehr, Energie sowie Teile des öffentlichen Sektors von einem hohen Risiko ausgegangen werden, aber auch innerhalb jedes Sektors müsse je nach Bedeutung für die Sicherheit oder die Grundrechte differenziert werden. Hochriskant etwa könne der Einsatz der KI bei Personaleinstellungen im Beschäftigungsbereich sein, oder eben auch bei der Gesichtserkennung[150]. Für Systeme mit hohem Risiko hält die Kommission „eine objektive, vorab vorzunehmende Konformitätsbewertung" sowie nachfolgende Überprüfungen für erforderlich, um sicherzustellen, dass bestimmte obligatorische Auflagen erfüllt sind. Angedacht sind, in Anlehnung an Erfahrungen im Bereich des Verbraucherschutzes, Verfahren für die Prüfung, Inspektion oder Zertifizierung: „Dies könnte eine Überprüfung der Algorithmen und der in der Entwicklungsphase verwendeten Datensätze beinhalten"[151]. Andere KI-Anwendungen, die kein größeres Risiko mit sich bringen, sollen einer freiwilligen Zertifizierung unterliegen[152].

Zur Umsetzung schlägt die Kommission ergänzend zu den Zuständigkeiten der Mitgliedstaaten eine „europäische Governance-Struktur" vor,

> „als Forum für einen regelmäßigen Austausch von Informationen und bewährten Verfahren mit einer Vielzahl von Aufgaben…, einschließlich der Ermittlung neuer Trends und der Beratung in den Bereichen Normung und Zertifizierung. Sie sollte auch eine Schlüsselrolle spielen, wenn es darum geht, die Umsetzung des Rechtsrahmens zu fördern, beispielsweise durch die Herausgabe von Leitlinien, Stellungnahmen und die Bereitstellung von Fachwissen. Zu diesem Zweck sollte sie sich auf ein Netz nationaler Behörden stützen sowie auf sektorspezifische Netze und Regulierungsbehörden auf nationaler und EU-Ebene"[153].

Dabei soll eine größtmögliche Beteiligung der Interessenträger gewährleistet werden, d.h. „die Interessenträger – Verbraucherorganisationen und Sozialpartner, Unternehmen, Forscher und Organisationen der Zivilgesellschaft – sollten zur Umsetzung und Weiterentwicklung des Rahmens konsultiert werden"[154]. Für eine „unabhängige Prüfung und Bewertung von KI-Systemen" hält das Weissbuch „Testzentren" für geeignet, eine unabhängige Bewertung würde das Vertrauen stärken und für Objektivität sorgen[155].

---

[149] Pressemitteilung (Fn. 139), näher Weissbuch (Fn. 142), S. 12 ff., 20 ff. Kritisch *Paul Vorreiter*, Digitalisierungsstrategie der EU. Kommission will Künstliche Intelligenz regulieren, Deutschlandfunk 19.2.2020, unter: https://www.deutschlandfunk.de/digitalisierungsstrategie-der-eu-kommission-will.1773.de.html?dram:article_id=470591(Zugriff 26.2.2020): „Dabei stellt sich die Frage, wie zwischen riskanter Künstlicher Intelligenz – also solche die Grundrechte betrifft oder die potenziell Menschen diskriminiert und risikoarmer KI unterschieden werden kann".

[150] Weissbuch (Fn. 142), S. 20 ff., speziell über „Systeme für biometrische Fernidentifikation" ebd., S. 25 f.

[151] Ebd., S. 27.

[152] Ebd., S. 29.

[153] Weissbuch (Fn. 142), S. 29 f.

[154] Ebd.

Ein eigener, kurzer Abschnitt ist der Förderung der Künstlichen Intelligenz im Staat gewidmet:

„Es ist äußerst wichtig, dass öffentliche Verwaltungen, Krankenhäuser, Versorgungsbetriebe und Verkehrsdienste, Finanzaufsichtsbehörden und andere Bereiche von öffentlichem Interesse rasch mit der Einführung KI-gestützter Produkte und Dienstleistungen beginnen. Ein besonderer Schwerpunkt wird auf den Bereichen Gesundheitsfürsorge und Verkehr liegen, in denen die Technologien so weit ausgereift sind, dass sie in großem Maßstab eingesetzt werden können".[156]

Viel mehr als diese allgemeine Ankündigung findet sich hier nicht. Nur die Initiierung offener und transparenter Dialoge hierzu vorrangig im Gesundheitssektor, mit „Verwaltungen ländlicher Gebiete" und mit den Betreibern öffentlicher Dienste ist angesprochen, mit dem Ziel eines Aktionsplans und von Programmen, mit denen die Beschaffung von KI-Systemen gefördert und eine Anpassung der öffentliche Vergabeverfahren gefördert werden soll. Alle genannten Sektoren sind solche, in denen der Staat bzw. die öffentliche Hand als Dienstleister auftritt.

Ein Umbau des Staates oder der öffentlichen Dienste von der lokalen bis hin zur europäischen Ebene mit oder durch Künstliche Intelligenz ist nicht die Vision der Strategie, jedenfalls werden keine konkreten Schritte genannt, die darauf zielen. Möglicherweise aber wird ein Wandel mittelfristig als Folge einer progressiven Anwendung der KI sichtbar und spürbar werden. Wie die Entwicklung verlaufen wird, ist noch nicht abzusehen.

Allerdings wurde ein „europäischer Aktionsplan für Demokratie" zur Verbesserung der Resilienz des demokratischen Systems, zur Förderung des Medienpluralismus und zur Bewältigung der Bedrohungen der europäischen Wahlen durch Intervention von außen, von der Kommission noch für 2020 in der Pressemitteilung zur KI-Strategie angekündigt[157]. Nicht ersichtlich ist dabei, wie gerade der Einsatz der KI im Kampf etwa gegen Manipulationen des Informationsraums durch gezielte Desinformationskampagnen oder für den Schutz vertrauenswürdiger Medien und der kulturellen Vielfalt hilfreich sein könnte. Das Beispiel der „Cambridge Analytica" zeigt umgekehrt, wie KI für das Gegenteil nutzbar gemacht wurde[158]. Möglicherweise erlauben

---

[155] Ebd., S. 30.

[156] Ebd., S. 9.

[157] Pressemitteilung (Fn. 139); s. auch die Mitteilung der Kommission, Gestaltung der digitalen Zukunft Europas (Fn. 140), S. 12, 14. Den Schutz der Demokratie gegen Bedrohungen durch KI fordert bereits *Paul Nemitz*, Constitutional democracy and technology in the age of artificial intelligence (2018), in: Phil. Trans. R. Soc. A 376, unter: https://royalsocietypublishing.org/doi/pdf/10.1098/rsta.2018.0089 (Zugriff 26.2.2020), S. 2: „we need a new culture of technology and business development for the age of AI which we call ‚rule of law, democracy and human rights by design'".

[158] S. etwa: *Carole Cadwalladr*, The great British Brexit robbery: how our democracy was hijacked, The Guardian 7 May 2017, at: https://www.theguardian.com/technology/20

aber gezielte Analysen der *Posts* und Diskurse im Internet einschließlich der sozialen Netzwerke durch lernende Systeme eine Identifikation von Falschmeldungen, social bots oder Hasskampagnen, ebenso wie die frühzeitige Erkennung neuer Trends oder auch von Argumentations- und Verhaltensmustern, die für eine verantwortliche, bürgernahe Politik hilfreich sein könnte. Auch hier lauert freilich die Gefahr des Missbrauchs. Was also den Schutz der Demokratie betrifft, bleibt noch Raum für Kreativität.

3. Neue (Staats-) Aufgaben in der Digitalen Konstellation

Verändern sich auch Staatszwecke und -aufgaben in der Digitalen Konstellation? Wie schon zu Zeiten von Hobbes und Locke bleiben der Schutz von Freiheit, Demokratie, Sicherheit und Frieden zentrale Aufgaben. Hinzu kommen heute vielfältige Leistungen der Daseinsvorsorge. Das gegenseitige Versprechen der Menschenwürde, in dem Hasso Hofmann treffend die Begründung des Staates sieht[159], dürfte den gesellschaftsvertraglichen Ansatz der frühen Staatsphilosophie heute „sozialstaatlich" ergänzen, vielleicht auch bekräftigen. Daraus können diverse Schutz- und Leistungsfunktionen des Staates hergeleitet werden, wobei insbesondere die Neubestimmung der Funktion der „Grundrechte im Leistungsstaat" (Peter Häberle) es erlaubt, den Grundrechten Orientierung für die Politik und auch Ansprüche an Politik und Staat zu entnehmen[160]. Dies kann im Blick auf die neuen Herausforderungen der digitalen Konstellation fruchtbar gemacht werden. Notwendig ist eine mutige Strategie der Digitalisierung[161].

Wie die vorangehenden Beobachtungen zum Staat als Dienstleister bereits erkennen lassen, können mindestens fünf Themenfelder identifiziert werden, in denen der Staat in der digitalen Konstellation besonders gefordert ist:

17/may/07/the-great-british-brexit-robbery-hijacked-democracy (Zugriff 26.2.2020). Zu den Risiken, zugleich mit Empfehlungen dafür, wie ihnen begegnet werden kann, vgl. auch *Dirk Helbing* et al., IT-Revolution. Digitale Demokratie statt Datendiktatur, in: Spektrum der Wissenschaft. Die Woche (2016), unter: https://www.spektrum.de/pdf/digital-manifest/1376682 (Zugriff 26.2.2020).

[159] *Hasso Hofmann*, Die versprochene Menschenwürde, AöR 118 (1993), S. 353, 364 367 ff.

[160] Vgl. *Peter Häberle*, Grundrechte im Leistungsstaat, VVDStRL 30 (1972), S. 43, 112 ff., auch online unter: https://www.degruyter.com/downloadpdf/books/9783110890211/9783110890211.7/9783110890211.7.pdf(Zugriff 6.3.2020).

[161] In diesem Sinne *Schallbruch*, Schwacher Staat (Fn. 3), S. 215 ff., 219 f.

a. Digitalisierung gestalten

Die technische Entwicklung des Internets war ursprünglich ein Projekt des amerikanischen Militärs, dann wurde sie zusammen mit der anfänglichen Regulierung der Vergabe der Domain-Namen in die Hände einer privaten Organisation, ICANN, gelegt, die noch lange einer behördlichen Kontrolle unterlag, bevor sie formell vom Staat gelöst wurde. Wie die Entwicklung des World-Wide-Web und alle wesentlichen weiteren Schritte zur Digitalisierung zeigen, war es dann aber nicht „der Staat", sondern die private Wirtschaft, von der die Impulse ausgingen. Die Einführung des Computers am Arbeitsplatz im öffentlichen Dienst seit den späten 80ger Jahren war eine kleine Revolution, der sich manche Beamte lange Zeit widersetzten. Schrittweise setzte sich die neue Technologie aber durch, bis hin zu der breit angelegten Digitalisierung, von der heute die Rede ist.

Und schrittweise wurde deutlich, dass der Staat in der digitalen Revolution eine Rolle zu spielen hat: Nicht nur der Datenschutz, auch der Zugang zum Netz und faire Regeln zur Vergabe der Domainnamen, eine begrenzte Inhaltskontrolle zunächst gegen die Verbreitung von Kinderpornographie und die Verletzung geistigen Eigentums, später auch gegen Hassreden und *fake news* wurden notwendig. Erst allmählich wurden die großen Potentiale der Digitalisierung erkannt und die Notwendigkeit, sie aktiv in Wirtschaft und öffentlichem Dienst einzusetzen und mitzugestalten, um den Anschluss im globalen Wettbewerb nicht zu verpassen.

Dem Staat wuchs damit eine Gewährleistungs- und Gestaltungsverantwortung zu, die erst in den letzten zehn Jahren offenbar wurde, ebenso wie die Bedeutung des Marktes der Daten. Damit ist ein Versorgungsauftrag verbunden, eine neue Dimension der Daseinsvorsorge, die dem Staat zugewachsen ist, gegenwärtig aber eher eigenständig durch private Unternehmen erfüllt wird[162]. Gleicher Zugang zum Netz für alle und in allen Regionen muss als Universaldienst gewährleistet werden, der Schutz der Privatsphäre und die Garantie der Netzneutralität sind nur zwei grundrechtliche Aspekte, denen dabei Rechnung zu tragen ist. Digitale Kompetenz ist nicht nur eine allgemeine Bildungsaufgabe, sondern sie ist auch Voraussetzung der Digitalisierung von Staat und Gesellschaft insgesamt. Dazu gehört die (Mit-)Verantwortung für Cybersicherheit, die im Bewusstsein aller Nutzer mit dem Grundverständnis für die digitale Technologie und ihre Vorteile verbunden sein muss. Schließlich trifft den Staat auch eine „Marktverantwortung", soweit er als mächtiger Nachfrager auftritt und mit den für sich selbst gesetzten technischen Standards etwa zur Steigerung der Interoperabilität oder der Netzsicherheit Vorgaben auch für private Akteure auf dem Markt setzt[163].

---

[162] S. schon *Schallbruch*, Schwacher Staat (Fn. 3), S. 232 ff.

[163] Vgl. *Dirk Heckmann/Wilfried Bernhard*, Digitale Gewaltenteilung als Marktverant-

Die Digitalisierung des Staates mit seinen Folgen für die private Wirtschaft und die Bevölkerung insgesamt bedarf der aktiven Gestaltung. Nicht nur der Staat, auch die Verfassung sind einem Anpassungsdruck ausgesetzt. Schallbruch fordert statt dem heutigen „Klein-Klein" ein mehr Prinzipien-orientiertes Digitalrecht, das die „rule of law" sichert und dem Staat seine maßgebende Rolle wiedergibt[164]. Gefordert wird ein „Digital-TÜV" für jedes neue Gesetz[165]. Der Schutz von Menschenwürde, Freiheit und Gleichheit, auch des Eigentums, müssen unter den Bedingungen der Digitalisierung neu justiert werden. Wem gehören die Daten? Bedürfen die im Volkszählungsurteil entwickelten Grundsätze des Datenschutzes einer Revision[166]? Ist die Dogmatik zur Auslegung und Anwendung der Kommunikationsfreiheiten des Grundgesetzes noch angemessen[167]? Bedarf die Garantie der Informationsfreiheit des Art. 5 Abs. 1 S. 1 GG einer Erweiterung[168]? Die „digitale Dimension der Grundrechte" auszuloten[169], ist ein umfangreiches Projekt.

---

wortung. Kriterien zur rechtlichen Abgrenzung staatlicher und privatwirtschaftlicher Entfaltungsmöglichkeiten auf dem Markt der IT-Herstellung und IT-Services, 2016, unter: https://www.for-net.info/wp-content/uploads/2016/04/Heckmann-Bernhardt-Studie-Digitale-Gewaltenteilung.pdf (Zugriff 17.4.2020), S. 4: „… staatliche Marktverantwortung für den IT-Sektor, die der ansonsten bestehenden Gestaltungshoheit des Staates Grenzen zieht. Im Rahmen einer sog. IT-Markt-Verträglichkeitsprüfung sind alle staatlichen Entscheidungsträger gehalten, die Auswirkungen ihrer IT-Entscheidungen (Softwareherstellung und Vertrieb, das Setzen von IT-Standards oder die Bereitstellung von IT-Services in Rechenzentren etc.) auf den relevanten IT-Markt zu prüfen".

[164] *Schallbruch*, Schwacher Staat (Fn. 3), S. 225 ff., sowie schon ebd., S. 220 f.

[165] Vgl. die Vorschläge des Nationalen Kontrollrats, NKR-Gutachten 2019: Erst der Inhalt, dann die Paragraphen, unter https://www.normenkontrollrat.bund.de/nkr-de/service/publikationen/gutachten/nkr-gutachten-2019-erst-der-inhalt-dann-die-paragrafen--1680554 (Zugriff 17.4.2020): „Gute Gesetze müssen nicht nur rechtsförmlich sauber, sondern auch wirksam und praxistauglich sein. Das schließt auch den digitalen Vollzug mit ein. Zu den Herausforderungen und Voraussetzungen guter Gesetzgebung hat der NKR ein Gutachten veröffentlicht und am 22.10.2019 der Bundesregierung übergeben". Zum „Digital-TÜV", angelehnt an dänische Erfahrungen s. im Gutachten Ziff. 4.5.

[166] Vgl. *Jörg Pohle*, Datenschutz und Technikgestaltung. Geschichte und Theorie des Datenschutzes aus informatischer Sicht und Folgerungen für die Technikgestaltung (2018), online unter: https://edoc.hu-berlin.de/handle/18452/19886 (Zugriff 27.2.2020).

[167] Krit., mit dem Vorschlag, einen „einheitlichen Schutzbereich" der Kommunikationsfreiheiten zu bestimmen, *Hindelang*, Freiheit und Kommunikation (Fn. 13), S. 202 ff., zusammenfassend ebd., S. 393 ff.

[168] In diesem Sinne *Pernice*, Informationsgesellschaft (Fn. 13), S. 27 ff.

[169] *Enrico Peuker*, Verfassungswandel durch Digitalisierung. Digitale Souveränität als verfassungsrechtliches Leitbild (Mohr, Tübingen 2020), i.E. (unveröff. Manuskript S. 365 ff.), im Anschluss an *Udo di Fabio*, Grundrechtsgeltung in digitalen Systemen. Selbstbestimmung und Wettbewerb im Netz, 2016, S. 6. Zum Begriff: *Christian Hoffmann* u.a., Die digitale Dimension der Grundrechte, 2015, S. 20. S. auch *Meinhard Schröder*, Neue Grundrechte für ein digitales Zeitalter? JZ 2019, S. 953–959.

Das führt zu der allgemeineren Frage: Gibt es einen Verfassungswandel durch Digitalisierung? Enrico Peuker widmet sich dem in seiner Habilitationsschrift sehr ausführlich[170]. Müssen wir den Staat neu organisieren, wenn wir seine Handlungsfähigkeit im digitalen Raum verbesseren wollen[171]?

b. Inhaltskontrolle, die Macht der Intermediäre und die Demokratie

Dass auch eine Kontrolle der im Internet zur Verfügung gestellten Inhalte zum Schutz von Verfassungsgütern: Kinder- und Jugendschutz, der Menschenwürde und des öffentlichen Friedens, vor allem aber auch der Demokratie notwendig ist, gilt inzwischen als allgemein anerkannt. Dabei ist die Frage der Verantwortung der Intermediäre nur ansatzweise geklärt. In wie weit sind sie für die durch ihre Plattformen verbreiteten Inhalte mit verantwortlich, in wie weit ist ihre wachsende Macht ihrerseits eine Gefahr für Meinungsvielfalt und Demokratie[172]? Mit dem NetzDG hat Deutschland den Anfang einer Regelung gemacht, gemäß der Intermediäre bei hoher Strafandrohung kriminelle Inhalte kurzfristig vom Netz nehmen müssen. Zum Schutz der Wahlen gegenüber Desinformationskampagnen[173] hat die EU diverse Schritte unternommen[174], und in Frankreich sind 2018 Regelungen ge-

---

[170] *Peuker*, Verfassungswandel (Fn. 169), passim, wobei es der Verfassungswissenschaft darum gehen müsse, „freiheitsermöglichende wie freiheitsgefährdende Potentiale der Digitalisierung zu erkennen und hierauf Antworten des Verfassungsrechts auf der Grundlage eines dynamischen Verfassungsverständnisses zu formulieren (ebd., S. 3).

[171] So *Schallbruch*, Schwacher Staat (Fn. 3), S. 237 ff., 240 ff., mit der Forderung einer „digitalen Gesamtarchitektur" des Staates, mit Konsequenzen für den Föderalismus, das Ressortprinzip, die Bündelung digitaler Kompetenz, Digitalministerium (ebd., S. 245).

[172] S. etwa *Wolfgang Schultz/Kevin Dankert*, Die Macht der Informationsintermediäre. Erscheinungsformen, Strukturen und Regulierungsoptionen, Friedrich Ebert Stiftung Medienpolitik, 2016.

[173] Im Blick auf die Europawahl 2019 s. etwa *Andrey Popov*, Européennes. „Fake news" et désinformation: L'UE en état d'alerte avant les élections, in: ouest France, 7.4.2019, unter: https://www.ouest-france.fr/elections/europeennes/europeennes-fake-news-et-desin formation-l-ue-en-etat-d-alerte-avant-les-elections-6298986 (Zugriff 27.2.2020).

[174] Vgl. dazu die Übersicht in: *Ingolf Pernice*, Protecting the global digital information ecosystem: a practical initiative, Internet Policy Review, 05 March 2019 (on Public discourse), unter: https://policyreview.info/articles/news/protecting-global-digital-informati on-ecosystem-practical-initiative/1386 (Zugriff 27.2.2020), insbes. ebd. Fn. 2. S. insbes. auch den Aktionsplan gegen Desinformation. Fortschrittsbericht (Juni 2019), unter: htt ps://ec.europa.eu/commission/sites/beta-political/files/de_communication_on_disinform ation_factsheet_proof_1.pdf (Zugriff 27.2.2020); *Annegret Bendiek/Matthias Schulze*, Desinformation und die Wahlen zum Europäischen Parlament, SWP Aktuell, Nr. 10, Febr. 2019, unter: https://www.swp-berlin.org/fileadmin/contents/products/aktuell/2019 A10_bdk_she.pdf (Zugriff 27.2.2020); Überblick bei *Jens Brauneck*, EU-Desinformationsbekämpfung durch Google, Facebook u.a. unter Androhung von Gesetzen, EU-Außenpolitik durch Gegenpropaganda in Drittstaaten?, in: Europarecht 2020, S. 89 ff.

troffen werden, die eine verstärkte Kontrolle im Vorfeld von Wahlen betreffen[175].

c. Schutz der Privatsphäre und des geistigen Eigentums

Der Schutz der Privatsphäre umfasst einen effektiven Datenschutz ebenso wie den Schutz gegen Massenüberwachung durch inländische und ausländische Stellen. Mit der Datenschutzgrundverordnung und der entsprechenden Richtlinie 2016/680 zum Datenschutz gegenüber der Verarbeitung personenbezogener Daten durch die zuständigen Behörden zum Zwecke der Verhütung, Ermittlung, Aufdeckung oder Verfolgung von Straftaten oder der Strafvollstreckung[176] wurde ein wichtiger Schritt zum effektiven Datenschutz auf EU-Ebene vollzogen, im Verhältnis zu den USA soll das „Privacy-Shield" den notwendigen Schutz gewährleisten. Mit der Richtlinie 2019/790 über das Urheberrecht und die verwandten Schutzrechte im digitalen Binnenmarkt[177] wurde ein Rechtsrahmen im Bereich des geistigen Eigentums geschaffen, der europaweit einen Interessenausgleich in einem hochumstrittenen Bereich sucht.

Ein wirksamer Schutz gegen Massenüberwachungen insbesondere durch in- und ausländische Geheimdienste, einschließlich der Industriespionage, bleibt eine noch unzureichend gelöste Aufgabe. Seit den Snowden-Enthüllungen ist die Aufregung über diese Praktiken zurückgegangen; im Spannungsfeld zwischen Persönlichkeitsschutz und öffentlichen Sicherheitsinteressen, einschließlich der Cybersicherheit, gibt es aber nach wie vor eine Vielzahl von offenen Fragen, zu denen Antworten auch grundrechtlich dringend

---

[175] Vgl. *Jacques Pezet*, Frankreich verabschiedet umstrittenes Gesetz gegen Falschmeldungen, Correctiv. Recherchen für die Gesellschaft, 2. Nov. 2018, unter: https://correctiv.org/faktencheck/hintergrund/2018/11/22/frankreich-verabschiedet-umstrittenes-gesetz-gegen-falschmeldungen (Zugriff 27.2.2020). Gesetze v. 22.12.2018 veröffentlicht unter: https://www.legifrance.gouv.fr/affichTexte.do;jsessionid=A8906BBCAAFE04CC1E767128C15E3A43.tplgfr29s_3?cidTexte=JORFTEXT000037847559&categorieLien=id (Zugriff 27.2.2020).

[176] Richtlinie (EU) 2016/680 des Europäischen Parlaments und des Rates vom 27. April 2016 zum Schutz natürlicher Personen bei der Verarbeitung personenbezogener Daten durch die zuständigen Behörden zum Zwecke der Verhütung, Ermittlung, Aufdeckung oder Verfolgung von Straftaten oder der Strafvollstreckung sowie zum freien Datenverkehr und zur Aufhebung des Rahmenbeschlusses 2008/977/JI des Rates, ABl. 119 v. 4.5.2016, S. 89, mit der Umsetzungsfrist bis 6. Mai 2018.

[177] Richtlinie (EU) 2019/790 des Europäischen Parlaments und des Rates vom 17. April 2019 über das Urheberrecht und die verwandten Schutzrechte im digitalen Binnenmarkt und zur Änderung der Richtlinien 96/9/EG und 2001/29/EG, ABl. L 130 vom 17.5.2019, S. 92.

gefordert sind. Das Problem eines angemessenen Schwachstellenmanagements[178] ist nur ein Beispiel.

d. Cybersicherheit

Damit ist das Thema Cybersicherheit angesprochen. Die Zahl der Vorfälle und Bedrohungen, einschließlich der Erpressung durch Angreifer nimmt ständig zu. Jeder, von den Staaten bis zum einzelnen Nerd aus der Nachbarschaft, kann Angreifer sein, und jeder Opfer solcher Angriffe. Deshalb fordert Cybersicherheit ein Mit- und Zusammenwirken aller; es ist eine wirkliche Aufgabe für das, was man als Internet-Governance bezeichnet[179]. Soll das Internet funktionieren und die Digitalisierung den erwarteten oder erhofften Nutzen bringen, so müssen alle Beteiligten je in ihrem Kompetenzraum die nötigen Vorkehrungen treffen und wachsam sein. Ein schneller Informationsaustausch über Risiken und Vorfälle[180] ist ebenso wichtig, wie eine Haftung der Software-Anbieter für Schwachstellen und der Nutzer bei Vernachlässigung ihrer Sorgfaltspflichten sowohl bei der Beschaffung von *hard-* und *software*, als auch hinsichtlich der Durchführung regelmäßiger *updates*, mit denen Sicherheitslücken geschlossen werden.

Der Gesetzgeber ist gefordert, u.a. durch Vorgaben für die technische Normung sowie Zertifizierungs- und Haftungsregime für ein Höchstmaß an Sicherheit zu sorgen. Das BSI erfüllt in Deutschland wichtige Aufgaben bei der Steigerung der IT-Sicherheit, u.a. durch Aktionen der Aufklärung und Information. Im Verbund mit den Partnerbehörden der anderen Mitgliedstaaten und mit der jetzt reformierten ENISA auf der europäischen Ebene werden diese Anstrengungen koordiniert und ergänzt. Für den Schutz kritischer Infrastrukturen gibt es besondere Regelungen, etwa die Verpflichtung zur Meldung von Sicherheitsvorfällen beim BSI. Von der Wirksamkeit der Cybersicherheitspolitik hängt inzwischen das Funktionieren von Staat und Gesellschaft ab. Diese Bedeutung hebt auch der Wissenschaftliche Beirat der Bundesregierungen für Globale Umweltveränderungen (WBGU) in seinem

---

[178] S. näher *Sven Herpig*, Schwachstellenmanagement für mehr Sicherheit. Wie der Staat den Umgang mit Zero-Day Schwachstellen regeln sollte, Stiftung neue verantwortung, August 2018, unter: https://www.stiftung-nv.de/de/publikation/schwachstellen-management-fuer-mehr-sicherheit (Zugriff. 1.3.2020). S. auch *Schallbruch*, Schwacher Staat (Fn. 3), S. S. 93 ff., mit dem Hinweis, dass im Fall WannaCry die für die Angriffe genutzte Schwachstelle der NSA lange bekannt war, diese sie aber geheim hielt für eigene Zwecke (ebd., S. 94).

[179] Vgl. näher dazu *Ingolf Pernice*, Global Cybersecurity Governance. A Constitutional Analysis, in: 7 Global Constitutionalism (2018), 112–141, s. auch HIIG Discussion Paper Series No. 2017-05, unter. https://papers.ssrn.com/sol3/papers.cfm?abstract_id=3012136.

[180] S. hierzu *Hannfried Leisterer*, Internetsicherheit in Europa. Zur Gewährleistung der Netz- und Informationssicherheit durch Informationsverwaltungsrecht, 2018.

Gutachten „Unsere gemeinsame globale Zukunft“, Hauptgutachten vom 28. August 2019 hervor:

„Keine dieser an die Digitalisierung gebundenen Hebel werden jedoch wirkmächtig, wenn nicht die Resilienz, Cybersicherheit und Vertrauenswürdigkeit digitalisierter Infrastrukturen, ihre Langlebigkeit und Robustheit sowie auch eine dem Menschen vorbehaltene Entscheidungshoheit bei gesellschaftsrelevanten Automatismen mit KI umfassend gewährleistet werden[181].

Und doch bleibt es bislang bei ständig neuen Herausforderungen an die Cybersicherheit im Wettlauf mit den Angreifern, die selbst meist nicht identifiziert werden können, weil das Internet seiner Struktur nach dies nicht zulässt. Bei einem Wettlauf, statt der dringend nötigen Kooperation, bleibt es offenbar auch bei den diversen nationalen Cybersicherheitsstrategien[182], von der Rüstung zum Cyberwar ganz zu schweigen.

e. Regulierung im Bereich Künstliche Intelligenz

Nicht weniger groß ist die Herausforderung an den Staat bei der Gestaltung und Kontrolle der Künstlichen Intelligenz. Eine breite Diskussion über die ethischen Anforderungen und Grenzen für Künstliche Intelligenz ist bereits im Gange[183]. Ethik ist wichtig, wenn es um geeignete Orientierungen und Maßstäbe geht. Nicht nur für den Juristen aber ist primär die Verfassung relevant, mit ihren Grundrechten, Werten und Prinzipien, und für die europäische Ebene Art. 2 EUV verbunden mit der Charta der Grundrechte. So stellt sich die Frage: Was kann und muss der rechtliche Rahmen sein, der für die Entwicklung und Anwendung künstlicher Intelligenz in Staat und Gesellschaft verbindlich zu machen ist?

Paul Nemitz fordert angesichts der wachsenden weltweiten Macht der führenden Internetplattformen, die dank ihrer finanziellen Basis es geschafft haben, gerade auch im Bereich der künstlichen Intelligenz eine Führungsrolle zu erreichen, zwingende Regeln etwa zur Umsetzung des Gedankens von Demokratie, Rechtsstaatlichkeit und Menschenrechten *„by design“*, in Ver-

---

[181] Gutachten des WBGU (Fn. 5), S. 14.

[182] Ansätze zu einem Vergleich bei *Ingolf Pernice*, Cybersecurity and Privacy in a Globalized World – Building Common Approaches. Welcome and Introduction, in: Randal S. Milch, Sebastian Benthall and Alexander Potcovaru (Hrsg.), Building Common Approaches for Cybersecurity and Privacy in a Globalized World, (New York University Center for Cybersecurity New York 2018), S. 6–23, unter: https://papers.ssrn.com/sol3/papers.cfm?abstract_id=3508933.

[183] Vgl. etwa *Julian Stubbe/Jan Wessels/Guido Zinke*, Neue Intelligenz, neue Ethik? in: Volker Wittpahl (Hrsg.), iit-Themenband – Künstliche Intelligenz. Technologie, Anwendung, Gesellschaft (Springer 2019), S. 239–254.

bindung mit einem „three-level technological impact assessment" für neue Technologien wie eben die Künstliche Intelligenz[184].

Der bereits erwähnte im Weißbuch der Kommission auf EU-Ebene vorgeschlagene Regulierungsrahmen für künstliche Intelligenz und die dazu angefachte Diskussion sind ein wichtiger Anstoß zur Reflektion über derartige Vorschläge, und es ist eine der dringlichen Aufgaben des Staates in der digitalen Konstellation, rasch zu tragfähigen Lösungen zu kommen, um Fehlentwicklungen in diesem für Privatwirtschaft, aber auch die öffentliche Hand fundamentalen Kernbereich der Zukunftstechnologie auszuschließen.

4. Vom souveränen Staat zum „Stakeholder"

Aber kann der Staat das wirklich leisten? Kann die Europäische Union diese Aufgaben erfüllen? Ist das Internet global und ist die Digitalisierung ein globales Phänomen und zugleich auch mitentscheidend für die wirtschaftliche und politische Zukunft jedes Landes im Wettbewerb mit den anderen, so ist jeder Staat gezwungen, sich einerseits den Herausforderungen der Digitalisierung zu stellen und diese zu fördern, sich andererseits aber auch mit den anderen Ländern ins Benehmen zu setzen, um im Interesse seiner Wirtschaft sowie der Bürgerinnen und Bürger gemeinsame Regeln aufzustellen, die für das Funktionieren des Internets und die Nutzung der Potentiale der Digitalisierung unerlässlich sind.

In der digitalen Konstellation von Souveränität zu sprechen, sei es staatliche Souveränität, digitale Souveränität[185] oder auch Datensouveränität, könnte eine gefährliche Illusion sein, jedenfalls ist es irritierend[186]. Eher düfte

[184] *Nemitz*, Constitutional democracy (Fn. 157), S. 1, 2: „call for a new culture of incorporating the principles of democracy, rule of law and human rights by design in AI and a three-level technological impact assessment for new technologies like AI", und ebd., S. 10 ff.: „AI impact assessment". In eine ähnliche Richtung scheint *Yvonne Hofstetter*, Das Ende der Demokratie. Wie die Künstliche Intelligenz die Politik übernimmt und uns entmündigt (Bertelsmann, München 2016), S. 443, zu gehen, wenn Sie von „Umgebungsrecht" spricht, das entgrenzt ist und derzeit von Werten des Silicon Valley bestimmt wird (ebd., S. 447), aber auch aufgrund aktiver Beteiligung der Bürger an europäischen Grundwerten orientiert in Formen partizipatorischer Demokratie festgelegt und legitimiert werden könnte (ebd., S. 448 ff.).

[185] Zum Begriff ausführlich mit der Unterscheidung verschiedener in der Diskussion sichtbarer Dimensionen: *Peuker*, Verfassungswandel (Fn. 169), S. 226 ff.: „Als verfassungsrechtliches Leitbild beschreibt digitale Souveränität die Verantwortung und die Legitimität des Staates unter den Bedingungen der Digitalisierung, die sich vor allem in einer infrastrukturellen und einer individualrechtlichen Dimension entfalten". Vgl. auch *Schallbruch*, Schwacher Staat (Fn. 3), S. 222 ff., der digitale Souveränität („souveräner Staat im digitalen Raum", ebd., S. 224) allerdings ohne Blick auf die Notwendigkeit der Zusammenarbeit auf globaler Ebene betrachtet.

[186] Mit der Unterscheidung der besonderen Herausforderungen an die *demokratische*

die häufige Anrufung der Souveränitätsidee ein Indiz sein für die Erkenntnis, dass auch insofern ein Wandel im Gange ist[187]. Weder gibt es absolute Autonomie nach innen; denn die externen Effekte der Politik anderer Länder sind oft unausweichlich. Noch gibt es eine Unabhängigkeit nach außen; zu dicht sind die internationale Verflechtung und das Netz völkerrechtlicher Normen – etwa zum Schutz der Menschenrechte –, zu groß die Abhängigkeit jedes Staates von der Zusammenarbeit mit anderen Ländern. Was heute zählt, ist ein Maximum an individueller Selbstbestimmung, wie sie der Würde des Menschen immanent ist, verbunden mit der Einsicht, dass Menschen nur im sozialen Verband (über-)leben können. Gemäß dem Subsidiaritätsprinzip werden dabei für Aufgaben, die die kleinere soziale Einheit nicht zufriedenstellend bewältigen kann, übergreifendere Strukuren geschaffen, die hierfür im gemeinsamen Interesse zuständig sind. So entstand die EU, in der die Selbstbestimmung der Unionsbürgerinnen und -bürger für bestimmte Aufgaben supranational organisiert ist. Und so kann es notwendig werden, für die Bewältigung globaler Herausforderungen noch einen Schritt weiter zu gehen, auch um das zu verwirklichen, was für das Individuum digitale Souveränität bedeuten könnte.

Souveränität ist, wenn es sie denn geben sollte, also etwas, das schon in der Konstruktion der EU als Verfassungsverbund[188], jedenfalls in der digitalen Konstellation nicht dem Staat zukommt, sondern prinzipiell dem Individuum: Selbstbestimmung des Individuums, deren Wahrnehmung im Sinne des „multilevel constitutionalism" auf unterschiedlichen Ebenen, lokal, regional, national, europäisch und eines Tages vielleicht auf globaler Ebene organisiert ist. Auf jeder Ebene wird gemäß der betreffenden (Teil-)Verfassung ein Stück „Souveränität" der Bürgerinnen und Bürger ausgeübt.[189] So-

(Aufbrechen der Territorialität, „Desintegration der öffentlichen Sphäre") und *politische* Souveränität („technologische Überschreitung nationaler Grenzen", umfassende Regulierungsbedarfe, neue Akteure) vgl. *Claudia Ritzi/Alexandry Zierold*, Souveränität unter den Bedingungen der Digitalisierung in: Borucki/Schünemann, Internet und Staat (Fn. 2), S. 35 ff., mit dem Ergebnis: „Souveränität wird jedoch vielfältiger" (ebd., S. 38 ff., 42 ff., 52).

[187] *Pohle/Thiel*, Digitale Vernetzung und Souveränität (Fn. 11), S. 67 ff., sehen dagegen einen Perspektivenwechsel, den Prophezeiungen entgegengesetzt, in dem Sinne, dass die Digitalisierung nicht als Hindernis, sondern als Herausforderung für die Souveränität angesehen wird, vermischt mit einem zunehmenden Nationalismus, und nehmen China als Beispiel, von wo die Bewegung der digitalen Souveränität ausging.

[188] Vgl. näher *Ingolf Pernice*, Europäisches und nationales Verfassungsrecht, Bericht, in: 60 Veröffentlichungen der Vereinigung der Deutschen Staatsrechtslehrer, 2001, S. 148, 162.

[189] In diesem Sinne auch die globale Ebene einschließend *Ingolf Pernice*, The Global Dimension of Multilevel Constitutionalism: A Legal Response to the Challenges of Globalisation, in: P.M. Dupuy/B. Fassbender/M.N.Shaw/K.-P. Sommermann (Hrsg./Editors), Völkerrecht als Wertordnung. Common Values in International Law, Festschrift für / Essays in Honour of Christian Tomuschat, 2006, S. 973–1005.

weit „digitale Souveränität“ heute, wie Pohle/Thiel ausführen, „nicht als eine Abgrenzung nach außen, sondern als Voraussetzung dafür begriffen (sc. wird), den Prozess der digitalen Transformation mitzugestalten“, ja die „Souveränität des Einzelnen, verstanden als Autonomie und Handlungsfähigkeit des Individuums in der vernetzten Welt… in Konzepten wie Datensouveränität und informationelle Selbstbestimmung“ zum Ausdruck gebracht wird[190], so geht das in die richtige Richtung. Wenn dieser „Debattenstrang“ allerdings auf „ein Wieder-Einsetzen von Souveränität im Namen von Demokratie und Selbstbestimmung“ im Staat gerichtet ist[191], dann gerät aus dem Blick, dass demokratische Selbstbestimmung in der digitalen Konstellation ohne staatenübergreifende Koordination und Regelung nur sehr bedingt möglich ist.

Insoweit auch nur bedingt treffend spricht das bereits erwähnte Gutachten der WBGU von „der (Neu) Ordnung staatlicher Souveränität“ und nennt diesbezüglich beispielhaft

> „etwa Cybersicherheit und digitale Kriegsführung, genauso wie neue Aushandlungs- und Regulierungsprozesse im Feld der Internet-Governance (Jacob und Thiel, 2017; Kasten 4.2.7–1). Zudem fungiert Digitalisierung als Multiplikatorin für praktisch alle Elemente der Globalisierung: Vernetzung, digitale Kommunikation und Virtualisierung beschleunigen die weitere Entgrenzung von Wirtschaftsprozessen und unterminieren somit an anderer Stelle staatliches Regieren, das häufig noch eng an territoriale Grenzen gebunden ist“[192].

Die „Weltordnung des digitalen Zeitalters“, wie sie in diesem Gutachten beschrieben wird, ist eine andere als die bisherige Ordnung[193]. Was hier in Bezug auf das Nachhaltigkeitsziel formuliert wird, hat seine Richtigkeit auch hinsichtlich anderer globaler Herausforderungen, einschließlich der Gestaltung der Digitalisierung und insbesondere der Bedingungen für der Anwendung Künstlicher Intelligenz:

> „Die digitalen Veränderungen haben prinzipiell weltumspannende Wirkung, so dass globale, regel- und fairnessbasierte Ordnungsmodelle nötig sind, die eine Verbindung von digitalen und Nachhaltigkeitstransformationen, wie sie in der Charta des WBGU vorgeschlagen werden, ermöglichen. Nur wenn die EU einen gemeinsamen Weg in diese Richtung entwickelt, können europäische Gesellschaften Einfluss auf die globale Neuordnung der Zukunft nehmen“[194].

---

[190] So *Pohle/Thiel*, Digitale Vernetzung und Souveränität (Fn. 11), S. 71.

[191] Ebd., S. 71. Zutreffend wird dann doch bemerkt: „…es scheint so, als ob allein im staatlichen Kontext das Recht auf demokratische Selbstbestimmung prinzipiell realisiert werden könne. Doch diese Schlussfolgerung erscheint uns falsch“ (ebd., S. 72).

[192] Gutachten WBGU (Fn. 5), S. 100.

[193] Ebd., Überschrift zu Kap. 9.3, S. 397–403.

[194] Ebd., S. 13.

Die heutigen Aufgaben sind dem Staat, so kann man bildhaft sagen, „über den Kopf gewachsen“ – z.T. werden sie neben ihm gelöst. Wenn die Entwicklung des Internets in der ersten Phase, im Wesentlichen außerhalb des Staates oder neben dem Staat erfolgt und das, was heute Internet-Governance genannt wird und Grundlage für das Funktionieren des Internets ist und auf absehbare Zeit auch bleiben wird, sind die Staaten zwar beteiligt, doch nicht als souveräne Herrscher[195]. Internet Governance folgt vielmehr einem „multistakeholder-Modell“, in dem Unternehmen, Zivilgesellschaft, Wissenschaft und andere Interessengruppen mindestens gleichrangige Bedeutung haben. Der „souveräne“ Staat darf mit am Tisch sitzen, doch ist die Ordnung des Internets das Produkt von Prozessen, an denen er nur noch teilhat, obwohl sie mitbestimmend sind für das Leben seiner Bürgerinnen und Bürger, einschließlich der künftigen Bedingungen der Digitalisierung. Das ist auch ein Demokratieproblem.

III. Neu-Erfindung des Staates in der digitalen Konstellation ?

Unser Staat hat sich im Zuge der Digitalisierung ersichtlich verändert und wird sich weiter verändern, im Verhältnis zu den Bürgerinnen und Bürgern, aber auch im Verhältnis zu den anderen Staaten und ihren Bürgerinnen und Bürgern. Einen „digitalen Staat“, wie der Titel einer großen Konferenz in Berlin: „Digitaler Staat 2020. Agil, legitim und elegant“ stolz suggeriert[196], kann es streng genommen nicht geben, ebenso wie das Leitthema für die gleichzeitig ausgerichtete 60. Tagung der Assistentinnen und Assistenten im öffentlichen Recht in Trier „Der Digitalisierte Staat“[197], nicht wörtlich genommen werden kann. Beides dürfte als Herausforderung gedacht sein und ist ein guter Anstoß zum Nachdenken. Letztlich kann es nur um den Wandel von Staatsbild und Staatsfunktionen unter den Bedingungen der Digitalisierung gehen. Muss der Staat sich neu erfinden?

Wie der oben unter II. beschriebene Wandel des Verhältnisses zwischen Bürger und Staat, das Auftreten und die Funktion des Staates als Dienstleister, die neuen Aufgaben des Staates in der digitalen Konstellation und seine Rolle als *stakeholder* nahelegen, ist das klassische Staatsbild revisionsbedürftig. Der Staat ist nicht tot[198], aber in der digitalen Konstellation erhält er ein

---

[195] Die Konflikte, die sich aus dieser eingeschränkten Rolle der Regierungen ergeben, benennen und schildern *Pohle/Thiel*, Digitale Vernetzung und Souveränität (Fn. 11), S. 65 ff.

[196] Vgl. das Thema des Kongresses „Digitaler Staat 2020. Agil, legitim und elegant“ vom 3./4 März 2020, unter: https://www.digitaler-staat.org (Zugriff 5.3.2020).

[197] Vgl. https://www.uni-trier.de/index.php?id=68735 (Zugriff 5.3.2020).

[198] Sehr deutlich mit diversen Beispielen *Goldsmith/Wu* (Fn. 36), S. 179 ff. (conclusion).

neues Gesicht. Seine Autorität kann in der emergenten globalen Gesellschaft jedenfalls nicht mehr (allein) an der Stärke seiner Polizei bei der Durchsetzung des Herrscherwillens nach innen und an Umfang und Ausrüstung seines Militärs für die Durchsetzung seiner Interessen nach außen gemessen werden. Heute steht ein anderer Faktor im Vordergrund: Die Integrationskraft und effiziente Aufgabenerfüllung als Leistung gegenüber den Bürgern, wobei die Bewältigung der globalen Herausforderungen und der Aufbau der hierfür notwendigen Strukturen jenseits des Staates zu diesem Zwecke erhebliches Gewicht erhält. Die Digitalisierung ist dabei zugleich Gegenstand und Instrument bei diesem Bemühen.

Wenn die Erfüllung der oben genannten neuen Staatsaufgaben jedenfalls zum Teil überstaatlich erfolgen muss, so kommt der Europäischen Union eine wichtige unterstützende Funktion (dazu 1.). Doch kann auch ihr Handeln nur begrenzt globale Wirksamkeit entfalten (dazu 2.). Bei der von den gesellschaftlichen Akteuren getriebenen Entwicklung einer globalen Verfassungskultur können Staat und EU gemeinsam eine wichtige Rolle spielen (dazu 3.). Dies führt zur Rekonstruktion des Staates in der digitalen Konstellation (dazu 4.).

1. Handeln des Staates im europäischen Verbund

Dass die EU hier wichtige Arbeit leistet, ist kein Zufall, sondern Schritt eins auf dem Weg zur Weltordnung des digitalen Zeitalters. Die Notwendigkeit, Digitalisierung europäisch zu denken und umzusetzen, ergibt sich

- Aus den Erfordernissen einer effizienten Organisation des gemeinsamen Handels der Mitgliedstaaten im Interesse ihrer Bürgerinnen und Bürger auf europäischer Ebene und der Notwendigkeit engerer Abstimmung im europäischen Verfassungs-, Verwaltungs-, Regierungs-, Parlaments- und (Verfassungs-)Gerichtsverbund.
- Im Rahmen des europäischen Binnenmarktes als Voraussetzung für die Entwicklung und Wettbewerbsfähigkeit der europäischen Wirtschaft im globalen Wettbewerb, auch als Grundlage für eine effektive Entwicklungs- und Nachhaltigkeitspolitik, die den Interdependenzen der Welt Rechnung trägt.
- Aus der Einsicht, dass Europa mit den in Art. 2 EUV genannten Werten und Grundsätzen in der digitalen Konstellation nur als Einheit und mit klaren Vorgaben in der Lage sein wird, auf die Gestaltung der Globalisierung und damit der künftigen Weltordnung einschließlich der Bedingungen der Digitalisierung Einfluss zu nehmen.

In diesem Sinne hat der WBGU unter besonderer Berücksichtigung des Nachhaltigkeitszieles die Möglichkeiten einer „Global Governance für die globale Transformation zur Nachhaltigkeit im Digitalen Zeitalter“ untersucht und

„erste Vorschläge unterbreitet, wie sich die Weltgemeinschaft auf gemeinsame Leitkonzepte, Prinzipien, regulatorische und institutionelle Rahmenbedingungen sowie ethisch begründete Grenzen verständigen kann. Der EU kommt dabei eine besondere Rolle zu: zum einen bei der Entwicklung eines eigenen nachhaltigen digital unterstützten Zukunftsmodells, das sich von den existierenden Modellen in China und den USA unterscheidet, und zum anderen als Akteur auf der internationalen Ebene, der auf ein geteiltes Verständnis im multilateralen Verbund hinarbeitet“[199].

Dabei wird ein guter Überblick gegeben über die vielfältigen Ansätze, Foren und Initiativen einer „Governance der Digitalisierung auf globaler Ebene“[200]. Der (mögliche) Einfluss der Staaten bzw. der Regierungsvertreter in diesen Gremien wird oft unterschätzt[201]; es wäre an der Zeit, diese Möglichkeiten globaler Gestaltung ohne obrigkeitliche Ambition strategisch bewußter und offensiver zu nutzen. Die EU könnte in diesem Kontext eine wesentliche Rolle spielen, ist aber als Akteur bislang kaum erkennbar[202]. Dabei könnte sie durch eine Bündelung der Kräfte und Koordinierung der Positionen und Strategien der Mitgliedstaaten auf den relevanten Foren ähnlich wie bei Verhandlungen über internationale Abkommen der EU erheblichen politischen Einfluss ausüben. Nicht erkennbar ist auch, dass über die technischen Grundlagen für das Funktionieren des Internets, wie sie etwa durch ICANN und global agierende Normungsgremien wie die Internet Engineering Task Force (IETF)[203] geschaffen werden, und über Diskursbühnen wie das IGF mit ihren regionalen und nationalen Untergliederungen hinaus Regelungsstrukturen entwickelt würden, die eine wirksame Lösung zu den zahlreichen nur global lösbaren Problemen der Digitalisierung versprechen. Gerade hierbei könnte und sollte die EU zusammen mit ihren Mitgliedstaaten aus eigener Erfahrung und gemäß den in Art. 21 EUV für das auswärtige Handeln vorgegebenen Grundsätzen und Zielen eine Führungsrolle übernehmen.

2. Europäische Regelungsinitiativen mit globaler Wirkung

Wie wirksam die EU über ihre Grenzen hinaus sein kann, mit erheblicher Bedeutung für dritte Länder, insbesondere für die USA ebenso wie für die

[199] Gutachten WBGU (Fn. 5), S. 18 und Kapitel 8 (S. 331 ff.).

[200] Ebd., S. 332–339.

[201] Auf den realen Einfluss weisen *Pohle/Thiel*, Digitale Vernetzung und Souveränität (Fn. 11), S. 72 ff., hin.

[202] S. aber die Übersicht über die Beteiligung der Europäischen Kommission in der internationalen Diskussion über Ethik und Künstliche Intelligenz in: Weissbuch (Fn. 142), S. 10.

[203] S. die IETF Webseite mit der Angabe der Aufgabe: „The mission of the IETF is to make the Internet work better by producing high quality, relevant technical documents that influence the way people design, use, and manage the Internet“, unter:https://www.ietf.org/about/mission/ (Zugriff 27.2.2020).

weltweit agierenden Internetplattformen zeigt der Erlass der Datenschutzgrundverordnung der EU. Ziel war es den Worten der zuständigen Kommissarin Viviane Reding zufolge, einen „Goldstandard" des Datenschutzes weltweit zu setzen[204]. Wie es scheint, wurde dieses Ziel weitgehend erreicht[205]: Die Plattformen passten ihre Datenschutzpolitik der DSGV an, nicht nur für das Geschäft in Europa, sondern der Einfachheit halber weltweit. *Facebook* schlägt vor, das zu verallgemeinern und ruft nach Regeln für das Internet zum Schutz der Nutzer durch Regierungen[206]. Einen solchen Effekt könnten auch neue europäische Regelungen haben, etwa zur Produkt-Zertifizierung im Blick auf die Cybersicherheit, wenn damit der Zugang von Hard- oder Software zum Binnenmarkt geregelt würde[207], oder auch künftige Normen betreffend die Entwicklung oder Verwendung künstlicher Intelligenz. Das Vorgehen ist offensichtlich effizient, hat allerdings einen leicht imperialistischen Beigeschmack; ein internationales Übereinkommen oder besser noch: eine globale Regelung, wäre die demokratischere Lösung[208].

---

[204] *Viviane Reding*, Speech at CEPS/Brussels, 14 January 2014: A Data Protection Compact for Europe: „First of all, we need the data protection reform in the statute book. I wish to see full speed on data protection in 2014 Europe must act decisively to establish a robust data protection framework that can be the gold standard for the world. Otherwise others will move first and impose their standards on us", unter: https://ec.europa.eu/commission/presscorner/detail/en/SPEECH_14_62 (Zugriff 27.2.2020).

[205] Vgl. *Christopher Kuner*, The Internet and the Global Reach of EU Law, LSE Law, Society and Economy Working Papers 4/2017, S. 15 ff., 21 ff. (mechanisms of global reach), unter: http://eprints.lse.ac.uk/73421/1/WPS2017-04_Kuner.pdf(Zugriff 27.2.2020).

[206] *Mark Zuckerberg*, Vier Ansätze zur Regulierung des Internets, Gastbeitrag in FAZ.net v. 30.3.2019, unter: https://www.faz.net/aktuell/wirtschaft/digitec/mark-zuckerberg-vier-ansaetze-zur-regulierung-des-internets-16115996.html (Zugriff 20.4.2020). Dazu Zeit-online v. 31.3.2019: Mark Zuckerberg will global einheitliche Regeln fürs Internet, unter https://www.zeit.de/digital/internet/2019-03/facebook-mark-zuckerberg-datenschutz-regulierung(Zugriff 20.4.2020), mit dem Hinweis, dass dieser Beitrag gleichzeitig in der Washington Post, dem Sunday Independent und dem Journal du Dimanche veröffentlicht wurde.

[207] S. dazu Art. 8, 46 ff. der Verordnung (EU) 2019/881 des Europäischen Parlaments und des Rates vom 17. April 2019 über die ENISA (Agentur der Europäischen Union für Cybersicherheit) und über die Zertifizierung der Cybersicherheit von Informations- und Kommunikationstechnik und zur Aufhebung der Verordnung (EU) Nr. 526/2013 (Rechtsakt zur Cybersicherheit), ABl. L 151 vom 7.6.2019, S. 15–69, unter: https://eur-lex.europa.eu/eli/reg/2019/881/oj?locale=de (Zugriff 27.2.2020), wobei das System der Zertifizierung (noch) nicht obligatorisch ist (ebd., Art. 56 Abs. 2).

[208] Dazu schon *Ingolf Pernice*, Cybersecurity and Privacy in a Globalized World – Building Common Approaches. Welcome and Introduction, in: Randal S. Milch, Sebastian Benthall and Alexander Potcovaru (Hrsg.), Building Common Approaches for Cybersecurity and Privacy in a Globalized World, (New York University Center for Cybersecurity New York 2018), S. 6–23, unter: https://papers.ssrn.com/sol3/papers.cfm?abstract_id=3508933 (Zugriff 27.2.2020), S. 11 f.

Gemeinsame globale Normen aber setzen einen verfassungsrechtlichen Rahmen voraus, wie er unter den Stichworten „globaler Konstitutionalismus" oder „digital constitutionalism"[209] diskutiert wird. Doch eine globale Verfassung mit demokratischen Mechanismen der Rechtsetzung und Rechtsdurchsetzung, einer Rechtsprechungsinstanz und einer effektiven Gewährleistung der Menschenrechte ist nicht in Sicht. Es bleibt vorerst bei einer fragmentierten Ordnung auf der Basis des Völkerrechts, die allerdings keine Instrumente zur Verfügung stellt, um für die zusammenwachsende globale Gesellschaft die nötigen gemeinsamen Regeln zu schaffen. Wer aber sollte Verfassungsgeber sein?

3. Emergenz einer globalen Verfassung(-skultur)

Ein Umdenken ist angesagt, das die Ablösung oder Modifikation tradierter Konzepte einschließt. So ist auch der digitale Staat mit dem Staat des 19. Jahrhunderts ebenso wenig vergleichbar, wie die damalige Gesellschaft mit der heutigen. Der Wandel muss nicht bedeuten, dass fundamentale zivilisatorische Errungenschaften der vergangenen Jahrhunderte in Frage gestellt werden, im Gegenteil. Eine dieser Errungenschaften ist die Erklärung der Menschenrechte und die Entwicklung des Verfassungsstaats. Eine andere dürfte die Entthronung des souveränen Nationalstaats sein, eine Relativierung seiner Einzigkeit, wie sie in der Entwicklung der europäischen Integration zum Ausdruck kommt und in der digitalen Konstellation in eine neue Phase tritt. Was ergibt sich daraus?

Verfassung ist Prozess, Form und Anleitung der Integration[210]. Selbst wenn sie praktisch in jedem Land der Erde am Ende eines bestimmten Ver-

---

[209] Vgl. dazu *Edoardo Celeste*, Internet Bills of Rights (unveröff. Manuskript 2020). S. auch schon *ders.*, Digital constitutionalism: a new systematic theorisation, International Review of Law, Computers & Technology, 33:1 (2019), S. 76–99.

[210] Grundlegend *Rudolf Smend*, Verfassung und Verfassungsrecht, in: ders., Staatsrechtliche Abhandlungen (1955), 3. Aufl. 1994, S. 119, 136 ff. („Integration als grundlegender Lebensvorgang des Staates") und daraus schlussfolgernd ebd. S. 187 ff., 195 ff. (Qualifizierung der „Staatsverfassung als einer Integrationsordnung"); aufschlussreich ebd., S. 215 ff. („Integrierender Sachgehalt moderner Verfassungen") und insofern zu den Grundrechten ebd., S. 260 ff. An *Smend* anknüpfend *Konrad Hesse*, Grundzüge des Verfassungsrechts der Bundesrepublik Deutschland, 20. Aufl. 1999, Rn. 4 ff.; vgl. auch *Hans Vorländer*, Integration durch Verfassung, in: ders. (Hrsg.), Integration durch Verfassung (Springer 2002), S. 9–40; auch mit Blick auf die EU: *Dieter Grimm*, Integration durch Verfassung (2004), FCE 6/04, unter: https://www.rewi.hu-berlin.de/de/lf/oe/whi/FCE/2004/grimm.pdf (Zugriff 6.3.2020), sowie *Andreas Voßkuhle*, Integration durch Recht. Der Beitrag des Bundesverfassungsgerichts, Humboldt-Rede zu Europa, 22.10.2015, unter: https://www.rewi.hu-berlin.de/de/lf/oe/whi/humboldt-reden-zu-europa/archiv-humboldt-reden/rede-vosskuhle (Zugriff 6.3.2020); *ders.*, „European Integration Through Law". The Contribution of the Federal Constitutional Court, in: European Journal of Sociology /

fahrens „gegeben“ wurde, bleibt sie, wie schon *Renan* gesagt hat, das Ergebnis eines „plébiscite de tous les jours“, oder des immer neuen Sich-Vertragens[211]; sie entwickelt sich weiter, um angesichts gesellschaftlicher Veränderungen ihre Normativität erhalten zu können[212]. Hans Vorländer spricht deshalb treffend von „Verfassungen als emergente Ordnungen“[213]. Emergenz meint, dass Verfassungsgebung und -entwicklung sich „ergeben“ und nur bedingt gesteuert werden können.

Heute befinden wir uns in einer Phase der Emergenz einer globalen Verfassungskultur, trotz aller Konflikte und Fragmentierung. Sie wird ermöglicht und getrieben durch die Digitalisierung. Sie erlaubt global sich formierenden Organisationen der (Zivil-)Gesellschaft, themenbezogen oder auch allgemein-politisch globale öffentliche Interessen zu artikulieren und zu vertreten, d.h. über die staatlichen Grenzen hinweg politisch zu wirken. Mit neuen Instrumenten zufallsbasierter digitaler Abstimmungen[214] kann unter Teilnahme aller, die sich in ein global zu erstellendes eID-Register eingetragen haben, zu strittigen Fragen ein Meinungsbild hergestellt werden, dessen politisches Gewicht desto größer ist, je mehr „global citizens“ sich registriert haben und je mehr Regionen der Welt dabei repräsentiert sind. Derartige Entwicklungen stellen nicht den Staat an sich in Frage. Staaten mit ihren Regierungen sind wichtige Teilnehmer im Prozess einer globalen Willensbildung, aber sie werden eines Tages nur ein Faktor sein neben etablierten internationalen Institutionen, wie den Vereinten Nationen, neben den global agierenden Unternehmen, den Organisationen der Zivilgesellschaft, der Wissenschaft und den einzelnen Interessierten. Als Anhaltspunkte für das, was hier gemeint ist, seien zwei Phänomene und ein Gedanke zur Diskussion gestellt:

Archives Européennes de Sociologie 58 (2017), S. 145–168, online unter: https://www.cambridge.org/core/services/aop-cambridge-core/content/view/61A6139CA472A4AAF762412D5BF045CB/S0003975617000042a.pdf/european_integration_through_law.pdf (Zugriff 6.3.2020).

[211] S. dazu *Peter Häberle*, Das Grundgesetz und die Herausforderungen der Zukunft, in: ders. (Hrsg.), Verfassung als öffentlicher Prozess. Materialien zu einer Verfassungstheorie der offenen Gesellschaft (2. Aufl. Duncker & Humblot, Berlin 1978), S. 746, 768 f.

[212] Unter Betonung zugleich auch der gestaltenden Kraft der Verfassung: *Konrad Hesse*, Die normative Kraft der Verfassung (1959), neu abgedruckt in: Julian Krüper, Mehrdad Payandeh und Heiko Sauer (Hrsg.), Konrad Hesses normative Kraft der Verfassung (Mohr Siebeck 2019), S. 1, 10 f.

[213] *Hans Vorländer*, Konstitutionalismus am Scheideweg. Zur Gegenwartslage der Verfassung, in: Ulrike Davy/Gertrude Lübbe-Wolff (Hrsg.), Verfassung: Geschichte, Gegenwart, Zukunft. Autorenkolloquium mit Dieter Grimm (Nomos 2018), S. 89 ff.

[214] S. *Pernice*, Stärkung der Demokratie (Fn. 37); speziell zu den verfassungsrechtlichen Aspekten *ders.*, Digitale Abstimmung, Zufallsauswahl und das Verfassungsrecht. Zur Überbrückung der Kluft zwischen Regierung und Regierten (in diesem Band Kap. 7).

a. Internet-Governance und ihre Organisationsformen

Das von der UN-Vollversammlung ins Leben gerufene Internet Governance Forum (IGF), das sich letzten November im Berlin zum vierzehnten Male traf, ist zum Knotenpunkt des weltweiten Diskurses über Bedingungen und Politik der Digitalisierung geworden. Hier werden Arbeiten und Ideen der regionalen und nationalen Internet Governance Foren zusammengeführt, und in freier Rede und in zahlreichen Workshops werden zwischen den „stakeholdern" auf Augenhöhe alle für wichtig erachteten Aspekte der Entwicklung diskutiert und dokumentiert. Das IGF ist für jeden offline und online zugänglich und nachvollziehbar. Das IGF entscheidet nichts, aber es führt als „multi-stakeholder" Forum Fragen und Ideen aus aller Welt zusammen und vermittelt den Beteiligten sowie der interessierten Öffentlichkeit ein Meinungsbild und zugleich eine Möglichkeit, sich besser zu verstehen. Aus einem derartigen Diskurs können neue Initiativen erwachsen, wie etwa die NETmundial, die auf Einladung von Brasilien 2014 in Sao Paulo tagte[215], auf der in einem ebenso offenen wie inklusiven Verfahren eine Liste von Prinzipien erarbeitet wurde, die für die weitere Entwicklung der Digitalisierung eine Orientierung für alle Akteure, einschließlich der Staaten, eine Orientierung geben[216]. Die Arbeit des IGF könnte aber auch bei bestimmten Themen in abstimmungsfähige Alternativen münden, zu denen mit dem bereits genannten Abstimmungsinstrument[217] unter den als Teilnehmer offline oder online registrierten Personen ein Meinungsbild erzeugt wird, das wiederum den Regierungen als Orientierung dienen kann.

Wichtig erscheint die Feststellung, dass ohne das Internet weder ein solcher weltweiter Diskurs noch eine globale politische Willensbildung auch nur im Ansatz möglich wäre. Erst die Eröffnung der „globalen Agora" in der digitalen Konstellation ermöglicht es, dass die Gesellschaft der „global citizens" sich artikuliert, Menschen rund um die Welt in ein Gespräch miteinander kommen und gemeinsame Lösungen suchen – über alle geographischen, politischen und sprachlichen Grenzen hinweg. Immer bessere „lernende" Übersetzungssysteme werden die Verständigung erleichtern. So eröffnet die digitale Konstellation neue Perspektiven auch für die Entwicklung globaler Verfassungsstrukturen, die zur Erzeugung demokratisch legitimierter globaler Regelungen dienen könnten. Bezugspunkt und Grundlage hierfür ist

---

[215] S. die NETmundial Initiative, unter: https://netmundial.org (Zugriff 6.3.2020). Vgl. auch *Christian Möller*, Kommunikationsfreiheit im Internet: Das UN Internet Governance Forum und die Meinungfreiheit (Springer 2018), S. 283 ff.

[216] S. den Bericht von *Jeanette Hofmann*, inside NETmundial: Wie in Brasilien über die Zukunft des Internet diskutiert wurde, iRights info vom 3. Mai 2014, unter: https://irights.info/artikel/inside-netmundial-wie-in-brasilien-ueber-die-zukunft-des-internet-diskutiert-wurde/22935 (Zugriff 1.3.2020).

[217] S. oben bei Fn. 214.

die Erfahrung gelebter nationaler Verfassungen, wie sie heute in praktisch allen Staaten – freilich mit unterschiedlicher Normativität – existieren[218] und angesichts der globalen Ausdehnung und neuer Problemlagen aber zugleich innovativ zur Ausbildung neuer Formen politischer Organisation auf der globalen Ebene führen kann. Eine schlichte „Hochzonung“ der nationalen Demokratie[219] allerdings kann die Lösung nicht sein. Näher liegt ein auf den freien Diskurs gestütztes gestuftes Modell deliberativer Normbildung, von der Einigung über die leitenden Grundsätze in multi-stakeholder-Prozessen über deren Aufnahme in gerichtliche Entscheidungen und internationale Vereinbarungen bis hin zur ihrer gesetzlichen Konkretisierung auf staatlicher, europäischer und eines Tages vielleicht auch globaler Ebene[220].

b. Charta der digitalen Grundrechte – Digital Constitutionalism

Teil und ein Thema dieses Prozesses und zugleich ein Beispiel für die Wirkkraft der schon bestehenden neuen Diskursmöglichkeiten ist das, was Edoardo Celeste jetzt als „Digital Constitutionalism“ beschreibt[221]. Weltweit gibt es über hundert Vorschläge für Kataloge der grundlegenden Menschenrechte und Prinzipien speziell als Antwort auf die Digitalisierung; sie sind getragen von dem Bemühen, die maßgebenden Werte der analogen Welt auch für die virtuelle Welt verbindlich zu machen und auf die Bedingungen der Digitalisierung einzustellen. Sie sind das Produkt staatlicher Initiativen, der

---

[218] Vgl. *Peter Häberle*, Der kooperative Verfassungsstaat – aus Kultur und als Kultur. Vorstudien einer universalen Verfassungslehre (Duncker & Humblot 2013). In diesem Sinne auch die Bestandsaufnahme und Systematisierung von 53 afrikanischen Verfassungen *ders.*, Ein afrikanisches Verfassungs- und Lesebuch – mit vergleichender Kommentierung (Duncker & Humblot 2019), mit weitsichtigen Schlussfolgerungen, insbes. „Konstitutionelle Momente im Völkerrecht als konstitutionelles Völkerrecht“, ebd., S. 286 ff., wo auf „intensive Vernetzungen, Interaktionen und Osmosevorgänge… zwischen dem kooperativen Verfassungsstaat einerseits und den regionalen, staatenübergreifenden Verfassungsgemeinschaften bzw. der internationalen Staatengemeinschaft andererseits“ hingewiesen wird (ebd., S. 288).

[219] Vgl. die vorsichtigen Überlegungen von *Sabino Cassese*, Globale Dimensionen der Demokratie, in: Friedrich Wilhelm Graf & Heinrich Meier (Hrsg.), Die Zukunft der Demokratie. Kritik und Plädoyer, 2018, S. 265, 287 ff., dessen Überlegungen allerdings primär auf einen internationalen Schutz der nationalen Demokratien gerichtet sind. Immerhin spricht er auch von einem „globalen *constitutional moment*. Die Koppelung von Menschenrechtsschutz und demokratischen Prinzipien ermöglicht die Entstehung von Konstitutionalismus auf globaler Ebene“ (ebd., S. 290 f.).

[220] In diesem Sinne *Pernice*, E-Democracy (Fn. 38), S. 44–51.

[221] *Edoardo Celeste*, Digital Constitutionalism: The Role of Internet Bills of Rights (PhD Thesis Dublin 2020, noch nicht veröff. Manuskript). S. schon *ders.* (2019), Digital constitutionalism: a new systematic theorisation, International Review of Law, Computers & Technology, DOI: 10.1080/13600869.2019.1562604.

Arbeit internationaler Konferenzen, wissenschaftlicher Projekte, privater Foren und individueller Kreativität. Eine dieser Initiativen ist – neben den NETmundial-Prinzipien – die von der Zeit-Stiftung initiierte Charta der digitalen Grundrechte der Europäischen Union[222]. Die Bundesregierung verspricht in ihrer digitalen Agenda, dieses Projekt zu fördern.

Keiner dieser Texte beansprucht, unmittelbar bindendes Recht zu sein. Aber jeder zielt darauf, in der öffentlichen Diskussion Gehör zu finden und ihr Orientierung zu geben. Ihre Analyse lässt einen gemeinsamen Grundtenor erkennen, einige der Garantien finden sich praktisch gleichlautend in allen Vorschlägen. In diesem weltweiten Diskurs kristallisieren sich gemeinsame verfassungsrechtliche Standards heraus. Sie richten sich an die Politik der Staaten, wollen aber auch unmittelbar Vorgaben machen für das Verhalten der kleinen und großen Internetplattformen, für gesellschaftliche Verbände und Akteure weltweit. Schritt für Schritt entwickelt sich eine globale Verfassungskultur, mit einer Wirkung nicht als zwingendes Recht, wohl aber mit erheblichem normativen Anspruch. Als Teil der „corporate social responsibility" (CSR) gewinnen sie Bedeutung für Unternehmen[223], als normative Standards und politische Orientierung werden sich Entscheidungen der Regierungen und anderer staatlicher Akteure an ihnen messen lassen müssen.

c. Gewährleistung digitaler Grundrechte und Verfassungsprinzipien

Sind die genannten „Internet Bills of Rights" nicht rechtlich verbindlich, und gibt es schon gar nicht ein internationales Gericht, vor dem die in ihnen enthaltenen Rechte eingeklagt werden könnten, so lassen sich Verfahren denken, in denen ihre normative Wirkung gefördert wird. Erwähnt seien nur drei sich gegenseitig ergänzende Ansätze:

- Staaten oder auch die EU könnten die digitalen Grundrechte in ihre Verfassung aufnehmen oder in anderer Form innerstaatlich / -europäisch verbindlich machen. In der digitalen Konstellation gibt es Instrumente für die Zivilgesellschaft, entsprechend Druck auf die politischen Instanzen aufzubauen, der diesen Prozess beschleunigt.
- Möglicherweise global organisierte zivilgesellschaftliche Vereinigungen könnten eine Art privater Gerichtsbarkeit organisieren, vor der schwerwiegende Verletzungen der garantierten Grundrechte gerügt werden

[222] Überarbeitete Fassung 2018 unter: https://digitalcharta.eu/wp-content/uploads/Digital_Charta_deutsch.pdf(Zugriff 28.2.2020).

[223] Zu Ursprung und Entwicklung der CSR umfassend *Birgit Spießhofer*, Unternehmerische Verantwortung. Zur Entstehung einer globalen Wirtschaftsordnung, 2017, mit der Perspektive einer „*Neu-Konstitutionalisierung* der globalen (CSR-)Ordnung" (ebd., S. 670).

kann. Ihre Urteile würden weltweit im Internet verbreitet und dürften von den beklagten Akteuren nicht unbeachtet bleiben.
- Die Praxis des Internets kennt mehr oder weniger legale Kampagnen im Netz, seien es DDos-Attacken oder „shitstorms", mit denen Akteure massiv unter Druck gesetzt werden könnten, wenn sie in relevanter Weise grundlegende Rechte, wie sie in den „bills of rights" garantiert werden, verletzen.

Dies sind Beispiele, die zeigen, dass selbst bei der Garantie der Menschenrechte Staaten nicht mehr die einzigen Stellen sein müssen, von denen wirksamer Schutz erwartet werden kann. Die globale Gesellschaft ist auf dem Wege der Selbst- oder Eigenkonstitutionalisierung, auf dem Staaten nicht zwingend die Hauptakteure sein müssen und das Modell Staat kaum die leitende Orientierung sein dürfte. Der Kreativität sind keine Grenzen gesetzt, wenn es darum geht, neue Wege in Richtung der Herausbildung globaler verfassungsrechtlicher Strukturen zu finden, welche jenseits der Staatlichkeit die Ordnungsfunktion erfüllen, wie sie in den bislang national oder regional begrenzten Gesellschaften unserer Welt auf der Grundlage des gegenseitigen Versprechens der Menschenwürde[224] der Sicherung eines friedlichen Zusammenlebens diente.

4. Elemente einer Rekonstruktion des Staates

Was bleibt nach allem für unser Staatsbild, für die Rolle des Staates in der digitalen Konstellation? Der Staat hat keineswegs seine zentrale Funktion für den Menschen verloren. Er bleibt – ohne sentimental zu sein – die Heimat, das primär relevante Umfeld für jeden Einzelnen, Bezugspunkt der Zugehörigkeit und der Politik. Es ist gegenwärtig nicht vorstellbar, auch für die Konstituierung einer neuen Weltordnung, auf den Staat als Basis und Akteur zu verzichten.

Gleichwohl zwingen die neuen Bedingungen zur Abkehr von traditionellen Leitbildern wie der staatlichen – potentiellen – Allzuständigkeit, Souveränität oder Unentrinnbarkeit. Bei aller gebotenen Vorsicht angesichts der Fallstricke von Vergleichen mag dennoch die Analogie zur einzelnen Person Erklärungswert haben: Wie die soziale Interdependenz der Menschen und die Notwendigkeit rechtlicher Ordnung in der Staatsphilosophie als Grund und Legitimation für die Konstituierung staatlicher Strukturen verstanden wurde, ist heute im digital verdichteten globalen Raum die Interdependenz der Staaten, aber auch der Menschen über die Kontinente hinweg Anlass zur Etablierung rechtlicher Ordnung über die Staaten hinaus und für die Staaten geworden. Staaten als Heimstatt ihrer Bürgerinnen und Bürger sind zugleich

---

[224] Vgl. oben, Fn. 159.

Baustein einer emergenten globalen Ordnung, die sie bei der Bestimmung ihrer eigenen inneren Ordnung zugleich beschützt und begrenzt. Sie sind „stakeholder" im Prozess der Verfassung der sich global vertragenden Gesellschaft. Verfassungsgeber aber, wenn man davon überhaupt sprechen kann, sind die Menschen, die über die verschiedenen Kanäle – Staat, zivilgesellschaftliche Organisationen, Unternehmen, Wissenschaft etc. – direkter oder indirekter das Entstehen dieser Ordnung vorantreiben. Die Digitalisierung, deren Gestaltung eine der vorrangigen Staatsaufgaben geworden ist, macht diese Entwicklung möglich. Ob und wie sie tatsächlich stattfindet, hängt vom politischen Willen und der Einsicht in ihre Notwendigkeit ab.

Ausblick

Zurück zu den Fakten: Verglichen mit Estland, Dänemark, Österreich, Schweiz u.a. ist Deutschland mit der Digitalisierung noch nicht weit gekommen[225], daher wird der Unterschied zum uns vertrauten Staat hier noch nicht gleichermaßen spürbar, wie in diesen Ländern. Was aber schon existiert und geplant ist, zeigt die Richtung, in die die Entwicklung auch in Deutschland geht.

Ein unerwarteter Digitalisierungsschub dürfte von der Corona-Krise ausgehen. Ausgangs-, Reise- und Kontaktverbote, die zur Verhinderung der exponentiellen Verbreitung des Virus verhängt wurden, haben die Entdeckung des digital gestützten home office als Alternative zum Büroalltag ausgelöst, ebenso wie einen Trend zur digitalen Konferenz anstelle von Präsenzmeetings und -workshops. Die Verwendung digitaler Technik auch im Unterricht für Schulen und Universitäten wird zur anfangs noch ungewollten Gewohnheit. Was zum Teil überstürzt erfunden und eingerichtet wurde, inzwischen mit erheblichen staatlichen Investitionshilfen zusätzlich gefördert wird, ist für viele schon zum Alltag geworden, auch innerhalb der Regierung und Verwaltung. Es wird auch die Kommunikation der staatlichen Stellen mit Bügerinnen und Bürgern nicht unberührt lassen und die Digitalisierung des Staates beschleunigen.

Die Bundesregierung habe sich „auf den Weg gemacht, die Digitalisierung zum Wohle der Menschen anzuwenden, unseren Wohlstand zu mehren und die Souveränität der Bürgerinnen und Bürger zu erhalten", so sagte es Angela Merkel in einer gemeinsamen Pressekonferenz mit Vizekanzler Scholz auf

---

[225] Instruktiv die Übersicht bei *Leo Wangler/Alfons Botthof*, E-Governance: Digitalisierung und KI in der öffentlichen Verwaltung, in: iit-Themenband (Fn. 183), S. 122, 123 ff., mit Graphiken S. 128 f.: Im Digital Economy and Society Index (DESI)-Ranking der EU-Kommission zum Thema E-Governance (Quelle: EU 2018) rangiert Deutschland an letzter Stelle.

der letzten Digitalklausur der Bundesregierung auf Schloss Meseberg.[226] Es geht um die „Souveränität der Bürger". Wenn daran auch in und nach der Krise festgehalten wird, müssen wir uns keine großen Sorgen um unsere digitale Zukunft machen.

[226] Schloss Meseberg Digitalklausur der Bundesregierung, unter: https://www.bundesregierung.de/breg-de/themen/digitalisierung/digital-klausur-meseberg-1691540 (Zugriff 25.2.2020).

Quellenverzeichnis

Einführung (Originalbeitrag 2020).

Kap. 1: Informationsgesellschaft und Politik. Vom neuen Strukturwandel der Öffentlichkeit zur Global Privacy Governance (Originalbeitrag 2012).

Kap. 2: Verfassungs- und europarechtliche Aspekte der Transparenz staatlichen Handelns, 2. IFG-Tagung Berlin am 6./7. September 2012, in: Alexander Dix u.a. (Hrsg.) Informationsfreiheit und Informationsrecht. Jahrbuch 2013 (lexxion, Berlin/Brüssel 2014), S. 17–34.

Kap. 3: Die Politik und die Internet-Gesellschaft, in: Claudio Franzius u.a. (Hrsg.), Beharren, Bewegen. Festschrift für Michael Kloepfer zum 70. Geburtstag (Duncker & Humblot, Berlin 2013), S. 715–733.

Kap. 4: Die Verfassung der Internetgesellschaft, in: Alexander Blankenagel (Hrsg.), Den Verfassungsstaat nachdenken. Eine Geburtstagsgabe (Duncker & Humblot, Berlin 2014), S. 171–208.

Kap. 5: Vom Völkerrecht des Netzes zur Verfassung des Internets. Privacy und Digitale Sicherheit im Zeichen eines schrittweisen Paradigmenwechsels. Erweiterte Fassung von: Das Völkerrecht des Netzes. Konstitutionelle Elemente eines globalen Rechtsrahmens für das Internet, in: Giovanni Biaggini / Oliver Diggelmann / Christine Kaufmann (Hrsg.), Polis und Kosmopolis, Festschrift für Daniel Thürer, DIKE/Nomos (2015), S. 575–588.

Kap. 6: Staat 2.0? E-Government, Open Government und das Verhältnis von Staat und Bürger_Innen, in: Friedrich Ebert Stiftung (Hrsg.), #digidemos. Kongress zu Digitalisierung und Demokratie. Impulssammlung (Friedrich-Ebert-Stiftung, 2017), S. 12–13.

Kap. 7: Digitale Abstimmung, Zufallsauswahl und das Grundgesetz. Zur Überbrückung der Kluft zwischen Regierung und Regierten (Originalbeitrag 2019).

Kap. 8: Der Staat in der Digitalen Konstellation. Einführung zu einem Streitgespräch über „Staat 2.0 oder Der Staat im Netz“ auf der 60. Assistententagung im Öffentlichen Recht am 3.–6. März 2020 in Trier (Originalbeitrag 2020).

Register

Internet und Gesellschaft

Schriften des Alexander von Humboldt Institut
für Internet und Gesellschaft

Herausgegeben von
Jeanette Hofmann, Ingolf Pernice,
Thomas Schildhauer und Wolfgang Schulz

Die Schriftenreihe *Internet und Gesellschaft* (IuG) wurde 2014 gegründet. Sie wird von Wissenschaftlern des Alexander von Humboldt Instituts für Internet und Gesellschaft herausgegeben, um wissenschaftliche Forschungen im Themenbereich Internet und Gesellschaft zu ermöglichen und die Entwicklung des Internets in seinem Zusammenspiel mit gesellschaftlichen Transformationsprozessen zu dokumentieren. Die Schriftenreihe versteht sich als Plattform für Wissenschaftler, um die wissenschaftlichen Arbeiten und die Forschungsergebnisse zu Fragen von politischen Akteuren, Zivilgesellschaft und Unternehmen zugänglich zu machen. Sie beschränkt sich im Schwerpunkt auf die juristischen und sozialwissenschaftlichen Perspektiven rund um das Internet.

ISSN: 2199-0344
Zitiervorschlag: IuG

Alle lieferbaren Bände finden Sie unter *www.mohrsiebeck.com/iug*

Mohr Siebeck
www.mohrsiebeck.com